Barbara Smit

DREI STREIFEN GEGEN PUMA

Barbara Smit

DREI STREIFEN GEGEN PUMA

Wie aus einem Bruderzwist zwei Weltkonzerne entstanden

riva

Bibliografische Information der Deutschen Nationalbibliothek:
Die Deutsche Nationalbibliothek verzeichnet diese Publikation in der Deutschen Nationalbibliografie; detaillierte bibliografische Daten sind im Internet über **http://d-nb.de** abrufbar.

Für Fragen und Anregungen:
info@rivaverlag.de

1. Auflage 2017

Nymphenburger Straße 86
D-80636 München
Tel.: 089 651285-0
Fax: 089 652096

Übersetzung von Kapitel 1 bis 30: Sonja Schumacher und Jochen Schwarzer
Übersetzung von Vorwort sowie Kapitel 31 bis 34: Birgit Walter
Umschlaggestaltung: Karen Schmidt
Umschlagabbildung: Karen Schmidt
Satz: Satzwerk Huber, Germering
Druck: GGP Media GmbH, Pößneck
Printed in Germany

ISBN Print 978-3-86883-918-0

Weitere Informationen zum Verlag finden Sie unter
www.rivaverlag.de
Beachten Sie auch unsere weiteren Imprints unter www.m-vg.de

Inhalt

Vorwort

Vor zehn Jahren standen sie in Metallregalen aufgestapelt in einem staubigen Fabriklager oder vergammelten im hintersten Eck einer Halle. Heute werden von Adi Dassler handgefertigte Spikes in sorgfältig gekennzeichneten Schachteln bei exakt bemessener Raumtemperatur verwahrt und dürfen nur mit Handschuhen berührt werden. Der hölzerne Schreibtisch des Adidas-Gründers steht in einem ultramodernen Gebäude des Unternehmenssitzes in der Mitte eines kahlen, dunklen Raums mit der getragenen Atmosphäre einer Krypta. Am anderen Ende der Straße stehen die von Rudolf Dasslers Mitarbeitern gefertigten raffinierten Schuhe, die von einigen der besten Fußballspieler getragen wurden, ordentlich in Regalen aufgereiht. Helmut Fischer, leitender Berater bei Puma, zuständig für die Archivverwaltung und einer der treuesten Angestellten des Unternehmens, überwacht die wachsende Sammlung.

Nach der Veröffentlichung der ersten Auflage dieses Buchs 2005 haben sowohl Adidas als auch Puma ihre eigenen Bemühungen um die Erforschung ihrer jeweiligen Unternehmensgeschichte verstärkt, die voller beeindruckender Bilder von sportlichen Triumpfen und einer Menge Anregungen für Designer ist. Ein von Adidas für die interne Verwendung erstelltes dickes Buch beschäftigt sich mit vielen berühmten Sportlern, die die drei Streifen auf ihren Trikots trugen, scheut aber auch nicht vor einer Darstellung der unrühmlicheren taktischen Manöver in der Sportbranche zurück. Dokumentarfilmer stießen bei ihren Nachforschungen auf neues Bildmaterial zur Dassler-Familie. Journalisten führten ihre Recherchen im Sportgeschäft oft in die Zeit von Horst Dassler und seinen Freunden zurück.

Die Neuauflage dieses Buchs verfolgt nicht das Ziel, die Anfangsjahre von Adidas und Puma neu zu bewerten oder um Anekdoten aus vielen anderen Teilen der Welt zu ergänzen, sondern die Geschichte der beiden Unternehmen fortzuschreiben. Nach all den Recherchen, die ich für die Dokumentation der Rivalität zwischen Adidas und Puma durchgeführt hatte, lag es für mich als Wirtschaftsjournalistin, die sich in den letzten zehn Jahren mit der Sportbranche beschäftigt hat, nahe, den Aufstieg der beiden Unternehmen in einem zunehmend globalen und von Superlativen geprägten Markt weiter zu beobachten. Adidas und Puma waren in einige der faszinierendsten Trends der Konsumkultur involviert – von der Globalisierung über den Hype der sozialen Medien bis zur wachsenden Konvergenz von Mode, Unterhaltung und Sport.

Ein Besuch in Herzogenaurach ruft jedes Mal ein eigenartiges, unbestimmbares Gefühl hervor, auch wenn in der kleinen Stadt immer weniger an die Geschichte der Dasslers erinnert. Adidas hat das Gelände neben dem Bahnhof, von dem aus die Marke mit den drei Streifen auf dem Markt eingeführt wurde, und das benachbarte Wohnhaus von Adi und Käthe Dassler verkauft. Im einstigen Wohnzimmer stehen Fitnessgeräte für das Reebok-Team. Adidas wird 2018 nach Fertigstellung der letzten Erweiterungsbauten ganz in die World of Sports, einen riesigen Gebäudekomplex am Stadtrand, umziehen. Der ehemalige Firmensitz von Puma in der Würzburger Straße, in dem Rudolf und Armin Dassler den Aufstieg des Unternehmens planten, wird kaum noch genutzt. Nur wenige Kilometer von der Adidas-Anlage entfernt baut Puma seinen globalen Hauptsitz inklusive Veranstaltungszentrum und Outlet-Store aus.

Einige von Adi Dasslers Nachfahren der dritten Generation sind nach Herzogenaurach zurückgekehrt. Horst und Klaus Bente, zwei der Söhne von Inge Dassler, verhandeln mit Adidas über den Nachlass von Adi Dassler. Auf der anderen Seite der Familie ist eines der Enkelkinder von Rudolf Dassler mittlerweile eine hochkarätige Führungskraft in der internationalen Sportindustrie geworden. Nach seiner Wahl zum Präsidenten des Weltverbands der Sportartikelindustrie 2014 scherzte Frank Dassler, seinen Vater Armin hätte es sicher sehr stolz gemacht, ihn in dieser Position zu sehen – allerdings hätte er, der älteste Sohn von Rudolf Dassler, sich wohl kaum vorstellen können, dass Frank Dassler zum Zeitpunkt seiner Ernennung als Chefjurist bei Adidas tätig war.

Die Rivalität zwischen Adidas und Puma ist bis heute von einer besonderen Anspannung geprägt. Die persönlichen Komponenten der Fehde sind jedoch in den Hintergrund getreten, und beide Unternehmen mussten sich mit der immer härter werdenden, zunehmend globalen Konkurrenz in der Sportbranche auseinandersetzen. Die beiden Marken müssen die Zweitligisten in Kaiserslautern ebenso ansprechen wie die Jogger in Peking oder die modebewusste Käuferin in Mexico City. Adidas und Puma wurden nicht nur mit dem Ausbau der Führungsrolle von Nike, sondern auch mit dem frechen Neuling Under Armour und mehreren anderen unvertrauten Rivalen konfrontiert.

Seit die Preise im Fußballgeschäft vor zehn Jahren unvorstellbare Höhen erreichten, haben die Ansprüche im Bereich des Sportmarketing eine ganz neue Dimension angenommen. In einer Zeit, in der von Ausstattern für das Recht, führende europäische Fußballmannschaften in Trikots mit ihrem Logo spielen zu sehen, Zahlungen von fast 100 Millionen Euro pro Jahr erwartet werden, würden ihnen die Schachteln mit schicken Accessoires, die die Dassler-Mitarbeiter in den Anfangsjahren verschickten, nicht einmal mehr einen Platz in der ersten Reihe einer Besucherloge sichern.

Mein Dank geht an die Manager und anderen Quellen, die sich während der Vorbereitungen zu den neuen Kapiteln dieses Buchs noch einmal zu Interviews bereit erklärt haben. Außerdem danke ich den zahlreichen weiteren Personen, die in den vielen Jahren meiner Berichterstattung die Geschichte durch ihre freundliche Hilfestellung und durch aufschlussreiche Gespräche ergänzt haben: denjenigen, denen das Buch gefiel und die an der Neuauflage teilhaben wollten, denjenigen, die mit ihren eigenen Hinweisen und Anekdoten mein Interesse entfachten, den Sportlern und den Unternehmern, die diese Branche so schillernd machen, und den vielen Managern von Adidas und Puma, die mir in ihren Büros – von Schanghai über São Paulo bis nach Delhi und Moskau – die Türen öffneten und ihren Teil zu der faszinierenden Geschichte beitrugen.

Barbara Smit,
November 2016

Kapitel I
Die Dassler-Jungs

Mit einem breiten Grinsen posierten die beiden jungen Männer vor ihren auf Hochglanz polierten Fahrzeugen. Autos konnten sich in der Weimarer Zeit nur reiche Leute leisten. Rudolf Dassler gönnte sich immerhin einen Mercedes-Sportwagen, sein jüngerer Bruder Adolf, genannt Adi, begnügte sich ein wenig bescheidener mit einem Triumph-Motorrad mit Beiwagen. Seitdem sie in den Zwanzigerjahren angefangen hatten, Schuhe herzustellen, und zwar mit wachsendem Erfolg, waren die Dasslers die begehrtesten Junggesellen der Stadt.

Adolf und Rudolf Dassler, Inhaber der Firma Gebrüder Dassler, sorgten im fränkischen Herzogenaurach für unerhört geschäftigen Wirbel. Wenn Adi hinter dem Elternhaus seine Rennschuhe fabrizierte, schüttelten die älteren Leute nur den Kopf. Sie meinten wohl, der junge Mann wäre besser beraten, mit dem Unsinn aufzuhören und sich auf robustes, strapazierfähiges Schuhwerk zu konzentrieren. Doch der drahtige Adi hatte sich von klein auf für Sport begeistert, und die Dasslers waren mit so viel Schwung an die Arbeit gegangen, dass ihre Fabrik immer mehr zum Anziehungspunkt für Sportenthusiasten aus ganz Deutschland wurde.

Mit ihren krummen Dornen und dem auf die Zunge gravierten Firmennamen unterschieden sich Dassler-Sportschuhe vor allem durch ihre Geschmeidigkeit und Leichtigkeit von der Konkurrenz. Ihre Perfektion verdankten sie stundenlanger Feinarbeit. Die fertigen Schuhe wurden von Adi und seinen ebenso sportbegeisterten Freunden einem ausgedehnten Leistungstest unterzogen.

Die Partnerschaft der beiden gegensätzlichen Brüder funktionierte zu dieser Zeit reibungslos. Adi Dassler, ein wortkarger, nicht gerade großer Mann, fühlte sich in seiner staubigen Werkstatt, in der es nach Leder und Klebstoff roch, am wohlsten. Hier bastelte er in Ruhe an seinen Musterstücken und suchte unentwegt nach Möglichkeiten, seine Schuhe noch leichter zu machen und sie den Bedürfnissen der Läufer besser anzupassen. Gesprächig wurde er nur, wenn von Sport die Rede war.

Sein Bruder Rudolf hingegen war mit seiner lauten, extrovertierten Art die ideale Besetzung für die Leitung des rasch wachsenden Verkaufsteams der Firma. Unbeirrt durch die in Deutschland herrschende Wirtschaftskrise, beschwatzte er seine Kunden so lange, bis er einen Auftrag in der Tasche und aus der Obsession seines Bruders bare Münze gemacht hatte. So konnten sich die beiden bald den Luxus eines Autos und eines Motorrads sowie teure Anzüge und schicke Zigarettenspitzen leisten.

Mit ihrer Firma setzten die Brüder einen Schlussstrich unter eine Familientradition, die über Generationen hinweg mit der Textilindustrie verbunden gewesen war. Vater Christoph Dassler, ein ernster Mann mit dunklem Bart, war wie seine Vorfahren Weber gewesen und noch nach alter deutscher Handwerkstradition als Geselle auf Wanderschaft gegangen. So lernte er in Gera seine spätere Frau Paulina Spittula kennen und heiratete sie im Oktober 1891. Ein Jahr später wurde Fritz, der älteste Sohn, geboren. Doch die industrielle Revolution machte Christoph arbeitslos, weshalb er mit seiner kleinen Familie wieder nach Franken zog, wo er aufgewachsen war. Der Weber kam dort in einer der vielen Schuhfabriken unter, die den historischen Ortskern von Herzogenaurach säumten.

Während Christoph Dassler in der fränkischen Schuhfabrik mühsam die Nähtechniken erlernte, besserte Paulina das bescheidene Einkommen ihres Mannes durch die Gründung einer Wäscherei auf. Der Familienbiograf beschrieb sie als »eine vergnügte, etwas mollige Person, die bei aller Arbeit nichts gegen ein lustiges Schwätzchen hatte«. Zusammen mit ihrer Tochter Marie, die im Februar 1894 auf die Welt gekommen war, wusch und bügelte sie die Wäsche ihrer Kunden in der Waschküche hinter ihrem Haus am Hirtengraben. Die sauberen Stücke wurden von ihren Söhnen in einem klapprigen Leiterwagen ausgeliefert. Der kleine Rudolf, der im April 1898 geboren worden war, lief neben seinem Bruder Fritz her, und dann war da noch Adolf, der jüngste Dassler, der im November 1900 das Licht der Welt erblickte. In Herzogenaurach waren die drei bald als die »Waschbuben« bekannt. Für die Kinder lohnte sich die Sache, denn wer es sich leisten konnte, seine Wäsche zum Waschen fortzugeben, hatte meist auch ein Trinkgeld für die jungen Kuriere übrig.

Fritz, der Älteste, verließ als Erster die mittelalterliche Kleinstadt und bekam eine Anstellung in einer Bank in München. Rudolf lernte in der Fabrik, in der auch sein Vater arbeitete, die Schuhherstellung von der Pike auf. Und Adi, der Kleinste, veranstaltete, noch während er die Schulbank drückte, mit Vorliebe Sportwettkämpfe. Seine Sportbegeisterung überschritt bei Weitem das übliche Maß. Mit Fritz Zehlein, einem ebenso zähen Burschen, zog es ihn zum Dauerlauf in den Wald oder zum Schwimmen in den eiskalten Fluss. Gemeinsam schnitzten sie Speere aus Holzstöcken und übten mit geeigneten Steinen Kugelstoßen. »Die beiden waren unzertrennlich«, hält Zehleins Neffe fest. »Jeden freien Augenblick waren sie miteinander unterwegs, immer zu sportlichen Wettkämpfen aufgelegt.« Sie spielten bei der örtlichen Fußballmannschaft mit, wo Adi als Mittelstürmer glänzte, aber auch Boxen gehörte zu ihren Lieblingsbetätigungen. Als die Mitglieder des von ihnen gegründeten Boxvereins jedoch feststellten, dass sie sich dort bestenfalls einmal wöchentlich eine Abreibung abholen konnten, löste sich der Verein alsbald auf. Später bauten die Freunde eine behelfsmäßige Skisprungschanze und stürzten sich auf notdürftig gewachsten Brettern in die Tiefe.

Im August 1914 war die unbeschwerte Jugend zu Ende. Fritz und Rudolf wurden eingezogen und an die Front nach Belgien geschickt. Wie viele tausend Leidensgenossen glaubten die beiden Brüder, sie würden in wenigen Monaten wieder zu Hause sein, aber sie mussten vier lange Jahre in den Schützengräben Flanderns ausharren. Die Lage für die Familie daheim wurde immer ungewisser, weil es mit der einheimischen Schuhindustrie rasant bergab ging. Besorgt verfolgte Christoph, wie fast die Hälfte der dreißig Schuhfabriken von Herzogenaurach ihre Pforten schloss. Damit wenigstens sein jüngster Sohn einen sicheren Arbeitsplatz hatte, besorgte er ihm im November 1914 eine Lehrstelle bei der Bäckerei Weiß an der Bamberger Straße. Adi musste nun lange vor Sonnenaufgang aufstehen und 18 Stunden täglich bei brütender Hitze schuften. Nach drei harten Jahren ungeliebter Arbeit erhielt er seinen Gesellenbrief, aber selbstständig machte er sich in diesem Beruf nie, denn das Kaiserreich forderte auch seine Dienste. Anfang 1918 wurde der 17-jährige Adolf wie seine Brüder an die belgische Front geschickt.

Rudolf wurde Zeuge einiger besonders schrecklicher Szenen. Zwar blieb ihm die Schlacht um Flandern erspart, weil er von einem Eisenbahnwagen stürzte und in ein Krankenhaus gebracht wurde – zwei Tage bevor die schwersten Kämpfe begannen. Aber bis zu dem Zeitpunkt, als sein Regiment im März 1918 zur großen Schlacht nach Frankreich abgezogen wurde, hatte er sich wieder erholt. »Die Gegend bietet einen trostlosen Anblick, nachdem die Ortschaften zu Trümmerhaufen zerschossen sind und die unzähligen Granattrichter voll Wasser stehen, da es Tag und Nacht regnet, sind die Laufgräben stark verschlammt«, schrieb Rudolfs Kommandeur. »Einen unendlich traurigen Anblick bieten auch die zahlreichen in den Trichtern, Straßengräben, und Hecken liegenden unbeerdigten Gefallenen, dazu die vielen Pferdekadaver in dem verwüsteten Gelände, das mit zerstörtem Kriegsgerät, Ausrüstung und Munition übersät ist«. Rudolf Dassler konnte sich glücklich schätzen, mit militärischen Ehren und lediglich einer leichten Wunde an seinem linken Unterschenkel heimzukehren.

Als alle drei fast zwei Jahre später wohlbehalten nach Hause kamen, stand die Wäscherei ihrer Mutter leer. Paulina hatte ihr Geschäft aufgegeben. Im Elend der Nachkriegsjahre konnte es sich in Herzogenaurach kaum noch jemand leisten, seine Kleider waschen zu lassen. Adi Dassler, der auf keinen Fall in die Bäckerei zurückwollte, zögerte nicht lange: Er würde seine eigene Schuhwerkstatt eröffnen, und zwar direkt hier in der alten Waschküche seiner Mutter.

Tagelang streifte er mit dem Fahrrad durch die Dörfer und sammelte alles ein, was auch nur im Entferntesten für seine Werkstatt tauglich war. Von den Kampfhelmen und Brotsäcken konnte man die Lederriemen abschneiden, um sie zu Schuhsohlen zu verarbeiten; zerrissene Fallschirme und Hafersäcke eigneten sich für die Herstellung leichter Schuhe. Mit seinen Freunden baute Adi die merkwürdigsten Vorrichtungen, um die Produktion in Gang zu setzen. Dazu zählte eine Lederfräse, die mit einer Fahrradkurbel verbunden war: Mangels Strom wurde das Gerät von Adis sportlichen Freunden angetrieben.

Die Anfang 1920 gegründete Firma bestand zunächst aus drei Mitarbeitern. Zwei traten abwechselnd in die Pedale, während Adi die Fertigung übernahm. Sein Vater Christoph schaute in der Mittagspause vorbei und lieferte wertvolle Tipps, Schwester Marie half beim Nähen. Wenn die Belegschaft frühmorgens eintraf, musste sie

Not macht erfinderisch: Mit dieser Lederfräse bearbeitete Adi Dassler Schuhsohlen. Mangels Strom wurde das Ungetüm per Fahrradkurbel von sportlichen Mitstreitern angetrieben.

nicht selten über Adis Bett steigen: Er hatte vor der Tür sein Lager aufgeschlagen, damit er mitternächtliche Geistesblitze sofort in die Tat umsetzen konnte.

Bald schloss sich Rudolf Dassler der geschäftstüchtigen Mannschaft an. Nach seiner Rückkehr aus Belgien hatte er in München eine kurze Polizistenausbildung durchlaufen. Danach ging er zur Landpolizei, besann sich aber bald auf sein großes Verkaufstalent, das er zunächst einer Porzellanfabrik, dann einer Lederhandlung in Nürnberg zur Verfügung stellte, bis ihn Adi 1923 in die Firma holte – mit einer Schreibmaschine als Kapitaleinlage.

Die Dassler-Brüder produzierten nun robustes, langlebiges Schuhwerk. Adi war jedoch nach wie vor entschlossen, Schuhe zu entwerfen, die ausschließlich dem Sport dienten. Zunächst experimentierte er mit verschiedenen Modellen, die er und seine Freunde selbst ausprobierten. Emsig entwarf er Rennschuhe, die er auf ausgedehnten Waldläufen testete. Die Dornen wurden von seinem Freund Fritz Zehlein in der Schmiede seines Vaters hergestellt und durch die Schuhsohlen getrieben.

Die große Wirtschaftskrise, die nach den enormen Reparationsverpflichtungen des Versailler Vertrags in der Weimarer Republik herrschte, traf auch das kleine Provinznest hart. Nahezu 70 Prozent der Einwohner in Herzogenaurach waren arbeitslos. »Wegen der vielen Arbeiter war Herzogenaurach als rote Stadt bekannt«, erklärt Klaus-Peter Gäbelein vom Heimatverein. »Aber die Depression bedeutete das Aus für viele kleinere Fabriken.«

Sport und andere Vergnügungen lockten trotz schmaler Geldbörsen die Massen, die für jede Ablenkung von ihrem Elend dankbar waren. Zwar wurzelte die deutsche Sporttradition im Turnen, aber nach Kriegsende gab es weit aufregendere Sportereignisse zu bestaunen. Viele tausend Fans drängten sich auf den wackligen Tribünen der Fußballstadien bei den Meisterschaftsspielen, die seit 1920 stattfanden. Boxen war durch die Waffenstillstandsbedingungen untersagt, aber nach Aufhebung des Verbots avancierten die Boxer zu wahren Nationalhelden. Einige von ihnen hatten in englischen Kriegsgefangenenlagern das Boxen gelernt. Die Zeit war reif, um Adis selbst entworfene Sportartikel im großen Stil zu vermarkten.

Am 1. Juli 1924 wurde die Firma Gebrüder Dassler schließlich offiziell aus der Taufe gehoben. Die Inhaber Rudolf und Adi meldeten Patente für Rennschuhe und Fußballschuhe mit Ballenschutz an. Geschickt nutzten sie die wachsende Sportbegeisterung der Nation, indem sie Prospekte und Päckchen mit Dassler-Schuhen an die vielen neu gegründeten Sportvereine schickten. Die Resonanz war überwältigend. Die Dassler-Schuhe waren von so herausragender Qualität, dass die Hersteller in Herzogenaurach bald die Neugier der angesehensten Sportexperten des Landes weckten. Von nun an wussten die Brüder, dass sie die gut gemeinten Ratschläge der Skeptiker getrost in den Wind schlagen konnten: Sie stellten die Herstellung von Straßenschuhen ganz ein und widmeten sich ausschließlich dem Sport.

Der Durchbruch kam, als ein Motorrad mit quietschenden Reifen vor der Schuhfabrik hielt. Im Sattel saß Josef Waitzer, ein großer, schlanker Mann mit Bürstenschnitt und einem gepflegten Schnurrbart. Der Trainer der deutschen Olympiamannschaft hatte von den Laufschuhen der Sportfreunde aus Herzogenaurach gehört und war eigens angereist, um sich die Produktion anzusehen. Waitzer brauchte die besten Schuhe für seine Athleten, die 1928 bei den Olympischen Spielen

Aus Mutters Waschküche siedelten Adi und seine 25 Mitarbeiter 1926 in diese Fabrikhalle um. Einige der Maschinen waren vom Vorbesitzer übernommen worden.

in Amsterdam antreten sollten. Der unerwartete Besucher verwickelte Adi in stundenlange Gespräche, beide verband die Begeisterung für alles, was mit Sport zusammenhing. Waitzer selbst hatte 1912 als Speer- und Diskuswerfer an den Olympischen Spielen in Stockholm teilgenommen. Bei dem Wettbewerb hatten vor allem die Skandinavier Medaillen abgesahnt. Waitzer ging zwar leer aus, aber er engagierte sich anschließend als Trainer und verfasste mehrere Handbücher über das Speer- und Hammerwerfen.

Josef Waitzers Motorrad mit Beiwagen wurde bald zum vertrauten Anblick vor den Toren der Fabrik. Schließlich wurde er ein enger Freund Adis und Berater der Firma. Beim gemeinsamen Waldlauf besprachen die beiden ausführlich, wie die Schuhe zu verbessern wären.

Als die Schuhfabrik Weil 1926 schließen musste, siedelten Adi und Rudolf aus der Waschküche ihrer Mutter in die leer stehende Fabrik am anderen Ufer der Aurach um. Die gesamte Ausrüstung der Gebrüder Dassler passte auf einen Pferdekarren. In dem angemieteten Ziegelbau mit den hohen Fenstern, günstig gelegen gegenüber dem Bahnhof, waren sogar einige brauchbare Maschinen der Vorbesitzer zurückgeblieben. Mit einer Belegschaft von inzwischen 25 Mitarbeitern wuchs der Umsatz so rasch, dass die Dasslers allmählich ihren Erfolg genießen konnten. Nach harten Nachkriegsjahren ging es ab Mitte der Zwanzigerjahre glücklicherweise wieder aufwärts, und auch die Firma konnte von diesem Aufschwung profitieren.

Rudolfs Junggesellenjahre gingen nach einer schicksalhaften Begegnung am Nürnberger Bahnhof zu Ende. Nach einem Abend mit seinem Bruder Fritz fiel ihm auf dem Bahnsteig eine dunkelhaarige Schönheit auf – die 18-jährige Friedl Strasser mit ihrer jüngeren Schwester Betti und ihrer Cousine. Es entwickelte sich ein Gespräch, das im Zug fortgesetzt wurde. Am Ziel angelangt, hatte sich Rudolf mit der munteren Friedl verabredet. »Rudolf war ein bisschen aufgeblasen, aber für Friedl stand fest, dass sie den Mann ihres Lebens kennengelernt hatte«, erinnert sich ihre Schwester Betti. Der Vater der Mädchen war kurz nach dem Krieg gestorben, und sie waren bei ihrer Mutter aufgewachsen, die in Fürth ein Lebensmittelgeschäft führte. Am Sonntag, den 6. Mai 1928, wurde mit 40 Gästen Hochzeit gefeiert.

Das junge Paar zog mit in das enge Haus der Familie in Herzogenaurach ein, und Friedl, die aus einer katholischen Familie mit konservativen Vorstellungen stammte, übernahm klaglos die Rolle der Hausfrau. Das kleine Haus am Hirtengraben platzte endgültig aus allen Nähten, nachdem im September 1929 der älteste Sohn, Armin Adolf, zur Welt gekommen war. Die Brüder beschlossen nun, auch bestärkt durch die neuerliche Wirtschaftskrise, direkt hinter ihrer Fabrik ein größeres Heim für die ganze Familie zu bauen. So konnten sie einen Teil ihres Vermögens durch den Hausbau in Sicherheit bringen.

Nach den kurzen »Goldenen Zwanzigern« stürzte das Land nun in den Strudel des Zusammenbruchs der Weltwirtschaft. Durch die einsetzende Massenarbeitslosigkeit verschlechterte sich die soziale Lage dramatisch und machte extremistischen Politikern den Weg frei. Die radikalen Maßnahmen, die Adolf Hitler propagierte, fanden wachsende Zustimmung.

Auch den Brüdern Dassler gefielen die Versprechungen der Nationalsozialisten. Im nahe gelegenen Nürnberg, dem Schauplatz der Reichsparteitage, fanden imposante Massenkundgebungen statt, und Julius Streicher verbreitete sein antisemitisches Gift über den in Nürnberg erscheinenden *Stürmer*. Wie er später zugab, wählte Rudolf Dassler schon ab 1932 die NSDAP und gehörte zu den ersten Anhängern der Nazis in seiner Heimatstadt. Während aus den Wahlen die NSDAP im ganzen Land als stärkste Partei hervorging, stand die konservative Mehrheit in der Kleinstadt nach wie vor hinter Reichspräsident von Hindenburg, und die Nazis konnten nur 22 Prozent der Wähler auf sich vereinen. Die drei Brüder Dassler traten am 1. Mai 1933 geschlossen der Partei bei.

Adi Dassler lebte zu diesem Zeitpunkt in Pirmasens, dem Mekka der Schuhindustrie in den Pfälzer Bergen. Obwohl seine Firma in rasantem Tempo wuchs, wollte er seine technischen Kenntnisse verbessern, denn alles, was er über die Schuhherstellung wusste, hatte er von seinem Vater gelernt. Der 32-Jährige meldete sich an der angesehenen Schuhfachschule an, wo er wegen seiner Erfahrung die Erlaubnis erhielt, einen Zweijahreskurs in elf Monaten zu absolvieren. Er wohnte aber wie alle anderen Schüler im Wohnheim und teilte sich auch die Pflichten mit ihnen. Weil es ihm darum ging, möglichst leichte Schuhe zu produzieren, erschien er zum Unterricht meist mit seiner Waage. Rudolf führte unterdessen die Firma mit rund siebzig Mitarbeitern alleine weiter.

Zu Adis Lehrern an der Schuhfachschule zählte Franz Martz, der in Pirmasens als Leistenmodelleur einen hervorragenden Ruf genoss. Bei einem Termin im Haus des Technikers lernte Adi dessen Tochter Käthe kennen. Das 15-jährige blonde Mädchen war das zweitälteste der sechs Kinder der Familie Martz. Franz Martz sah mit Wohlwollen, dass sich zwischen seinem Schüler und seiner Tochter eine Beziehung anbahnte. Neben Rudolf Dassler war er Trauzeuge, als das Paar an einem gründlich verregneten Tag im März 1934 in Pirmasens heiratete. Die temperamentvolle Braut bekam schnell einen Vorgeschmack von dem, was sie in ihrer Ehe erwartete: Adi entführte sie zur Hochzeitsreise erst einmal an den Schliersee, um ihr das Skifahren beizubringen.

Wieder in Herzogenaurach, bezog das Paar das Erdgeschoss in der neuen Villa der Familie neben der Schuhfabrik. Das wesentlich kleinere Haus am Hirtengraben überließen sie Fritz. In der ehemaligen Waschküche hielt die Lederhosenfabrik Kraxler Einzug. Rudolf bewohnte im neuen Haus mit Frau und Kind den ersten Stock, während die zweite Etage den Eltern Christoph und Paulina vorbehalten blieb. Doch schon bald sollte der Haussegen in der Großfamilie schief hängen.

Kapitel 2

Der Owens-Coup

Die Geschäfte der Gebrüder Dassler entwickelten sich unter den Nationalsozialisten blendend. Nach der Machtübernahme im Januar 1933 setzten die Nazis schnell ihr diktatorisches Programm in die Tat um. Zu den vordringlichen Zielen der neuen Machthaber zählte die Förderung des Sports. Er schien Hitler das geeignete Instrument, um militärische Tugenden wie Disziplin und Kameradschaft zu fördern und eine Armee athletischer junger Männer heranzuzüchten. Seine Vorstellung von einer erfolgreichen Sportpolitik hielt er in *Mein Kampf* folgendermaßen fest: »Man gebe der Nation 6 Millionen sportlich tadellos trainierte Körper, alle von fanatischer Vaterlandsliebe durchglüht und zu höchstem Angriffsgeist erzogen, und ein nationaler Staat wird aus ihnen, wenn notwendig, in nicht einmal zwei Jahren, eine Armee geschaffen haben.«

Überdies besaßen Sporterfolge einen hohen Propagandawert. In diesem Sinne wurde der deutsche Sport neu organisiert. Nach dem Prinzip der Gleichschaltung wurden sämtliche Klubs und Vereine unter dem NS-Banner zur Zusammenarbeit gezwungen. Der Sport galt im »Dritten Reich« als Akt der politischen Überzeugung und Vaterlandsliebe. Auch der Aufbau der Hitlerjugend war Teil der NS-Sportpolitik, deren Programm teils aus sportlicher Betätigung, teils aus politischer Erziehung bestand und die bald Millionen deutsche Jugendliche erfasste.

Mit der Durchsetzung dieser Ideologie stieg die Nachfrage nach Sportschuhen zur Freude der Dasslers sprunghaft an. Die Fabrik wurde mehrmals erweitert, erhielt Anbauten und um 1935 einen Eingangsturm. Außerdem wurde später ein zweites Werk am anderen Ufer der Aurach in der Würzburger Straße erworben.

Adi schloss sich der Jugendorganisation an, um weiterhin Kontakte zu den jungen Sportlern der Stadt zu pflegen. Später erklärte er, er sei 1935 der Hitlerjugend beigetreten und habe als Trainer und Zulieferer fungiert. Bei einer Parade für eine lokale Parteigröße sah man ihn in Naziuniform – mit dem Hakenkreuz am Revers.

Hitler selbst begeisterte sich vor allem für Autorennen und Boxen, zwei sehr populäre Sportarten, die ebenfalls nationalsozialistisch aufgeladen und in entsprechende Rituale eingebunden wurden. Auf Fototermine mit Max Schmeling, dem Meister im Schwergewicht, der zum größten deutschen Sporthelden der Zwischenkriegszeit werden sollte, legte der »Führer« größten Wert. Der Boxer wurde mehrmals zum Tee zu Hitler gebeten, obwohl er sich standhaft weigerte, der Partei beizutreten.

Max Schmeling, der Anfang der Dreißigerjahre lange Zeit in den USA gelebt hatte, lehnte auch das Ansinnen der NS-Führung ab, seinen jüdischen Manager Joe Jacobs zu entlassen. Eine Kostprobe des um sich greifenden Antisemitismus in seiner Heimat bekam er, als der Empfangschef eines vornehmen Berliner Hotels es ablehnte, Jacobs ein Zimmer zu vermieten. »Wenn das in New York in die Zeitungen kommt«, drohte Schmeling, »haben Sie zum letzten Mal amerikanische Gäste gesehen. Ist das Zimmer jetzt frei oder nicht?« Der Mann an der Rezeption füllte kleinlaut das Formular aus.

Nachdem es nicht gelungen war, Max Schmeling zu vereinnahmen, verzichtete das Propagandaministerium darauf, ihn vor seinem Kampf um den Weltmeistertitel im Schwergewicht zu unterstützen, der am 19. Juni 1936 in New York stattfand. Es sah so aus, als hätte der Deutsche ohnehin keine Chance gegen seinen Gegner Joe Louis, den Afroamerikaner, der als unschlagbar galt. Doch die Propagandabosse des Regimes schlugen einen anderen Ton an, als Schmeling den sogenannten »Braunen Bomber« durch K.o. besiegte. Unter den Telegrammen, die er anschließend in seinem Hotelzimmer vorfand, war auch eines von Josef Goebbels: »Zu Ihrem wunderbaren Sieg, den wir heute Nacht am Rundfunk erlebt haben, meine allerherzlichsten Glückwünsche. Ich weiß, daß Sie für Deutschland gekämpft haben. Ihr Sieg ist ein deutscher Sieg. Wir sind stolz auf Sie. Mit Heil Hitler und herzlichen Grüßen, Ihr Dr. Goebbels« In den Wochen darauf wurde der Sieg des »arischen« Boxers über den »Neger« propagandistisch ins Rampenlicht gesetzt. Das Regime hätte sich keinen besseren Auftakt für die Olympischen Spiele wünschen können, die im folgenden Monat in Berlin begannen.

Die Spiele waren der deutschen Hauptstadt schon zwei Jahre vor der Machtübernahme der Nationalsozialisten zugesagt worden. Hitler aber sah die Wettkämpfe als Angelegenheit von höchster Priorität für das »Dritte Reich«, denn sie boten eine hervorragende Bühne, um die angebliche Überlegenheit der »arischen Rasse« zu demonstrieren. Gleichzeitig hoffte man, die anderen europäischen Nationen etwas besänftigen zu können, die die Entwicklungen in Deutschland mit wachsender Sorge beobachteten.

Einige Stimmen im Internationalen Olympischen Komitee wandten bereits ein, unter den gegebenen Umständen könnten die Spiele nicht in Berlin stattfinden. Zu den prominenten Opfern der Rassenpolitik gehörte Helena Mayer, die als Fechterin zur Olympiade antreten wollte. Sie hatte 1928 für Deutschland Gold geholt, aber weil ihr Vater Jude war, wurde ihr die Teilnahme in Berlin verboten. Theodor Lewald, der keinen rein arischen Stammbaum nachweisen konnte, wurde seines Amtes als Präsident des deutschen Olympischen Komitees enthoben.

Die Dassler-Brüder fürchteten, mit den Spielen eine erstklassige Werbefläche zu verlieren. Dank der Unterstützung durch Jo Waitzer hatten ihre Sportschuhe inzwischen auch jenseits der deutschen Grenzen einen guten Ruf erworben. Bei der letzten Olympiade von 1932 waren sie dank der deutschen Athleten, die in »Waitzer-Schuhen« antraten, bis nach Amerika vorgedrungen; unter anderem mit Arthur Jonath, der die Bronzemedaille im 100-Meter-Lauf gewann. Die Olympiade in Berlin sollte für die Dasslers ein Heimspiel werden. Nach wie vor konnten sie sich auf die Hilfe von Josef Waitzer verlassen, den die Nazis wieder als Trainer für die deutschen Leichtathleten engagiert hatten.

Im Vorfeld der Olympiade meldeten sich jedoch die amerikanischen Sportler mit massiven Protesten zu Wort, auf Großkundgebungen in New York wurde ein Boykott der »NS-Spiele« gefordert. Die Debatte tobte drei Jahre lang. Schließlich beschloss Avery Brundage, der Präsident des US-amerikanischen Olympischen Komitees, sich persönlich ein Bild von der Lage zu machen. Doch Josef Goebbels wickelte seinen amerikanischen Gast nach allen Regeln der Kunst ein, und als Brundage in die Vereinigten Staaten zurückkehrte, war er davon überzeugt, dass die Juden im deutschen Sport eine faire Chance erhielten.

Wie stur und rücksichtslos: Die Rassentrennung wurde schon durch die im September 1935 erlassenen Nürnberger Gesetze zementiert. Aller bürgerlichen Rechte beraubt, durften Juden sowie Menschen mit teilweise jüdischen Vorfahren keiner Sportorganisation beitreten.

Dennoch, Avery Brundage setzte sich durch. Autokratisch verfocht er Pierre de Coubertins Credo, dass ungeachtet der Umstände die Olympischen Spiele alle vier Jahre stattfinden sollten, und machte seine Kritiker mundtot. Bei einer Versammlung der Amateur Athletic Union (Verband der Amateursportler) im Dezember 1935 wurde der Vorschlag, die Spiele in Berlin zu boykottieren, mit knapper Mehrheit abgelehnt. So steuerte der Transatlantikliner »Manhattan« schließlich mit den amerikanischen Athleten an Bord Hamburg an.

Unterdessen sorgte der deutsche Antisemitismus bei den europäischen Nachbarn für wachsende Empörung. Kurz vor der Eröffnung der Olympiade äußerte Henri Baillet-Latour, Präsident des Internationalen Olympischen Komitees, sein Entsetzen über die vielen antisemitischen Plakate, die er im ganzen Land gesehen hatte. Als einer der wenigen, die Hitler die Stirn boten, erklärte er dem »Führer«, dass die Parolen entfernt werden müssten – sonst würden die Spiele abgesagt. Hitler, der seinen Zorn nur mühsam zügeln konnte, befahl, die Hetzplakate abzuhängen.

Ungeachtet dieser Konzessionen war Hitler entschlossen, die Olympiade im großen Stil zu inszenieren. Die regimetreue Regisseurin Leni Riefenstahl erhielt unbegrenzte Mittel für ihre Filmarbeiten bei diesem Ereignis. Hitler ordnete den Bau eines bombastischen Stadions an, beklagte sich aber unentwegt, dass alles zu klein ausfalle. Das olympische Dorf war zwischen gepflegten Rasenflächen und eigens angelegten Teichen in einem majestätischen Wald angesiedelt und bestand aus zahlreichen geräumigen Bungalows, einer Kantine, einer Bücherei und vielen weiteren Einrichtungen. Mehrere Wochen lang trainierten und plauderten hier Athleten aus aller Welt, ohne zu ahnen, welche Gräuel die deutschen Machthaber planten.

Unter den Sportlern im Dorf genoss ein Kurzstreckenläufer größte Bewunderung. Jesse Owens, Sohn eines Baumwollpflückers aus Alabama, hatte dank eines Stipendiums an der Universität von Ohio sein außerordentliches Sporttalent trainieren können. Seine große Stunde kam am 25. Mai 1935 bei einem Universitätswettkampf in Ann

Arbor, Michigan. Hier stellte Owens innerhalb von 45 Minuten vier Weltrekorde auf. Wie es in den nächsten Tagen in der amerikanischen Presse hieß, hatte Hitler sich persönlich nach dem schwarzen Rekordbrecher erkundigt, der die deutschen Medaillenhoffnungen für Berlin bedrohte.

Deutsche Zeitungen druckten Owens' Foto zusammen mit dem Bild eines Affen ab und schrieben seine Schnelligkeit »animalischen Qualitäten« zu. Dennoch feierte ihn die deutsche Öffentlichkeit für seine Leistungen. Zu seinem Erstaunen skandierten seine Bewunderer seinen Namen, als er in Hamburg von Bord ging.

Adi Dassler hatte größte Hochachtung vor Owens' Können und setzte alles daran, den schwarzen Sportler mit seinen Schuhen zu versorgen. Sein Freund Josef Waitzer hielt es allerdings für ratsam, zurückhaltend aufzutreten. Bestimmt seien die Nazis nicht begeistert, wenn sie herausfänden, dass eine fränkische Schuhfabrik die Spikes lieferte, mit denen ein »Neger« ihre arischen Sportler schlug. Aber Dassler ließ sich nicht beirren. Sollten die Politiker sagen, was sie wollten, Jesse Owens war ein großartiger Athlet, und er würde zweifellos der Held der Berliner Olympiade werden.

Adi Dassler stieg in seinen Opel Olympia, das jüngste Modell aus deutscher Produktion, und fuhr auf der neu gebauten Autobahn nach Berlin. An der Seite von Josef Waitzer gewährte man ihm, mit mehreren Paar Sportschuhen und einem Reparaturköfferchen ausgerüstet, ohne Umstände Zugang zum olympischen Dorf. Bei den amerikanischen Wettkämpfern angelangt, packte Adi schüchtern seine Sportschuhe aus und konnte Jesse Owens schließlich mit Händen und Füßen dazu bewegen, sie anzuprobieren.

Besonders hart umkämpft waren die Medaillen im Weitsprung. Hier maß sich Jesse Owens mit dem Deutschen Lutz Long, der ohne Weiteres als arischer Musterknabe hätte posieren können. Nach einem hitzigen Duell trat Lutz Long zu seinem letzten Sprung an. Hitler strahlte, als der Deutsche, der alles gab, mit erstaunlichen 7,87 Metern den von Owens zuvor aufgestellten olympischen Rekord brach.

Doch der Amerikaner war sichtlich unbeeindruckt. Beifall brauste auf, als er sich auf seinen letzten Sprung vorbereitete. Nach zwei langen Minuten stiller Konzentration sprintete Owens in vollem Tempo auf das Brett zu. Er stieß sich mit solcher Kraft ab, dass es einen

Augenblick den Anschein hatte, als würde er über der Sandgrube schweben. Owens übertraf den vorherigen Rekord mit unglaublichen 8,06 Meter. Zu Hitlers Entsetzen schloss Lutz Long den Sieger spontan in die Arme und gratulierte ihm. Arm in Arm und freundschaftlich plaudernd, gingen der »Arier« und der »Neger« an der Loge des beleidigten »Führers« vorbei.

Auch bei den Laufwettkämpfen wurden die Leistungen des Amerikaners von Adolf Hitler geschmäht: Er stürmte nach dem spektakulären Triumph des Schwarzen über 100 Meter wortlos aus seiner Loge. Aber Owens ignorierte das Durcheinander. Mit erstaunlicher Gelassenheit holte er zwei weitere Goldmedaillen über 200 Meter und im Staffellauf. Unter den begeisterten Zuschauern war auch Adi Dassler, der sich vor Stolz und Aufregung kaum halten konnte: Owens trug Rennschuhe aus seiner Fertigung.

Owens Erfolge festigten den guten Ruf der Dassler-Schuhe unter den berühmtesten Sportlern der Welt. Bereits etabliert als führender Sportschuhhersteller des Landes, flatterten nun Briefe aus aller Welt auf den Schreibtisch der Brüder. Die Trainer anderer Nationalmannschaften interessierten sich für die Schuhe. Athleten, die zu internationalen Wettkämpfen nach Deutschland kamen, schauten in Herzogenaurach vorbei, um den Schuh zu testen, den Jesse Owens getragen hatte.

Doch mittlerweile wuchsen die Spannungen in der Familie. Während die Firma auf Erfolgskurs blieb, sorgten die unterschiedlichen Charaktere der Brüder für Zwist. Rudolf, unter dessen Regie der Umsatz des Unternehmens rapide anstieg, hatte für die Leidenschaft, mit der Adi an seinen Sportschuhen tüftelte, wenig Verständnis. Immer wieder verlor er die Geduld, wenn sein Bruder so tat, als gingen ihn die geschäftlichen Aspekte nichts an. Adi hingegen störte sich an der großtuerischen, lauten Art seines älteren Bruders.

Während diese Differenzen im Betrieb schon zu unangenehmen Wortwechseln führten, schlugen die Frauen der Familie in der benachbarten Villa einen noch schärferen Ton an. Rudolfs Friedl, eine auf Harmonie bedachte, zurückhaltende Frau, hatte sich durch ihre Anpassungsfähigkeit die Zuneigung ihrer Schwiegereltern erworben. Sie kümmerte sich um ihren Sohn Armin, war aber auch immer bereit, in der Firma einzuspringen. Dass ihr Mann sich gern amüsierte, tolerierte sie stillschweigend, und auch seinen barschen Ton nahm sie hin. Nach den ultrakonservativen Vorstellungen der alten Dasslers war sie eine vorbildliche Schwiegertochter.

Adis Frau Käthe war hingegen selbstbewusster. Zwar bediente auch sie ihren Mann, ohne zu murren, und stand jeden Morgen um vier auf, nur um ihm Würstchen zu braten. Sie sah auch geduldig zu, wenn er Hochsprung übte, und packte ihm die Brotzeit für die Fußballspiele am Wochenende ein. Dennoch, es dauerte seine Zeit, bis die junge Frau sich eingelebt hatte. »Sie war ein ernster Mensch, doch das lockere Pfälzer Temperament in ihrer Umgebung gewöhnt«, schrieb Hermann Utermann, der Biograf der Familie. Diese dickköpfige Käthe bekam immer wieder mit dem Rest der Familie Streit. »Besonders leicht machte es ihr auch nicht die Familie ihres Schwagers«, stellt Utermann fest. Ein allgemeiner Eindruck war, dass kurz nach Käthes Ankunft die Atmosphäre in der Villa immer angespannter wurde. Friedls Schwester Betti, sonst ein regelmäßiger Gast, kam nun seltener nach Herzogenaurach. »Käthe hatte gelernt, sich zu wehren«, sagte sie. »Ständig wurde wegen irgendetwas gestritten.« Wegen Käthes leicht trotziger Haltung kam Rudolf zu der Überzeugung, sie hätte etwas gegen ihn – sie, ein ehrgeiziger Eindringling, der das zuvor so enge Verhältnis zwischen den Brüdern vorsätzlich zerstörte.

Weiteren Konfliktstoff lieferte die Politik. Die Brüder hatten sich zwar beide auf die Nazibewegung eingelassen: Sie unterschrieben ihre Briefe konsequent mit dem obligatorischen »Heil Hitler!«; beide waren auch Mitglieder beim NS-Kraftfahrkorps (NSKK), das 1931 gegründet wurde und zunächst eine Unterabteilung der SA war. Dennoch waren sie nicht immer gleichermaßen bei der Sache. Während Rudolf dem Regime unkritisch gegenüberstand, hatte Adi zum Teil seine eigenen Ansichten und Methoden.

Zum Beispiel war da Hans Zenger, ein Mitarbeiter der Firma, den Adi unter seinen Schutz stellte. Nach einem unbotmäßigen Auftritt beim Besuch eines Obersturmbannführers in Herzogenaurach im Jahr 1937 war er aus der Hitlerjugend ausgeschlossen worden, und Adolf Dassler wurde aufgefordert, Zenger zu entlassen. Das tat der aber nicht. »Adi Dassler hat meine Entlassung verhindert«, erinnert sich Zenger. »Er wusste, dass ich wohl an der Front gelandet wäre, wenn mich die Gebrüder Dassler entlassen hätten.«

Solchen Ereignissen folgten regelmäßig Auseinandersetzungen zwischen den Brüdern, die die Frage aufwarfen, wer denn nun in der Firma das Sagen habe. Aber es kam noch schlimmer: Mit dem Ausbruch des Krieges schlugen die Reibereien zwischen den beiden Paaren in offene Feindschaft um.

Kapitel 3

Bruderkrieg

Nach der Olympiade in Berlin hatte das Unternehmen durch die Sportbegeisterung der Nazis enormen Auftrieb erhalten. Vor 1939 war der Jahresabsatz auf sensationelle 200 000 Paar gestiegen. Aber als das Regime mit Beginn des Zweiten Weltkriegs seine Prioritäten auf das Schlachtfeld verlegte, war es mit dem Höhenflug der Sportschuhhersteller vorerst vorbei.

Die Schwierigkeiten begannen am 28. August 1939, als Hitlers Regime für alle wichtigen Güter die Bezugsscheinpflicht einführte. Von nun an gehörten Schuhe zu den Produkten, die man nur mit Marken erwerben konnte, und die Gebrüder Dassler mussten die Produktion diesem Sachverhalt anpassen. Während das NS-Regime den Übergang zu der neuen Regelung organisatorisch vorbereitete, kam der Verkauf völlig zum Erliegen. Kurze Zeit später erhielten die Dasslers die Anweisung, die Belegschaft und die Produktion um die Hälfte herunterzufahren.

Nach der Umstrukturierung der Wirtschaft wurde die deutsche Schuhindustrie insgesamt der Reichswirtschaftsgruppe für Leder unterstellt. Die Beamten in Berlin stellten auf umfangreichen Diagrammen halbjährliche Instruktionen für die Schuhproduktion des gesamten Landes zusammen – wobei genau festgelegt war, welches Kontingent auf Armeestiefel und anderes militärisches Schuhwerk entfiel. Sportschuhe waren in der Planung der NS-Behörde nicht vorgesehen.

Offenbar ließen sich die Zuständigen die Sache einige Monate lang durch den Kopf gehen, ordneten aber dann Ende 1939 die völlige Schließung des Unternehmens für das folgende Jahr an – eine Entscheidung, die kurze Zeit später zurückgenommen wurde, vermutlich weil die Machthaber wenigstens eine Fabrik benötigten, die Sportschuhe herstellte. Schließlich bekam die Firma die Genehmigung, 6 000 Paar pro Monat zu produzieren.

Am 7. August 1940 erhielt Adi den schon länger befürchteten Brief von der Wehrmacht. Er wurde aufgefordert, sich Anfang Dezember zur Ausbildung als Funker beim Nachrichtenregiment 13 in Buchenbühl bei Nürnberg zu melden. Unter den Einberufenen waren auch Christoph Zehlein, einer der engsten Freunde der Dassler-Brüder, sowie die beiden Söhne ihrer Schwester Marie.

Anders als seine beiden Neffen wurde Adi von seinen militärischen Pflichten bald wieder entbunden. Im Rang eines Offiziers wurde er am 28. Februar 1941 nach drei kurzen Monaten bei der Wehrmacht als unabkömmlich eingestuft. Er konnte die Behörden offenbar überzeugen, dass seine technischen Fachkenntnisse für die Produktion unverzichtbar waren. Inzwischen war die Sportschuhherstellung streng reglementiert und auf die Disziplinen beschränkt, die den Nazis am meisten am Herzen lagen. In einem Brief an ihre Vertriebspartner erklärten die Dasslers, ihr Sortiment habe zu 80 Prozent aus Turnschuhen, gefolgt von Fußballschuhen mit 15 Prozent und Laufschuhen mit 5 Prozent, zu bestehen. Die NS-Vorschriften sahen außerdem vor, dass die Händler ihre Bestellung für die drei Kategorien in genau diesem Mengenverhältnis abgeben mussten. Nach wie vor wurden im Katalog »Waitzer«-Laufschuhe angeboten, daneben war das Fußballschuhsortiment um Modelle mit Namen wie »Kampf« und »Blitz« erweitert worden.

Während deutsche Soldaten Europa verwüsteten, ging das Leben im kleinstädtischen Herzogenaurach beinahe den gewohnten Gang. Auch die Dasslers hatten wie ihre Nachbarn inzwischen zur Selbstversorgung Gemüsebeete im Garten angelegt. Käthe hielt außerdem Hühner und einige Schweine. Nachdem Adi wieder zu Hause war, führte die Familie, zu der mittlerweile neben Inge und Horst, den Ältesten, auch noch Karin und Brigitte gehörten, ein geradezu idyllisches Leben. Sonntags trafen sie sich mit Freunden zu einem ausgedehnten Frühstück oder organisierten Picknicks an den Ufern der Aurach.

Im Verlauf des Krieges schlossen die Behörden immer mehr kleinere Fabriken und konzentrierten die Herstellung auf wenige größere Unternehmen. Obwohl Gebrüder Dassler ein Kleinstbetrieb war, entging er immer wieder der Schließung. Während die Bürokraten in Berlin Hunderte Firmen zwangsstilllegten, wurde den Dasslers eine Verdoppelung des monatlichen Kontingents zugebilligt. Weil aber immer mehr Männer eingezogen wurden, fehlte im Betrieb bald Personal. Um seine Aufträge erfüllen zu können, forderte Adi Dassler deshalb im Oktober 1942 fünf russische Kriegsgefangene an.

Unterdessen bekamen auch die Bewohner der deutschen Städte durch die schweren Bombardierungen die Folgen des Krieges zu spüren. In Herzogenaurach zitterten die Menschen im Februar 1943 zwei Nächte lang in ihren Kellern, als Bombergeschwader über den Ort hinwegzogen, um Nürnberg und Würzburg in Schutt und Asche zu legen. Das Städtchen selbst blieb weitgehend verschont, nur fünf Menschen kamen durch Streubomben um. Die Eröffnung der Ostfront (im Juni 1941) hatte für die Söhne der Stadt weitaus größere Konsequenzen.

Auch in der Familie Dassler hinterließ die angespannte Kriegsatmosphäre ihre Spuren. Vor allem Rudolf sorgte für Unfrieden. Seine Schwester Marie war zum Beispiel am Boden zerstört, als er sich weigerte, ihre beiden Söhne in der Firma zu beschäftigen. »Rudolf wies ihre Bitten einfach ab und meinte, es gebe schon genügend familiäre Probleme im Betrieb«, erinnert sich seine Schwägerin Betti. »Er konnte unglaublich grob und gemein sein.«

Fritz, der älteste der drei Brüder, ergriff meist für Rudolf Partei. Er führte im alten Haus der Familie am Hirtengraben eine Lederhosenfabrik, die nun verpflichtet wurde, Brotsäcke für deutsche Soldaten herzustellen. Fritz war ebenfalls überzeugter Nazi, er trug das Parteiabzeichen mit dem Hakenkreuz stolz am Revers. Bei Kriegsausbruch arrangierte er sich zwar mit seinen Brüdern, um einige Mitarbeiter zu schützen, aber später wechselten er und Adi kaum noch ein Wort.

Fritz zögerte beispielsweise nicht, die junge Maria Ploner zum Einsatz als Flakhelferin freizustellen. Sie hatte seit 1938 für ihn Leder genäht und war zuvor vier Jahre lang bei den Gebrüdern Dassler beschäftigt gewesen. Adi war tief betroffen, als er erfuhr, dass Maria ihren Arbeitsplatz in der Lederhosenfabrik verlieren sollte. »Er hat gefunden, dass Fritz nicht anständig war, weil schon meine beiden Brüder an der Front waren«, erinnert sich Maria Ploner. Adi Dassler brachte sie in seiner Firma unter, wo sie bis zum Kriegsende unbehelligt arbeiten konnte. Auch Marias Vater, Jakob Ploner, einen stadtbekannten Kommunisten, konnte er offensichtlich durch die Beschäftigung in seiner Fabrik beschützen.

Adis frühe Entlassung aus dem Militärdienst sorgte für weiteren Unmut. Es sah jetzt so aus, als sei der jüngere Bruder der Unentbehrlichere im Führungsduo, was Rudolf und Friedl verdross. Sie redeten sich ein, dass Adi unter dem schlechten Einfluss von Käthe vorhabe, sie beide auszubooten. Die wachsenden Spannungen entluden sich schließlich in handfestem Streit, und Rudolfs Verdächtigungen gewannen allmählich paranoiden Charakter.

Als wieder einmal nachts die Bomber über Herzogenaurach flogen, suchte Rudolf mit Armin, Friedl und Betti Zuflucht im Luftschutzkeller. Kurze Zeit später stießen Käthe und der schlecht gelaunte Adi dazu. »Da sind die Schweinehunde wieder«, polterte Adi, als er den Keller betrat. Für Betti lag auf der Hand, dass er die Kampfflugzeuge meinte, aber Rudolf platzte vor Wut. »Man konnte Rudolf nicht klarmachen, dass die Bemerkung nicht auf ihn gemünzt war«, erinnert sich Betti.

Aus dem Hickhack wurde blanker Hass, als Hitler im Januar 1943 die »totale Mobilmachung« anordnete, um doch noch den Endsieg zu erzwingen. Dies bedeutete, dass alle Männer im Alter von 16 bis 65 Jahren und alle Frauen zwischen 17 und 45 Jahren zur Verteidigung des Reichs herangezogen werden konnten. Während Adi Dassler nach wie vor als unabkömmlich galt, kam Rudolf als Notdienstverpflichteter zu einem Regiment im sächsischen Glauchau.

Anfang April wurde Rudolf einer Zolldienststelle in der Kleinstadt Tuschin im Kreis Litzmannstadt zugewiesen. So hieß die polnische Ortschaft Lodz während der deutschen Besatzung, die (bevor Rudolf dort eintraf) für die Ermordung fast der gesamten jüdischen Bevölkerung der Stadt verantwortlich war. Wegen angeblicher Nachtblindheit erhielt Rudolf einen Posten in der Schreibstube. Verglichen mit Millionen anderen deutschen Soldaten, hatte er es gut getroffen, aber er kam nicht darüber hinweg, dass sein Bruder nicht eingezogen worden war. Käthe Dassler erinnerte sich später an einen bitteren Brief Rudolfs: »Ich werde nicht davor zurückschrecken, eine Betriebsstilllegung zu beantragen«, schrieb er aus Tuschin an Adi, »damit auch Du einer Tätigkeit zugeführt wirst, bei der Du den Vorgesetzten spielen kannst und als erstklassiger Sportler Gewehrträger wirst.«

Sechs Monate später schien es, als hätte Rudolf sein Ziel erreicht. Ein Schreiben aus Berlin teilte Adi mit, dass die Schuhfabrik stillgelegt werden sollte. Der Krieg fordere die Requirierung weiterer Arbeiter und Maschinen für die Waffenproduktion. Josef Goebbels rief den »totalen Krieg« aus, was für die deutsche Zivilbevölkerung noch größere Schrecken brachte. Die letzten Reserven des Landes wurden für den Krieg mobilisiert, sodass die verbleibende Zivilbevölkerung, aber vor allem die Kriegsgefangenen und Zwangsarbeiter bis zu siebzig Stunden und mehr pro Woche in den Rüstungsfabriken schuften mussten. Sportschuhe wurden nicht mehr gebraucht, denn kulturelle und sportliche Ereignisse hatten im »totalen Krieg« nichts verloren. Die Maschinen der Fabrik sollten unterdessen zur Herstellung von Ersatzteilen für Panzer und Panzerfäuste eingesetzt werden.

Rudolf, der gerade auf Heimaturlaub war, als die Entscheidung bekannt wurde, eilte in die Fabrik, um einige Ledervorräte in Sicherheit zu bringen und die Schuhproduktion sofort zu beenden. Empört stellte er fest, dass sein Bruder vor ihm im Lager gewesen war und bereits Leder beiseitegeschafft hatte, also wandte er sich an einige hochrangige Freunde bei der NS-Kreisleitung. Umgehend wurde Adi ins Amt zitiert. »Mein Schwager [war] dort vermutlich eine große Nummer, denn mein Mann wurde aufgefordert, sich unverzüglich zu melden, wobei er von diesen Herren beleidigend behandelt wurde«, hielt Käthe Dassler später fest.

Die Aufregung legte sich, als Rudolf in seine Zolldienststelle zurückkehrte. Doch auch im fernen Polen setzte er alles daran, die Kontrolle über die Firma zurückzugewinnen. Durch seine Kontakte bei der Luftwaffe bemühte er sich, statt der Rüstungsgüter einen Auftrag zur Fertigung von Fallschirmspringerstiefeln zu erhalten, für die er persönlich ein Patent angemeldet hatte. Rudolf hoffte, wenn die Firma mit der Stiefelherstellung betraut würde, könne er nach Herzogenaurach zurückkehren und die Sache in die Hand nehmen. Zu seinem Leidwesen stellte sich heraus, dass das Patent Mängel aufwies. Aus dem Plan wurde nichts.

Während Adi Panzerteile fertigte, rückten die Panzer der Roten Armee bis nach Tuschin vor, wo sein Bruder Dienst tat. Anfang 1945 war die Lage so bedrohlich, dass Rudolf desertierte. Als Motiv gab er später an, seine Einheit sei der SS zugeteilt worden – Himmlers sogenannter Schutzstaffel. »Dieser Umstand, meine Abneigung gegen Himmlers Polizeiherrschaft, die Nähe der Front und die Tatsache, dass der Krieg längst verloren war, veranlassten mich Mitte Januar

1945, mich jeder weiteren Dienstleistung zu entziehen«, schrieb er später in einer inoffiziellen Darstellung. Als Rudolf erschöpft und völlig aufgelöst in Herzogenaurach eintraf, suchte er schnurstracks einen befreundeten Arzt auf, der ihm in einem Attest bescheinigte, er sei wegen einer Erfrierung am Fuß dienstuntauglich.

Einige Wochen später erfuhr er, dass seine frühere Einheit in Tuschin aufgelöst worden war, als sowjetische Panzer am 19. Januar Lodz befreiten. Aber das »Dritte Reich« hatte noch nicht kapituliert, und wie Rudolf berichtet, hatten ihm seine Vorgesetzten bei der SS befohlen, sich bei einer ihrer Unterorganisationen zum Dienst zu melden: dem berüchtigten Sicherheitsdienst (SD). Der von Himmler gegründete Nachrichtendienst unterstand seit 1943 der Führung von Ernst Kaltenbrunner. In dieser Funktion war Kaltenbrunner maßgeblich verantwortlich für die Deportation Hunderttausender Juden in die Vernichtungslager. In zahlreichen Fällen schaltete er sich persönlich ein, um die Verfolgung zu intensivieren. Er war namentlich an der Vorbereitung der Deportation der ungarischen Juden in entscheidender Weise beteiligt und drängte noch auf deren Durchführung, als sich die Rote Armee bereits kurz vor Budapest befand; es war Kaltenbrunner, der den Fußmarsch von 35 000 ungarischen Juden von Budapest bis zur österreichischen Grenze anordnete, der Tausende das Leben kostete. Rudolf war also nach eigenen Angaben zu einer Nebenstelle des SD nach Fürstenwalde bei Berlin beordert worden, hatte sich aber geweigert, für den SD zu arbeiten, und war zu dem Termin nicht erschienen.

Obwohl die Alliierten zügig vorrückten, hielten es eifrige Gestapo-Leute für sinnvoll, Rudolf Dassler als Deserteur anzuklagen. Nach seiner Darstellung meldete er sich am 13. März 1945 bei der Dienststelle in Nürnberg und erfuhr, er solle sich zur Verfügung halten, bis sein Fall geprüft sei. Ohne diese Anordnung zu beachten, verließ er das Gestapo-Gebäude unauffällig und kehrte am 29. März wieder nach Herzogenaurach zurück. Die 3. US-Armee unter Führung von General Patton hatte gerade bei Oppenheim den Rhein überquert, und Rudolf hatte gehört, dass sein Vater im Sterben lag. »Ich rechnete damit, dass mein Ausbleiben infolge der damaligen turbulenten Verhältnisse in Berlin keine besondere Beachtung mehr finden würde«, schrieb er.

Die Familie Dassler kam am 4. April zur Beerdigung von Christoph Dassler zusammen, dem bescheidenen Schuhmacher, der achtzigjährig an Herzversagen gestorben war. Am nächsten Tag hatte Rudolfs Schwägerin Betti düstere Vorahnungen, als sie auf das Haus der Dasslers zuging. Irgendetwas stimmte nicht. Als sie zur Tür hereinkam, fand sie ihre Schwester Friedl vor, die offenbar unter Schock stand und jammerte, Rudolf sei verhaftet worden. Die Gestapo hatte ihn geholt und für einige Tage in Nürnberg im Untersuchungsgefängnis an der Bärenschanzstraße inhaftiert. Erst nach der Befreiung durch die Amerikaner mehrere Tage später konnte er nach Hause zurückkehren.

In den vergangenen Monaten hatten nur noch die unbelehrbaren Anhänger des Regimes an den »Endsieg« geglaubt. Die Bewohner Herzogenaurachs machten sich jedenfalls Ende März 1945, als die US-Panzer den Rhein überquerten, auf die Ankunft der Alliierten gefasst. Die NS-Führung rief zwar pflichtgetreu zur Verteidigung der Stadt auf, was aber nur halbherzige Anstrengungen zur Folge hatte. Am Samstag, den 14. April, brachen sechzig Mann auf, um sich der US-Armee entgegenzustellen. Wenige Kilometer außerhalb der Stadt hatte sich jedoch bereits die Hälfte der Verteidiger unauffällig aus dem Staub gemacht. Da meinten auch die Übrigen, es habe keinen Sinn, und machten kehrt. Dieser nicht gerade glorreiche Rückzug wurde vollends zur Farce, als die Kämpfer einigen Frauen begegneten, die gerade den Weinkeller im benachbarten Anwesen des NS-Außenministers Joachim von Ribbentrop geplündert hatten. Ihre Beute, die sie in Körben davonschleppten, teilten sie großmütig mit den kampfesmüden Soldaten aus Herzogenaurach.

Die beiden Brücken über die Aurach wurden gesprengt, aber als die US-Truppen am Montag, den 16. April, in den frühen Morgenstunden einrückten, hatten sie von den Einheimischen wenig zu befürchten. Valentin Fröhlich, der konservative Bürgermeister der Vorkriegszeit, konnte ein Blutvergießen verhindern, indem er die überzeugten Nazis der Stadt bewog, sich zu ergeben. Wieder blieben den Bewohnern von Herzogenaurach die Sanktionen erspart, die die Menschen in anderen deutschen Städten beim Einzug der Alliierten erwarteten.

Wie der Biograf der Dasslers in seiner unveröffentlichten Darstellung schrieb, machten einige US-Panzer vor der Fabrik halt. Sie erwogen die Zerstörung des Gebäudes, in dem sie SS-Offiziere vermuteten, als eine junge Frau herauskam. Die 28-jährige Käthe marschierte tapfer auf die Soldaten zu und bat sie, die Fabrik stehen zu lassen. Die Menschen hier wollten nichts anderes, als Sportschuhe herzustellen, erklärte sie. Zweifellos war Käthes Charme hilfreich, aber die Amerikaner hatten noch ein anderes Motiv, das Anwesen der Dasslers unbeschädigt zu lassen: Die Villa war eines der besten Häuser der Stadt, und sie brauchten ein anständiges Quartier.

In den folgenden Wochen herrschten Chaos und Unsicherheit in der Kleinstadt. Valentin Fröhlich wurde vorübergehend wieder als Bürgermeister eingesetzt, während die amerikanischen Soldaten die berüchtigsten Nazis von Herzogenaurach dingfest machten. Um die Entnazifizierung voranzutreiben, mussten sich die Bewohner Filme über das unbeschreibliche Grauen ansehen, das die Soldaten bei der Befreiung des Konzentrationslagers Dachau vorgefunden hatten.

Als Rudolf Dassler gut zwei Wochen nach der Befreiung in seine Heimatstadt zurückkehrte, erklärte er, dieser Hölle gerade noch entronnen zu sein. Er berichtete seiner Familie, die ihn zuletzt bei der Verhaftung durch die Gestapo gesehen hatte, man habe ihn 14 Tage lang in einem Gefängnis festgehalten. Dann habe der zuständige Gestapo-Chef mehrere Häftlinge ausgewählt, die nach Dachau gebracht werden sollten. Die 26 Gefangenen hätten die fast 200 Kilometer zum Konzentrationslager, paarweise aneinandergekettet, zu Fuß zurücklegen müssen.

Unterwegs habe Ludwig Müller, der Fahrer, der den Marsch überwachte, von einem Offizier der Waffen-SS den Befehl erhalten, die Häftlinge zu erschießen. Müller missachtete laut Rudolf die Anweisung und führte die Männer weiter Richtung Süden, aber Dachau erreichten sie nicht. Der Konvoi wurde bei Pappenheim von den Amerikanern angehalten, und wie Rudolf berichtet, konnte Müller die Häftlinge nun erleichtert nach Hause schicken.

Nach seiner Rückkehr war Rudolf entschlossen, seinen Einfluss in der Firma wieder zu festigen. Doch am späten Nachmittag des 25. Juli wurde er erneut festgenommen. Diesmal befand er sich in der Hand amerikanischer Soldaten. Die Verhaftung erfolgte »automatisch« bei allen, die in bestimmten NS-Organisationen eine hohe Position innegehabt hatten. Im Fall von Rudolf Dassler hieß es im Haftbefehl, er stehe unter Verdacht, für den Sicherheitsdienst, in der Spionageabwehr und bei der Zensur gearbeitet zu haben.

Wie zahllose andere Frauen suchte Friedl Dassler, unterstützt von ihrer Schwester Betti, in dieser chaotischen Zeit verzweifelt nach ihrem Mann. Als sie Rudolf nach mehreren Wochen in einem Lager bei Hammelburg in Nordfranken fand, konnte er sich kaum halten vor Zorn. Er hatte von den Amerikanern gehört, dass er aufgrund einer Denunziation verhaftet worden war, und es gab für ihn nicht den geringsten Zweifel, wem er das zu verdanken hatte.

Kapitel 4

Der Bruch

Unterdessen musste Adi Dassler sehen, wo er sein Material herbekam. Im Elend der Nachkriegszeit war praktisch alles knapp, was man für die Herstellung von Sportschuhen benötigte, von Leder über Klebstoff bis zu Dornen. Für Millionen Deutsche, die im Müll nach Nahrung suchten und um Unterkunft bettelten, war Sport kein Thema. Die Rettung kam durch sportbegeisterte US-Soldaten, die nicht bereit waren, in einer bayerischen Kleinstadt herumzusitzen, ohne sich wenigstens ein-, zweimal die Woche ein Basketball- oder Baseballspiel zu gönnen.

Anders als die anderen Besatzungsmächte, die das in Zonen aufgeteilte Deutschland kontrollierten, betrachteten die Amerikaner den Sport als probates Mittel, um die Härten der Nachkriegsjahre zu mildern. Die zutiefst gedemütigten Deutschen konnten so wenigstens auf dem Fußballplatz etwas Dampf ablassen. Kaum sechs Monate nach Kriegsende, als andere Sportbegeisterung noch für unziemlich hielten, erlaubten die Amerikaner die Aufstellung einer Fußballliga für Süddeutschland. Auch im eigenen Interesse, denn für die Soldaten bestand das gesellschaftliche Leben in Deutschland fast ausschließlich aus sportlichen Aktivitäten. Und dafür brauchten sie ganze Wagenladungen Sportschuhe.

Als die Amerikaner erfuhren, dass Adi Dassler die Schuhe gefertigt hatte, mit denen Jesse Owens in Berlin seine Triumphe gefeiert hatte, verschafften sie der Fabrik umgehend eine Produktionsgenehmigung der Militärregierung. Und Anfang November 1945 wurden die Gebrüder Dassler beauftragt, Basketball- und Baseballschuhe zu produzieren.

Ganz erpicht auf die Dassler-Schuhe, besorgten die amerikanischen Soldaten in Herzogenaurach, was sie an brauchbarem Material auftreiben konnten. Eines Tages brachten sie leere Treibstoffbehälter aus stillgelegten Armeefahrzeugen, weil sie meinten, aus dem Gummi müssten sich doch Sohlen für ihre Sportschuhe machen lassen. Dann wieder wurde eine ganze Ladung ausrangierter Armeezelte geliefert. Sie mussten zwar mühsam gereinigt und ausgebürstet werden, aber schließlich gingen aus ihnen leichte Laufschuhe hervor.

Der Winter brachte neue Bestellungen. Monatelang durften die Dasslers mehrere tausend Paar Eishockeyschuhe fabrizieren. Die Firma hatte einen Großauftrag vom amerikanischen Hauptquartier in Garmisch-Patenkirchen erhalten. Ein Glückstreffer für Adi Dassler war eine Ladung Baseballhandschuhe. Er zerlegte sie und benutzte Streifen des feinen Leders für die Fersen und die Ösen seiner Laufschuhe.

Dank der Bestellungen des US-Army Exchange standen die Dasslers verhältnismäßig gut da. Während andere ums Überleben kämpften, konnte Adi Dassler Schuhe gegen kleine Extras für Frau und Kinder eintauschen. Die Villa war zwar von der US-Armee requiriert, sodass die Familie in den »Turm«, das hohe Nebengebäude der Fabrik, ziehen musste. Aber im Vergleich zu anderen Familien, die ihr Heim unter teilweise unzumutbaren Bedingungen mit Flüchtlingen aus den Ostgebieten teilen mussten, wohnten sie komfortabel. Kinder und Erwachsene lebten und arbeiteten relativ friedlich zusammen, um die Firma zu retten – bis ein stürmischer Rudolf zurückkehrte, um um die Firma zu kämpfen.

Mehrere Monate lang bestand das Internierungslager Hammelburg praktisch nur aus einem mit Stacheldraht umzäunten, von schwer bewaffneten Amerikanern bewachten Gelände. Die sanitären Bedingungen verbesserten sich erst, als nach und nach Baracken errichtet wurden. Rudolf Dassler, geführt als Häftling 2597, schrieb wiederholt an die Lagerleitung und bat um die Erlaubnis, nach Herzogenaurach zurückkehren zu dürfen. Aber Hammelburg war restlos überfüllt, und in den ersten Monaten nach Kriegsende bestanden die Amerikaner darauf, jeden Fall sorgfältig zu überprüfen.

Während seine Akte ganz unten in einem hohen Stapel ruhte, bereitete Rudolf Dassler seine Verteidigung vor. Außer ihm waren noch führende Nazis seiner Heimatstadt interniert. Noch wichtiger war für Rudolf, dass unter den Insassen mehrere bereit waren, als Zeugen zu seinen Gunsten auszusagen. Unter ihnen war Friedrich Block, sein unmittelbarer Vorgesetzter in Tuschin, der von den Amerikanern wegen seiner Tätigkeit beim Sicherheitsdienst verhaftet worden war. Ein Weiterer war Ludwig Müller, der mutmaßlich den Auftrag hatte, den Gefangenenkonvoi der Gestapo von Nürnberg nach Dachau zu bringen.

Die Aussage Blocks schien zu bestätigen, dass Rudolfs Rückkehr von Tuschin nach Herzogenaurach mittels einer Intrige verhindert werden sollte. Hatte der misstrauische Schuhfabrikant also doch richtig vermutet? Sein ehemaliger Vorgesetzter schrieb, Rudolf habe wiederholt um Urlaub gebeten, damit er sich um seine Firma kümmern könne. Block hatte schließlich versprochen, Dassler von seinen Pflichten zu entbinden, sofern die zuständigen Behörden ihr Plazet gaben. Doch dann erhielt Block »unaufgefordert vom Rüstungskommando Nürnberg unter ›geheim‹ eine Mitteilung, dass ihm Urlaub für Zwecke seines Betriebes nicht erteilt werden soll«.

Die von den Amerikanern geführten Ermittlungen deckten weitere Indizien auf. Sie stellten fest, dass Rudolf 1933 der NSDAP beigetreten war und sich 1941 freiwillig zur Wehrmacht gemeldet hatte. In der Dienststelle der Grenzpolizei in Tuschin hatte er Personenakten und Schmuggelfälle bearbeitet. Wesentlicher Anklagepunkt war jedoch Dasslers Tätigkeit für die Gestapo in Nürnberg im März 1945; Rudolf Dassler behauptete, er habe sich lediglich täglich im Amt melden müssen, solange die Ermittlungen wegen seines unerlaubten Weggangs aus Tuschin geführt wurden. Die Amerikaner kamen jedoch zu dem Schluss, dass er log.

In der Amtsprosa des mit dem Fall befassten US-Offiziers hieß es: »Seiner Ehefrau zufolge, in diesem Büro befragt, arbeitete er tatsächlich dort. Adolf Dassler, Bruder des Angeklagten, zufolge, ebenfalls in diesem Büro befragt, arbeitete Dassler tatsächlich dort.« Leicht gereizt nimmt der Offizier zu Rudolfs Behauptung Stellung, er sei von der Gestapo verhaftet und nach Dachau geschickt worden. »Dassler erinnert den Vernehmungsoffizier unentwegt an diese Tatsache«, hielt er fest. Doch »die Untersuchung in Herzogenaurach enthüllt, dass alle Informanten dies als fingierte Geschichte der Gestapo ansehen, um ihn angesichts seiner Tätigkeit in Polen bei der Abwehr, seiner Parteizugehörigkeit und seiner politischen NS-Ideale zu schützen«.

Dieses Fazit war für Rudolf Dassler nicht gerade schmeichelhaft. Der amerikanische Ermittler wollte Dassler offenbar nicht ungeschoren davonkommen lassen, aber Rudolf hatte trotzdem Glück: Das Chaos, das mittlerweile in dem Entnazifizierungslager herrschte, bewog die Amerikaner, einen anderen Weg einzuschlagen. Sie räumten ein, dass es Jahrzehnte dauern würde, jeden einzelnen Fall gewissenhaft zu prüfen. Ebenso wie bei Dassler bestanden unzählige andere Akten aus Behauptungen und Gegenbehauptungen, die kaum zu überprüfen waren, weil zahlreiche Dokumente, teilweise vorsätzlich, vernichtet worden waren. Die Verzögerungen sorgten in den Lagern für erhebliche Schwierigkeiten und erzeugten allgemeine Frustration, während die Beteiligten inzwischen zu der Überzeugung gelangt waren, dass alle Anstrengungen auf den Wiederaufbau gelenkt werden sollten. Deshalb beschlossen die Amerikaner, alle Gefangenen freizulassen, die nicht als Sicherheitsrisiko galten. Mit mehreren anderen Bürgern seiner Heimatstadt wurde Häftling 2597 am 31. Juli 1946 entlassen.

Als nun die beiden Brüder und ihre Frauen versuchten, Licht in die Geschehnisse der Kriegs- und Nachkriegszeit zu bringen, gab es hässliche Szenen. Zu besonders heftigen Wortgefechten kam es zwischen dem jähzornigen Rudolf, der zwanghaft an dem Glauben festhielt, sein Bruder habe ihn verraten, und Käthe, dieser temperamentvollen Frau, die ihren wortkargen Mann standhaft verteidigte. Rudolf war wütend, dass er wegen einer »bösartige[n] Denunziation«, wie er an die in Hammelburg Aufsicht führenden Amerikaner schrieb, verhaftet worden war. In seinen Augen war Käthe eine gehässige Hexe, die ihn schon immer hatte ausbooten wollen und ihn während des Krieges mit allerabscheulichsten Mitteln aus der Firma zu drängen versuchte. Käthe schoss mit wachsender Wut zurück. Sie leugnete entschieden, ihm Böses zu wollen, und konterte, Rudolfs Zorn habe ihn zu widerlichen Akten der Treulosigkeit verleitet.

Noch schlimmer wurde die Lage dadurch, dass die beiden Familien nun auf engstem Raum zusammenleben mussten. Der Turm war zwar groß genug, um die Wohnbereiche zu trennen, aber die Wände waren so dünn, dass die Kinder den wütenden Streit mitanhören mussten, der zwischen ihren Eltern tobte. Friedl hatte kurz vor Kriegsausbruch einen zweiten Sohn, Gerd, zur Welt gebracht. Adi und Käthe hatten vier Kinder: Ihr einziger Sohn, Horst, wurde im März 1936 geboren, zwei Jahre später gefolgt von seiner Schwester Inge. Horst und Inge wurden auf ein Schweizer Internat geschickt, während ihre jüngeren Geschwister Karin und Brigitte bei den Eltern blieben.

Endgültig unerträglich wurde die Situation, als Adi Dassler selbst vor dem Entnazifizierungsausschuss erscheinen musste. Rudolf verfolgte die Vorgänge genau, weil von der Entscheidung des Ausschusses abhing, wer im Unternehmen künftig das Sagen hatte. Von jetzt an flossen die Vorwürfe, die sich die beiden Paare an den Kopf warfen, in die Verhandlung ein, und Rudolf überhäufte seinen Bruder offenbar mit bösartigen Anschuldigungen.

Knapp zwei Wochen vor Rudolfs Freilassung, am 13. Juli 1946, war Adi als »Belasteter« eingestuft worden, was bedeutete, dass er das NS-Regime aktiv unterstützt und persönlich davon profitiert hatte. Die Einstufung in der amerikanischen Zone beruhte auf dem Fragebogen, auf dem jeder Bürger nach Kriegsende seine politische Tätigkeit detailliert schildern und ausgewiesene Demokraten als Zeugen für seine Angaben nennen musste. Diese Entscheidung war für Adi verheerend, denn sie bedeutete, dass er nicht mehr als Schuhfabrikant tätig sein konnte und ihm die Enteignung drohte.

Adi Dassler konnte nicht leugnen, dass er seit 1933 der Partei angehört hatte und seit 1935 bei der Hitlerjugend aktiv gewesen war. Aber es gelang ihm, in kurzer Zeit eine umfangreiche Akte zusammenzustellen, die die Behauptungen einiger Antifaschisten widerlegte, die erklärt hatten: »D. war 100%iger Nazi. Er war Förderer der Nazi-Idee und in antifaschistischen Kreisen war er nicht beliebt.«

Diese Vorwürfe wurden durch das Bürgermeisteramt entkräftet. »D. ist gegenüber seinen Brüdern bei der Bevölkerung beliebt und das Gegenteil seiner Brüder, gegen jedermann gefällig«, lautete hier die Beurteilung. Der ehemalige Bürgermeister Valentin Fröhlich, der für sein tadelloses Verhalten während des Krieges von den Amerikanern gelobt und zum Landrat gewählt wurde, betonte in einem persönlichen Brief: »Wer Adolf Dassler kennt, weiß, dass er ein Mensch ist, der jederzeit bereit war, ohne Ansicht der Person und der politischen Ansicht des Betreffenden zu helfen.« Fröhlich erklärte weiter, er habe im Gespräch mit Adi Dassler häufig sein Entsetzen über die Politik der Nazis geäußert und habe sich dabei vollkommen sicher gefühlt.

In seinem Einspruch gegen die Entscheidung des Ausschusses brachte Dassler weiter vor, dass von den sechzig Mitarbeitern, die bei

Kriegsende noch in der Fabrik beschäftigt waren, nur ein einziger Parteimitglied gewesen war. Er verwies auf Hans Zenger, den die Firma nicht – wie verlangt – entlassen hatte, als er aus der Hitlerjugend ausgeschlossen worden war, und auf Jakob Ploner, den bekannten Antifaschisten, den er während der NS-Zeit weiterbeschäftigt hatte. Die fünf Flüchtlinge und vier Kriegsgefangenen, die Dassler für die Fabrik angefordert hatte, wurden ebenso gut behandelt wie die anderen Arbeiter: »Diese 9 Leute haben von uns täglich zusätzlich Kaffee und meist auch Brot und ab und zu auch Kleidungsstücke erhalten«, hielt sich Adi zugute.

Über seine Mitgliedschaft in der NSDAP sagte er, sie sei als Zeichen politischer Unwissenheit zu werten. Seine Tätigkeit für die Hitlerjugend seit 1935 habe sich ausschließlich auf den Sport konzentriert. Von politischen Veranstaltungen habe er sich ganz bewusst ferngehalten.

Vor dem Krieg hatte sich Adi Dassler in mehreren Sportklubs engagiert, die teilweise politisch konträre Ansichten vertraten, vom liberalen Turnverein bis zum konservativen FC Herzogenaurach, und auch einem Arbeitersportverein namens Union hatte er angehört. »Wie ich ihn kannte, war seine Politik nur der Sport. Politische Politik kannte er nicht«, erklärte ein langjähriges KPD-Mitglied aus Herzogenaurach. Überdies berichtete Dassler, dass er sich geweigert habe, sich dem Volkssturm anzuschließen – dem letzten Aufgebot, das Hitler dem Einmarsch der Alliierten entgegensetzte. Und auch seine Mitarbeiter hielt er davon ab, sich in der Pflichtorganisation zu engagieren, indem er am Sonntagvormittag, wenn der Volkssturm zusammentrat, regelmäßig Überstunden ansetzte.

Zu seinem Verhältnis zu den Juden ist in den Akten festgehalten, dass Adi Dassler mit jüdischen Lederhändlern im Geschäft blieb, nachdem dies politisch längst nicht mehr opportun war. Aber der überzeugendste Beweis für seine Haltung ist ein Brief von Hans Wormser, dem Bürgermeister der benachbarten Ortschaft Weisendorf, der angibt, Halbjude zu sein. Wormser berichtet mit lebhaften Worten, wie Adolf Dassler ihn vor seiner drohenden Verhaftung durch die Gestapo gewarnt und ihn in seinem Haus versteckt habe. »Ein echter Anhänger Adolf Hitlers hätte dies bestimmt nicht getan und seine Existenz und das Wohl seiner Familie so aufs Spiel gesetzt«, schrieb Wormser.

Zum Vorwurf, er habe sich bereichert, erklärte Dassler, dass der Umsatzzuwachs seiner Firma nichts mit Vergünstigungen durch das NS-Regime zu tun gehabt habe. Zwar hatte sich die Zahl der Beschäftigten zwischen 1934 und 1938 auf rund achtzig verdoppelt, aber das war der boomenden Nachfrage im Anschluss an die Berliner Olympiade zu verdanken. Seit dem Ende der Schuhherstellung im Oktober 1943 und der Umstellung auf Kriegsproduktion hatte das Unternehmen etwa 100 000 Reichsmark verloren.

Doch all das reichte nicht aus, um ihn völlig zu entlasten. Am 30. Juli, als Rudolf in Hammelburg seine Habseligkeiten packen durfte, erhielt Adi einen weiteren Brief, in dem ihm der Entnazifizierungsausschuss eine Änderung des Urteils mitteilte: Adolf Dassler wurde nun als »Minderbelasteter« eingestuft. Er sollte eine Buße von 30 000 Reichsmark entrichten, aber schlimmer noch, ihm wurde eine Bewährungszeit von zwei Jahren auferlegt. Mit anderen Worten, die Firma Gebrüder Dassler sollte von einem Verwalter übernommen werden. Zwei Jahre lang waren Adi Dasslers Rechte und Pflichten als Besitzer und Leiter der gemeinsamen Schuhfabrik außer Kraft gesetzt. Voller Panik engagierte Adi einen Anwalt, der Einspruch gegen das Verdikt einlegte.

Als der soeben auf freien Fuß gesetzte Rudolf zur Tätigkeit der Firma während der Kriegsjahre befragt wurde, ergriff er die Gelegenheit, seinen Bruder zu verleumden. Offenbar berichtete Rudolf dem Entnazifizierungsausschuss, die Waffenproduktion sei ausschließlich von Adolf organisiert worden, er selbst habe von diesen Verpflichtungen nichts gewusst und hätte sich auch entschieden dagegen ausgesprochen.

Diese unverfrorene Lüge versetzte Käthe Dassler in helle Aufregung. Zutiefst empört entschloss sie sich, den Streit der beiden Brüder während der Kriegsjahre schriftlich zu rekonstruieren. Käthe betonte, Adi habe stets alles getan, um seinem Bruder zu helfen, obwohl ihm Rudolf mit unverhohlener Feindseligkeit begegnete. »Weiter bezichtigt Rudolf Dassler meinen Mann, ihn denunziert zu haben«, schrieb sie. »Dazu stelle ich fest, dass dies unwahr ist. Mein Mann versuchte alles, seinen Bruder zu entlasten.« Ebenso grotesk fand Käthe, dass Rudolf ihrem Mann vorwarf, er habe in der Fabrik politische Ansprachen gehalten. »Die innerhalb und außerhalb gehaltenen Reden gehen zu Lasten von

Rudolf Dassler, wie jeder unserer Betriebsangehörigen bestätigen kann«, erklärte sie.

Käthes Aussage, verfasst am 11. November 1946, kam zu den Akten des Entnazifizierungsausschusses. Noch im selben Monat revidierte das Gremium sein Urteil gegen Adolf Dassler und erklärte ihn zum »Mitläufer«, der wie Millionen anderer Parteimitglied geworden war, ohne sich aktiv für das NS-Regime einzusetzen. Für den Schuhfabrikanten war das gleichbedeutend mit einem Freispruch. Als Mitläufer durfte er sein Unternehmen weiterführen, das von allen Seiten bedrängt wurde, die Produktion zu erhöhen.

•

Das Zusammenleben im Turm war nach all den Streitereien und Schlammschlachten nicht mehr aufrechtzuerhalten. Die Brüder gingen von nun an getrennte Wege. Rudolf zog mit seiner Frau und den beiden Söhnen Armin und Gerd ans andere Ufer der Aurach. Überzeugt, dass »Gebrüder Dassler« ohne ihn pleitegehen würde, erklärte sich Rudolf bereit, die kleinere Fabrik in der Würzburger Straße zu übernehmen, während die größere Fertigungsstätte am Bahnhof seinem Bruder blieb. Auch die requirierte Villa überließ er Adi und Käthe. Das übrige Betriebsvermögen, von den Maschinen bis zu den Patenten, wurde akribisch aufgeteilt.

Die Beschäftigten konnten frei entscheiden, für wen sie künftig arbeiten wollten. Wie vorauszusehen war, entschied sich der Großteil der Verkaufsmannschaft für die Würzburger Straße, während die Techniker Adi die Treue hielten. Die Schwester Marie Körner hielt zu Adi und Käthe. Sie konnte Rudolf nicht verzeihen, dass er ihre beiden Söhne nicht eingestellt hatte, die von der Front nicht mehr zurückgekehrt waren. Mutter Paulina entschied sich für Rudolf und Friedl. Beide pflegten sie hingebungsvoll, bis sie nach schwerem Leiden an einer Hautkrankheit starb.

Nach langem Streit um die Aufteilung der Vermögenswerte war die Trennung der beiden Brüder im April 1948 endlich abgeschlossen. Sie ebnete den Weg für die Eintragung der beiden Unternehmen, die im Lauf der nächsten Monate erfolgte. Adi Dassler meldete seine neue Firma unter dem Namen »Addas« an, was wegen der Einwände eines Kinderschuhherstellers namens Ada ada prompt abgelehnt wurde. Adi zog daraufhin Vor- und Nachnamen zu dem Kürzel »Adidas« zusammen. Rudolf ging ähnlich vor und ließ sich kurz nach der Trennung unter der Bezeichnung »Ruda« ins Firmenregister eintragen. Der Name wurde jedoch als unelegant und plump empfunden, sodass Rudolf den Vorschlag aufgriff, sich unter dem eingängigeren »Puma« zu registrieren.

Das Zerwürfnis der Brüder spaltete die gesamte Familie und führte zu noch schlimmeren Fehden in den folgenden Jahrzehnten. Gleichzeitig tat sich auch in Herzogenaurach eine tiefe Kluft auf, wobei die Aurach zum Grenzfluss wurde, der das Lager Rudolfs auf der einen Seite von der Gefolgschaft Adis am anderen Ufer schied. Der Ort wurde als »die Stadt des gesenkten Blickes« bekannt, denn die Leute achteten genau darauf, welche Schuhe der andere trug, bevor sie ein Gespräch anfingen.

Für die Familie und die engsten Mitarbeiter war der Konflikt bitterernst, aber in der konservativen Kleinstadt gab er Anlass für die wildesten Tratschgeschichten. Bis heute raunen missmutige alte Herzogenauracher, an dem Zerwürfnis seien die Frauen schuld. Es wurde behauptet, dass Adi Rudolf vor die Tür setzte, weil dieser sich an Käthe herangemacht hatte. Ein neueres Gerücht besagt, dass Rudolf der Vater von Horst sei. Eine andere Version lautet, dass der Streit begann, als Rudolf in flagranti mit den Händen in der Firmenkasse ertappt wurde.

Auf beiden Ufern der Aurach sorgte die Spaltung für Probleme. Fast die gesamte Verkaufs- und Verwaltungsmannschaft hatte sich auf Rudolfs Seite geschlagen, während sämtliche Techniker bei Adi blieben. Das führte dazu, dass Rudolfs Mitarbeiter nichts zu verkaufen hatten. Umgekehrt nahm Adi zwar umgehend die Produktion wieder auf, hatte aber kaum Personal für den Absatz. Mit seinen knapp fünfzig Jahren musste Adi sein Geschäft völlig neu aufbauen, wozu der Rest der Familie wesentlich stärker eingespannt wurde als ursprünglich beabsichtigt. Käthe übernahm Hilfsaufgaben aller Art, kümmerte sich um Bestellungen und überwachte den Versand. Auch ihre Schwester Marianne gewann an Einfluss.

Die gesamte Familie Martz war Anfang 1939 aus Pirmasens evakuiert worden – wie viele tausend andere mussten sie dem Bau des sogenannten Westwalls weichen (einer Befestigungsanlage, die die Nazis an der Westgrenze des Deutschen Reichs errichteten). Die Familie wurde zerstreut, sammelte sich aber nach und nach in Herzogenaurach, wo Käthe ihren Angehörigen Zuflucht bot. Marianne, die sich in einen Einheimischen verliebte, beschloss, am Ort zu bleiben und die Verkaufsmannschaft für Adidas aufzubauen.

Kurz nach der Firmentrennung bat Adi Frau und Schwägerin, sich einige Muster anzusehen. Interessiert beobachteten sie, wie mehrere Mitarbeiter auf dem Fabrikgelände ihre Runden drehten. Die dunklen Lederschuhe, die sie trugen, waren an den Seiten mit zwei bis sechs weißen Streifen versehen. Ursprünglich waren sie zur seitlichen Verstärkung des Schuhs gedacht, aber Adi erkannte bald, dass sich seine Sportschuhe mit den hellen Streifen deutlich von anderen Marken abhoben.

Zwei Streifen kamen nicht infrage, weil sie von den Gebrüdern Dassler verwendet worden waren, und einer erneuten Konfrontation mit Rudolf ging man lieber aus dem Weg. Die vier Streifen wirkten ein wenig überladen. Drei Streifen aber waren ein hervorragender Kompromiss: Auch aus der Ferne leicht zu erkennen, machten sie Adidas-Schuhe unverwechselbar. Das Warenzeichen wurde im März 1949 zusammen mit dem Firmennamen »Adolf Dassler adidas Schuhfabrik« in Deutschland eingetragen. Auf dem Briefkopf versahen Adi und Käthe den Namen Adidas, von den beiden »d« ausgehend, mit zwei langen Streifen, und in der Mitte prangte, gewissermaßen als Querlatte, ein Laufschuh mit drei Streifen. Die Firmenanwälte bezeichneten das neue Produkt als »Sportschuh mit Ösenstreifen«, während es in der Werbesprache bald hieß: »Die Marke mit den drei Riemen.«

Am anderen Ufer der Aurach waren die Urform des Puma-Logos sowie der Markenname bereits im Oktober 1948 registriert worden. Der erste Puma war eine gedrungen und wild wirkende Raubkatze, die durch ein »D« sprang. Rudolf Dassler warb von Konkurrenzunternehmen Techniker ab, die seine Maschinen bedienen konnten, und produzierte verschiedene Modelle, die oft verblüffende Ähnlichkeit mit den Entwürfen seines Bruders hatten. Und dank der Kundenlisten, die Rudolfs Leute aus der aufgeteilten Firma mitgenommen hatten, schoss der Umsatz in die Höhe.

Bei den Olympischen Spielen von Helsinki stellte sich – vier Jahre nach der Trennung – heraus, dass Adi Dassler in der Leichtathletik unschlagbar blieb. Die erste Nachkriegsolympiade hatte 1948 in London stattgefunden, doch da waren die Dassler-Brüder noch mit ihrem »Scheidungskrieg« beschäftigt, und Deutschland durfte ohnehin nicht teilnehmen. 1952 in Helsinki aber erlebte Adi auf der Zuschauertribüne mit, wie Athleten in Adidas-Schuhen eine Goldmedaille nach der anderen holten.

Zu den Stars dieser Olympischen Spiele zählte Emil Zátopek, die »tschechische Lokomotive«, der buchstäblich mit hängender Zunge – und in Adidas-Schuhen – über die Ziellinie ging. Dazu bemerkte er, ihm fehle das Talent, »gleichzeitig zu laufen und zu lächeln«. Er gewann die Goldmedaillen über 5 000 und 10 000 Meter und auch den Marathon, obwohl er die Strecke zum ersten Mal lief. Die Zuschauer skandierten seinen Namen, als er mit erheblichem Vorsprung ins Stadion einlief. Als der Zweitplatzierte folgte, gab Zátopek bereits Autogramme.

Es lässt sich nicht mehr feststellen, wie der Kontakt zu Adi Dassler zustande kam, doch Zátopek bekam Spikes zu Trainingszwecken zugesandt und erschien bei Veranstaltungen in mit Streifen versehenen Schuhen. Leider wiesen einige von Zátopeks Schuhen aber auch keine oder nur ein oder zwei Streifen auf. Es bestand die Vermutung, dass er nicht den Unmut der kommunistischen Herrscher in seiner Heimat auf sich ziehen wollte, indem er offenkundig ein Produkt aus dem kapitalistischen Ausland trug. Später gab er alle Vorsicht auf und wurde als Unterstützer der Reformen des Prager Frühlings mit mehrjähriger Zwangsarbeit bestraft. Dennoch war es ihm wenige Jahre später erlaubt, nach München zu reisen. Dort legte Zátopek großen Wert darauf, sich mit dem »kleinen Flickschuster« aus Herzogenaurach zu unterhalten. Seine Frau Dana, die in Helsinki im Speerwerfen Gold gewann, hatte ebenfalls die Marke mit den drei Riemen im Gepäck.

Adi Dassler nutzte die Olympischen Spiele in Helsinki außerdem, um eine Vereinbarung mit dem finnischen Schuhhersteller Karhu zu treffen. Dieser zählte bis in die Nachkriegsjahre hinein zu den bekanntesten Sportmarken und stattete Leichtathletikgrößen wie Paavo Nurmi aus. Das Problem, das sich für Adi stellte, war, dass Karhu drei Streifen als Warenzeichen verwendete. In dem großen Stadion war aus der Ferne oft schwer zu erkennen, ob ein Läufer Schuhe von Adidas oder von Karhu trug. Die Finnen traten schließlich ihre Rechte für eine stolze Summe und zwei Flaschen Schnaps ab.

Beim Fußball hatte Rudolf Dassler die besseren Karten. Mit ihrem gerundeten Schnitt, der den Knöchel frei ließ, wirkten seine Fußballschuhe wesentlich eleganter als die klobigen Treter mit den Stahlkappen, die damals meist getragen wurden. Hätte Rudolf in aller Stille seine Aktivposten genutzt, dann hätte er sich damals wohl den lukrativsten Anteil des Sportmarkts sichern können. Doch mit einer taktlosen Bemerkung gelang es ihm, sich den falschen Mann zum Feind zu machen.

Kapitel 5

Schweizer Schlamm

Das Hotel Belvedere mit seinen blumengeschmückten Balkons und den romantischen Gewölben bot einen fantastischen Blick auf den Thuner See. An diesen idyllischen Ort in der Schweiz hatte sich Nationaltrainer Sepp Herberger mit seinen Spielern zurückgezogen, um die Mannschaft vor der Weltmeisterschaft von 1954 zusammenzuschweißen. Hier unterwarfen sich Herbergers 22 Fußballer einem noch nie da gewesenen Programm, das aus hartem Training und vollkommener Abstinenz bestand. Ein besonders ruhiges Zimmer im Belvedere bewohnte Adi Dassler.

Der klein gewachsene Trainer mit dem Knautschgesicht arbeitete schon lange mit den Dasslers zusammen. Die Beziehung hatte Rudolf aufgebaut, aber der selbstgerechte ältere Bruder verscherzte es sich mit dem Trainer der Nationalelf. Offenbar hatte Rudolf das Gefühl, dass Herberger ihn nicht mit der gebührenden Ehrerbietung behandelte. »Sie sind ein kleiner König«, soll er Herberger erklärt haben. »Und wenn Sie uns nicht passen, wählen wir einen neuen Bundestrainer.«

Jahrelang hatte sich Sepp Herberger ins Zeug gelegt, um seine Stellung aufzubauen. Hitler interessierte sich kaum für Fußball, und die miserablen Leistungen der deutschen Mannschaft während der Nazijahre wirkten auch nicht gerade förderlich. Der »Führer« billigte dem Fußball immerhin einen gewissen Propagandawert zu, als die deutsche Elf bei der Weltmeisterschaft von 1934 den dritten Platz belegte. Zwei Jahre später auf der Olympiade von Berlin brachte der Danziger Gauleiter Albert Forster Hitler dazu, sich ein Spiel anzusehen. Er versicherte, die Mannschaft habe den Sieg sicher in der Tasche. Als der Reichskanzler dann aber Zeuge einer blamablen Niederlage gegen Norwegen wurde, zog er wütend ab. Das Debakel führte zur Entlassung des Reichstrainers Otto Nerz. Sein Nachfolger wurde sein Assistent Josef »Sepp« Herberger.

Der ehemalige Bankangestellte gab sich größte Mühe, eine gute Mannschaft zusammenzustellen. Ständig mit einem dicken grünen Notizbuch bewaffnet, sah er sich unermüdlich trostlose Ligaspiele an. Seine Geduld zahlte sich aus, als er 1938 den 18-jährigen Fritz Walter entdeckte, der damals bei Kaiserslautern spielte. Der Reichstrainer füllte Seite um Seite mit Notizen über »FW« und arbeitete jahrelang daran, seinen Lieblingsspieler als künftigen Mannschaftskapitän aufzubauen.

Der Krieg war ein herber Rückschlag für Herbergers Bemühungen, denn die meisten seiner Schützlinge wurden an die Front geschickt. Um elf wehrtüchtige Spieler zusammenzubekommen, ging er erhebliche Risiken ein. Immer wieder erfand er militärische Auszeichnungen für seine Spieler, um zu beweisen, dass sie im Kampf bereits das Ihre getan hatten; außerdem ließ er mehrere Spieler zur Luftwaffe versetzen. Im Fall von Fritz Walter erregte das einiges Missfallen, weil der junge Soldat zugeben musste, dass er noch nie ein Flugzeug von innen gesehen hatte. Der springende Punkt war aber, dass die fragliche Division von dem Fußballfreund und berühmten Kampfpiloten Hermann Graf befehligt wurde, der Walter protegierte und dafür sorgte, dass er in Ruhe trainieren konnte.

Nach dem Entnazifizierungsverfahren wurde Herberger wieder zum Trainer der Nationalmannschaft berufen. Nun setzte er alles daran, die überlebenden Spieler zusammenzusuchen und sie auszurüsten. Nachdem Deutschland in vier Besatzungszonen aufgeteilt war, zeigte sich, dass jede der vier Siegermächte eine andere Einstellung zum Fußball hatte, sodass an eine Bundesliga vorerst nicht zu denken war. Doch angesichts der Versorgungssituation der Nachkriegsjahre war das die geringste Sorge. Für die Millionen Menschen, die ausgebombt oder Flüchtlinge aus den Ostgebieten waren, ging es erst einmal ums Überleben, eine Freizeitbeschäftigung wie Fußball spielte in ganz Deutschland keine große Rolle. Die eingetragenen Vereine und ihre Spieler mussten improvisieren und fertigten Trikots und Eckfahnen aus alten NS-Flaggen an – nicht ohne zuvor das Hakenkreuz zu entfernen.

Was die Fußballschuhe betraf, konnte sich Herberger jedoch auf Adi Dassler verlassen, mit dem ihn eine umso engere Freundschaft verband, seit Rudolf es sich mit ihm verdorben hatte. Beide machten nicht gern große Worte – um sich zu verständigen, genügten ein paar knappe Sätze und ein Nicken. Herberger schätzte die Detailversessenheit des Schuhfabrikanten. Adi gehörte bald zum engsten Kreis um die Nationalmannschaft – mit bescheidenem Lächeln, den Werkzeugkoffer stets zur Hand, saß er neben Herberger und führte, wenn Not am Mann war, auch kleine Reparaturen durch oder setzte Verbesserungsvorschläge direkt um.

Zur Weltmeisterschaft 1954 hatte Herberger eine Mannschaft zusammengestellt, in der die Spieler des 1. FC Kaiserslautern dominierten. Allein dieser Verein, der im Vorjahr deutscher Meister geworden war, stellte fünf Spieler. Kapitän wurde Fritz Walter, dem der kinderlose Herberger offenbar väterliche Gefühle entgegenbrachte. Mit von der Partie war auch Fritz Walters jüngerer Bruder Ottmar, der während des Krieges nur knapp dem Tod entronnen war, als sein Schiff im Ärmelkanal torpediert worden war.

Außerdem setzte der Trainer auf den Essener Helmut Rahn, der als Stürmer nicht zu bremsen war. Rahns Talent hatte schon diverse spanische und lateinamerikanische Klubs aufhorchen lassen, aber er schlug ein damals beispielloses Angebot aus und blieb seinem Verein Rot-Weiß Essen treu, wo er nicht nur als herausragender Stürmer galt, sondern auch dafür bekannt war, dass er gern über die Stränge schlug. Sepp Herberger bezeichnete ihn als »Meister der positiven Improvisation, bei dem man immer mit Überraschungen rechnen muss«.

Herberger selbst gab den Fußballexperten Rätsel auf. Er legte ein unverbrüchliches Selbstvertrauen an den Tag und erfreute Journalisten mit lakonischen Bemerkungen und pseudophilosophischen Betrachtungen über den tieferen Sinn des Fußballspiels, zum Beispiel: »Das Spiel dauert neunzig Minuten«; »Nach dem Spiel ist vor dem Spiel«; oder sein berühmtester Spruch: »Der Ball ist rund.« Auch Dassler bewahrte unter Druck seine Gemütsruhe, prüfte erst einmal das Spielfeld und konzentrierte sich darauf, dass jeder Spieler den perfekten Schuh bekam.

Als die Finalspiele der WM in der Schweiz bevorstanden, verließ sich Herberger voll und ganz auf seinen Freund aus Herzogenaurach. Die deutsche Mannschaft konnte sich allerdings gegen die Elf aus Uruguay, die englischen Nationalspieler unter Stanley Matthews oder die unbeirrbaren Österreicher kaum Chancen ausrechnen – ganz zu schweigen von den Ungarn. Mit ihrem Mannschaftskapitän

Ferenc Puskás, dem heroischen Stürmer der »magischen Magyaren«, hatten die Ungarn in den vergangenen viereinhalb Jahren noch in keinem Länderspiel eine Niederlage einstecken müssen.

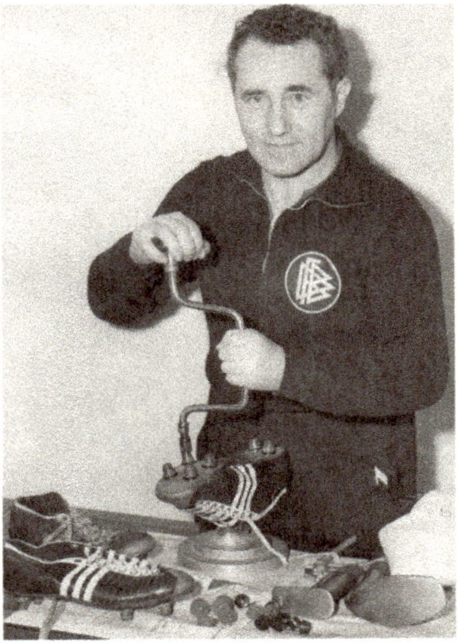

»Adi, stoll auf!«– Dasslers Beitrag zum »Wunder von Bern«

Herberger behielt es sich vor, selbst zu bestimmen, wer ein Zimmer teilte, was sich als kluge Taktik erwies. Er fand, dass niemand besser geeignet sei, seinen nervösen Kapitän Fritz Walter zu beruhigen, als der lebenslustige Helmut Rahn. Und umgekehrt war Walter genau der Richtige, um den wilden Kerl aus Essen zu besänftigen. Wie sich Ottmar Walter erinnert, funktionierte das perfekt: »Helmut war so ein Spaßvogel, dass mein Bruder immer mit Lachtränen in den Augen zum Frühstück kam. Er hatte einfach keine Zeit, um nervös zu werden.«

Bei dieser Weltmeisterschaft, die von unerklärlichen Hochs und Tiefs geprägt war, schaffte es Herbergers Elf ins Endspiel. Am 4. Juli sollte sie sich im Berner Wankdorf-Stadion der ungarischen Nationalmannschaft stellen. Diesmal waren die Prognosen eindeutig: Die Deutschen, die in der Vorrunde bereits eine 8:3-Niederlage gegen Puskás und seine Teamkameraden hatten einstecken müssen, konnten sich nicht die geringste Chance ausrechnen.

An jenem schicksalhaften Tag standen Herberger und Dassler auf ihrem Balkon im Hotel Belvedere und blickten prüfend zum Himmel. Sie hofften auf Regen, denn Fritz Walter spielte lieber auf schwerem Geläuf. Doch an diesem Morgen trübte kein Wölkchen das Blau. Als die Spieler schließlich zum Stadion fuhren, stellten sie jedoch fest, dass es allmählich anfing, sich einzuregnen.

Und jetzt griff Adi Dassler in seine Trickkiste. Kurz vor dem Beginn der Weltmeisterschaft hatte er seinem Freund Herberger eine

Nationaltrainer Sepp Herberger und Adi Dassler – hier in Bern nach der Halbzeitpause im WM-Finale 1954 – verband eine lange Freundschaft, von der beide auch beruflich profitierten.

neue Erfindung präsentiert: auswechselbare Stollen, die in verschiedenen Längen zur Verfügung standen und je nach Zustand des Rasens ausgewählt wurden. »Adi, stoll auf«, ordnete Sepp Herberger an, als feststand, dass die Spieler im Wankdorf-Stadion auf nassem Untergrund antreten würden.

Auch die neuen Fußballschuhe konnten nicht verhindern, dass Ferenc Puskás wenige Minuten nach Spielbeginn sein erstes Tor schoss und die Ungarn nach acht Minuten bereits 2:0 führten – die Angst der Deutschen war offenbar gerechtfertigt gewesen. Doch Herbergers Mannschaft kämpfte, und zur Halbzeit sahen sich die Spieler ungläubig an. Sie hatten gegen die Ungarn den Ausgleich geschafft.

Der entscheidende Treffer fiel allerdings erst wenige Minuten vor Spielende. Der Reporter, der die Millionen an den Transistorradios möglichst sachlich informieren sollte, verlor jede Beherrschung. »Schäfer nach innen geflankt. Kopfball, abgewehrt«, kommentierte Herbert Zimmermann noch recht gelassen. Aber dann sah er, dass der Ball vor Helmut Rahns Füßen landete. »Aus dem Hintergrund müsste Rahn schießen. Rahn schießt. Tor, Tor, Tooor, Tooor«, brüllte der Reporter. Nach einigen Sekunden des erstaunten Schweigens versuchte er, sich einen Reim auf dieses unglaubliche Spiel zu machen. »Drei zu zwei führt Deutschland, fünf Minuten vor dem Spielende. Halten Sie mich für verrückt, halten Sie mich für übergeschnappt!«

In den folgenden Minuten war Zimmermann die Nervosität, mit der er auf den Schlusspfiff des Schiedsrichters wartete, deutlich anzuhören. Als der Pfiff kam, stürmten Hunderte begeisterter Fans aufs Spielfeld, und daheim in Deutschland war die ganze Nation aus dem

Häuschen. Unterdessen hoben die erschöpften Spieler Herberger auf ihre Schultern. Er zog Adi Dassler mit sich, der Schuhfabrikant durfte auf dem Siegerfoto nicht fehlen.

Der unerwartete Triumph über die »magischen Magyaren« wurde inoffiziell als Wiederauferstehung der deutschen Demokratie gefeiert – als die eigentliche Geburtsstunde der Bundesrepublik. Das deutsche Wirtschaftswunder, das dem Land neuen Aufschwung gab, hatte mehr mit den intakten Industrieanlagen und den amerikanischen Hilfen zu tun als mit dem Erfolg auf dem Fußballplatz. Doch für Millionen Menschen symbolisierte Helmut Rahns Treffer das Ende jener dunklen Jahre der Demütigung, des Kummers und der Armut nach dem Ende der Naziherrschaft.

Das erstaunliche Endspiel des Jahres 1954 und seine Nachwirkungen wurden bald als das »Wunder von Bern« bezeichnet. Neben den erschöpften Fußballhelden und ihrem lakonischen Trainer wurde Adi Dassler für seinen Beitrag zum Triumph gefeiert. In den Zeitungen wurde er zum »Schuster der Nation« und zum »Hans Sachs der Weltmeister« gekürt und die Genialität der Dassler-Schuhe mit den auswechselbaren Schraubstollen bestaunt.

Auch den Reportern war nicht entgangen, dass die Adidas-Schuhe einen deutlichen Vorteil für Fritz Walter und seine Mannschaft gebracht hatten. Als der Regen in der zweiten Halbzeit das Spielfeld durchtränkte, konnten die deutschen Spieler unbehindert laufen. Die Ungarn aber in ihren behördlicherseits zugeteilten Stiefeln rutschten und schlitterten hin und her.

Am anderen Ufer der Aurach wurden diese Lobeshymnen zähneknirschend zur Kenntnis genommen. Rudolf Dassler war in der Schweiz völlig ins Aus geraten. Die Techniker bei Puma behaupteten empört, sie hätten die Schraubstollen schon Monate vor der Weltmeisterschaft eingeführt. Gestützt wurde diese Aussage durch Anzeigen, die im Mai 1954 in deutschen Zeitungen erschienen waren. »Wie könnte es anders sein – die Mannschaft des neuen deutschen Meisters Hannover 96 spielte auch mit Puma-Fußballstiefeln!«, lautete der Refrain, und außerdem sei es möglich, die Stiefel »mit den bewährten und den Regeln entsprechenden Schraubstollen« zu versehen. Doch der Protest ging in der Euphorie über das Wunder von Bern unter.

Adi Dassler schuf sich nach dem Triumph in der Schweiz einen Vorsprung, den sein Bruder nie mehr würde einholen können. Die Firma, die schon seit einigen Jahren in geringem Umfang exportiert hatte, wurde nun mit Anfragen von Fußballexperten aus aller Welt bombardiert. Denn überall hatte man von den leichten Fußballschuhen mit den drei Streifen gehört, die die deutsche Nationalelf getragen hatte.

Sachkundiges Lob kam auch aus England. In der stolzen Heimat des Fußballsports spurteten die Spieler bisher immer noch in Stiefeln über das Fußballfeld, die auf einer Baustelle nicht weiter aufgefallen wären. Den Briten wurden durch die Publicity rund um die Dassler-Schuhe in Bern die Augen geöffnet. »What a Dassler!«, lautete die Schlagzeile im *Daily Sketch.* Ganz besonders hob man hervor, dass der Dassler-Schuh nur »halb so viel wiegt wie der herkömmliche englische Fußballstiefel«.

Während Adi Dassler sich scheute, die Fabrik in Herzogenaurach zu verlassen, sorgte Käthe für den Aufbau einer Exportabteilung, die den Sportschuh mit den drei Streifen nach ganz Europa lieferte. Die Dasslers schraubten ihre Produktion auf 2 000 Paar pro Tag hoch, konnten aber dennoch die jäh steigende Nachfrage nicht decken. Schließlich erwog man den Bau zusätzlicher Fabriken, und bald entstand in Scheinfeld, wenige Kilometer nördlich von Herzogenaurach, ein zweites Werk.

Adi richtete sich derweil als »der Chef« von Adidas ein. Still und zurückhaltend, wie er war, überließ er die Geschäftsbeziehungen gerne seiner Frau. Als erfolgreicher Markenhersteller fühlte er sich immer noch in seiner Fabrik mit seinen Zeichnungen und Entwürfen am wohlsten. Die Mitarbeiter schätzten die praktische Ader und den trockenen Humor ihres Chefs. Das Einzige, was Adi nicht duldete, waren Schlampigkeit und Dummheit. »Wenn Adi das Gefühl hatte, dass jemand nicht ganz auf Draht war, weil er womöglich einen Schuh falsch in die Hand nahm, war der arme Junge draußen«, erinnert sich Horst Widmann, sein langjähriger persönlicher Assistent. »Dasselbe galt für Leute, die auf Besprechungen redeten, nur damit etwas gesagt ist. Mit solchen Leuten hatte Adi keine Geduld.«

In Dasslers Büro häuften sich Lederstreifen, Gummimuster und unzählige Notizzettel. Seine Experimente konzentrierten sich vor allem auf eine Verminderung von Gewicht und Material. Die Adidas-Techniker probierten alles aus, von Hunde- über Schweins- bis hin zu Straußenleder, bis sie die Vorzüge von Känguruleder entdeckten und es serienmäßig für Fußballstiefel einsetzten. Neue Verarbeitungsverfahren für Gummi und Plastik beflügelten Adi Dasslers Erfindungsgeist. Vor schweren Maschinen hatte er großen Respekt, weil er sich schon einmal eine schwere Verletzung zugezogen hatte: Bei der Arbeit an einer Lederstanze hatte er einmal nicht mit dem Rückstoß gerechnet. Die Maschine trennte ihm fein säuberlich den halben Zeigefinger der linken Hand ab.

Die Freundschaft, die Adi Dassler mit Sepp Herberger und seinen Spielern verband, regte zahlreiche Verbesserungen an. Auch der junge Hamburger Uwe Seeler lieferte Dassler unschätzbare Kommentare zu seinen Schuhen. Die beiden hatten sich kennengelernt, als Seeler Anfang der Fünfzigerjahre in die Jugendnationalmannschaft eintrat. Wie für viele deutsche Jungen waren Schuhe für Uwe ein wertvoller Besitz, von Fußballschuhen wagte er kaum zu träumen. Als Adi Dassler ihm leihweise ein Paar zur Verfügung stellte, war er überglücklich. Als wohlerzogener Junge wollte Seeler die Erde abbürsten, bevor er die Schuhe nach dem Training zurückgab, aber Dassler ließ das nicht zu – ihn interessierte, wo der Dreck an der Sohle haften blieb.

Im Laufe der Jahre wurde Uwe Seeler ein gern gesehener Gast in der Villa. Dassler holte ihn in seine Werkstatt und zeigte ihm aufgeregt die Modelle, an denen er gerade arbeitete. »Der war so besessen, morgens beim Frühstück hat er oft gesagt, ich habe da schon wieder eine neue Idee«, berichtet Seeler. »Er hat ja nie Ruhe gegeben.«

Rudolf führte unterdessen in seinem Unternehmen ein strengeres Regiment. Bei Besprechungen lachte er häufig dröhnend und verbreitete eine ansteckende Begeisterung. Gegenüber seinen Arbeitern gab er sich gern väterlich und zögerte nicht, eine Brotzeit mit ihnen zu teilen. Aber wenn seine Stimmung aus heiterem Himmel umschlug, bekamen das seine Mitarbeiter ebenfalls zu spüren. Ob fröhlich scherzend oder zornbebend – Rudolf stellte sich unter allen Umständen in den Vordergrund.

Das Problem war, dass Rudolf trotz seiner Impulsivität häufig wie ein kleiner Familienunternehmer reagierte – »knausrig und großzügig zugleich«. »Manchmal haben wir Fehler gemacht, weil Rudolf eigentlich nicht so unternehmerisch war«, meint Peter Janssen, ehemaliger Produktionsleiter. »Oft war er übertrieben sparsam und vor allem nicht risikoliebend. Für mich war es zum Beispiel nicht einfach, ihn zu überzeugen, wenn wir eine neue Maschine brauchten.«

Im Konkurrenzkampf zwischen den Dassler-Brüdern war Käthe Adis wertvollste Waffe. Mit ihrer starken Persönlichkeit und ihrem diplomatischen Charme glich sie die zurückhaltende Art ihres Mannes perfekt aus. Gestützt auf die Mitwirkung ihrer einfallsreichen Haushälterin, wurde die Gastfreundschaft der Villa sprichwörtlich. Ganze Fußballmannschaften fielen vor Spielen in Nürnberg bei den Dasslers ein. Seit Rudolf und die Eltern ausgezogen waren, warteten sechs frisch renovierte Zimmer auf Gäste, die einen Abstecher nach Herzogenaurach machten. Käthes herzliche und mütterliche Art sorgte dafür, dass sich Einzelhändler und Sportler bei ihr wie zu Hause fühlten. Viele erinnern sich, dass sie bei den Dasslers wie Familienmitglieder ein- und ausgingen. Immer fielen ein Paar Schuhe für die Kicker ab, die übers Wochenende reinschauten. Ohne Umstände wurden die Sportler in die Küche geführt, wo sie eine warme Mahlzeit vorgesetzt bekamen.

Auch Friedl Dassler tat für Rudolf, was sie konnte. Dank ihrer Freundlichkeit war die »Puma-Mutter« bei den Arbeitern ausgesprochen beliebt. Sie versuchte, die Stimmungsschwankungen ihres Mannes aufzufangen, dessen Ton zunehmend schroffer wurde. Aber mit Käthes sprudelndem spontanen Charme konnte sie es nicht aufnehmen. Der Gegensatz blieb dem Geschäftsführer des Sporthauses Löhr in Duisburg in Erinnerung. Der kleinwüchsige, buckelige Mann kam eines Sonntagnachmittags bei strömendem Regen nach einer anstrengenden Motorradtour in Herzogenaurach an. In den vergangenen Jahren hatte der Sportartikelhändler vor allem mit Rudolf Dassler zu tun gehabt, deshalb steuerte er erst einmal dessen Haus an, um seinen Termin für den folgenden Morgen zu bestätigen.

Friedl spähte in den Regen hinaus und versicherte dem Besucher, Rudolf habe am Montag Zeit für ihn. Als er aber bei Käthe anklopfte, holte sie den tropfnassen Mann, der sich verlegen entschuldigte, sofort herein. Nach kurzer Zeit saß er frisch geduscht in Adis Kleidern am Küchentisch vor einer warmen Mahlzeit. Am nächsten Morgen verschwendete er keinen Gedanken mehr an die Besprechung bei Puma.

Durch das Finale in Bern konnte Adi Dassler seinen Vorsprung ausbauen, doch auch Puma expandierte. Bei Adidas führte man das hauptsächlich auf die Unverfrorenheit zurück, mit der Puma-Techniker angeblich die Neuheiten von Adidas kopierten. »Wenn bei Rudolf jedes Mal ein Loch zurückgeblieben wäre, wenn ich ihn anstupsen und sagen musste: ›He, das war meine Erfindung‹, würde er heute aussehen wie ein Schweizer Käse«, scherzte Adi. Die Diebstahlsverdächtigungen lösten eine wahre Prozesslawine aus.

Zu einem wahrhaft absonderlichen Rechtsstreit kam es nach der Fußball-WM von 1958. Die deutsche Mannschaft, in der neben einigen Veteranen aus Bern auch der junge Uwe Seeler spielte, verlor in einem turbulenten Halbfinale gegen Schweden, im Endspiel konnten die Gastgeber den großartigen Brasilianern aber wenig entgegensetzen. Rudolf Dassler ergriff die Gelegenheit, um Adidas wegen eines Slogans zu verklagen, der seit dem Sieg von Bern auf sämtlichen Prospekten und Briefköpfen der Firma prangte: »Adidas, der Sportschuh der Weltbesten!« Rudolf Dassler fand, die Aussage entspreche nicht mehr der Wahrheit, denn Puma habe immerhin einige der brasilianischen Fußballer ausgestattet.

Wolfgang Krause, der damals die Werbung für Adidas machte, ignorierte die Warnung. Daraufhin reichte Rudolf Klage ein und forderte die sofortige Entfernung des Slogans. »Puma versuchte, uns vollkommen lahmzulegen«, erinnerte sich Krause. Das Gericht entschied zugunsten von Puma, ließ aber Adidas einige Wochen Zeit, um Änderungen auf Briefkopf, Bestellformularen und Schuhkartons vorzunehmen.

Die Rolle des Racheengels übernahm ein Fischhändler, der direkt gegenüber vom Puma-Gebäude an der Würzburger Straße wohnte. Schon vor der Verhandlung hatte er einen alten Kleinlaster von Adidas erworben. Der Slogan »Sportschuh der Weltbesten!« zierte nach wie vor die Seitenfläche des Fahrzeugs. Und die empörten Puma-Leute konnten den Fischhändler durch nichts in der Welt davon abhalten, seinen Wagen direkt unter dem Bürofenster zu parken, bis dieser schließlich dem Rost zum Opfer fiel.

Die beiden Brüder investierten erhebliche Summen in ihre absurden Rechtsstreitigkeiten. Rudolf, der natürlich vornehmlich gegen Adidas prozessierte, reichte auch einmal Klage gegen den Sportschuhhersteller Möbus ein, der seine Laufschuhe mit Streifen versehen hatte, die angeblich zu große Ähnlichkeit mit den »Formstreifen« von Puma aufwiesen. Unternehmensleiterin Frieda Möbus erhielt unerwartete Schützenhilfe im Streit mit Rudolf Dassler. Möbus gewann den Prozess »mit aktiver Unterstützung von Adi Dassler und den Patentanwälten von Adidas«, verzeichnet die Firmenchronik später.

Gegen Ende der Fünfzigerjahre herrschte jeder der feindlichen Brüder über ein ansehnliches Sportimperium. Puma hatte in den deutschen Fußballligen einen ausgezeichneten Stand, während Adidas auch international wachsende Anerkennung fand und im deutschen Fußball unschlagbar bleiben würde, solange Sepp Herberger das Sagen hatte. Rudolf und Adi hatten beinahe das Rentenalter erreicht, doch keiner der beiden war bereit, das Heft schon aus der Hand zu geben. Andererseits wussten sie, dass auf ihre Söhne Verlass war.

Kapitel 6

Schuhe für Melbourne

Horst Dassler war in London, um sein Englisch aufzupolieren, als seine Eltern anriefen und ihn baten, sofort seine Koffer zu packen. Das Ticket für den Flug ans andere Ende der Welt lag schon bereit.

Der knapp 20-Jährige sollte bei der Olympiade in Melbourne Adidas-Schuhe unter die Sportler bringen. Es gab sonst keinen Mitarbeiter, der Englisch sprach und dem man diesen Auftrag zugetraut hätte, und Adidas konnte es sich nicht leisten, 1956 in Australien zu fehlen. Die Olympischen Spiele wurden erstmals von einer umfangreichen Fernsehberichterstattung begleitet – perfekte Bühne für die drei Streifen.

Auf diesen Auftrag war Horst buchstäblich vorbereitet worden, seit er laufen konnte. Adis Sohn und seine Töchter Inge, Karin, Brigitte und Sigrid arbeiteten von Jugend an in der Firma mit; Rudolfs Kinder taten dies ebenfalls. In den Schulferien übernahmen sie allerhand Hilfsarbeiten, und schließlich wurden sie zu festen Mitarbeitern. Aber für Horst war die Olympiade von Melbourne weit mehr als ein Ferienjob. Sie stand am Anfang einer Karriere, die die Welt des Sports grundlegend verändern sollte.

Horst war das älteste von Adis und Käthes fünf Kindern, und er blieb der einzige Sohn. Als er am 12. März 1936 zur Welt kam, standen sich Vater und Onkel noch so nahe, dass er »Rudolf« als zweiten Vornamen erhielt. Seine Kindheit verbrachte er in der Villa mit seinen Cousins Armin und Gerd, die eine Etage höher wohnten. Auch während der harten Kriegsjahre fehlte es den Dassler-Kindern an nichts. Wenn andere Jungen vorbeikamen, um Brot und Gemüse aus den Kleingärten ihrer Eltern zu liefern, staunten sie über die Spielsachen im Wohnzimmer der Dasslers.

Doch die Kindheit der beiden Cousins war durch den Familienzwist getrübt. Armin, der sieben Jahre älter war als Horst, erinnerte sich lebhaft an die Kleinigkeiten, an denen sich der Streit oft entzündete. Rudolfs Sohn saß einmal auf dem Balkon der Villa und ließ die Füße über die Brüstung baumeln. »Ich beobachtete wie ein kleiner Galileo meine Spucke, die zum Balkon hinuntersegelte, da kam unten meine Tante vorbei«, berichtete er später. »Daraus wurde eine große Affäre gemacht. Ich hatte meiner Tante auf den Kopf gespuckt.« Von da an wurde der kleine Armin von Adi und Käthe nicht mehr zur Weihnachtsbescherung eingeladen.

Keiner der Jungen wagte nach den Motiven zu fragen, die hinter dem Konflikt standen. Nachdem die Firmentrennung vollzogen war, brauchte man den Kindern nicht eigens zu erklären, dass sie sich mit ihren Cousinen und Cousins nicht mehr einlassen durften. Wie der Rest der Stadt mussten sie ihren Leuten die Treue halten – und sich von ihren Verwandten und den Spielkameraden fernhalten, mit denen sie von klein auf unter einem Dach gelebt hatten.

Am Wochenende nahm Adi seinen Sohn oft auf seine ausgedehnten Waldläufe mit. Stundenlang trabten sie nebeneinanderher und legten höchstens eine Pause ein, um Wurf- und Sprungtechniken zu üben. Horsts Schulnoten dürften Adi Dassler kaum so sehr interessiert haben wie dessen Geschick im Speerwerfen – eine Disziplin, in der sich auch der Vater hervortat, der natürlich von Jo Waitzer so manchen guten Tipp erhalten hatte. Und Horst brachte es in dieser Disziplin immerhin zum deutschen Jugendmeister.

Beim Sport entstand in aller Stille eine enge Bindung zwischen Vater und Sohn. »Mein Vater war nicht gerade von sprudelnder Gesprächigkeit. Es war eher eine pragmatische Sprache«, verriet Horst später einem Reporter. Beim Waldlauf diskutierte er mit Adi Geschäftliches. Seine Beziehung zu Mutter Käthe war weniger innig, gleichwohl er sie laut Biograf »hoch geachtet und in gewisser Beziehung sogar geschätzt« hat.

Armin hingegen wurde bei Puma nicht nach seiner Meinung gefragt. Der älteste Sohn von Rudolf und Friedl hätte lieber Elektrotechnik studiert, aber davon wollten seine Eltern nichts hören. Er sollte gleich nach dem Abitur ins Geschäft einsteigen. Armin hatte lange unter den Grobheiten seines Vaters zu leiden, der keinen Zweifel daran ließ, dass Armin seine hohen Erwartungen enttäuscht hatte. »Rudolf wünschte sich ein sportliches Kind mit überragender Intelligenz«, erinnerte sich Armins Tante Betti Strasser.

»Er hat Armin unaufhörlich herabgesetzt, und zwar oft vor aller Augen.«

Das war umso schlimmer, als Rudolf seinem Sohn Gerd, der zehn Jahre jünger war als Armin, ausgesprochen nachsichtig begegnete. Obwohl Rudolf den Bruch mit seinem eigenen Bruder zuweilen bedauerte, trug er dazu bei, dass sich das Drama in der eigenen Familie wiederholte, und förderte durch seine unverhohlene Vorliebe für Gerd einen aggressiven und oft ungesunden Konkurrenzkampf zwischen seinen Söhnen. Die Streitereien belasteten die Mutter der beiden Jungen. Immer wieder bat Friedl ihren Mann, sich nicht so ungerecht zu verhalten, aber sie richtete wenig bei ihm aus. Die einst so lebensfrohe und beherzte Frau ging in der Ehe mit dem despotischen Patriarchen regelrecht kaputt. »Sie wurde von ihm zertreten«, stellte ihre Schwester fest.

Die Probleme blieben auch in der Firma nicht unbemerkt, wo die Spannungen zwischen Rudolf und seinem Sohn für peinliche Szenen sorgten. »Das Verhältnis war nicht einfach«, erinnert sich Peter Janssen, ein ehemaliger Schulfreund Armins und späteres Puma-Vorstandsmitglied. »Der junge Armin wollte gern nach oben, der Vater hat ihn aber unten gehalten.« Obwohl Armin seinem Vater echten Respekt entgegenbrachte, konnte man das umgekehrt nicht behaupten.

Horst Dassler wuchs hingegen in einer harmonischeren Atmosphäre auf. Nach vier Jahren auf dem Internat im Kloster Ettal in den bayerischen Alpen wechselte er auf das Fridericianum in Erlangen. Die Schule erreichte der stille, bescheidene Jugendliche von Herzogenaurach aus mit dem Zug, der praktisch vor seiner Haustür hielt.

Nach zwei Jahren auf einer Nürnberger Handelsschule und einem Aufenthalt in Barcelona, wo er Spanisch lernte, trat Horst in Pirmasens in die Fußstapfen seines Vaters und belegte den Zweijahreskurs an der dortigen Schuhfachschule. Adi hielt es für unerlässlich, dass sein Sohn das Handwerk von der Pike auf lernte. Nur so würde er die Firma leiten und im Gespräch mit den Sportlern überzeugend auftreten können. Doch in Melbourne legte der junge Dassler-Erbe Fähigkeiten an den Tag, die man nirgends lernen konnte.

Ausgerüstet mit einigen Sommeranzügen und der Adresse des Adidas-Vertriebspartners in Melbourne, kam der schlanke 20-Jährige mit dem wachen Blick und der Hakennase in Australien an. Doch als er nach der anstrengenden dreitägigen Reise aus dem Flugzeug stieg, saßen die Adidas-Schuhe, die seine Eltern geschickt hatten – ebenso wie die Puma-Lieferung –, noch beim Zoll fest.

Horst packte das Problem mit größtem Geschick an. Die Olympiade war zweifellos eine enorme Verantwortung für einen unerfahrenen Jugendlichen, aber Adis Sohn wusste genau, was er zu tun hatte. Er bat bekannte amerikanische Sportler, an die Zollbehörde zu schreiben und zu erklären, dass sie die Adidas-Schuhe für die Olympischen Spiele benötigten. Gleichzeitig sorgte er dafür, dass die Puma-Lieferung unter Verschluss blieb.

Der junge Mann mit dem deutschen Akzent suchte nun den ortsansässigen Adidas-Händler auf und besprach mit ihm einen unerhörten Plan: Statt Adidas-Schuhe zu verkaufen, sollten sie kostenlos verteilt werden. In einer Zeit, als Geld im internationalen Sport noch ein schmutziges Wort war, kam dieser Vorschlag völlig unerwartet. Bisher hatten die Sportler ihre Schuhe zu den Wettkämpfen immer selbst mitgebracht. Dass sie auf der Aschenbahn ein Gratispaar probelaufen und behalten durften, war eine absoulte Seltenheit und für die Läufer ein riesiges Geschenk.

Damals wurde der Amateurbegriff noch sehr ernst genommen. Sportler durften kein Geld oder andere Zeichen der Anerkennung annehmen, die direkt mit ihren Wettkampfleistungen in Verbindung gebracht werden konnten. Und Schuhherstellern war es untersagt, die Athleten kommerziell zu missbrauchen. So musste bei Werbeanzeigen die Identität der Läufer etwa durch schwarze Balken über den Augen unkenntlich gemacht werden.

Derlei Regeln wurden in den Vereinigten Staaten mit größtem Eifer angewandt. Avery Brundage, der Vorsitzende der Amateur Athletic Union, des amerikanischen Amateursportverbands, wachte mit wahrem Fanatismus über ihre Einhaltung. Als sich herausstellte, dass Jesse Owens einen Job als Liftboy hatte, bestand »Slavery Avery«, so der Spitzname von Brundage, darauf, dass Owens die 159 Dollar, die er verdiente, an den Verband abführte. Begründet wurde das damit, dass Owens nicht wirklich beschäftigt sei, sondern das Geld als unerlaubte Belohnung für seine sportlichen Leistungen erhalten habe. Nachdem Brundage 1952 Vorsitzender des Internationalen Olympischen Komitees (IOC) geworden war, konnte mit einer Lockerung der Regeln nicht gerechnet werden.

Dennoch setzte Horst Dassler darauf, dass er seine Schuhe ungestraft anbieten durfte, weil sie als technische Ausrüstung durchgehen konnten. Sie waren für Läufer, die noch auf Aschenbahnen antreten und sich ihre Startlöcher mit einer kleinen Schaufel selbst graben mussten, unverzichtbar. Und weil Spikes eine Menge Geld kosteten, trugen die Sportler die ihren, bis sie buchstäblich auseinanderfielen.

Als Horst erklärte, dass er Schuhe verschenken wolle, war der Vertragshändler in Melbourne zunächst skeptisch. Er sah die Olympiade als großartige Chance, seinen Umsatz zu steigern, aber wie sollte er Schuhe verkaufen, wenn der Sohn des Chefs sie kostenlos abgab? Dennoch gelang es Horst, den Händler zu überzeugen, dass die Geschenke eine kluge Investition darstellten. Er konnte sich keine bessere Werbung vorstellen als Athleten, die scharenweise in den Schuhen mit den drei Streifen ihre Medaillen holten. Der Händler willigte ein, dass Horst sein Geschäft mit eigens für die Spiele entworfenen Melbourne-Schuhen füllte, die durch drei grüne Streifen und ein Kreuz an der Hacke auffielen. Ganze Delegationen wurden eingeladen, sich geeignete Schuhe auszusuchen.

Derek Ibbotson, der erste Brite, der eine Meile in exakt vier Minuten lief, konnte sein Glück kaum fassen. »Das ganze Team pilgerte zu diesem Laden«, erinnert er sich. »Damals konnten sich höchstens die Läufer aus den größten britischen Universitäten handgemachte Schuhe leisten, meist von Law in London, aber die anderen waren vollauf begeistert.« Ibbotson kehrte mit grün gestreiften Adidas und einer Bronzemedaille über 5 000 Meter heim.

Unterdessen genossen Adidas-Spikes einen solchen Ruf, dass einige Favoriten sich schon vor den Spielen ein Paar besorgt hatten. Der amerikanische Diskuswerfer Al Oerter trug Adidas schon seit Anfang der Fünfzigerjahre, als sein Vater, der Klempner war, im Hinterzimmer eines Elektrogeschäfts in New York ein passendes Paar entdeckt hatte. »Amerikanische Firmen boten keine Schuhe für Werfer in Größe 49 an«, erklärte Oerter. Nach einem Rekordwurf in Melbourne holte er drei weitere Goldmedaillen – natürlich in Adidas-Schuhen.

Die deutlich leichteren Adidas-Produkte gelangten sogar ins ferne Texas. Der Farmersohn Bobby Morrow machte sich dort als »San Benito Bullet« einen Namen. Amerikanische Trainer und Athleten, die Morrow an der Christlichen Universität Abilene laufen sahen, bezeichneten ihn als den größten Sprinter, den sie je gesehen hatten.

Mit seinem entspannten, eleganten Laufstil hätte er ein volles Bierglas auf dem Kopf tragen können, ohne einen Tropfen zu verschütten, hieß es. Während seines Studiums wurde Bobby Morrow von seinen Trainern mit Adidas versorgt. »Damals waren das die einzigen guten Spikes, die es gab«, bemerkte er. Und tatsächlich holte der Texaner in Melbourne Gold über 100 und 200 Meter und im Staffellauf.

Horst Dassler bemühte sich nun im Stadion von Melbourne, neben diesen treuen Abnehmern noch weitere Stammkunden zu werben. Und während Armin Dassler sich nicht sehen ließ, war der freundliche Adidas-Mann mit seinem großen Koffer aus dem olympischen Dorf bald nicht mehr wegzudenken.

Er schloss mit zahlreichen Medaillenanwärtern, aber auch mit unbekannten Sportlern regelrecht Freundschaft. Manche spotteten über die Namen seiner Schuhe – ein Modell hieß »As«, was im Englischen bedenklich unanständig klang. Aber angesichts der Leichtigkeit der deutschen Schuhe und der Großzügigkeit des Juniorchefs blieb den Athleten die Spucke weg. So etwas hatten sie noch nie erlebt.

Als es ans Medaillenzählen ging, konnte Horst Dassler seinen Eltern voller Stolz mitteilen, dass 70 Gewinner die Schuhe mit den drei Riemen getragen hatten. Die Sportler hatten das Geschenk aus dem Hause Adidas so begierig angenommen, dass die Marke allgegenwärtig schien. Auf den Schnappschüssen der Entscheidungswettkämpfe waren die Melbourne-Spikes nicht zu übersehen – eine unschlagbare Publicity für Adidas.

Für Horst persönlich blieben die Olympischen Spiele des Jahres 1956 nicht ohne Folgen. Durch seine Plaudereien in Melbourne etablierte sich der junge Mann im Sportgeschäft. Viele Athleten, die in Australien antraten, blieben dem internationalen Sport eng verbunden, und mehrere von ihnen erreichten Führungspositionen in Sportverbänden. Horst sorgte dafür, dass sie ihn als den unkomplizierten jungen Mann in Erinnerung behielten, der sie mit Adidas-Schuhen versorgt hatte.

Allerdings gab es einige europäische Nationen, die in Melbourne nicht vertreten waren. Sie hatten die Olympiade aus Protest gegen die sowjetischen Panzer boykottiert, die knapp zwei Wochen vor dem Beginn der Spiele den Ungarnaufstand brutal niedergeschlagen hatten. Dieser Akt politischer Gewalt war der Hintergrund einer dramatischen Begegnung der ungarischen Wasserballmannschaft mit dem

Triumph und Entsetzen liegen zuweilen recht nah beisammen: Armin Hary, erster deutscher Olympiasieger über 100 Meter, überquert in Rom 1960 die Ziellinie in Puma-Schuhen.

Auf das Siegertreppchen hingegen stieg er in Adidas. Für Rudolf und Friedl Dassler eine herbe Enttäuschung. Adi Dassler kündigte seinerseits Hary empört die Zusammenarbeit.

sowjetischen Team. Die Emotionen kochten derart hoch, dass es während des Spiels zu einer Schlägerei kam. Das Wasser färbte sich rot mit dem Blut eines verletzten Ungarn, und viele andere trugen Prellungen davon. Der Sieg der Ungarn wurde zum Symbol des politischen Widerstands und nationalen Stolzes.

Das Fehlen der protestierenden Europäer wurde jedoch durch die Anwesenheit junger Sportnationen mehr als ausgeglichen. An den Spielen von Melbourne nahmen erstmals größere Mannschaften aus verschiedenen afrikanischen und osteuropäischen Ländern teil. Im australischen Olympiastadion knüpfte Horst herzliche Beziehungen zu vielen damals noch unbekannten Sportlern aus diesen Ländern, die dankbar jede Unterstützung annahmen, die sie bekommen konnten.

Bei der Olympiade von Rom im Jahr 1960 hielten die Athleten bereits Ausschau nach dem netten Deutschen mit dem großen Koffer. Aber in der Zwischenzeit hatte man auch bei Puma kapiert, worauf es ankam. Man pflegte auch hier Kontakte mit Spitzensportlern und verteilte großzügig Schuhe. Doch der deutliche Vorsprung von Adidas stellte für Puma ein Problem dar. Die Konkurrenz war eher zur Stelle gewesen und bot die besten Spikes an, die zu haben waren. Deshalb musste Puma etwas mehr bieten. Der umstrittene deutsche Sprinter Armin Hary war der Erste, der auf die Idee kam, die Rivalität der beiden Schuhhersteller schamlos auszunutzen.

Schon Monate vor den Olympischen Spielen in Rom galt Hary als der schnellste Mann der Welt. Und er nahm einen neuen Weltrekord für sich in Anspruch: die 100 Meter in exakt zehn Sekunden. Diese Zeit wurde erstmals in Friedrichshafen gestoppt. Der Rekord wurde allerdings nicht anerkannt, weil der Deutsche einen Fehlstart verursacht hatte.

Ein paar Wochen später, im Juni 1960, passierte ihm dasselbe Missgeschick noch einmal. Bei einem Wettkampf in Zürich brach Hary erneut den Weltrekord und wurde wieder wegen eines Fehlstarts disqualifiziert. Doch der Sprinter konnte die Schiedsrichter bewegen, ihn noch einmal laufen zu lassen, und diesmal hielt der Bergarbeitersohn aus dem Saarland Wort: Er machte die 100 Meter tatsächlich in glatten zehn Sekunden.

Adi Dassler war begeistert. Armin Hary war oft zu Gast in Herzogenaurach gewesen. Der Adidas-Chef hatte Harys Weg zum Erfolg aufmerksam verfolgt, war gern auf die Anregungen des hochgewachsenen Sportlers eingegangen und hatte viele Stunden geopfert, um dessen Schuhe zu perfektionieren. Wenn der junge Mann in Form blieb, würde Adidas bei der Siegerehrung für den 100-Meter-Lauf in Rom wieder im Rampenlicht stehen.

Unverkennbar war, dass Hary nach einem Aufenthalt in den USA seine Leistungen noch einmal erheblich gesteigert hatte. Doch dort hatte er nicht nur die neuesten Techniken des Fitnesstrainings erlernt, sondern auch kapiert, dass dem Erfolgreichen ein entsprechender Lohn winkt.

Als Adi Dassler die Forderungen des Sportlers hörte, war er empört. Hary hatte sich bei Dasslers Schwiegersohn Alf Bente erkundigt, was Adidas für seine Treue zu zahlen bereit sei. Höchst erstaunt über diese ungewöhnliche Bitte, lehnte Bente die Aushändigung von Barem rundweg ab. Er erklärte sich jedoch bereit, Harys Alternativvorschlag mit seinem Schwiegervater zu besprechen: Adidas sollte

Hary als Generalvertreter in den Vereinigten Staaten einsetzen und mit 10 000 Paar Schuhen als zinsloser Kommissionsware versorgen. Erwartungsgemäß lehnte Dassler auch dieses Ansinnen wütend ab.

Inzwischen hatte Hary auch am anderen Ufer der Aurach Kontakte geknüpft. Eingeführt wurde er dort durch Werner von Moltke, damals deutscher und später europäischer Meister im Zehnkampf, der seit 1958 Puma-Schuhe trug. Mit kostenlosen Schuhen ausgerüstet, engagierte sich von Moltke als Vertreter der Marke auf internationalen Leichtathletikwettkämpfen. Bei seinem Teamkollegen Armin Hary tat er sich nicht schwer. »Ich gab ihm Puma-Schuhe, und mit dem Geld, das ich zur Verfügung hatte, konnte ich ihn zum Essen einladen«, erinnert sich von Moltke. Im Lauf der Monate vertiefte sich die Freundschaft, und bald pendelte Hary zwischen beiden Ufern der Aurach hin und her.

Als der Sprinter im Stadio Olimpico zum Finale über 100 Meter antrat, glaubte Adi Dassler immer noch, dass Armin Hary inzwischen den Unsinn mit der Bezahlung vergessen hatte und in Adidas-Schuhen antreten würde. Doch nun musste er missvergnügt beobachten, dass der deutsche Sprinter in Puma-Spikes mit deutlich sichtbarem Formstreifen an den Start ging.

Bei Puma schlugen die Herzen höher, als sich Hary mit 10,2 Sekunden die Goldmedaille sicherte. Aber wenige Minuten später verdüsterten sich die Mienen, denn die Puma-Vertreter mussten konsterniert mitansehen, wie Armin Hary zur Medaillenverleihung in Adidas-Schuhen erschien. »Das war sehr verletzend für Rudolf und Friedl Dassler, die ihn doch mit offenen Armen aufgenommen hatten«, seufzte Werner von Moltke.

Als eifriger Geschäftsmann hatte sich Hary wohl vorgestellt, dass er mit diesem Trick bei beiden Firmen kassieren könnte. Adi Dassler war aber so empört, dass er den Olympiasieger in seinem Haus nicht mehr sehen wollte. Der Sprinter setzte seine Zusammenarbeit mit Puma zwar fort, aber die dortigen Manager konnten den Zwischenfall in Rom ebenfalls nicht vergessen – für sie war Hary der »Kerl, der auf zwei Hochzeiten tanzt«.

Nach den Spielen von Rom wussten alle Beteiligten, dass sich die Welt des Sports – und des Geschäfts mit den Schuhen – grundlegend gewandelt hatte. Es war an der Zeit, dass Horst und Armin Dassler das Ruder übernahmen.

Kapitel 7

Das Elsasskomplott

Mitten in der Nacht steckten junge Männer an einem großen Tisch in einem Elsässer Restaurant die Köpfe zusammen. Bei teurem Cognac wurden kühne Pläne geschmiedet: Es ging um nichts Geringeres als um die Machtübernahme im Sportgeschäft.

Fast täglich trafen sich die Konspiranten zu ihren Beratungen in der Auberge du Kochersberg. Die ehemalige Jagdhütte war mit beträchtlichen Summen renoviert und in ein vornehmes Hotel mit Gourmetrestaurant und exquisitem Weinkeller umgewandelt worden. Hier, wo man bis spät in die Nacht bewirtet wurde, sammelte der junge Horst Dassler seine französischen Manager um sich.

Seine Eltern hatten ihn mit Anfang zwanzig ins Elsass geschickt, denn nach seiner Rückkehr aus Melbourne hatte Horst zu Hause in Herzogenaurach keine Ruhe gefunden. Er hatte die Tatkraft seines Vaters geerbt, aber auch die Ausdauer und Hartnäckigkeit seiner Mutter. Dass er sich so eifrig um größeren Einfluss in der Firma bemühte, nahmen seine Eltern jedoch mit Zurückhaltung auf. Seine Mutter meinte, dass alle Kinder eine faire Chance erhalten sollten, sich im Unternehmen zu bewähren. Die Diskussionen um das Thema endeten meist in einem erbitterten Streit zwischen Horst und seiner Mutter.

Die Spannungen verschärften sich noch, als Horst Monika Schäfer kennenlernte, eine charmante lebhafte junge Frau, mit der er sein Lebensglück zu finden hoffte. Seine Eltern hingegen, die sich ein Mädchen aus einer angesehenen Familie als Schwiegertochter wünschten, waren nicht besonders erfreut. Als die Dasslers dann auch noch hörten, dass die junge Frau, die eine begabte Turnerin war, einmal mit einer Trapeznummer in einem kleinen Zirkus aufgetreten war, zeigten sie sich nicht gerade begeistert. Und mit dem Gedanken, eine Protestantin in die Familie aufzunehmen, konnten sich die katholischen Dasslers nur schwer anfreunden.

Adi und Käthe beschlossen daher, ihren ungestümen Sohn mit der Leitung einer eigenen Fabrik zu betrauen. Die Produktion in Herzogenaurach war an ihre Grenzen gelangt, und um die steigende Nachfrage zu decken, brauchte man dringend Zusatzkapazitäten. Die Dasslers richteten ihr Augenmerk auf das Elsass. Jenseits der französischen Grenze, aber nur vier Autostunden von Herzogenaurach entfernt, bot die Region Möglichkeiten, denn die einheimische Schuhindustrie hatte durch die Wiedergutmachungszahlungen stark gelitten, und viele Firmen suchten verzweifelt nach Käufern. Die Dasslers entschieden sich für die Fabrik Vogel in dem Dorf Dettwiller.

Georges-Philippe Gerst beobachtete neugierig den schwarzen Mercedes mit deutschem Kennzeichen, der im Juli 1959 vor der heruntergekommenen Fabrik seiner Eltern vorfuhr. Eine ganze Familie stieg aus – die Eltern und vier erwachsene Kinder, die sich auf die Rückbank gezwängt hatten. Adi Dassler erklärte sachlich, dass er Partner im Elsass brauche, die rund 500 Paar Fußballschuhe pro Tag produzieren konnten; die Herstellung solle so bald wie möglich anlaufen. »Für unsere Firma, die versuchte, sich mit 50 Paar pro Tag über Wasser zu halten, kam der schwarze Mercedes wie ein Geschenk des Himmels«, so Gerst.

Ein paar Tage später folgte ein blauer, mit drei Streifen geschmückter VW-Bus mit einem deutschen Techniker am Steuer, der die nötige Ausrüstung zur Herstellung der Adidas-Schuhe mitführte. Kurz danach reiste die gesamte Familie Dassler an, um die im Verfall begriffene Fabrik, die direkt am Bahnhof von Dettwiller lag, auf Vordermann zu bringen. Vater, Mutter, Tante und Kinder krempelten die Ärmel hoch, um Wände und Maschinen zu reinigen, die in einem beklagenswerten Zustand waren. Dann überreichten die Eltern ihrem Sohn einen Scheck über 350 000 Francs, um die Produktion in Schwung zu bringen, und kehrten nach Herzogenaurach zurück.

Horst, der seine Unabhängigkeit genoss, ließ sich nur allzu gern im Elsass nieder. Anfang Dezember 1959 waren die Dasslers bereits überzeugt, dass sich die Investition in Dettwiller auszahlte und Horst seiner Aufgabe dort gewachsen war. Nach einer Besprechung mit der Familie Gerst in Pirmasens, Käthes Heimatstadt, wechselte die Elsässer Fabrik für 17,5 Millionen Francs den Besitzer.

Horst, der zunächst ein kleines Zimmer bei den Gersts genommen hatte, zog nun in eine Wohnung oberhalb der Fabrik. Weniger erfreut waren seine Eltern, dass Monika Schäfer sich durch die triste Umgebung nicht abschrecken ließ und zu Horst ins Elsass zog. Das Paar feierte seine Hochzeit in aller Stille in der Auberge du Haut-Barr in Zabern. Das Elsass wurde Horsts Heimat – und der Standort eines Sportimperiums von beispiellosen Dimensionen.

Nach weniger als zehn Jahren im elsässischen Exil hatte Horst sich das Unternehmen aufgebaut, das er sich vorstellte. Ausgehend von der kleinen Fabrik in Dettwiller, hatte er einen unabhängigen Adidas-Zweig geschaffen, der mehrere französische Werke und ausländische Zulieferer umfasste. Rund um die beschauliche Auberge im entlegenen Landersheim entstand das Firmengelände von Adidas France, das ab 1967 bezogen wurde. Hinter der ehemaligen Jagdhütte erhob sich bald ein Bürokomplex mit Tennisplätzen und einem Fußballfeld. Unter Leitung einer engagierten Führungsmannschaft wurde das Anwesen zur Schaltzentrale des Unternehmens.

Wenn Horst eine Chance witterte, ergriff er sie beim Schopf. Ohne auf Hindernisse zu achten, spornte er seine Mitarbeiter an, sofort zu handeln. Alain Ronc, einer von Dasslers unerschrockenen Managern, gehörte zu jenen, in die der junge Chef auch bei schwierigen Angelegenheiten größtes Vertrauen setzte. »Er hielt nicht viel von Konsultationen, vom Abwägen von Problemen und Kosten. Er traf kühne Entscheidungen, und wir hatten die Aufgabe, sie umzusetzen«, erklärt Ronc. »Er raste mit dreihundert Stundenkilometern dahin, und wir keuchten hinterher und mühten uns, Schritt zu halten.«

Horst Dassler verlangte viel von seinen Leuten. Überstunden durften sie nicht scheuen, und viele opferten für das Unternehmen ihr Privatleben. Der Tag begann in aller Frühe und endete meist spätabends nach einem ausgedehnten Arbeitsessen in der Auberge, gefolgt von einem Schlummertrunk mit Horst. Zwar war im Arbeitsvertrag nicht vorgesehen, dass die Beschäftigten auch am Samstag erscheinen mussten, aber dennoch war auch an diesem Tag im Büro meist Hochbetrieb. Am Sonntag wurden die Besprechungen oft in gemütlicher Atmosphäre in der Auberge oder in Dasslers Haus in Eckartswiller geführt.

»Le Patron«, wie Horst im Elsass hieß, schonte sich selbst am wenigsten. Als Workaholic, wie er im Buche steht, suchte er seine Zeit stets so effizient wie möglich zu nutzen. Zu seinen merkwürdigsten Einfällen zählte das »rotierende Abendessen«. »Drei Gruppen mit je einem leitenden Angestellten wurden in unterschiedlichen Gaststätten zum Essen gebeten«, erinnert sich eine Mitarbeiterin. »Horst nahm mit der ersten Gruppe den Aperitif und setzte sich zu Tisch. Dann wurde er, wie geplant, zu einer dringenden Besprechung fortgerufen, tauchte bei der zweiten Gruppe auf, nahm eine Vorspeise, wurde weggerufen. Und bei der nächsten Gesellschaft verspeiste er das Dessert. Am Ende des Abends hatten alle Gäste das Gefühl, mit Horst Dassler gegessen zu haben.«

Am schlimmsten wirkte sich aus, dass Horst kaum Schlaf brauchte. Seine engsten Mitarbeiter erhielten regelmäßig mitten in der Nacht Anrufe. Hellwach wie immer, hatte Horst gerade eine Eingebung gehabt, die er unbedingt diskutieren musste. Die amerikanische Freundin eines Managers ärgerte sich so über diese Zumutung, dass sie einmal selbst ans Telefon ging. »Horst, du störst mein Sexualleben«, erklärte sie ihm wütend. In den nächsten Wochen bekam der unselige Mann täglich die Nachfrage zu hören, wie es denn um sein Intimleben bestellt sei.

Auf Reisen waren Horsts Begleiter völlig seiner Schlaflosigkeit ausgeliefert. Dann dauerten Besprechungen mit Dassler oft bis in die frühen Morgenstunden, aber auch das hinderte ihn nicht daran, schon wenige Stunden später wieder anzurufen. »Sie haben doch nicht etwa geschlafen?«, erkundigte er sich dann, zum Scherzen aufgelegt. Beim Frühstück fragte er seine Mitreisenden gern, wie ihnen das Bobrennen gefallen habe, das nachts im Fernsehen übertragen worden war.

Kurz nach der Hochzeit brachte Monika Dassler Tochter Suzanne und wenig später Sohn Adi zur Welt. Für Horst änderte sich dadurch wenig, er sah seine Kinder kaum. Auch seinen Managern billigte er kein großartiges Familienleben zu. Alain Ronc stand vor einem Dilemma, als Horst ihn bat, an einer Konferenz in Malta teilzunehmen. Ronc versuchte ihm zu erklärten, dass dies unmöglich sei, weil er seine Hochzeit zu diesem Zeitpunkt geplant habe, aber auch das kümmerte Horst wenig. »Er fragte, ob meine Verlobte schon einmal in Malta gewesen sei«, erinnert sich Ronc. »Als ich verneinte, schlug er vor, dass ich sie mitnehmen solle. Dann würde ich drei Tage auf der Konferenz sein und drei Tage mit ihr verbringen. So wurde aus unseren Flitterwochen eine Geschäftsreise.«

Seine Mitarbeiter, die ihm so selbstlos ergeben waren, behandelte Horst mit derselben Aufmerksamkeit wie seine Gäste in der Auberge. Obwohl er mit seinem Führungsteam selten über Privatangelegenheiten sprach, war er immer bereit zu helfen, wenn Not am Mann war. Viele fühlten sich ihm verpflichtet, weil er ihnen geholfen hatte. Er hatte manchen aus Polizeigewahrsam geholt, nachdem er wegen Alkohol am Steuer festgenommen worden war. Ein Mitarbeiter gestand halb dankbar, halb verlegen, Horst habe einem seiner Verwandten einmal aus einer schwierigen finanziellen Lage geholfen. Einer war noch nach Jahren begeistert, weil Horst ihn im Krankenhaus besucht hatte, wo er sich von einer kleineren Verletzung erholte. »Natürlich hatte das auch etwas Manipulatives an sich«, räumte einer von ihnen später ein.

Die meisten jungen Adidas-Manager waren von Horst hingerissen. Sein Schwung weckte Ehrfurcht, seine Ausdauer, seine Überzeugungskraft und seine unermüdliche geistige Aktivität wirkten geradezu hypnotisierend, obwohl er ein eher zurückhaltender Typ war, ein zögerlicher Redner, der das Rampenlicht scheute. Er besaß ein Charisma, das die Menschen in den Bann zog. Seine Gefolgsleute hatten das Gefühl, dass Horst sie in ein großes Abenteuer führte, und sie gaben alles dafür, um mit von der Partie zu sein. »Es war aufregend«, sagt Johan van den Bossche, der damalige Justiziar. »Wir wollten alle dabei sein, auch wenn das hieß, dass wir rennen mussten wie der Teufel.«

Dank seiner Ausbildung in Pirmasens bereitete Dassler die technische Leitung des Werks in Dettwiller keine Schwierigkeiten. Sein Vater, der die Elsässer von Zeit zu Zeit beriet, musste zugeben, dass die dort gefertigten Schuhe der drei Streifen würdig waren. Angesichts wachsender Nachfrage erwarb Horst noch mehrere heruntergekommene Fabriken im Elsass und schloss großvolumige Produktionsverträge mit einigen der größten französischen Hersteller ab.

Doch der rastlose junge Mann sah sich keineswegs nur als Werksleiter.

Zunächst nahm Horst den französischen Markt ins Visier. Zwei Jahre lang waren die Produkte der elsässischen Fabriken direkt nach Herzogenaurach gegangen, um von dort den deutschen Markt und einige ausländische Großhändler zu bedienen. Unter Horst Dassler entwickelte sich Adidas France jedoch zu einem selbstständigen Tochterunternehmen. Umgeben von einer Mannschaft junger, begabter Helfer, verbreitete er die in Frankreich produzierte Adidas-Ware im ganzen Land.

Damals war der wichtigste Konkurrent für Adidas France Raymond Kopa, der »Napoleon des Fußballs«, der in den Fünfzigerjahren große Erfolge gefeiert hatte und sich später als Eigentümer eines Sportartikelhandels einen Namen machte. Kopa standen im französischen Fußball viele Türen offen, aber Horst Dassler konnte geschickte Kicker an sich binden, die an Spieltagen präsent waren, Adidas-Schuhe verteilten und viele Stunden investierten, um an der Bar Freundschaften zu knüpfen. Für Fotografen wurden Extrarunden geschmissen, wenn sie versprachen, Nahaufnahmen von Adidas-Schuhen zu schießen.

Einer von ihnen war der Franzose Just Fontaine, der 1958 bei der Weltmeisterschaft in Schweden mit dreizehn Treffern in sechs Spielen Torschützenkönig wurde. Vier Jahre später ging er nach einer Verletzung als Vertreter zu Adidas France und verkaufte unter seinem Namen Schuhe. Anfangs musste Fontaine häufig eine Abfuhr einstecken, nicht selten begleitet von bösen Bemerkungen über die Deutschen. »Dann ging ich einfach direkt in die Fußballklubs und überredete den Chef, Schuhe zu bestellen«, erinnert sich Fontaine.

Schnell stellte er fest, dass Adidas gegenüber anderen französischen Marken im Nachteil war, weil das Unternehmen keine Bälle anbot. Immer wieder verlor er Aufträge an Hungaria, ein Unternehmen, das die Nachfrage nach dem braunen Lederball, dem »Scaphandre«, deckte. »Die Firma erpresste die Einzelhändler mit der Drohung, sie bekämen den Ball nicht, wenn sie nicht auch Hungaria-Schuhe bestellten«, erklärt Fontaine. Deshalb beschwor er Horst Dassler, auch Adidas-Bälle anzubieten, und schlug ein Produkt vor, das im Gegensatz zum üblichen Fußball aus schwarzen und weißen Sechsecken bestehen sollte.

Für das Zuschneiden des Leders erwarb Horst Dassler eine Fabrik in La Walck; zusammengenäht wurden die Bälle von spanischen Häftlingen. Peter Lewin, der spanische Generalvertreter, besser bekannt als Don Pedro, konnte das kaum glauben, als er bei einem Geschäftsessen davon erfuhr. Aber Dassler ließ sich nicht beirren: »Schneiden Sie einen Ball auf«, empfahl er lachend. Lewin fand darin einen säuberlich zusammengefalteten Zettel mit einem handgeschriebenen Namen und einer Zellennummer. Die Gefangenen wurden aus Gründen der Qualitätskontrolle angehalten, die Zettel einzufügen, bevor sie den Ball zunähten. Jede Woche machte sich also ein Laster mit Ledersechsecken aus La Walck auf zum Gefängnis in Caspe und kehrte mit fertigen Adidas-Fußbällen zurück.

Die Hungaria-Bälle wurden prompt vom Markt verdrängt. François Remetter, der Torwart der Nationalmannschaft, war dafür bekannt, dass er sich in Umkleidekabinen schlich und Adidas-Bälle in den Spind des Schiedsrichters legte. »Oder er bat befreundete Spieler, den Ball über die Tribüne zu schießen«, erinnert sich Jean-Claude Schupp, der damalige Werbeleiter. »François stand dann am Spielfeldrand und warf den Spielern einen Adidas-Ball zu.«

In einer Zeit, da Werbeverträge keine Rolle spielten, brachte Horst Dassler seinen Mitarbeitern bei, wie man Sportler durch den Aufbau einer persönlichen Beziehung an sich bindet. Einer aus dem Team wurde grob gerügt, als er sich bei Horst beklagte, einige Spieler einer Mannschaft, die sich Adidas verpflichtet hatte, seien in anderen Schuhen zum Spiel angetreten. »Waren Sie mit in der Umkleide?«, gab Dassler gereizt zurück. »Kennen Sie die Namen ihrer Frauen? Haben Sie zuvor mit ihnen gegessen? Also, was erwarten Sie dann?«

Horst Dassler selbst verstand sich hervorragend auf diese Kunst. Le Patron, der die Namen und Gesichter unzähliger Sportler und Funktionäre parat hatte, beendete nie ein Gespräch, ohne sich nach der Familie seines Gegenübers zu erkundigen. Das Interesse an sich war schon schmeichelhaft, doch oft zeigte sich, dass Horst die Antwort tatsächlich registrierte. Ein Geschäftspartner, der nebenbei erwähnt hatte, sein Sohn begeistere sich für eine bestimmte Fußballmannschaft, erhielt bald darauf zu seinem Erstaunen ein Päckchen, das signierte Trikots einiger Spieler dieser Mannschaft enthielt. Solche kleinen Aufmerksamkeiten ergaben sich wie von selbst aus Horst Dasslers Motto »Beim Geschäft geht es um Beziehungen«.

Um sie zu festigen, wurden wichtige Leute in die Auberge du Kochersberg eingeladen. Horst hatte das Haus auf der Suche nach einem malerischen Tagungsort für seine Gäste entdeckt. Adidas France erwarb die ehemalige Jagdhütte und renovierte sie kostspielig. Wenn Fußballtrainer und Spieler nach Landersheim kamen, um ihre Verträge auszuhandeln, durften sie ein paar Tage lang in der Auberge ausspannen, wurden erst einmal fürstlich bewirtet, bevor die Adidas-Leute zum geschäftlichen Teil übergingen. Mit seinem unermüdlichen Team und seiner großzügigen und individuell zugeschnittenen Gastfreundschaft kultivierte Horst Dassler einen unverkennbaren Stil.

Bei Puma in Herzogenaurach kämpfte währenddessen Horsts älterer Cousin Armin immer noch um seinen Platz im Unternehmen. Nach endlosen Reibereien mit seinem jähzornigen Vater hatte er beschlossen, einen Schlussstrich zu ziehen, und verließ schließlich seine Heimatstadt. Während sich Horst in Frankreich etablierte, zog es Armin nach Österreich. Die von jeher angespannte Beziehung zwischen Rudolf und seinem ältesten Sohn hatte sich zusehends verschlechtert, als der selbstbewusst gewordene Armin an den konservativen Methoden seines Vaters zu rütteln begann. Armin, der Horsts Aktivitäten ständig verfolgte, sah, dass sich die Welt des Sports rasant veränderte. Und wenn er Puma nicht in die richtige Richtung lenkte, würde das Unternehmen vollends den Anschluss verlieren.

Damals hatte sich Armin gerade von seiner Frau Gilberte getrennt, mit der er zwei Söhne, Frank und Jörg, hatte. Als er Anfang der Sechzigerjahre Herzogenaurach im Zorn verließ, folgte ihm Irene Braun, die bei Puma im internationalen Vertrieb gearbeitet hatte. Mit ihr und seinem jüngeren Sohn Jörg ließ sich Armin in Salzburg nieder.

Eine hastig getroffene Abmachung sah vor, dass Rudolf dem Sohn die nötigen Mittel überließ, um in Salzburg eine Fabrik zu kaufen und den österreichischen Markt zu bedienen. Von da an war Armin ganz auf sich gestellt. Eigensinnig weigerte sich Rudolf Dassler, irgendwelche Bürgschaften gegenüber österreichischen Banken oder andere Hilfen zu leisten. »Der Alte hat uns das Leben schon schwer gemacht«, erinnert sich Irene.

Hinzu kam, dass der Sportartikelmarkt der Alpenrepublik stark saisonal geprägt war, wie das Paar bald feststellte. Denn die sportbegeisterten Österreicher verbrachten ab November jedes Wochenende auf den Skipisten, und im Winterhalbjahr war es praktisch unmöglich, Turnschuhe zu verkaufen. Puma Österreich geriet daher bald in finanzielle Schwierigkeiten, konnte aber vom Mutterunternehmen keinerlei Unterstützung erwarten.

Ganz ähnlich wie Horst beschloss Armin nun, neue Wege einzuschlagen, und obwohl ihm sein Vater strikt verboten hatte, österreichische Ware auf anderen Märkten anzubieten, knüpfte er heimlich Beziehungen zu wichtigen Großhändlern in den Vereinigten Staaten und Frankreich. Ohne seinen Vater zu informieren, schickte er ihnen unter dem Namen Dassler Fußballstiefel made in Austria. Die Schuhe, die von Puma-Produkten kaum zu unterscheiden waren, schmückte ein leicht abgeändertes Logo.

Die Beziehung zwischen Vater und Sohn blieb so distanziert, dass Rudolf sogar eine Einladung zur zweiten Heirat seines Sohnes in Salzburg ausschlug. Die Feier sollte im September 1964 während des alljährlichen Urlaubs der Eltern in Bad Wörishofen stattfinden. »Wir haben ihm angeboten, ihn von einem Chauffeur holen und zurückbringen zu lassen«, berichtet Irene, »aber er schrieb zurück, er werde wegen unserer Hochzeit seine Ferien nicht unterbrechen.«

Anders als Horst kehrte Armin jedoch schon bald in seine Heimatstadt zurück. Drei Jahre nachdem Rudolf Dassler seinen Sohn ins österreichische Exil geschickt hatte, bat er ihn kleinlaut, wieder nach Hause zu kommen. Der über 60-Jährige besaß nicht mehr die Kraft, das Unternehmen voranzubringen, und er brauchte Armin, damit Puma nicht dem Einfluss der Familie entglitt.

Zu jung, um die Führungsrolle zu übernehmen, wurde Armins jüngerer Bruder Gerd nach Frankreich geschickt, um dort ein Tochterunternehmen aufzubauen. Als hätten die Dasslers es darauf abgesehen, sich eine Art Verfolgungsjagd zu liefern, siedelte sich das Werk nur wenige Kilometer von Landersheim entfernt im elsässischen Soufflenheim an.

Als Armin in Herzogenaurach das Regiment übernahm, ging es mit Puma wieder bergauf. Der Erbe sah bald, dass die Konkurrenz nicht mehr am anderen Ufer der Aurach saß: Horst, nicht Onkel Adi war bei Adidas zur treibenden Kraft geworden.

Es ließ sich nicht vermeiden, dass es hin und wieder zu kleineren Zusammenstößen kam. Die Rivalität der Cousins war nicht so erbittert wie die der Väter, aber die beiden fassten auch nie echtes Vertrauen zueinander. Und gegen Ende der Sechzigerjahre erkannte Armin Dassler, dass mit harten Bandagen gespielt wurde.

Kapitel 8

Die schmutzigen Tricks von Mexiko

Schon Monate vor der Eröffnung der Olympiade von 1968 in Mexiko City war klar, dass es bei den Spielen hoch hergehen würde. Sie boten eine Arena für die aktuellen politischen Kontroversen und den Protest gegen den Vietnamkrieg, die Ermordung Martin Luther Kings und den Einmarsch der Sowjets in Prag. Die Spiele von Mexiko waren aber auch die Bühne für einen mit miesen Tricks ausgetragenen Bruderkrieg in der Familie Dassler, der die Welt des Amateursports aus den Angeln hob.

Im Mittelpunkt des Unwetters, das sich in Mexiko zusammenbraute, standen einige afroamerikanische Sportler aus Kalifornien, die sich entschlossen hatten, für ihre politischen Rechte einzutreten und mit dem Erbe der Intoleranz und Heuchelei aufzuräumen, das ihrer Meinung nach den Wettkampf beherrschte. Noch Wochen vor dem Beginn der Spiele am 12. Oktober 1968 war ungewiss, ob die Protagonisten überhaupt nach Mexiko fahren würden. Tommie Smith, John Carlos und Lee Evans, die größten Lauftalente im US-Team, waren auch im Olympic Committee for Human Rights (Olympisches Komitee für Menschenrechte) aktiv, das sich für einen Boykott der Olympiade einsetzte.

Gründer der Bewegung war der 25-jährige schwarze Dozent Harry Edwards, der am San Jose State College Soziologie lehrte. Empört über den berüchtigten Rassismus, der auf dem Campus herrschte, wo schwarze und weiße Studenten ihre Mahlzeiten nach wie vor getrennt einnahmen, drohte Edwards zunächst, die Sportwettkämpfe des Colleges zu sprengen. Dann gelang es ihm, mehrere aufmüpfige afroamerikanische Sprinter zu überzeugen, dass sie nicht für ein rassistisches Land antreten sollten. »Es ist Zeit, dass schwarze Menschen sich erheben und es ablehnen, sich für ein bisschen extra Hundefutter als Dressurtiere benutzen zu lassen«, donnerte Edwards. Die

Idee des Boykotts wurde schließlich fallen gelassen, aber führende schwarze Sportler waren nach wie vor entschlossen, ihren Widerstand kundzutun.

Unter anderem nahmen sie die olympischen Regeln aufs Korn, die eine Bezahlung der Sportler untersagten. Rudolf Dassler hatte diese Büchse der Pandora 1960 geöffnet, als er bei den Spielen von Rom dem Sprinter Armin Hary Geld dafür zahlte, dass er bei seinem Siegeslauf über 100 Meter Puma-Schuhe trug. Von da an stellten Sportler hemmungslos Forderungen und scherten sich nicht um die Verletzung der Amateurregeln. Die afroamerikanischen Athleten gehörten zu jenen, die diese ganze Heuchelei anprangerten. Wenn die Funktionäre alle Sportler disqualifiziert hätten, die mit Schuhherstellern ins Geschäft kamen, so meinten sie, wäre die Olympiade von Mexiko zu einer zweitklassigen Veranstaltung herabgesunken.

Die verbissene Rivalität zwischen Armin und Horst Dassler war ein Segen für jene, die endlich von ihrer Leistung profitieren wollten, wie zum Beispiel jene Gruppe amerikanischer Läufer, die wenige Monate vor den Olympischen Spielen einer Einladung von Adidas nach Landersheim folgten. Obwohl zwei von ihnen seit Langem auf Puma eingeschworen waren, ließen sie sich in der vornehmen Jagdhütte eine ganze Woche lang verwöhnen. Als sie sich über Geldnot beklagten, bot ihnen ein Adidas-Manager einen Vertrag an, der ihnen für das Tragen der Schuhe mit den drei Streifen 500 Dollar zusicherte. Horst Dassler war während des Aufenthalts der Amerikaner nicht da, aber es blieb ihm nicht verborgen, was dann geschah. »Sie nahmen das Geld, unterschrieben den Vertrag und erhielten anschließend eine Kopie davon. Ich hätte ihnen die Kopie nicht gegeben«, seufzte Horst. »Sie gingen damit schnurstracks zu Puma.«

Für Adidas und Puma stand eine Menge auf dem Spiel. Die Unruhen, die diese Olympiade begleiteten, erhöhten den Druck auf alle Beteiligten. Dank der wachsenden Bedeutung des Fernsehens konnten die Spiele in alle Welt übertragen werden. Die Wettkämpfe von Mexiko wurden, mehr als jedes andere Großereignis der vergangenen Jahrzehnte, für die beiden führenden Sportschuhhersteller der Welt eine Frage des Prestiges – und für die Cousins bot sich die Gelegenheit, ihren Einfallsreichtum unter Beweis zu stellen.

Armins Trumpf war Art Simburg, der in San Jose studiert hatte. Der Sportjournalist besserte sein Einkommen auf, indem er Sportlern

Puma-Schuhe aufschwatzte. Der gutmütige junge Mann war häufig Zielscheibe des Spotts, denn bei US-Leichtathletikwettbewerben kam es immer wieder vor, dass Adidas-Leute die Reservierung für sein Hotelzimmer und seinen Mietwagen stornierten, sodass der arme Art Simburg, mit Reisetaschen bepackt, auf der Suche nach Unterkunft von einem Hotel zum nächsten pilgern musste.

Vor den Spielen von Mexiko hatte sich Simburg jedoch glänzende Kontakte aufgebaut. Er kam regelmäßig mit den US-Athleten zusammen, denn er hatte sich mit Wyomia Tyus verlobt, einer schwarzen Sprinterin, die vier Jahre zuvor in Tokio Gold über 100 Meter gewonnen hatte (und diesen Erfolg in Mexiko zu wiederholen gedachte). Auch Tommie Smith, John Carlos und Lee Evans standen auf Simburgs Liste.

Sein Gegenspieler bei Adidas hieß Dick Bank, ein Immobilienhändler aus Beverley Hills. Aber Bank, ein überzeugter Anhänger der Amateurregeln, scheute sich, von den enormen Gewinnen zu profitieren, die im internationalen Sport zu holen waren. Bei einem Wettkampf in San Antonio wenige Wochen vor der Olympiade sah Horst Dassler entsetzt, dass die meisten amerikanischen Sportler in Puma-Schuhen antraten. Für Bank bedeutete dies das Aus. Horst brauchte gewieftere Helfer, um seinen Cousin zu übertrumpfen.

Hoch über dem Lake Tahoe (um die klimatischen Bedingungen in Mexiko nachzuahmen) fanden im September 1968 die US-amerikanischen Ausscheidungswettkämpfe für die Olympischen Spiele statt – eine Generalprobe für die Läufer, die Funktionäre und die Schuhlieferanten. Die Umkleideräume waren mit braunen Umschlägen übersät, und Zyniker witzelten, die eigentlichen Verlierer seien nicht die Athleten, die sich nicht für die amerikanische Olympiamannschaft qualifizieren konnten, sondern jene, die bei der Verteilung des Geldsegens leer ausgingen.

Besonders beeindruckend war die Leistung von Lee Evans, der mit 44,06 Sekunden den bisherigen Weltrekord über 400 Meter brach. Doch Horst Dassler ließ sich öffentlich darüber aus, dass der schwarze Sportler das neueste Modell von Puma trug, den sogenannten »brush shoe«. Statt der gewohnten nagelartigen Dornen war er mit zahlreichen, dünneren, nadelartigen Spikes versehen, die Leichtathletikregeln verboten jedoch Schuhe mit mehr als sechs Dornen. Die dünnen Spikes an der Puma-Sohle konnte man nun schwerlich als Dornen bezeichnen, aber Horst Dassler verteidigte sie derart überzeugend, dass er genau das Gegenteil erreichte und der Leichtathletikverband die dünnen Spikes als Dornen betrachtete. Bestürzt musste der San-Jose-Clan hinnehmen, dass Lee Evans' Rekord prompt annulliert wurde.

Unterdessen waren mehrere tausend Paar Puma-Schuhe aus deutscher Produktion nach Mexiko unterwegs. Der Container traf gleichzeitig mit Armin Dassler und einigen Puma-Managern ein. Angeführt von Horst Dassler, hatte die Adidas-Delegation bereits ihre Zelte in Mexiko aufgeschlagen und der Konkurrenz von Puma einen Empfang bereitet, der die großzügige Handschrift der Familie trug.

Den Plan hierfür hatte Horst schon drei Jahre zuvor ausgeheckt, als er mit einigen mexikanischen Amigos aus der olympischen Bewegung ins Geschäft kam. In eklatanter Verletzung der Grundregeln des fairen Wettbewerbs sollte Adidas das Exklusivrecht erhalten, im olympischen Dorf Schuhe anzubieten. Ein Großteil der Spikes sollten von einer mexikanischen Firma hergestellt werden, und Adidas würde eine Sondergenehmigung zur zollfreien Einfuhr eines weiteren Kontingents aus Deutschland erhalten. Puma hingegen wurde mit einem Zoll von stolzen zehn Dollar pro Paar belegt.

Empört über die Intrigen seines Cousins, überlegte sich Armin offenbar selbst einen kleinen Trick, um den Einfuhrzoll zu umgehen. Die Puma-Lieferung, die Ende September in Mexiko eintraf, hatte verdächtige Ähnlichkeit mit zollfreier Adidas-Ware. Ein Telegramm von Air France wies die Fracht als dringende Adidas-Sendung aus, und die Kisten trugen die Aufschrift »AD, Mexiko«.

Aber Horst Dassler hatte die Zollbeamten gründlich instruiert. Als die Puma-Leute an der Lagerhalle erschienen, um ihre Ware abzuholen, grinsten die Wachleute nur und schüttelten den Kopf. »Der ganze Container lag auf Eis«, erinnert sich Peter Janssen, ehemaliges Vorstandsmitglied von Puma. »Wenige Tage vor der Eröffnung der Spiele saßen wir alle in Mexiko City herum, und der Zoll gab unsere Schuhe nicht frei.«

Armin Dassler erlebte einen weiteren Schock, als Uniformierte in sein Hotelzimmer platzten. »Sie holten uns mitten in der Nacht und warfen Armin vor, er hätte den Zollbehörden gefälschte Papiere ausgehändigt«, erinnert sich Janssen. Bei einem mehrstündigen Verhör erklärte Armin mit Nachdruck, er könne doch nichts dafür, dass Air

France ein Fehler unterlaufen sei, und seine Initialen lauteten nun einmal AD, die übliche Abkürzung im Code für Adidas-Lieferungen. Aber seine Proteste stießen auf taube Ohren. Man legte ihm nahe, umgehend das Land zu verlassen.

Dieses Problem ließ sich mit einem Umschlag lösen: »Man hat mir, ich weiß nicht mehr wie viel Tausend Dollar in die Handtasche gesteckt«, berichtet Armins Frau Irene. »Ich musste nachts von unserem Hotel mit dem Taxi zum Flughafen fahren, das war eine gute Stunde.« Dort übergab sie das Geld an Sepp Dittrich, den Sport-Promotion-Manager von Puma. »Der hat etwas aufgetan, er hatte einen Mittelsmann. Und so haben wir fünfzig Paar Schuhe rausgekriegt.«

Einige britische Athleten erklärten sich bereit, weitere Schuhe herauszuschmuggeln. »Dann sind diese Engländer tagelang immer wieder mit einem leeren Schuhkarton unter dem Arm beim Zoll erschienen und haben gesagt, die Schuhe passen nicht, sie müssen umgetauscht werden«, erklärt Irene Dassler. »Auf die Tour haben wir einige hundert Paar Schuhe rausgekriegt. Wenn da einer reingeguckt hätte! Es war ein Krimi.«

Einige Tage später war Art Simburg mit einer Tasche voller Puma-Schuhe im olympischen Dorf unterwegs, als zwei Männer ihn bei den Armen packten. Die Zivilpolizisten zerrten den protestierenden Simburg in ein Auto und fuhren ohne Erklärung mit ihm davon. Wyomia Tyus suchte verzweifelt nach ihrem Verlobten. Angesichts des politischen Klimas in Mexiko City, wo wenige Tage vor der Eröffnung der Spiele demonstrierende Studenten auf offener Straße erschossen worden waren, schien völlig ungewiss, was mit Simburg passiert war. »Sie weinte sich die Augen aus, weil sie dachte, ich sei tot«, berichtete Simburg später. »Ich war wie vom Erdboden verschluckt.«

In seiner Gefängniszelle wurde Simburg weder über die Gründe seiner Verhaftung aufgeklärt, noch durfte er telefonieren. »Die Haft war grauenvoll«, sagte er später. »Eines Tages bekam der Häftling in der Nachbarzelle akute Magenkrämpfe. Sie stießen ihn immer wieder in eine Ecke, bis er aufhörte zu schreien.« Als Puma mithilfe von US-Diplomaten endlich herausfand, wo Simburg steckte, hieß es, er sei verhaftet worden, weil er sein Touristenvisum dazu genutzt habe, sich geschäftlich zu betätigen. Das amerikanische Außenministerium musste alle Hebel in Bewegung setzen, um Simburg nach fünf Tagen endlich freizubekommen. In der mexikanischen Zelle hatte seine Verdauung derart schwer gelitten, dass er, immer wenn ihm scharf gewürzte Speisen angeboten wurden, an Horst Dassler denken musste.

Unterdessen ging die Verteilung von Traveller-Schecks ungehindert weiter. Amerikanische Reporter entdeckten, dass Sportler vor Armins Zimmer Schlange standen, um ihr Geld abzuholen, aber in Horsts Hotel war der Andrang nicht geringer. In einem Enthüllungsbericht der Zeitschrift *Sports Illustrated* wurde unter dem Titel »The 100 000 pay-off« (Bestechungsgeld 100 000) ein Sportler zitiert, er habe 10 000 Dollar verdient, indem er von Adidas zu Puma und wieder zurück gegangen sei. Ein anderer wechselte, unmittelbar bevor er die Goldmedaille holte, zu Puma und ging anschließend direkt zu Armin Dassler, der ihn mit 6 000 Dollar belohnte. »Warum sollte ich wie ein Eremit herumsitzen, wenn jeder mit diesen Leuten Geld macht?«, fragte er.

Unvergesslich blieb das Finale über 200 Meter. Tommie Smith und John Carlos hatten beide bei vorherigen Wettkämpfen Weltrekorde gebrochen. Carlos schien die besten Chancen zu haben, weil sich Smith beim letzten Sprint eine leichte Zerrung in der Leistengegend zugezogen hatte, aber dann legte dieser doch ein nahezu perfektes Rennen hin. Er stellte den neuen Weltrekord von 19,8 Sekunden über die Strecke auf, während John Carlos hinter den Australier Peter Norman auf den dritten Platz zurückfiel.

Als die drei an diesem 16. Oktober 1968 zur Siegerehrung erschienen, hielten die Zuschauer den Atem an. Die beiden Schwarzen trugen schwarze Socken, schwarze Handschuhe und um den Hals einen schwarzen Schal. Als die amerikanische Nationalhymne erklang, senkten sie den Kopf und reckten die Faust in den Himmel. Auf dem Podest stand neben ihren schwarz bestrumpften Füßen ein einzelner Puma-Schuh.

In der erregten Wettkampfatmosphäre wurden in den Katakomben des Olympiastadions noch andere Deals abgeschlossen. Die aufsehenerregendste Kehrtwendung erfolgte an einem Regentag, als die Weitspringer zu ihrem Finale antraten. Unter ihnen war Bob Beamon, ein schwarzer Sportler aus New York, der als Jugendlicher im Gefängnis gesessen und den Simburg zunächst für Puma gewonnen hatte. Als Vierter von 17 Athleten, die es in die letzte Runde geschafft hatten, traf er nach seinem Anlauf den Balken genau und segelte in einer schier unglaublichen Höhe durch die Luft. Beamon kam so hart auf dem Sand auf, dass er durch den Rückprall außerhalb der Grube landete.

Dieser außergewöhnliche Sprung überschritt die Reichweite der automatischen Messanlage. Die verblüfften Wettkampfrichter mussten erst einmal ein altmodisches Maßband besorgen, mit dem man eine Weite von 8,90 Metern feststellte, die für die nächsten zwanzig Jahre Weltrekord bleiben sollte. Als Beamon sich seiner Leistung bewusst wurde, erstarrte er vor Schreck. Dieser sensationelle Sprung flimmerte für Millionen staunender Zuschauer immer wieder über den Bildschirm. Und zu Armin Dasslers Leidwesen waren die drei Streifen auf Bob Beamons Schuhen aus jedem Blickwinkel deutlich zu erkennen.

Nur eine Handvoll Athleten blieb gegen den Charme der Dasslerschen Schecks immun. Dazu zählte Dick Fosbury, ein vielversprechender amerikanischer Sportler, dessen maßgearbeitete Schuhe Adi Dassler persönlich anfertigte. Adi, der sich selbst mit Begeisterung dem Hochsprung widmete, hatte gehört, dass ein Ingenieur aus Idaho eine neue Sprungtechnik entwickelt hatte. Während andere mit dem Innenbein absprangen und das Außenbein über die Stange schwangen, sprang Fosbury mit dem Kopf voraus, den Rücken der Stange zugewandt. Als Fosbury seinen ausgefallenen Flop zum ersten Mal vorführte, machten sich Sportler und Funktionäre darüber lustig, aber Adi Dassler griff sofort zum Telefon.

Einige Wochen später öffnete Fosbury aufgeregt das Päckchen aus Deutschland, das seine handgefertigten Schuhe enthielt – seinen Wünschen entsprechend jeder Fuß in einer anderen Farbe. Dieses Paar trug er in Mexiko City, als er vor den Augen des gebannten Publikums eine Höhe von 2,24 Metern sprang. Den von Valeri Brumel Jahre zuvor aufgestellten Weltrekord konnte er damit zwar nicht überbieten, aber in Mexiko reichte es für die Goldmedaille. »Es war einfach umwerfend, dass dieser deutsche Schuster Stunden damit zubrachte, Schuhe für mich ganz persönlich zu machen«, erklärte der Sportler. »Ich war ihm unglaublich dankbar und hätte nie im Leben Geld dafür genommen, dass ich sie trage.«

Die Dollars, die bei der Olympiade in Mexiko den Athleten zugesteckt wurden, lösten bei den Anhängern der Amateurregeln größtes Unbehagen aus, und die Schuldigen waren bald gefunden. Um der

Korruption Einhalt zu gebieten, meinte einer der Puristen, »müsste man die gesamte Familie Dassler nach Sibirien deportieren«. Viele andere wollten aber lieber das überholte Reglement über Bord werfen, und emanzipierte Sportler schraubten ihren Preis schamlos in die Höhe.

Horst Dassler stand nun ganz anders da als zu Beginn seiner Laufbahn. Er war längst nicht mehr der umgängliche junge Mann mit dem Koffer voller Sportschuhe. Aus ihm war ein angesehener Unternehmer geworden, das Gesicht von Adidas, wie die Welt es kannte. Von seiner Schaltzentrale in Frankreich aus übernahm er nach und nach die Kontrolle über die Marke, die seine Eltern geschaffen hatten.

Kapitel 9

Der übergrosse Sohn

Adi und Käthe Dassler beobachteten die rastlose Geschäftigkeit ihres Sohnes mit wachsender Sorge. Während sie mit der Auftragslage zufrieden waren, gab es für Horst nur den Weg der Expansion. Und wie er in erbitterten Diskussionen mit seinen Eltern klarstellte, hatte er nicht vor, sich von ihrer konservativen Einstellung bremsen zu lassen.

Für seinen Vater empfand Horst tiefsten Respekt, mit seiner Mutter hingegen hatte er häufig Krach. Was ihn absolut empörte, waren die Wichtigtuereien seiner vier Schwestern. Sie lebten nach wie vor auf dem Firmengelände und arbeiteten auch mit unterschiedlichem Engagement im elterlichen Unternehmen, aber keine von ihnen legte so viel Tatkraft an den Tag wie ihr Bruder. Horst entschied sich, jede Chance zur Umsatzsteigerung zu nutzen, um seine Führungsposition auszubauen. »Das Einzige, worauf es ankam, war die Größe«, erklärte einer seiner Berater, »denn damit gewannen wir gegenüber Herzogenaurach an Gewicht.«

Um die Kontrolle über das Unternehmen zu gewinnen, musste Horst seinen Einfluss auch außerhalb Frankreichs geltend machen. Der Verkauf von Adidas-Schuhen im Ausland lief vor allem über Generalvertreter, die ihre Ware vom Stammsitz in Herzogenaurach bezogen. Sie reisten in der Regel zweimal im Jahr nach Franken, um bei Käthe Dassler das neue Sortiment in Augenschein zu nehmen und ihre Bestellungen aufzugeben. Horst aber erkannte bald, dass er seine Position nur stärken konnte, wenn die Großhändler einen Großteil ihrer Ware bei ihm in Frankreich bezogen. Er entschloss sich also, gegen seine Eltern anzutreten. Zu diesem Zweck baute er in Landersheim ein Parallelunternehmen auf, das nicht nur produzierte, sondern auch eine eigene Entwicklungs-, Marketing- und Exportabteilung besaß. Die Mitarbeiter wussten, worum es ging: »Vergesst Puma und die anderen Marken«, erklärte Günter Sachsenmaier, damaliger Exportleiter in Frankreich. »Für uns saß die Konkurrenz in Herzogenaurach.«

Als Horst schließlich mit seinem französischen Sortiment aufwarten konnte, sicherte er sich sofort einen Anteil am blühenden Exportgeschäft. Die Adidas-Partner in Spanien und den frankophonen Ländern kauften fast ausschließlich bei ihm ein. Einige andere Länder hielten hingegen seinen Eltern die Treue. Aber die meisten Generalvertreter waren für Angebote von beiden Seiten aufgeschlossen. Man kam überein, dass die beiden Sortimente auf Produktpräsentationen in Herzogenaurach, betreut durch die rivalisierenden Manager aus Frankreich und Deutschland, vorgestellt werden sollten. Die enge Interessenverflechtung beider Seiten machte diesen Kompromiss notwendig. So unverfroren er sich gab, Horst wusste sehr wohl, dass er seine Position weitgehend den drei Streifen zu verdanken hatte, und das Markenzeichen gehörte nun einmal seinen Eltern. Und so erbost Adi und Käthe über die trotzige Haltung ihres Sohnes waren, mussten sie doch zugeben, dass er etwas auf die Beine stellte. Das gesamte Unternehmen profitierte von Horsts Geschick.

Beide Seiten umwarben mit großem Eifer die wichtigsten Abnehmer, allen voran die Amerikaner. Erste Kontakte, die diesen riesigen Markt erschließen sollten, waren in den Fünfzigerjahren geknüpft worden, als Simeon Dietrich in Herzogenaurach auftauchte. Der Inhaber einer Eisenwarenhandlung in Michigan kam im Auftrag eines befreundeten Leichtathletiktrainers, der Adidas-Schuhe benötigte. Als Dietrich wieder abreiste, hatte er die Exklusivrechte zum Vertrieb der Produkte mit den drei Streifen für die gesamten Vereinigten Staaten in der Tasche. Die damals geschlossenen Partnerschaften, so auch in diesem Fall, wurden einfach mit Handschlag besiegelt; später wurde die Vereinbarung mit einem Vertrag bekräftigt, der ganze zwei Absätze umfasste.

Nach einigen Jahren musste Dietrich aber eingestehen, dass er die USA nicht allein abdecken konnte. Das Land wurde schließlich zwischen Dietrichs Erben und drei anderen Großhändlern aufgeteilt. Doc Hughes, ein temperamentvoller Texaner, übernahm den Südosten. Bill Closs, einst Basketballer bei den Fort Wayne Pistons und Vertreter für den Sportschuhhersteller Converse, betreute die gesamte Westküste. Ralph Libonati sicherte sich die Ostküste. Und Simeons Neffe Gary Dietrich versorgte weiterhin den Mittleren Westen.

Die vier amerikanischen Generalvertreter kamen gern nach Europa – sie genossen die Herzlichkeit, mit der Käthe sie willkommen hieß, und die Gastlichkeit, die ihnen geboten wurde. Einmal wurden sie zu einer einwöchigen Rundreise eingeladen, die durch prachtvolle französische Schlösser und die besten Restaurants des Landes führte. Mancher von ihnen wurde durch Adidas zum reichen Mann. Die Schuhe, die sie anboten, waren von so herausragender Qualität, dass sie sich praktisch von selbst verkauften. »Wir hatten ein exponenzielles Wachstum«, erinnert sich Gary Dietrich. »Jahrelang verbrachte ich praktisch jeden Abend im Büro und schrieb einfach nur Aufträge.«

Horst schaffte es, seine Eltern zu überreden, dass Adidas France ein eigenes Sortiment anbieten konnte, es durfte jedoch nicht mehr als die Hälfte der Exportbestellungen abdecken. Aber der ehrgeizige Juniorchef hatte nicht vor, sich durch solche Regeln bremsen zu lassen. Um von seinen Eltern Aufträge abzuziehen, wollte er deren Schwächen ausnutzen. Das Problem war, dass bei Adidas die Logistik sehr ins Stocken geriet. In den Fünfzigerjahren hatte Käthe Dassler eifrig Verträge mit Vertretern geschlossen, die einfach zur rechten Zeit in Herzogenaurach angeklopft hatten. Nach den Triumphen, die Adidas bei internationalen Sportereignissen feierte, riss der Strom der Bestellungen nicht mehr ab, und oft konnte die Produktion in Herzogenaurach nur mühsam mithalten. Seit die Nachfrage schließlich ungeahnte Dimensionen erreichte, fehlten dem Unternehmen schlichtweg die nötigen Kapazitäten. Das Chaos regierte, und die Generalvertreter in aller Welt stimmten ein großes Klagelied an.

Die ausbleibenden Lieferungen brachten die Amerikaner und andere Abnehmer zur Verzweiflung. »Wir haben ein Jahr im Voraus bestellt, und trotzdem kamen die Produkte zu spät«, erinnert sich Gary Dietrich. »Unentwegt hatten wir damit zu kämpfen. Es war schrecklich.« Ständig galt es, erzürnte Einzelhändler zu beschwichtigen, die ihrerseits Kunden vertrösten mussten. Adidas wurde von einzelnen Abnehmern so unter Druck gesetzt, dass die Bestellungen nicht mehr in der Reihenfolge ausgeliefert wurden, in der sie hereinkamen. »Einmal musste ich monatelang auf einen bestellten Container warten«, erinnert sich Bill Closs senior. »Unsere Kontaktperson in der Exportabteilung behauptete schließlich, dass die Ware verloren gegangen sei. Sie sei beim besten Willen nicht zu lokalisieren. Ich vermute, dass sie einfach einem anderen Abnehmer zugeteilt wurde.«

Aus der Sicht der Amerikaner unternahm Adidas Deutschland trotz unentwegter Klagen zu wenig, um die Probleme zu lösen. Horst hatte die Lage richtig eingeschätzt, die Großhändler wendeten sich an ihn, wenn er sein französisches Sortiment pünktlich und zuverlässig lieferte.

Zunächst einmal bemühte sich Horst um Produktionsbedingungen, die es ihm erlaubten, Adidas-Schuhe zu unschlagbaren Preisen anzubieten, denn die Generalvertreter lebten schließlich von der Gewinnspanne zwischen Herstellerpreis und Einzelhändlerpreis. Auch der kleinste Nachlass, den Adidas France beim Einkaufspreis offerieren konnte, kam also unmittelbar den Generalvertretern zugute. Seit den Anfängen in Dettwiller hatte Horst mehrere Fertigungsstätten im Elsass und in der Gascogne an der spanischen Grenze erworben. Die Produktionskosten lagen in Frankreich ein wenig unter dem deutschen Niveau, und um diesen Vorsprung auszubauen, schickte er seinen Herstellungsleiter Charles Hesse nach Osteuropa, um die Lage dort zu sondieren.

Damals stellte der Eiserne Vorhang noch eine undurchdringliche Barriere dar, der Vorstoß war also kein geringes Unterfangen. Im Auftrag Horst Dasslers nahm Hesse schier endlose Besprechungen mit kommunistischen Bürokraten auf sich, die nicht nur seine Geduld, sondern auch seine Leber strapazierten. Schließlich hatte er Erfolg und erzielte Vereinbarungen mit verarbeitenden Betrieben in Rumänien, Ungarn und der Tschechoslowakei. Es wurden komplizierte Verträge abgeschlossen, die aber auch den Weg für eine Vorzugsbehandlung durch kommunistische Sportfunktionäre ebneten. Gleichzeitig ermöglichten sie die Senkung der Herstellungskosten um 40 Prozent gegenüber dem deutschen Niveau. »Der interne Wettbewerb regte uns permanent an, billiger zu produzieren«, erklärt Charles Hesse. »Sinn und Zweck des Arrangements bestand darin, die Deutschen zu schlagen, und zwar mit allen Mitteln, die uns zur Verfügung standen.«

Die Deutschen versuchten unterdessen verzweifelt, durch Steigerung der eigenen Produktion Schritt zu halten. Sie bauten das Werk in Herzogenaurach aus und erwarben weitere Fabriken in Deutschland. Die Expansion erfolgte unter der Regie von Alf Bente, dem Gatten der ältesten Dassler-Tochter Inge. Er hatte bereits begonnen, mit einer Fabrik in Jugoslawien zusammenzuarbeiten. Um den Vorstoß seines Schwagers nach Osteuropa zu kontern, baute Bente seinerseits Partnerschaften im Fernen Osten auf. Die Brüder Riu in Taiwan machten mit der Leitung von bis zu zwanzig Fabriken, die in den Siebzigerjahren Sportschuhe mit den drei Streifen herstellten, ein Vermögen.

Bei den Präsentationen in Herzogenaurach fühlten sich die Generalvertreter nicht immer wohl in ihrer Haut, wenn deutsche und französische Manager ungeniert um Aufträge konkurrierten. Aber viele nutzten auch die Gelegenheit, um die Deutschen gegen die Franzosen auszuspielen. Nach dem offiziellen Termin in Herzogenaurach zogen sie weiter nach Landersheim, um das gesamte französische Sortiment näher in Augenschein zu nehmen und ihren Einkaufspreis auszuhandeln. »Nachdem wir in Herzogenaurach fertig waren, brachten wir sie zum Rückflug zum Nürnberger Flughafen«, berichtet ein ehemaliger Adidas-Exportleiter. »Aber sobald wir ihnen den Rücken gekehrt hatten, verließen sie das Flughafengebäude und fuhren weiter nach Landersheim.«

Obwohl die Herzogenauracher ihr Territorium energisch verteidigten, machten ihnen die findigeren französischen Manager dennoch einen großen Anteil am Exportgeschäft streitig. Ein entscheidender Wettbewerbsvorteil der Franzosen lag darin, dass Horst Dassler ständig nach Innovationen Ausschau hielt. Während seine Eltern in der Leichtathletik und im Fußball unschlagbar waren, holte er sich seine Aufträge in anderen Bereichen.

Wenn Gerhard Prochaska, Marketingmanager von Adidas France, zu den regelmäßigen Treffen mit den Generalvertretern aus aller Welt nach Herzogenaurach fuhr, wurde seine große Tasche von den deutschen Kollegen argwöhnisch beäugt, denn es war damit zu rechnen, dass er wieder einmal eine böse Überraschung für die Deutschen daraus hervorzauberte. Prochaska zog diese Show häufig ab. »Horst bereitete die Treffen gründlich vor. Aus seinen Besprechungen mit den Generalvertretern wusste er genau, was sie sich wünschten«, erinnert sich Prochaska. »Bei der Produktpräsentation stellten die

Deutschen dann ein paar Modelle vor, die nicht ganz genau das Richtige waren. Danach wühlte ich in meiner Tasche, holte zögernd ein Exemplar heraus und sagte: ›Ach, sehen Sie, wir arbeiten zufällig an dem Schuh, den Sie schildern. Wäre der für Sie geeignet?‹«

Die verblüffendste Neuerung, die die Franzosen aus dem Hut zauberten, war der »Superstar«. Bisher war Basketball die Domäne von Converse gewesen, einem amerikanischen Schuhhersteller, der die besten Mannschaften versorgte. Der typische Basketballschuh, und so auch der »Converse Hightop«, bestand damals aus Segeltuch. Als 1969 der »Superstar« aus Leder herauskam, wurde Converse praktisch aus dem amerikanischen Basketballgeschäft verdrängt.

Horst Dassler erschloss diesen riesigen Markt mithilfe dreier Brüder aus Kalifornien, die den Mormonen angehörten. Ernie, Clifford und Chris Severn hatten sich Ende der Fünfzigerjahre um die Generalvertretung für Adidas an der amerikanischen Westküste bemüht. Ende der Sechzigerjahre wurden die Rechte für die Region von Bill Closs übernommen, der zuvor für Converse im Verkauf tätig gewesen war und der dank seines finanziellen Spielraums mit dem Wachstumsmarkt besser zurechtkam. Aber Horst Dassler setzte Chris Severn nach wie vor in der Sportpromotion ein.

Severn regte die Franzosen an, einen Basketballschuh aus Leder zu entwickeln. Das Modell für den Superstar wurde in 7 hergestellt, der Schuhgröße Horst Dasslers, der die Schuhe persönlich ausprobieren wollte. Wie er den Technikern versichern konnte, gab Leder viel besseren Halt als der von Converse verwendete Stoff. Die Schuhspitze wurde durch die ausgefallene »shelltoe« geschützt. Die Außensohle mit dem Fischgrätenmuster – das zum Klassiker werden sollte – entwarf Horst persönlich.

Der Superstar wurde in den Vereinigten Staaten doppelt so teuer angeboten wie der allseits beliebte Converse. Doch Leder und Design boten so große Vorteile, dass die Spieler den Aufpreis bereitwillig bezahlten. »Pro Saison verbrauchte man ungefähr vier Paar Converse«, erklärt Bill Closs junior, der damals am College Basketball spielte. »Vom Superstar brauchte man nur zwei Paar, und meist konnte man das zweite Paar noch den Rest des Jahres als Freizeitschuh tragen.« Die Wirkung war phänomenal: Schon knapp zehn Jahre nach der Einführung des Superstar traten drei Viertel der Basketballprofis in den USA in Adidas-Schuhen an.

Die besten Spieler des Landes nahmen gern ein Paar Superstars an, die Chris Severn in den Umkleideräumen verteilte, und mit vielen konnte er kleine Werbeverträge abschließen. So auch mit Lewis Alcindor, der alle anderen – mit 2,15 Metern – nicht nur körperlich überragte. 1969, als er seine Karriere bei den Milwaukee Bucks begann, wurde er zum »Rookie of the Year«, also zum besten Neueinsteiger, gewählt. Einige Jahre später wechselte der zum Islam Konvertierte unter dem Namen Kareem Abdul Jabbar zu den Los Angeles Lakers.

Zähneknirschend zahlte Adidas dem Basketballstar 25 000 Dollar pro Jahr für das Tragen des Superstar. Mit dem von ihm entwickelten Hakenwurf setzte Kareem Abdul Jabbar in den 20 Jahren seiner beispiellosen Karriere mehrere Rekorde, und das meist in Adidas-Schuhen. Das einzige Problem mit ihm entstand bei einem Besuch in Landersheim: In der Auberge musste das Fußbrett des Bettes abgesägt werden, damit Kareem hineinpasste.

Wie beabsichtigt sorgte der Superstar dafür, dass eine wahre Auftragsflut der amerikanischen Generalvertreter über Landersheim hereinbrach. Anfang der Siebzigerjahre machte das Basketballgeschäft über 10 Prozent des Adidas-Umsatzes aus – und lag ausschließlich in den Händen von Adidas France.

Mit der Entscheidung, den Tennismarkt zu erobern, konnte Horst Dassler Anfang der Siebzigerjahre der firmeninternen Konkurrenz in Deutschland einen noch schwereren Schlag versetzen. Den französischen Managern war nicht entgangen, dass der Tennissport einen radikalen Wandel durchmachte. Auf den Tennisplätzen Europas tummelten sich nicht mehr nur elegante Damen in weißen Kleidern, sondern auch Jugendliche aus allen Schichten, und die besten Spieler der Zeit, von Rod Laver bis Billie Jean King, zogen Zuschauermassen an. Horst Dassler rechnete mit einem rapiden Anstieg der Nachfrage und beschloss, Tennis zum Eckpfeiler des Unternehmens zu machen.

Adidas France erzielte den ersten großen Erfolg mit Robert Haillet, einem der ersten französischen Tennisprofis. Als Haillet 1964 überlegte, seine Karriere an den Nagel zu hängen, kam Horst Dassler mit der Bitte auf ihn zu, einen Tennisschuh zu entwerfen. Haillet trug damals wie die meisten europäischen Tennisspieler den Spring Court und den Fred Perry, Canvasschuhe mit flacher Gummisohle. Horst aber hatte etwas anderes im Sinn: Der »Robert Haillet« sollte der erste Tennisschuh aus Leder werden.

»Damals war das eine verdammt komplizierte Geschichte«, erklärt der Franzose. »Wir brauchten mindestens ein Jahr, bis wir das Modell fertig hatten, und dann hat sich doch wieder die Sohle gelöst.« Haillet bat auch seine Freunde, Verbesserungsvorschläge beizusteuern. »Rod Laver und Ken Rosewall waren bereit, sie auszuprobieren«, erinnert er sich. »Es wäre ihnen nie eingefallen, dafür Geld zu verlangen.«

Das Tüfteln an den technischen Finessen zahlte sich letztlich aus. Als der »Robert Haillet« 1965 herauskam, war sich die Clique der Tennisprofis einig, dass er bei Weitem der beste Schuh auf dem Markt war. Ähnlich wie beim Superstar im Basketball schätzte man die Griffigkeit der Sohle und den Halt, den das Leder bot.

Haillet hatte sich unterdessen aus dem Profisport zurückgezogen, um Vertreter bei Adidas zu werden, aber sein Ruf allein konnte Horst Dasslers hochfliegenden Ehrgeiz nicht mehr befriedigen, und so reifte der Entschluss, denselben Schuh unter dem Namen eines noch bekannteren Spielers herauszubringen, der in der Tenniswelt mehr Publicity schaffen konnte.

Donald Dell, damals der einflussreichste Agent im Tennis, schlug ihm Stan Smith vor. Wegen seiner hünenhaften Gestalt trug der amerikanische Champion den Spitznamen Godzilla. Auf dem Platz lächelte er selten und weigerte sich standhaft, seinem Publikum mehr zu bieten als Tennis pur. Anfang der Siebzigerjahre führte er die internationalen Tennischarts an und gewann an der Spitze des amerikanischen Teams mehrmals den Davis Cup.

Smith hatte bisher in Canvasschuhen von Converse und Uniroyal gespielt, Firmen, an die er mit seinem Team vertraglich gebunden war. Adidas brauchte Smith, um in den Vereinigten Staaten Fuß zu fassen, und machte ihm ein entsprechendes Angebot: Dass Smith für einen Schuh, der seinen Namen trug, Tantiemen kassieren durfte, fand er großartig.

Während der »Robert Haillet« noch nicht den großen Durchbruch brachte, erreichte das Tennisschuhgeschäft durch Stan Smith andere Dimensionen. Kurz nach der Einführung 1971 schoss der Umsatz in die Höhe. Mit gelindem Erstaunen sah der Tennisprofi, dass viele seiner Gegner nun im »Stan Smith« antraten. »Ich wurde richtig ärgerlich, als ich zum ersten Mal ein Match gegen einen Spieler verlor, der meine Schuhe trug«, bemerkte er.

Mit seinem nächsten Angriff fegte Horst Dassler die deutsche Konkurrenz vom Platz. Ilie Nastase, ein impulsiver rumänischer Tennisstar, fesselte das Publikum mit seinem erstaunlich einfallsreichen Spiel und den Mätzchen, die er auf dem Tennisplatz machte. Bei Adidas gab es allerdings Leute, die bezweifelten, ob der Sportler für Marketingzwecke überhaupt geeignet sei: Mit seiner Vorliebe für Diskussionen mit den Schiedsrichtern und anderen Taktiken, die an Foul Play grenzten, hätte Nastase dem Ruf der Marke auch schaden können. »Mein Freund Horst hat dann einfach klargestellt, dass er mich genau aus diesem Grund ausgesucht hat«, erinnert sich Nastase. »Da haben sie dann den Mund gehalten.«

Als Nastase in den Sechzigerjahren zum ersten Mal international Beachtung fand, erschien er zum Grand-Slam-Turnier Roland Garros in Canvasschuhen aus der Volksrepublik China, in denen er ständig ausrutschte und hinfiel. Als René Lacoste ihm zueinanderpassende Trikots und Shorts anbot, strahlte er vor Freude. Ilie Nastase, der schon für sein Feilschen und Schachern berühmt war, bekam schließlich ein Angebot von dem jungen amerikanischen Unternehmen Nike. Man offerierte ihm einen Vertrag über 5 000 Dollar, und er bekam dafür Schuhe mit dem Aufdruck »Nasty« (»fies«) auf dem Absatz, während auf den Schuhen seines Doppelpartners, des Amerikaners Jimmy Connors, das Wort »Jumbo« prangte. Der Markt war noch so unverdorben, dass Connors seine Nikes auch ohne Entgelt gerne trug.

Nastase wechselte zu Adidas, als ihm die Firma einen Vierjahresvertrag über 50 000 Dollar bot – damals eine bedeutende Summe, für die er das gesamte Adidas-Tennissortiment übernahm. Vom Trikot bis zu den Socken ließ sich Nastase mit den drei Streifen einkleiden.

Mit Horst Dassler, der viele Sportler umwarb, verband ihn bald eine enge Freundschaft. Zu Weihnachten erhielt der Rumäne stets kartonweise Adidas-Produkte und andere Geschenke für die ganze Familie. Als Nastase zum ersten Mal geschieden wurde, rief Dassler an, um ihn zu trösten. Mit jener scheinbaren Naivität, die ihn bei seinen Managern so beliebt machte, trug der Firmenchef eine teure Uhr zur Schau, die ihm Nastase geschenkt hatte: »Meinem Freund

Horst« lautete die auf der Rückseite eingravierte Widmung. Der große Vertrag mit Adidas wurde unterschrieben, als Nastase auf dem Zenit seiner Karriere angelangt war. Dennoch profitierten Adidas und Nastase enorm von der Zusammenarbeit. Adidas France verdiente Millionen an dem »Nastase«, einem blau-weißen Tennisschuh, den eine ganze Generation von Amateuren trug. Zwar fühlten sich die Deutschen bemüßigt, ein eigenes Modell herauszubringen, den teuren »Wimbledon«, doch dem unschlagbaren Duo Smith und Nastase konnten sie wenig entgegensetzen.

Beide Modelle wurden zum ganz großen Erfolg, als die Studenten der Siebzigerjahre anfingen, Jeans und Tennisschuhe zu kombinieren. Der schlichte, vollkommen weiße Stan Smith war für den Trend besonders geeignet. Ein wenig untypisch für Adidas war, dass das gewohnte Design der drei Streifen nur durch Lüftungslöcher angedeutet wurde. Daher war er ebenso wie der Nastase farblich völlig frei zu kombinieren. Während die beiden Spieler sich zur Ruhe setzten, erlangten ihre Schuhe Kultstatus: Vom Stan Smith wurden in den folgenden Jahrzehnten knapp 40 Millionen Paar verkauft, vom Nastase 20 Millionen.

Dank des Tennisbooms hatte das französische Exportgeschäft solche Proportionen angenommen, dass Horst Dassler seine Manager bat, die Zahlen zurechtzustutzen. Allein mit Basketball- und Tennisausrüstung sowie mit den billiger produzierten Fußballstiefeln setzte Landersheim etwa 10 Millionen Paar pro Jahr ab. »Horst bat uns, die Tatsache zu verschleiern, dass unsere Exporte viel rascher wuchsen als der Umsatz in Herzogenaurach«, erinnert sich Günter Sachsenmaier. »Er lebte in ständiger Furcht, dass seine Eltern ausflippen könnten.«

Während das Tochterunternehmen in Landersheim wuchs und gedieh, versuchte Käthe Dassler in geradezu demütigender Weise, die Situation unter Kontrolle zu halten. Zwar duldete sie eine gewisse Rivalität zwischen Frankreich und Deutschland, weil Adidas insgesamt davon profitierte. Aber die Chefin war fest entschlossen, die Aufsicht über die weltweite Präsenz der Firma nicht aus der Hand zu geben, was immer häufiger zu offenem Streit mit ihrem Sohn führte.

Seit Horst am Aufbau von Adidas France arbeitete, beobachtete ihn seine Mutter mit Argusaugen. Französische Manager, die nach

Herzogenaurach kamen, wurden durch »La Mutti«, wie Käthe Dassler in Landersheim hieß, häufig einem Kreuzverhör unterzogen. Andere gingen ihr auf Verkaufsmessen lieber aus dem Weg. Ganz gleich, was man vorhatte, Käthe vermutete stets einen Bruch der deutsch-französischen Vereinbarungen.

Besonders knifflig war die Situation für jene in Horsts Führungsteam, die sozusagen auf Anweisung die Regeln der Herzogenauracher ständig missachteten. So wurde Exportleiter Sachsenmaier häufig zur Zielscheibe der elterlichen Klagen. Horst bat ihn, die Beschwerden zu ignorieren, was sich als Gratwanderung erwies. »Horst sagte uns, wir sollten trotzdem loslegen«, erinnert sich Sachsenmaier. »Er hielt seine schützende Hand über uns und verhandelte hinter verschlossenen Türen mit seiner Familie. Aber wir hatten unter der angespannten Beziehung zu Herzogenaurach dennoch zu leiden, es war sehr belastend.«

Günter Sachsenmaier empfand auch die neidischen Bemerkungen seiner deutschen Kollegen als äußerst peinlich. »Wenn sie nach Landersheim kamen, bestaunten sie unseren Laden«, so Sachsenmaier. »Und wenn wir sie besuchten, beklagten sie sich über die deutschen Dasslers. Sie waren neidisch auf die Unabhängigkeit, die wir bei Horst genossen, denn in Herzogenaurach konnten sie nichts unternehmen, ohne die gesamte Hierarchie zu konsultieren.«

Auch andere französische Manager hatten unter der schizophrenen Situation im Unternehmen zu leiden, und es kam vor, dass einer von ihnen den Bogen überspannte. Besonders übel erging es Günther Morbitzer, dem ehemaligen Exportleiter. Während andere versuchten, Horst unnötigen Ärger mit Herzogenaurach zu ersparen, hatte Morbitzer die Verrenkungen gründlich satt. Das französische Tochterunternehmen besaß auf dem Weltmarkt inzwischen eine solche Vormachtstellung, dass sich der Exportleiter nicht mehr die Mühe gab, bei Besprechungen mit den Deutschen zu Kreuze zu kriechen, als würde ihn deren Meinung kümmern. Als Morbitzer das allzu deutlich durchblicken ließ, verlangte Käthe Dassler seine Entlassung.

Die Spannungen zwischen Käthe und Horst beeinträchtigten schließlich auch die Beziehung zum Großhandel. Käthe, die die Generalvertreter in Herzogenaurach stets mit einer kleinen Begrüßungsrede empfing, konnte es nicht lassen, mit kaum verhohlener Bitterkeit darauf hinzuweisen, dass Deutschland der Ansprechpartner für die

Abnehmer aus aller Welt sei. Die Generalvertreter, die meist anschließend einen ausgedehnten Aufenthalt in der Auberge du Kochersberg geplant hatten, rutschten dann nervös auf ihren Sitzen hin und her.

Manch einem war das so unangenehm, dass er die Geschäftsbeziehungen abbrach. Für Peter Lewin stand die Entscheidung nach einem Essen mit Käthe in Barcelona fest, bei dem es recht lebhaft zugegangen war. »Am nächsten Tag erhielt ich einen Anruf von Horst, der mich bat, ihm in allen Einzelheiten zu schildern, was gesagt worden war«, erinnert sich Lewin. »Ich wollte nicht mehr in dieser verrückten Beziehung zwischen den Stühlen sitzen.«

Zu Hause in Herzogenaurach beobachtete Adi Dassler die Vorgänge mit wachsendem Befremden. Er hatte die unaufhörlichen Klagen seiner Manager, seiner Frau und seiner Töchter satt. Ein Assistent erinnert sich, dass Adi manchmal den kurzen Weg von der Fabrik mit dem Auto nach Hause fuhr, um auf dem Weg von niemandem angesprochen zu werden. Allerdings gab es auch Affronts, mit denen sich Adi Dassler nicht stillschweigend abfinden konnte.

Kapitel 10

Der Rettungsanker

Adi Dassler verlor nicht oft die Nerven, aber nun war es so weit. Kurz nach den Olympischen Spielen in München 1972 legte ihm Horst einen neuen Plan vor: Adidas sollte darüber nachdenken, wettkampftaugliche Badekleidung anzubieten. Zwar hatte es auch in der Leichtathletik unvergessliche Augenblicke gegeben, aber der Star der Spiele war der Schwimmer Mark Spitz gewesen, der sieben Goldmedaillen geholt hatte. »Horst, ich habe alles mitgemacht!«, brach es entrüstet aus Adi heraus. »Du hast auch erfolgreich gearbeitet. Aber Badeanzüge: niemals! Du bist vollkommen verrückt geworden. Niemals unter der Marke Adidas!« Adidas stellte Schuhe her, und Schwimmer trugen keine, folglich kamen sie als Kunden für Adi nicht infrage.

Als die Idee bei einer Besprechung in Herzogenaurach in den Raum gestellt wurde, bekamen die Franzosen wieder einmal den Sarkasmus ihrer deutschen Kollegen zu spüren. »Ihr seid wohl völlig übergeschnappt«, beschieden sie Günter Sachsenmaier: »Als Nächstes wollt ihr noch Adidas-BHs und -Schlafanzüge verhökern!« Von diesen Schimpftiraden ließ sich Horst Dassler jedoch nicht aus dem Konzept bringen. Wenn seine Eltern keine Badekleidung unter dem Namen »Adidas« verkaufen wollten, dann würde er sie eben unter der Marke »Arena« auf den Markt bringen.

Die Bezeichnung hatte Horst schon verwendet, als er Jahre zuvor spanische Strafgefangene Lederbälle nähen ließ. Um sich den kontrollierenden Blicken seiner Familie zu entziehen, die an der Sache womöglich etwas auszusetzen gehabt hätte, ließ er die Fertigung der Bälle unter dem Namen »Arena España« laufen. In Frankreich wurden unter diesem Namen Sportschuhe aus Segeltuch vermarktet. Horst war in Verhandlungen mit einem französischen Geschäftsmann getreten, der seine kleine Firma in Nîmes unweit der alten römischen Arena unter diesem Namen eingetragen hatte. Als sie sich handelseinig waren, entwarf das französische Team das Logo mit den drei Rauten, das neben zwei Streifen auf den Segeltuchschuhen erscheinen sollte. Arena war ein kleiner, unscheinbarer Teil des französischen Zweigs geworden. Für Horst bot die Marke einen Ausweg aus der Zwickmühle, denn sie ermöglichte es ihm, ohne Zustimmung seiner Angehörigen einen eigenen Geschäftszweig zu entwickeln.

Mit dem neuen Ressort wurde Alain Ronc betraut, der sich zuvor als Mitarbeiter im Export bewährt hatte. Er wurde in Horsts Büro gerufen und machte sich hektisch Notizen, während sein Chef die Pläne für die Arena-Badekleidung darlegte. »Er hatte alles im Kopf, bis zu den praktischen Einzelheiten, Herstellung, Marketing, Partnerschaften, einfach alles«, erinnert sich Ronc. »Zwei Stunden lang hat er nur gesprochen – und mich für die nächsten drei Jahre mit Arbeit eingedeckt.« Mit Arena plante Horst Dassler, die Bademodenbranche im Handstreich zu übernehmen. Mark Spitz, der in München eine Speedo-Badehose getragen hatte, wie es zwischen dem Hersteller und dem US-amerikanischen Schwimmverband vertraglich vereinbart war, musste überredet werden, auf eine französische Marke umzusteigen, die es offiziell noch gar nicht gab. Praktisch ohne Unterstützung durch Adidas sollte Alain Ronc in zahlreichen Ländern Absatzverträge schließen. Und vor allem galt es zu verhindern, dass neugierige Besucher aus Deutschland die Arena-Akten zu Gesicht bekamen.

Den Kontakt zu Mark Spitz hatte Horst bereits auf der Münchner Olympiade geknüpft. Bei einem Gespräch im olympischen Dorf erklärte sich der Schwimmer bereit, zur Medaillenverleihung in Adidas-Schuhen zu erscheinen. Das Problem war nur, dass sie wahrscheinlich durch die locker sitzende Trainingshose verdeckt wurden, die Schwimmer gerne trugen, weil man sie leicht ablegen konnte. Deshalb schlug Dassler vor, Spitz solle die Schuhe in die Hand nehmen.

Spitz ließ sich von der Begeisterung, die ihm entgegenwogte, so mitreißen, dass er der Menge mit einem Paar »Adidas Gazelle« in der Hand zuwinkte. Empört über diesen Vorfall, drohten die Wächter des Olympischen Komitees, eine Untersuchung einzuleiten. Der Manager des Schwimmers war in Tränen aufgelöst, und Horst musste sein ganzes Verhandlungsgeschick aufbieten, um das Komitee zu beschwichtigen. Spitz, der Jude war, musste noch vor dem Ende der

Spiele unter strengsten Sicherheitsvorkehrungen aus der Bundesrepublik ausgeflogen werden, allerdings aus anderen Gründen. Ein Palästinenserkommando überfiel das israelische Quartier, tötete zwei Israelis und nahm neun israelische Geiseln. Nach völlig missglückten Verhandlungen und einer gescheiterten Befreiungsaktion waren elf israelische Sportler tot, und weitere Terroranschläge waren nicht auszuschließen. Spitz kündete spontan an, er werde sich aus dem aktiven Sport zurückziehen. Das ermöglichte ihm dann auch, unabhängig von seinem Sportverband, die Unterzeichnung von Verträgen. Während aktive Schwimmer damals keine Werbevereinbarungen treffen durften, konnte niemand einen Altmeister daran hindern, sich für die Marke seiner Wahl einzusetzen.

Wenig später ließ sich Mark Spitz in einer Arena-Badehose ablichten. Horst Dassler brachte das Foto unter befreundeten Reportern in Umlauf, die bereitwillig ihre Berichte über den großen Medaillenerfolg in München damit schmückten. »Dadurch entstand der Eindruck, als habe Mark Spitz seine Medaillen in Arena geholt«, bemerkte Georges Kiehl, bei Arena für die internationale Verkaufsförderung zuständig, mit vergnügtem Lachen.

Mit Arena bewies Horst Dassler, wie schlagkräftig sein Team inzwischen war. Kaum ein Jahr nach der Konfrontation mit seinem Vater gab die Schwimmkleidung von Arena im August 1973 bei der Europameisterschaft in Berlin ihr Debüt. Zwei Jahre später, bei der Weltmeisterschaft im kolumbianischen Cali, trugen knapp zwei Drittel der Schwimmer Arena. Horst Dassler hatte 100 000 Dollar in die Meisterschaft investiert, damals eine beachtliche Summe. Überall schwammen die Arena-Diamanten. Speedo, die Firma, die zuvor den Markt für Schwimmkleidung praktisch beherrscht hatte, reagierte vollkommen hilflos auf die Vorstöße der französischen Konkurrenz.

Weil sich Horsts Eltern seiner Idee so vehement widersetzt hatten, war der Aufbau von Arena nur unter allerhand Verrenkungen möglich. Ein Teil der Kosten wurde freilich indirekt durch Adidas getragen. Schließlich stand Alain Ronc auf der Gehaltsliste von Adidas France. Die für Arena zuständigen Manager verfügten nicht über ein unabhängiges Budget und mussten deshalb häufig improvisieren. So entstanden die Fotos für die ersten Kataloge zum Beispiel im Büro von Alain Ronc, wo mehrere Adidas-Führungskräfte die Hüllen fallen ließen, um in Arena-Badehosen zu posieren.

Ernste finanzielle Engpässe traten immer wieder auf. Einmal wurde die Lage so bedenklich, dass Horst Bill Closs, den Generalvertreter für die amerikanische Westküste, um einen Privatkredit über eine Million Dollar bat. Für Dassler war das zutiefst demütigend, aber auch Closs war das Ansinnen peinlich. Horst erklärte, er brauche das Geld für eigene Zwecke, seine Eltern dürften davon nichts erfahren. »Sie setzten Horst unter Druck, und wir waren schon lange befreundet. Also ging ich zu unserer Bank und besorgte ihm das Geld«, erinnert sich Closs. »Aber richtig durchdacht habe ich die Sache nicht, denn sie hätte den Deutschen bestimmt nicht gefallen.« Für Closs, dessen Geschäftsvolumen sich damals noch in relativ engen Grenzen hielt, war eine Million Dollar eine Menge Geld.

Käthe und Adi verhinderten auch, dass Horst die Adidas-Großhändler nutzte, um Arena im Ausland abzusetzen. Er hatte es aber so eilig, seine neue Marke aufzubauen, dass er mit allen möglichen Leuten Verträge schloss. Einer seiner Partner war ein kleiner kanadischer Trainer, der behauptete, er besitze ein großes Vertriebsunternehmen. Horst überließ ihm, ohne zu zögern, die Exklusivrechte für Arena in ganz Kanada und den Vereinigten Staaten.

Alain Ronc, der bei dem fraglichen Geschäftsessen mit am Tisch saß, fand diese überstürzte Entscheidung etwas beunruhigend. Und tatsächlich stellte sich wenig später heraus, dass die Firma des Trainers nur aus einer Garage in Kalifornien bestand, in der sich Kartons mit Schwimmbrillen stapelten. »In unserem hektischen Expansionsdrang fielen wir regelmäßig auf die Nase«, stellt der Manager fest. »Aber der gesamte Sportmarkt war noch so frisch, dass wir dennoch in einem unglaublichen Tempo vorankamen.«

In Herzogenaurach weckte unterdessen die rasante Expansion von Arena wachsenden Unmut. Schließlich fiel die Entscheidung, nun doch Badekleidung unter dem Adidas-Label herauszubringen, obwohl wenige Jahre zuvor Horsts Vorschlag als Idiotie abgeschmettert worden war. Aber nachdem Arena nun durchschlagende Erfolge erzielte, musste die innerbetriebliche Konkurrenz am Ball bleiben. »Die Situation war so verrückt, dass wir ein Schwimmbekleidungssortiment auf die Beine stellten, obwohl wir in diesem Geschäft völlig unerfahren waren«, räumt Peter Rduch ein, damals Exportleiter in Herzogenaurach. »Die Deutschen meinten, sie müssten sich einen

Anteil am Kuchen sichern, und zwar einfach aus dem Grund, weil Horst so erfolgreich war.«

Für Horst wurde Arena eine Art Rettungsanker. Während unter seiner Regie der Schwimmbekleidungsmarkt im Sturm genommen wurde, plante er bereits den nächsten Schachzug. Arena sollte sich nicht mehr auf den Wassersport beschränken, sondern als neue Sportartikelmarke aufgebaut werden. Und falls die Beziehung zu den Eltern in Herzogenaurach sich tatsächlich weiter verschlechtern sollte, könnte er einfach auf Arena umsatteln.

Ein solcher Bruch schien sich in den Siebzigerjahren anzubahnen. Zwar übte sich Horst wie immer in Diskretion, wenn es um Familienstreitigkeiten ging, aber die Spannungen nahmen allmählich Formen an, über die keiner mehr hinwegsehen konnte. »Er hatte von seiner deutschen Familie regelrecht die Schnauze voll«, bemerkte dazu Franz Beckenbauer.

Um Arena mehr Gewicht zu verleihen, beschloss Horst, sich stärker dem Freizeitmarkt zuzuwenden. Dazu tat er sich mit dem Modedesigner Albert Goldberg zusammen, der unter dem Markennamen Façonnable Herrenmode für gehobene Ansprüche entwarf. Adidas France erwarb das Recht, Façonnable weltweit zu produzieren und zu vermarkten, abgesehen von einem kleinen Gebiet in Südfrankreich, das sich Goldberg vorbehielt. Gleichzeitig arbeiteten Dassler und Goldberg an einem gemeinsamen Freizeitmodesortiment, das »Arena Wear« getauft wurde. Diese zukunftsweisenden Projekte wurden durch die kulturellen Differenzen zwischen den beiden Partnern erschwert. Dennoch konnte Horst auf diesem Weg ein gediegenes Textilunternehmen aufbauen. Und als der Sport wachsenden Einfluss auf die Freizeitmode gewann, wurde Kleidung zum lohnenden Geschäft für Adidas.

Vor den Olympischen Spielen von München hatte sich Adi Dasslers Abneigung gegen den Handel mit Textilien lange Zeit hemmend auf die Entwicklung des Unternehmens ausgewirkt. Als er in den Fünfzigerjahren die ersten Sporthosen mit drei Streifen in Auftrag gab, wollte er damit vor allem Sepp Herberger einen Gefallen tun. Der Bundestrainer hatte angedeutet, dass er Trainingsanzüge für die deutsche Nationalmannschaft samt Anhang gebrauchen könnte, und Adi hatte sich daraufhin an die Firma Schwahn gewandt, ein kleines Textilunternehmen in Süßen. Nach einigen Jahren war Adidas zum

Hauptabnehmer des Bekleidungsherstellers geworden, und die Dasslers beschlossen, die Firma zu kaufen. Avery Brundage hatte seine Leute um das Olympische Dorf versammelt, um die Präsenz der großen Firmen zu zügeln und die Taschen mit dem Lufthansa-Logo zu beschlagnahmen. Er übersah jedoch die allgegenwärtigen drei Streifen – nicht mehr nur an den Füßen der Athleten, jetzt auch an deren Hüften und Schultern.

Anfang der Siebzigerjahre konnte Käthe Dassler ihren Mann dazu überreden, ein größeres Sortiment an Shorts und Trikots anzubieten, die mit einem neuen Emblem versehen werden sollten. Entworfen wurde es von Hans Fick, der ein kleines Designstudio führte und bereits einige Kataloge für die Herzogenauracher gemacht hatte. Die Dasslers entschieden sich für drei Blätter, die unten mit waagerechten Streifen versehen waren. Das Logo, das an die Krone auf den Jacken der schwedischen Athleten erinnert, wurde unter dem Namen »Dreiblatt« bekannt. Der Bekleidungszweig wurde während der Münchner Olympiade zu einem riesigen Erfolg für Adidas.

Trotz der Vorbehalte Adis machte das Textilgeschäft bald über 40 Prozent des Umsatzes in Deutschland aus. Die Nachfrage nach Sportkleidung war so groß, dass Adidas sich um Bestellungen nicht zu kümmern brauchte. »Die Einzelhändler hätten uns nahezu alles abgenommen«, erklärt Joe Kirchner, der ehemalige Leiter der deutschen Bekleidungsabteilung, »wir konnten die Bestellungen praktisch selbst ausfüllen.«

Die Dasslers standen auf dem deutschen Sportbekleidungsmarkt nahezu konkurrenzlos da. Sie ergänzten ihre Produktion durch den Aufkauf von Erima in Reutlingen, einem auf Mannschaftssport spezialisierten Bekleidungshersteller, der einen guten Ruf genoss. Puma brachte erst in den Achtzigerjahren ein vollständiges Textilsortiment auf den Markt. Der Boom kam, als sich die Grenzen zwischen Freizeit- und Sportkleidung immer mehr verwischten. Wer in Fußballshorts den Rasen mähte oder in der Trainingshose durch die Stadt bummelte, fiel nicht mehr weiter auf. Dieser Trend führte zu phänomenalen Absatzzahlen für Adidas-Jacken und schlicht gehaltene Klassiker wie den Swinger, einen Trainingsanzug mit drei Streifen, den eine Fabrik in Kassel millionenfach produzierte.

Die Familienkonkurrenz aus dem Elsass stürzte sich auch unverdrossen ins Textilgeschäft und setzte so wie die deutschen Nachbarn millionenfach Shorts und Trainingsanzüge mit den drei Streifen ab. Aber das war nur das Gerüst eines florierenden Geschäfts mit Sportzubehör, das den deutschen Absatz bald in den Schatten stellte.

Das Textilgeschäft von Adidas France lag in den Händen von Jean Wendling. Der Exfußballer, der für Stade de Reims gespielt hatte, war zunächst von seinem einstigen Teamkameraden Raymond Kopa angeworben worden, der ein Sportunternehmen führte. Als Horst Dassler ihn Anfang der Siebzigerjahre für sich gewinnen konnte, verfügte Jean Wendling über unschlagbare Kontakte und profunde Kenntnisse in seinem Metier. Kurz nachdem Wendling zur Firma gestoßen war, konnte Adidas France bereits ein umfangreiches, vielfältiges Sortiment anbieten, von ganz normalen Fußballshorts bis hin zu anspruchsvoller Freizeitkleidung.

Der französische Unternehmensbereich hatte seinen Vorsprung auf diesem Gebiet vor allem Ventex zu verdanken, einem Zulieferer, den Adidas France geschluckt hatte. Diese Firma mit Sitz in Libourne und Troyes – Städten mit einer traditionsreichen Textilindustrie – war zuvor im Besitz von Rhône-Poulenc gewesen, einem französischen Chemiekonzern. Damit brachte sie alle Voraussetzungen für die Entwicklung jener Nylonfasern mit, die in den Siebzigerjahren in der Sportbekleidung neue Akzente setzten – von den glänzenden Adidas-Trainingsanzügen bis zu den flexiblen Stretchstoffen, mit denen Arena den Konkurrenten Speedo übertrumpfte. Die Forschungs- und Entwicklungsabteilung von Ventex weckte den Neid der gesamten Branche. »Wenn deutsche Manager um eine Führung bei Ventex baten«, erklärt Jean Wendling, »sorgte ich dafür, dass sie das Labor nicht betraten.«

Ein weiterer Trumpf der französischen Textilabteilung war das Flair ihrer Designer. Obwohl die Partnerschaft mit Albert Goldberg nur kurz und heftig war, hatte sie eine kreative Note hinterlassen, die in Herzogenaurach fehlte. »Die Deutschen hatten von Mode keinen blassen Schimmer«, urteilte ein ehemaliger Großhändler. Während das Textilgeschäft weltweit boomte, erwies sich das attraktivere Angebot als weiterer Wettbewerbsvorteil, den die Landersheimer gegen Herzogenaurach in die Waagschale werfen konnten.

Für Adi Dassler blieb die Sportkleidung ein heikles Thema. Er hatte nichts dagegen, Hosen mit den drei Streifen zu verkaufen, aber mit der Freizeitmode der Franzosen konnte er wenig anfangen. »Der

Chef hat ab und zu gesagt, warum macht der Sohn solche Sachen«, erinnert sich Uwe Seeler. »Das war für ihn fremd. Er war, ganz ehrlich gesagt, der Schuhmensch.«

Der inzwischen 70-Jährige war auf seinem Gebiet immer noch unschlagbar. Was ihn aber unglaublich verstimmte, waren die unverschämten Forderungen, die mittlerweile im Sportgeschäft gestellt wurden.

Kapitel 11

Million Dollar Boots

Schon seit Jahren hatte Adi Dassler konsterniert den wachsenden Einfluss des Geldes auf den Fußballsport beobachtet. Der Deutsche Fußballbund hatte zwar schon 1963 mit der Bundesliga auch den Profifußball eingeführt, aber die Gehälter und die Prämien der Spieler blieben noch jahrelang bescheiden – und am Rand des Spielfelds warteten mit dicken Brieftaschen die Abgesandten ausländischer Klubs. Ein für damalige Verhältnisse ganz unglaubliches Angebot erhielt 1961 der Hamburger Stürmer Uwe Seeler, den Adi schon als Jungen kennen- und schätzen gelernt hatte. Entsetzt erfuhr der Adidas-Chef, dass Inter Mailand Seeler die ungeheuerliche Summe von 1,2 Millionen Mark angeboten hatte, und griff sofort zum Telefon. »Überleg mal«, gab er Seeler zu bedenken, »hier liebt dich jeder, du bist doch Hamburger. Du bist doch bodenständig.« Um seinen Worten Nachdruck zu verleihen, bot er Seeler an, die Adidas-Vertretung für Norddeutschland zu übernehmen. Ein verlockendes Angebot, zumal sich Adidas-Schuhe damals praktisch von selbst verkauften. Uwe Seeler fackelte nicht lange und entschied sich für Adidas. »Das haben wir uns schon gedacht«, murmelte Dassler hörbar erleichtert.

Der praktisch denkende, hart arbeitende Uwe Seeler war ein Sportler nach Adis Geschmack. Der Anruf begründete eine Partnerschaft, die Jahrzehnte währte. Seelers Treue wurde belohnt, als er sich kurz vor der Weltmeisterschaft von 1966 in England eine Zerrung der Achillessehne zuzog. Nun erwies sich Dassler als rettender Engel: In stundenlanger akribischer Arbeit fertigte er für Seeler einen Spezialstiefel, den man hinten schnüren konnte und der dem Knöchel Halt gab, während die Sehne heilte.

Vier Jahre später in Mexiko tauchten die Männer mit den dicken Brieftaschen wieder in den Umkleidekabinen auf. Diesmal hatte Puma einen Maulwurf in der deutschen Mannschaft. Günter Netzer, der großartige Mittelfeldregisseur aus Mönchengladbach, machte sich für die Konkurrenz stark. Der in Geldangelegenheiten versierte Kicker schleuste Puma-Vertreter ins Trainingscamp der Deutschen ein, und die boten jedem Spieler 10 000 Mark. Diese Offerten lösten so große Unruhe aus, dass eine hochoffizielle Konferenz zu dem Thema einberufen wurde. Obwohl die Nationalspieler damals nicht verpflichtet waren, Adidas zu tragen, beschlossen sie daraufhin, den drei Streifen treu zu bleiben.

Dennoch gelang es den Puma-Leuten, die Weltmeisterschaft 1970 für Adidas zu verderben. Schon Monate vor der WM hatte Armin Dassler einen Mann engagiert, der im südamerikanischen Fußball über unvergleichliche Kontakte verfügte. Der Sportreporter Hans Henningsen, der in Rio lebte und in vier Sprachen schrieb, berichtete seit Jahren für verschiedene Zeitungen über den südamerikanischen Fußball. Seine schlaksige Gestalt war auf den Trainingsplätzen des Kontinents ein vertrauter Anblick, und dank seines übersprudelnden Temperaments hatte er mit unzähligen Nationalspielern Freundschaft geschlossen. Ihm wurden großzügige Tantiemen auf Puma-Stiefel zugesichert, und im Gegenzug bemühte er sich, möglichst viele Spieler zu gewinnen, die in Mexiko Puma trugen. Zu seinem Erstaunen erhielt er allerdings strikte Anweisungen, sich von Pelé fernzuhalten.

Wie Henningsen später herausfand, hatten Horst und Armin Dassler auf dem Hintergrund der heimlichen Puma-Geldangebote an die Spieler miteinander verhandelt und, nicht zuletzt um eine Eskalation der Spielerforderungen zu vermeiden, einige interne Vereinbarungen getroffen. Unter anderem sicherten sie sich zu, nicht an die Symbolfiguren der Gegenseite heranzutreten. Im Hinblick auf Pelé, den erstaunlichsten Stürmer der Fußballgeschichte, schlossen sie einen noch unkonventionelleren Pakt: Sie wollten beide die Finger von ihm lassen. Die Cousins fürchteten, dass ein Werbevertrag mit Pelé solche finanziellen Dimensionen annehmen würde, dass die übrigen Spieler nur auf unliebsame Gedanken kämen. Wenn sie es sich also verkniffen, sich um Pelés Füße zu reißen, dann könnten sie eine Kostenexplosion vermeiden, die beiden bloß schaden würde.

Henningsen hatte, nachdem er mit Armin Dassler handelseinig geworden war, bald Erfolge vorzuweisen. Zwölf seiner Freunde aus der brasilianischen Nationalmannschaft konnte er dazu bewegen, in Mexiko Puma zu tragen. Gerson, Paulo César, Roberto und Dario wechselten für 300 Dollar pro Spiel zu Puma. Pelé, dem diese Vereinbarung nicht verborgen blieb, stellte verblüfft fest, dass Henningsen es tunlichst vermied, mit ihm über Puma zu sprechen. Als das brasilianische Team in Mexiko die Hotelzimmer bezog, stand diese Irritation noch immer im Raum. Henningsen steckte in der Zwickmühle. Er fand es peinlich, seinen Freund leer ausgehen zu lassen – es schien lächerlich, dass ausgerechnet dieser Ausnahmestürmer keinen anständigen Werbevertrag bekommen sollte. Der Journalist traf sich in Guadalajara mit Armin Dassler, um die Sache zu besprechen, bekam aber wieder die Geschichte mit dem »Pelé-Pakt« aufgetischt.

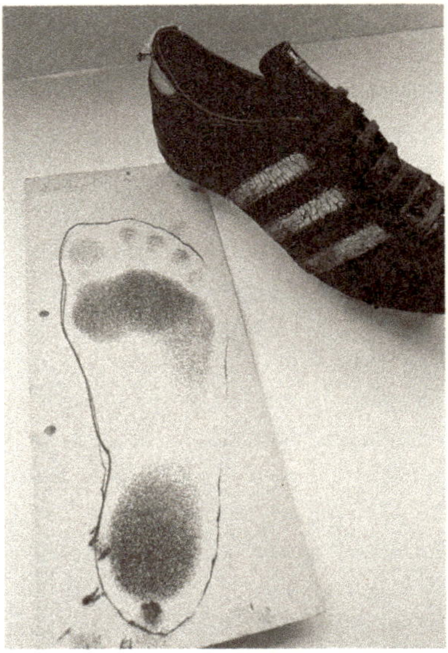

Der »kaiserliche« Fußabdruck nebst Schuhwerk.

Henningsen beschloss, dieses Abkommen einfach zu ignorieren. Er bot Pelé einen Vertrag über 20 000 Dollar für die gesamte Weltmeisterschaft und weitere 100 000 Dollar für die folgenden vier Jahre an; hinzu kamen Tantiemen von 10 Prozent auf Puma-Stiefel, die unter Pelés Namen verkauft werden sollten. Als Henningsen Armin Dassler diesen Vertrag unter die Nase hielt, konnte der Schuhfabrikant nicht widerstehen, obwohl er genau wusste, dass er sich damit den Zorn seines Cousins zuziehen würde. Gemeinsam mit Henningsen lieferte Armin das Bargeld bei Pelé in Santos ab. Wie sich der Journalist erinnert, beobachteten sie »ziemlich erstaunt, wie er beiläufig die Dollarbündel in seinen Safe warf«.

Dank dieser Einigung kam Puma groß raus. Vor einem Finalspiel bat Henningsen Pelé, noch einmal kräftig die Werbetrommel zu rühren. Sie kamen überein, dass unmittelbar vor dem Anstoß der brasilianische Mannschaftskapitän den Schiedsrichter bitten solle, noch

Franz Beckenbauer, Adi Dassler und Uli Hoeneß während der WM-Vorbereitung in Malente. Die Kommerzialisierung des Profifußballs empfand Dassler als Unsitte. Dass Profispieler auch von Adidas schon länger satte Provisionen bezogen, davon wollte er nichts wissen.

einen Augenblick zu warten. Dann würde sich Pelé hinknien und in aller Ruhe seine Schuhe binden. Mehrere Sekunden lang waren Pelés Fußballstiefel dann tatsächlich auf Millionen Bildschirmen in aller Welt deutlich zu sehen.

Vor seiner Abreise aus Mexiko wurde Henningsen jedoch Zeuge einer äußerst unangenehmen Begegnung. Der verlegene Armin Dassler und er standen plötzlich dem empörten Horst gegenüber, der drei Leibwächter in Adidas-Outfit mitgebracht hatte. »Horst drehte durch, und diese Jungs machten keinen freundlichen Eindruck«, erinnert sich Henningsen. Am Ende brüllten sich die Cousins gegenseitig an, während der »Brasilianer« Henningsen so tat, als würde er kein Deutsch verstehen.

Die Diskussion über den schädlichen Einfluss des Geldes gewann an Brisanz, als es ein Jahr später zu einem großen Bestechungsskandal in der Bundesliga kam. Horst-Gregorio Canellas, Präsident von Kickers Offenbach, erschütterte die deutsche Fußballgemeinde zutiefst, als er durch Tonbandaufzeichnungen enthüllte, dass bestechliche Spieler den Ausgang entscheidender Spiele beeinflusst hatten. Die Entdeckung löste eine Prozesswelle aus und empörte viele Hunderttausend Fans.

Aufgerüttelt durch die Summen, die in Mexiko geflossen waren, und den Bundesligaskandal, wandte sich der Deutsche Fußballbund an Adidas. Man hoffte, den zwielichtigen Machenschaften durch einen Exklusivvertrag über 175 000 Mark ein Ende setzen zu können, mit dem sich alle Spieler, wenn sie in der Nationalmannschaft auftraten, verpflichteten, Adidas zu tragen. Dagegen ging Puma natürlich gerichtlich vor. Im August 1972 landete der Fall vor dem Bundeskartellamt in Berlin, wo Puma wegen »des Verdachts des Missbrauchs einer marktbeherrschenden Stellung« klagte.

Das Verdikt des Kartellamts ließ an Klarheit nichts zu wünschen übrig. Die Wettbewerbshüter verwarfen die Vereinbarung zwischen dem DFB und Adidas und schlugen vor, jeder Spieler solle die Marke seiner Stiefel frei wählen dürfen, andernfalls müssten alle in schwarzen Schuhen ohne erkennbare Zeichen antreten. Bei der Anhörung ging es zwar hoch her, aber die Vertreter von Puma und Adidas waren immerhin in dem Punkt einig, dass sich die Deutschen in schwarzen Einheitsstiefeln zum Gespött des internationalen Fußballs machen würden. Die Entscheidung ebnete somit den Weg für den offenen Wettbewerb bei der nächsten Weltmeisterschaft.

Die deutsche Mannschaft glänzte damals mit herausragenden Spielern, die 1972 nach einem mitreißenden Sieg über die Sowjetunion bei der Europameisterschaft in Belgien mit Lob geradezu überschüttet wurden. Günter Netzer begeisterte die Fans mit seiner wilden Mähne und seinem Elan. Franz Beckenbauer erhielt als souveräner Spielmacher den Beinamen »Kaiser«. Weitere glänzende Feldspieler waren Gerd Müller, Uli Hoeneß, Berti Vogts, Paul Breitner und Wolfgang Overath. Ihnen allen wurden außergewöhnliche »Eleganz«, »Einfallsreichtum« und »Genie« bescheinigt.

Interessanterweise vertraten die beiden prominentesten Kicker der Nationalelf einen völlig gegensätzlichen Stil. Günter Netzer galt als Renegat, als langhaariger Rebell, dem die Kontroversen um seinen flotten Lebensstil gefielen. Als dies längst noch nicht zum Image von

Fußballstars gehörte, ließ er sich gern in Begleitung langbeiniger Blondinen am Steuer eines schicken Sportwagens sehen. Der schneidige Mönchengladbacher brüskierte mit Vorliebe den DFB und ignorierte Helmut Schöns Empfehlung, die Nationalspieler sollten doch bitte ihren deutschen Klubs treu bleiben. Kurz vor der Weltmeisterschaft 1974 unterschrieb der Puma-Freund in aller Stille einen Vertrag mit Real Madrid.

Im Gegensatz dazu wirkte der Adidas-Mann der deutschen Mannschaft geradezu fad. So ideenreich er auch spielte, blieb er doch immer der schlichten Arbeitsmoral treu, die bei Bayern München herrschte. Die langjährige Verbindung zwischen Adidas und Beckenbauer wurde Anfang der Siebzigerjahre durch eine bahnbrechende Vereinbarung zementiert. Sie sicherte Beckenbauer saftige Provisionen für Schuhe, Shorts und Trikots, die seinen Namen trugen. Die »Beckenbauer-Shorts« aus Hochglanzstoff, die bald auf allen Campingplätzen zu sehen waren, verkauften sich millionenfach.

Die schwindelerregenden Summen, die der Mannschaftskapitän erhielt, weckten schließlich den Unmut Käthe Dasslers. Regelrecht entsetzt reagierte sie, als Beckenbauers langjähriger Manager Robert Schwan weitere Forderungen stellte. Auf Betreiben von Schwan erhielt Beckenbauer unter der Hand mindestens zweimal größere Beträge, damit er Adidas die Treue hielt. Horst Widmann, Adis persönlicher Assistent, sorgte dafür, dass diese Geschäfte seinem Chef verborgen blieben. »Er wollte von solchen Geschichten nichts wissen«, sagte Widmann dazu.

Deshalb war Adi schockiert, als die Spieler bei der WM-Vorbereitung 1974 in Malente ohne Scheu braune Umschläge verlangten. Seit zwanzig Jahren hatte der Schuhmacher die Nationalelf zu ihren Trainingscamps begleitet. Mit einem Mal aber fühlte er sich fehl am Platz. Die Spieler interessierten sich nicht mehr für seine Ratschläge. Offenbar drehte sich alles nur noch ums Geld. Beim Training in Ostholstein kam es dann tatsächlich zu Szenen, die bleibende Folgen für den deutschen Fußball hatten. Die neuen deutschen Weltklassespieler probten den Aufstand: Sie waren nicht mehr bereit, sich mit den Almosen zufriedenzugeben, die die Bundesliga an ihre Kicker verteilte, während ihre Kollegen in anderen europäischen Ländern rundum verwöhnt und großzügig entlohnt wurden. Für ihre Tore wollten sie ebenso bezahlt werden wie für das Tragen ihrer Markenschuhe. Sie trieben den Bundestrainer Helmut Schön an den Rand eines Nervenzusammenbruchs. Paul Breitner galt als Rädelsführer, aber auch viele andere seiner Kollegen standen hinter der Forderung, endlich anständig bezahlt zu werden. Als der DFB den Spielern eine Siegprämie verweigerte, kam es zur offenen Rebellion, die als die »Nacht von Malente« in die deutsche Fußballgeschichte einging. Über Franz Beckenbauer forderten die Spieler eine Zahlung von mindestens 100 000 Mark pro Mann, was in etwa der Summe entsprach, die den Holländern von ihrem Verband im Voraus zugesagt worden war. Nach großem Hin und Her einigte man sich schließlich auf 75 000 Mark. Über diese Enttäuschung sollte Adi Dassler, der Malente vorzeitig verließ, nie hinwegkommen.

Während er in Herzogenaurach düsteren Gedanken nachhing, wurden Alf Bente und Horst Widmann entsandt, die sich um die deutsche Mannschaft und andere ausländische Adidas-Spieler kümmern sollten. Ihnen gelang es, durch »etwas Extrageld« mit der Nationalelf Frieden zu schließen. Allerdings konnten sie nicht verhindern, dass die Holländer mit ihrem Mannschaftskapitän Johan Cruyff einen Kompromiss eingehen mussten. Die niederländische Nationalelf wollte zwar für Adidas werben, aber für den Verfechter des »totalen Fußballs«, der gerade mit Puma handelseinig geworden war, wurde eine Ausnahme gemacht: Cruyffs orangefarbenes Trikot war zwar wie alle anderen mit dem holländischen Löwen verziert, hatte aber nur zwei Streifen an den Ärmeln.

Bei dieser Weltmeisterschaft holten sich die Deutschen zwanzig Jahre nach dem Wunder von Bern zum zweiten Mal den Weltcup. Wieder einmal galten ihre Gegner vor dem Finale als überlegen, wieder einmal hatten sie den klaren Favoriten geschlagen – diesmal durch das alles entscheidende Tor von Gerd Müller. Für Adi Dassler war das Endspiel jedoch das Ende einer persönlichen Beziehung, durch die Adidas zu einer unangefochtenen Spitzenposition im Geschäft mit dem Fußball aufgestiegen war. Daheim in Herzogenaurach musste sich unterdessen auch sein Bruder von seinen Illusionen verabschieden.

Während Deutschland noch euphorisch Gerd Müllers Siegestreffer feierte, tyrannisierte der stark gealterte Rudolf Dassler seine Familie wie eh und je. Er lebte in ständigem Hader mit seinem ältesten Sohn Armin, aber auch sein jüngerer Sohn Gerd machte ihm wenig Freude, da das französische Tochterunternehmen einfach nicht gut lief. Von jeher hatte Gerd Schwierigkeiten gehabt, Puma auf dem französischen Markt zu etablieren. Wo er auch ansetzte, immer stellte er fest, dass Horst mit Adidas ihm zuvorgekommen war. Und was Gerd auch aufbot, mit dem Ruf der Auberge du Kochersberg konnte er nicht konkurrieren. »Es war phänomenal, die Leute haben ständig darüber geredet«, seufzte er.

Halb frustriert, halb neugierig, nahm Gerd schließlich eine Einladung an, sich selbst einmal in Landersheim umzusehen. Als er wieder fuhr, fühlte er sich noch elender: Stets bereit, ein wenig zu intrigieren, hatte Horst ihm gesteckt, Armin führe etwas gegen ihn im Schilde. Am Ende stellte sich heraus, dass das französische Tochterunternehmen rote Zahlen schrieb, einerseits bedingt durch den schwachen Umsatz, andererseits durch hohe Kosten, die angeblich durch den luxuriösen Lebensstil der Dasslers verursacht wurden. Rudolf kam für die Schulden auf, aber die französischen Banken forderten, seinen Sohn aus der Geschäftsleitung des Unternehmens zu entfernen. »Das war eine diffizile Sache. Sie haben verlangt, dass Herzogenaurach für die Schulden aufkommt, dadurch kamen wir in Schwierigkeiten«, sagt dazu Gerds Schwägerin Irene Dassler. »Und dann musste mein Mann seinen Bruder mehr oder weniger rausschmeißen, das war natürlich keine schöne Sache.«

Das war der Stand der Dinge, als Rudolf ernsthaft erkrankte. Im September 1974 stellte sich heraus, dass es sich um ein tödliches Leiden handelte: Lungenkrebs. Rudolf musste seinen Urlaub abbrechen und machte hastig einige Ergänzungen zu seinem Testament. Im Statut der Kommanditgesellschaft war seit Langem festgelegt, dass Armin nach dem Tod seines Vaters 60 Prozent der Puma-Aktien erhalten sollte, Gerd die übrigen 40 Prozent sowie das restliche Vermögen der Familie. Aber der schwer kranke Rudolf glaubte nun plötzlich, seine Entscheidung revidieren zu müssen.

In Rudolfs letzten Lebensstunden versuchte ein eifriger Geistlicher, ihm durch eine Versöhnung mit seinem Bruder Seelenfrieden zu verschaffen. Die beiden hatten einander noch lange nach dem Bruch das Leben schwer gemacht. So hatte Rudolf nach der Olympiade von Mexiko eine einstweilige Verfügung erhalten, die Adi offensichtlich genau am siebzigsten Geburtstag seines Bruders beantragt hatte. Im Anschluss daran hatten sich Adi und Rudolf jedoch – ohne Wissen der meisten Angehörigen und Mitarbeiter – mehrmals getroffen, um sich auszusprechen. Adis Assistent Horst Widmann hatte Anfang der Siebzigerjahre vier längere Gespräche arrangiert, die im Nürnberger Grand Hotel und auf dem Frankfurter Flughafen stattfanden.

Als Rudolf im Sterben lag, rief der Geistliche persönlich in der Villa an. Adi lehnte es ab vorbeizukommen, um von seinem Bruder Abschied zu nehmen, aber er ließ ausrichten, dass er ihm verziehen habe. Rudolf Dassler starb kurze Zeit später, am 27. Oktober 1974. Ohne die arrogante Haltung gegenüber dem kleineren Rivalen abzulegen, gab Adidas eine sarkastische Stellungnahme heraus: »Aus Gründen der Pietät möchte die Familie Adolf Dassler zum Tod des Rudolf Dassler keinen Kommentar abgeben.« Adi und Käthe schickten jedoch Inge Bente, ihre älteste Tochter, als Vertreterin der Familie auf die Beerdigung.

Einige Tage später wurden Armin und Gerd zur Testamentseröffnung gebeten. Seufzend verlas der Notar all die schwer zu entziffernden handschriftlichen Ergänzungen. Aber noch bevor er zum Ende gekommen war, lagen Rudolfs Absichten auf der Hand: Gerd sollte der Alleinerbe von Puma werden, und Armin würde leer ausgehen. »Mein Mann war fix und fertig«, erinnert sich Irene Dassler.

Nachdem Gerd eine gütliche Einigung ablehnte, konsultierten Armin und seine Frau mehrere Anwälte, um herauszufinden, unter welchen Bedingungen das kurzfristig geänderte Testament angefochten werden konnte. Doch der einhellige Bescheid lautete, sie müssten Rudolfs Letzten Willen respektieren. Im Januar 1975 hatten sie jedoch einen Termin bei dem Düsseldorfer Anwalt Jürgen Waldowski, dessen Kanzlei 1970 einen aufsehenerregenden Freispruch für Mitarbeiter des für die Contergan-Tragödie verantwortlichen Pharmakonzerns Grünenthal erwirkt hatte.

Mit selbstsicherem Lächeln holte der Anwalt die Kopie eines BGH-Urteils hervor. »Sie brauchen sich überhaupt keine Sorgen zu machen«, versicherte er Armin und Irene Dassler, denn in dem Urteil hieß es, das KG-Statut habe Vorrang gegenüber einem Testament. »Damit war alles vom Tisch«, sagte Irene Dassler. So wie im unveränderten Statut festgelegt, wurde Armin mit 60 Prozent der Puma-Aktien zum Komplementär ernannt, während Gerd als dem

Kommanditisten neben dem übrigen Besitz der Familie 40 Prozent verblieben.

Nach diesem erbitterten Streit konnte Armin, von den Schikanen seines Vaters erlöst, das Unternehmen endlich nach eigenem Gutdünken führen. Das war der Beginn einer beispiellosen Erfolgsstory für Puma, durch die sich in den folgenden zehn Jahren der Umsatz verfünffachte. Dennoch konnte Armin seinem Cousin Horst nicht das Wasser reichen. Dieser war im Begriff, in die einflussreichsten Sphären des Geschäfts mit dem Sport vorzudringen.

Kapitel 12

Sportpolitik

Horst Dassler, dessen Sportimperium wuchs und gedieh, fiel seinen Mitarbeitern gelegentlich durch merkwürdige Angewohnheiten auf. John Boulter, in Landersheim für internationale Sportpromotion zuständig, reiste Anfang der Siebzigerjahre mit Horst nach London, um beim Turnier von Wimbledon Kontakte zu knüpfen. Der ehemalige Olympiateilnehmer wollte gerade zum Joggen in den Hydepark aufbrechen, als er seinen Chef allein in der Lobby bemerkte. Als Boulter von seinem ausgiebigen Lauf zurückkehrte, fand er Horst in exakt derselben Haltung direkt gegenüber vom Fahrstuhl vor. »Mir geht's gut, John«, erklärte Dassler. »Ich sitze nur hier, falls jemand Wichtiges vorbeikommt.«

Wo immer er war, Horst Dassler ergriff jede Gelegenheit, seine Freundschaften mit Sportfunktionären zu festigen und neue Beziehungen aufzubauen. Während andere Smalltalk für eine lästige Pflicht hielten, übte sich Horst – gemäß seinem Motto »Alles ist eine Frage der Beziehungen« – mit geradezu fanatischem Eifer in dieser Disziplin. Und er brachte alle Eigenschaften mit, die ein kontaktfreudiger Globetrotter braucht: Er sprach fünf Sprachen fließend, hatte ein liebenswürdiges Auftreten, stellte nie peinliche Fragen – und er war außerordentlich aufmerksam. Das offensichtliche Ziel seiner rastlosen Lobbyarbeit war die Sicherung weiterer Aufträge für Adidas. Durch Verhandlungen mit den diversen Sportverbänden sparte er sich die Mühe, einzelne Athleten umwerben zu müssen und auf deren eskalierende Forderungen einzugehen. Außerdem hatten die mit den Sportorganisationen getroffenen Entscheidungen für Adidas erheblich größeren Nutzen. Auch Horsts Beratern entging nicht, wie erfolgreich diese Taktik war.

Im Grunde hatte Horst mit dem Aufbau seiner Vormachtstellung schon 1956 begonnen, als er kurz vor der Olympiade in Melbourne aus dem Flugzeug stieg. Viele der jungen Sportler, mit denen er damals geplaudert hatte, machten nach ihrem Abschied vom aktiven Sport in einflussreichen Sportverbänden Karriere. Und dank des Vorsprungs, den er sich in zwei Jahrzehnten aufgebaut hatte, war er unschlagbar. Als es in Sportverbänden noch zuging wie in provinziellen Billardklubs, machte Horsts Engagement großen Eindruck. »Da gab es diese Generalsekretäre, oft im Ruhestand, die sich ehrenamtlich abrackerten«, erinnert sich Gerhard Prochaska, ehemals Marketingmanager bei Adidas. »Und mit einem Mal standen sie im Mittelpunkt, wurden umworben und respektiert. Horst hat die Wichtigkeit dieser Dinge viel eher erfasst als andere.«

Die Auberge du Kochersberg entwickelte sich zur Schaltzentrale des Projekts. Hier wurden die Gäste mit köstlichen elsässischen Spezialitäten und Weinen verwöhnt. Der Gourmetführer Gault Millau verlieh der Küche zwei Hauben, der Michelin-Führer bedachte sie mit einem Stern. Sommelier Bill Siebenschuh wurde in der ganzen Region um seinen Posten beneidet. Sein Keller, in dem bis zu 120 000 Weinflaschen lagerten, wurde regelmäßig als bestbestückter Privatkeller des Elsass gewürdigt.

Die Manager in Landersheim hatten für ihre unterschiedlichen Gäste genaue Bewirtungskriterien ausgetüftelt. Eine Rugbymannschaft erhielt eine Standardbetreuung, bestehend aus einigen Übernachtungen in der Jagdhütte, herzhaftem Essen und reichlich Bier aus einheimischen Brauereien. Besonders wichtige Gäste wurden hingegen in den wunderbaren Suiten im Obergeschoss der Auberge untergebracht und durften ihre Mahlzeiten in einem Nebenraum auf Tellern mit Golddekor einnehmen. »Das Goldservice hat unseren Etat stark belastet«, erinnert sich Prochaska. Oft blieben die solchermaßen verwöhnten Gäste übers Wochenende und kamen auch in den Genuss eines Jagdausflugs. Eine besonders nette Geste bestand darin, dass man ihnen eine Flasche Wein aus ihrem Geburtsjahr offerierte.

Ein Aufenthalt in der Auberge wurde eine Art Initiationsritus für jeden, der Ambitionen im Sportbusiness hatte. »Wer noch nie eine Einladung nach Landersheim bekommen hatte, war ein Niemand«, erklärt einer von Dasslers ehemaligen Gästen. Neben bekannten Sportlern gehörten dazu ehrgeizige Mitglieder internationaler Verbände und olympischer Komitees sowie Politiker jeder Couleur, die sich der Sportförderung verschrieben hatten. Organisiert wurde die

Bewirtung durch ein firmeneigenes Reisebüro im Erdgeschoss des Verwaltungsgebäudes von Adidas France in Landersheim. Ein ganzer Wagenpark stand bereit, um die Gäste vom nächsten Flughafen abzuholen und sie durch das elsässische Bergland zu chauffieren.

In den feudalen Räumlichkeiten der Auberge wurden hin und wieder auch Konferenzen von Organisationen abgehalten, die, wie der internationale Gewichtheberverband, an chronischer Finanzknappheit litten. »Nachdem die Besprechungen des Tages abgeschlossen waren, verbrachten wir die Abende Zigarre rauchend im Keller der Auberge«, berichtet ein Dassler-Berater. »Gegen Ende der Woche hatten sie uns geholfen, einen Adidas-Schuh für Gewichtheber zu entwickeln, und Regelungen getroffen, die den Einsatz anderer Schuhe ausschlossen. Das war zwar kein lukrativer Markt, aber man konnte nie wissen. Vielleicht würde ja bei der nächsten Olympiakonferenz die Stimme unseres Freundes vom Gewichtheberverband das Zünglein an der Waage sein.«

Internationale Gäste wurden auch im Terrasse Hotel in Paris bewirtet, wo Adidas Stammkunde war. Am Fuße des Montmartre gelegen, waren die Zimmer des Hotels relativ schlicht gehalten, aber vom Dachrestaurant aus hatte man einen großartigen Blick auf die Hauptstadt. Und vor allem hatte sich Horst die Dienste eines zuverlässigen Barkeepers namens Jacky gesichert. Wenn die Hotelbar offiziell um Mitternacht schloss, bat Jacky die Adidas-Leute und ihre Gäste exklusiv in ein Hinterzimmer, an dessen Tresen er, oft bis in die frühen Morgenstunden, für Horst und seine Gesprächspartner Getränke ausschenkte.

Praktischerweise lag das Terrasse Hotel nur einen Steinwurf entfernt vom Moulin Rouge und anderen Tempeln des Pariser Nachtlebens. Der diskrete Jacky vermittelte auf Wunsch auch weibliche Gesellschaft und nahm nur mit Horst Rücksprache, wenn etwas schiefging. »Einer der Adidas-Leute neigte dazu, es zu übertreiben«, meinte Jacky. »Er brachte uns alle in Verlegenheit, wenn er stockbesoffen die Treppe hinuntertorkelte und schrie, er wolle mehr Huren.« Wie unzählige andere Freunde von Adidas war Jacky damit zufrieden, mit Kartons voller Sportkleidung entlohnt zu werden.

In Landersheim stand den Managern ein ganzes Lager mit Werbegeschenken für die Gäste zur Verfügung. Die Präsente waren oft von beträchtlichem Wert, vor allem wenn die Empfänger sich hemmungslos selbst bedienten. Ein Olympiafunktionär behauptete zum Beispiel einmal, er habe sieben Ehefrauen, und ließ sich eine entsprechende Anzahl Taschen aushändigen.

Da die Gäste aus den verschiedensten Kulturkreisen stammten, kam es darauf an, für jeden die richtige Mischung zu finden – und das war genau Horsts Stärke. »Mit einem erstaunlichen Gespür fand er stets heraus, womit man einen Menschen beeinflussen konnte«, bemerkte einer seiner ehemaligen Geschäftspartner. »Er besaß großen Charme, war bis in die frühen Morgenstunden fit, trank, redete, versuchte, Menschen kennenzulernen und zu verstehen. Es ging darum, rechtzeitig herauszufinden, wo was schiefgehen könnte, und dabei niemals jemanden zu kränken. Bei dem einen mochte es zum Beispiel richtig sein, ihm einen kleinen Betrag zuzustecken, bei einem anderen musste es sehr viel Geld sein.«

Für den Fall, dass ihn sein phänomenales Gedächtnis im Stich ließ, legte Horst detaillierte Akten über jeden seiner Kontakte an und hielt sie stets auf dem neuesten Stand. Jedes Aktenstück enthielt die Namen der engsten Angehörigen eines Gesprächspartners, deren Alter und Kleidergrößen, besondere Vorlieben und Abneigungen, die Themen, die beim letzten Treffen besprochen worden waren, die Geschenke, die er erhalten hatte. Horst Dasslers Berater wurden angehalten, ihre Kontakte in derselben Weise zu dokumentieren. »Am Ende des Abends, wenn man meinen konnte, wir würden gleich alle ins Koma fallen, wurden erst einmal die Tagebucheintragungen aktualisiert«, berichtet einer von Dasslers Managern. »Alle Mitarbeiter waren es gewohnt, sich Aufzeichnungen zu machen, und versorgten Horst zuverlässig mit Informationen.«

Zu Anfang schienen Sinn und Zweck dieser Datensammlungen darin zu bestehen, im gesamten Sportspektrum und auf allen Kontinenten so viele stabile Freundschaften wie möglich zu knüpfen. Aber im Laufe der Zeit zeigte sich, welche Hintergedanken damit verfolgt wurden.

Um seinen Einfluss weiter auszubauen, beschloss Horst, ein Team aufzubauen, das sich ausschließlich den internationalen Sportbeziehungen widmen sollte. Während die gesamte Gefolgschaft angehalten wurde, Freundschaften zu schließen und zu pflegen, verfolgte das auf die Sportorganisationen angesetzte Team ganz besondere Zwecke. Seine Aktivitäten zielten letztlich auf die Unterwanderung der wichtigsten Sportverbände ab.

Das ganze Unterfangen ging von der Prämisse aus, dass in den großen Verbänden jedes Land über eine Stimme verfügte – ungeachtet seiner Bedeutung und Größe. Entscheidungen, die für Adidas von Belang waren, konnten also von den Stimmen einiger weniger Delegierter aus kleinen Ländern abhängen. Horsts Sportdiplomaten bemühten sich daher um Einfluss in aller Welt – und sie stellten Flugtickets und andere Mittel bereit, damit ihre Freunde aus den abgelegensten Erdteilen bei wichtigen Konferenzen mit am Tisch sitzen konnten.

Einer der gewieftesten Lobbyisten, den Dassler gewann, war Christian Jannette, der unmittelbar nach der Münchner Olympiade zu Adidas stieß. Als Protokollchef der Spiele in der bayerischen Hauptstadt war Jannette von zahllosen Olympiafreunden umworben worden. Weil ihm die Zuteilung der Eintrittskarten oblag, hatten einige Leute sich schamlos bei ihm eingeschmeichelt, um die begehrten Tickets für Angehörige und Freunde zu ergattern. Ihm schuldeten mehr Leute einen Gefallen, als die Auberge je hätte bewirten können. Seine Aufgabe bestand vorrangig darin, Horsts Beziehungen zu seinen sowjetischen Freunden zu festigen.

Aufgrund seiner scharfen Beobachtungsgabe und seiner verbindlichen Umgangsformen verfügte Horst bereits über Kontakte zum ansonsten abgeriegelten Sowjetreich, von denen andere nur träumen konnten. Führungskräfte bei Adidas prahlten gern damit, dass ein Eisbärenfell in einer der Suiten in Landersheim ein Geschenk von Staatschef Breschnew persönlich sei. Horst hatte eine russisch sprechende Assistentin engagiert, Huguette Clergironnet, die ihn auf vielen Reisen begleitete. Er besaß eine Privatsammlung russischer Ikonen, und seine russischen Freunde schätzte er aufrichtig. Aber der interessanteste Aspekt der Beziehungen zu den Sowjets war, dass sie zuverlässig abstimmten und das Verhalten sämtlicher Delegierter des kommunistischen Blocks diktieren konnten.

Das einzige Problem, das Horst mit der Sowjetunion plagte, bestand darin, dass die Herzogenauracher Familienkonkurrenz Osteuropa als ihr Territorium auffasste. Während sich die beiden älteren Schwestern auf Verkaufsförderung und Werbung verlegten, hatte Brigitte Baenkler, die drittälteste Tochter Adis und Käthes, ihre Eltern gebeten, sie Russisch lernen zu lassen. Die Länder des Ostblocks, vor allem Russland und Ungarn, faszinierten die junge Frau. Das gemeinsame Interesse ließ eine besondere Bindung zwischen Horst und Brigitte entstehen, die auf gegenseitigem Respekt beruhte, was bei seinen drei anderen Schwestern nicht in diesem Maß der Fall war. Dennoch löste das Osteuropaengagement der deutschen Dasslers in Landersheim manchmal Verärgerung aus. Horst konnte seinen Zorn zum Beispiel kaum zügeln, als Brigitte auf einem sowjetischen Flughafen bei dem Versuch geschnappt wurde, eine Ikone außer Landes zu schmuggeln. Er hatte sie unzählige Male davor gewarnt, solche Eskapaden zu unternehmen.

Seine Beziehung zu den Sowjetfunktionären war ziemlich kostspielig. Wie die Sportdiplomaten des Unternehmens einräumten, kannte die Gier der Sowjets keine Grenzen. Christian Jannette erinnert sich noch genau, wie er mit einer anfangs prall gefüllten Brieftasche rund um die Place Vendôme in Paris schlenderte, während eine sowjetische Delegation die noblen Juweliergeschäfte leer kaufte. Durch ihre Produktions- und Ausrüstungsverträge unterhielten die Dasslers auch enge Kontakte zu vielen anderen osteuropäischen Politgrößen. Erich Honecker persönlich unterzeichnete einen sogenannten Totalvertrag mit Adidas. Die drei Streifen wurden zum Markenzeichen der DDR-Sportler, die zu internationalen Wettkämpfen antraten – im Unterschied zu den zwei Streifen des staatseigenen Sportschuhherstellers Zeha. Das Geschäft bestand hauptsächlich aus der Lieferung von Ausrüstungszubehör. Da den Ostdeutschen das Prestige ihrer Spitzensportler sehr am Herzen lag und Adidas ihren eigenen Produkten qualitativ haushoch überlegen war, waren sie bereit zu ignorieren, dass diese Waren aus kapitalistischer Produktion stammten.

Der Totalvertrag hatte unter anderem den Vorteil, dass die Ostdeutschen selbst penibel auf seine Einhaltung achteten. Georg Wieczisk, Präsident des Ostdeutschen Verbands für Leichtathletik (DVfL), erklärte, die Sportler und Sportfunktionäre des Landes seien nicht geneigt, den Verlust ihrer Privilegien zu riskieren. »Andere mussten mindestens vier Jahre auf einen Trabant warten«, sagte er. »Für uns war die Wartezeit ein wenig kürzer.«

Das hielt jedoch die Stasi nicht davon ab, die Dasslers zu beobachten. Eine besonders ergiebige Quelle war IM Möwe alias Karl-Heinz

Wehr. Der undurchsichtige Sportfunktionär aus dem deutschen Osten hielt die Stasi mehr als zwanzig Jahre über die Machenschaften des Kreises um Horst Dassler auf dem Laufenden. »Meine Meinung ist, dass diese sportpolitische Abteilung, von Dassler persönlich geleitet, zugleich auch die derzeit wichtigste Abteilung für Sportspionage ist, die im kapitalistischen Ausland agiert«, schrieb er. Engere Kontakte zu den Ostdeutschen knüpfte Horst Dassler nach Aussage von Wehr in den Siebzigerjahren, als Vertreter des kommunistischen Blocks führende Positionen in internationalen Sportorganisationen übernahmen. Er sprach regelmäßig mit Manfred Ewald und Günther Heinze, den beiden einflussreichsten Würdenträgern im DDR-Sport. Um den beiden einen Gefallen zu tun, unterstützte Dassler Wehrs Ernennung zum Generalsekretär des Internationalen Amateur-Boxverbands (AIBA).

In dieser Position konnte IM Möwe Dasslers Leute bestens beobachten. Ihren Modus Operandi schilderte er eingehend, angefangen mit den Delegierten internationaler Organisationen, die durch Adidas »weich geschossen« wurden, bis hin zu den »Saufgelagen«, die das Unternehmen organisierte. »Wir stehen vor der Tatsache, dass im Sport eben zurzeit nichts ohne diesen Konzern geht – und dass meiner Ansicht nach vieles getan wird, was diese Gruppe will«, erklärte Wehr.

Diesem Treiben mussten die Dasslers bei Puma frustriert zusehen. Wehr berichtete, dass der PR-Manager von Puma den Ostdeutschen erklärt habe, man sei »sofort bereit«, für einen Totalvertrag ebenso viel oder mehr zu bezahlen als Adidas – für diese Vereinbarung kassierte die DDR offenbar jährlich um die 700 000 Mark. Doch Puma bekam bei Honecker nie einen Fuß in die Tür. »Da war nichts zu machen«, erinnert sich Gerd Dassler wehmütig. »Horst Dassler hatte alles festgemacht.«

Besonders innige Kontakte pflegte Horst auch zu den Ungarn. Hier hatte er durch ebenso geschicktes Vorgehen dafür gesorgt, dass die Interessen von Adidas und die der Budapester Sportfunktionäre eng miteinander verknüpft waren. Durch Produktionsabkommen mit ungarischen Schuhfabriken versorgte Adidas die Regierung mit dringend benötigten Devisen. Horst besaß in Budapest so großen Einfluss, dass er sogar die Freilassung eines Mitarbeiters erwirkte, der unter Alkoholeinfluss einen Unfall verursacht hatte, bei dem mindestens ein Mensch ums Leben kam. Jeder andere Westdeutsche, der sich einer solchen Straftat schuldig gemacht hätte, wäre vermutlich für den Rest seines Lebens in einer ungarischen Gefängniszelle verschwunden. Doch ein paar Telefonate von Horst Dassler reichten, und der Schuldige befand sich auf dem Heimweg nach Deutschland.

Wie seine Berater meinten, fühlte sich Horst deshalb in Osteuropa so wohl, weil hier klare Machtverhältnisse herrschten. »Ich war ziemlich schockiert«, erinnert sich ein ehemaliger Manager, »dass Horst, als Lech Walesa in Polen mit seiner Solidarność das Regime herausforderte, den Gewerkschaftsführer als üblen Gangster bezeichnete.« Im Übrigen verzichtete Horst sonst vollkommen auf politische Stellungnahmen – gemäß dem weltfremden Motto, dass sich die Politik aus dem Sport heraushalten solle.

Auf die Großzügigkeit der Adidas-Diplomaten konnten auch die Sportdelegierten aus Afrika zählen. Viele der jungen Nationen des Schwarzen Kontinents hatten mit wirtschaftlichen Problemen zu kämpfen, und für den Durchschnittsbürger war ein Paar Adidas-Schuhe vollkommen unerschwinglich. Nur wenige afrikanische Länder kamen als Markt für Sportartikel überhaupt in Betracht. Dennoch investierte Horst kräftig, um die drei Streifen auch in Afrika bekannt zu machen und den Einfluss des Unternehmens zu stärken.

Einige seiner ehemaligen Berater waren fest davon überzeugt, er verfolge rein philanthropische Ziele. Andere aber sahen die afrikanischen Kontakte ihres Chefs als bestes Beispiel für seine Strategie: Es war relativ leicht, in benachteiligten Ländern Freunde zu finden, und die afrikanischen Funktionäre konnten in internationalen Sportverbänden maßgeblichen Einfluss ausüben.

Zu den Begünstigten zählte unter anderem Blagoje Vidinic, der Trainer der marokkanischen Fußballnationalmannschaft. Der große, breitschultrige Jugoslawe hatte selbst als Torwart gespielt und sich dabei so hervorgetan, dass man ihn mit dem legendären russischen Torhüter Lew Jaschin verglich. Sein erstes Engagement als Trainer führte ihn nach Marokko, das seit 1956 unabhängig war. Vidinic wurde gebeten, zur Weltmeisterschaft 1970 in Mexiko eine vorzeigbare Nationalmannschaft aufzubauen. Im Jahr vor der WM hatte Vidinic erstaunt festgestellt, dass er von Adidas großzügig mit Trikots und Schuhen beliefert wurde, obwohl sich der Fußballverband solch eine noble Ausrüstung gar nicht leisten konnte. Die marokkanische Nationalelf wurde bis zum Weltcup in Mexiko City bestens versorgt, und auch dort warteten weitere Adidas-Pakete auf die Kicker.

Nach dem vorhersehbaren Ausscheiden der Mannschaft in der Vorrunde blieben Vidinic und sein Team noch ein paar Tage in der Stadt, um sich die folgenden Spiele anzusehen. Als Vidinic in seinem Mannschaftsbus vor dem Hotel Maria Isabel auf die Abfahrt zum Aztekenstadion wartete, fragte ein junger Mann, ob er mitfahren dürfe. Vidinic sagte Ja, und die beiden kamen ins Plaudern. Der Trainer erzählte dem Fremden, dass es nicht leicht gewesen sei, rechtzeitig zur WM eine anständige Mannschaft auf die Beine zu stellen. »Glücklicherweise sind wir von Adidas ganz unglaublich unterstützt worden«, fügte er hinzu. »Während der ganzen Qualifikation haben sie uns mit Schuhen und Trikots versorgt. Ich weiß nicht, wo wir ohne Adidas geblieben wären.« Sein Gesprächspartner streckte ihm die Hand entgegen. »Das ist ein großartiges Kompliment«, bedankte er sich. »Ich bin Horst Dassler. Von jetzt an werden Ihre Familie und die meine Freunde sein.« Mit diesem Handschlag hatte Horst einen treuen Gefolgsmann in Afrika gewonnen.

Die hochrangigen afrikanischen Freunde des Unternehmens wurden in einer Publikation namens *Champion d'Afrique* schamlos umworben. 1974 von englischsprachigen Journalisten gegründet, übte sich das Blatt in kritischer Berichterstattung über den afrikanischen Sport. Ende der Siebzigerjahre übernahm jedoch der marokkanische Oberst Hamouda das Organ. Er hatte für Frankreich an der Olympiade von Melbourne teilgenommen und engagierte sich später als Funktionär in der stürmischen Boxszene. Mit *Champion d'Afrique* wurde er in Horsts Diplomatenteam aufgenommen. Er krempelte das aufmüpfige Blatt um und verwandelte es in eine Reklamebroschüre zum höheren Ruhm Horst Dasslers und der afrikanischen Sportfunktionäre.

Adidas-Führungskräfte mussten jedoch eingestehen, dass unklar blieb, ob die Ausrüstung, die sie so großzügig spendeten, immer bei den Athleten ankam. Das wurde deutlich, als Thomas Sankara, damals Regent in Burkina Faso, einen Container Fußbälle anforderte, der in seinen Palast geliefert werden sollten. Diese Anfrage schien zwar auch nach den Maßstäben von Adidas merkwürdig, aber das

Unternehmen schickte die Bälle brav an die Botschaft in Paris. Einige Jahre später sorgte ein Bericht über die Ermordung Sankaras in Landersheim für eine etwas pietätlose Heiterkeit. Der Präsidentenpalast war geplündert worden, hieß es da, und zu ihrer Freude entdeckten die Rebellen im Keller des Gebäudes Tausende von Adidas-Bällen.

John Bragg gelangte über den Boxsport in die Dassler-Sphäre, als es mit Muhammad Ali zu einer Krise kam. Nach mehrjährigen Beziehungen zu Adidas erwog der Weltmeister aufgrund seiner neu gewonnenen religiösen Überzeugung, in schwarzen Stiefeln anzutreten. 1970, vor einem Kampf gegen den Argentinier Oscar Bonavena, hatte zunächst Adi Dassler einen Gefolgsmann nach New York entsandt, um das Problem zu klären, aber Ali schickte ihn wieder nach Hause. Im Auftrag Horsts machte John Bragg einen weiteren Anlauf. »Adi Dassler möchte die besten Boxstiefel der Welt entwerfen«, erklärte er Ali. »Dazu brauchen wir den Rat des größten Boxers der Welt.«

Nach kurzer Überlegung erzählte Muhammad Ali von den Tänzerinnen, die er am Abend zuvor in einem New Yorker Klub gesehen hatte. Sie hatten Miniröcke mit Troddeln getragen, die bei jeder Bewegung elegant mitschwangen. Für seinen Kampf gegen Bonavena wünschte er sich Adidas-Stiefel mit Quasten. In den nächsten Stunden durchkämmte Bragg die Nebenstraßen New Yorks auf der Suche nach Quasten und einer Nähmaschine. Ali war begeistert, als er die Schuhe abends in seinem Hotel auspackte, aber er verbot Bragg strengstens, etwas durchsickern zu lassen. Beim Wiegen weigerte sich »The Greatest«, den anwesenden Reportern Fragen über den bevorstehenden Kampf zu beantworten. Er sprach nur, mit Verweis auf Bragg, über die »Geheimwaffe«, die Adidas für ihn vorbereitet habe. Die Schuhe lösten ein enormes Presseecho aus. Von nun an wurde John Bragg von Horst häufig mit diplomatischen Aufträgen in den USA betraut.

Es erstaunt kaum, dass diese diplomatische Tätigkeit von Korruption teilweise nicht mehr zu unterscheiden war. Recherchefreudige Journalisten deckten immer wieder eklatante Fälle von Amtsmissbrauch durch hochrangige Mitglieder der olympischen Bewegung sowie undurchsichtige Geldtransfers auf. Ehemalige Mitglieder der Adidas-Führungsriege sind sich einig, dass Jean-Marie Weber hinter der Logistik dieser Geschäfte stand. Horst hatte ihn als Finanzfachmann zu Adidas France geholt, wo der unauffällige, kultivierte Mann bald dem Kreis der engsten Berater angehörte. Gelegentlich wurde er als »die rechte Hand« Horst Dasslers bezeichnet, häufiger aber schlicht als sein »Geldbote«. Adidas-Manager scherzten gern, dass er sich irgendwann die Schulter ausrenken werde, weil er immer mindestens eine schwere Sporttasche voller vertraulicher Dokumente mit sich herumschleppte. Einem Gerücht zufolge soll er von einem Landwirt in Landersheim eine Scheune gepachtet haben, um die heißesten Dokumente in einem sicheren Versteck zu wissen.

Was sich in den Sportverbänden tat, wusste niemand besser als Karl-Heinz Huba, der Herausgeber von *Sport Intern.* Viele Leser fanden es beunruhigend, welche Details über diesen Branchendienst verbreitet wurden. Huba erfuhr von Entscheidungen internationaler Sportorganisationen oft noch vor den Mitgliedern. Es gab genügend Spitzenfunktionäre, denen er zu einem Platz in der ersten Reihe verholfen hatte, indem er gegen jeden, der Horst im Wege stehen mochte, lautstark zu Felde zog. Später stellte sich heraus, dass Huba auf der Gehaltsliste von Adidas stand.

Mitte der Siebzigerjahre hatten Horsts Diplomaten ein weitverzweigtes Netzwerk an Freunden und Informanten in der Welt des internationalen Sports geschaffen. In unzähligen kleineren Sportverbänden konnten sie auf ihre Gefolgsleute zählen. Aber alle bisher unternommenen Anstrengungen würden sich erst auszahlen, wenn es ihnen gelang, jene Organisationen zu unterwandern, die tatsächlich den internationalen Sport beherrschten. Es war an der Zeit, die Ernte einzufahren.

Kapitel 13

Die Geldmaschine

Es kostete Patrick Nally viel Überzeugungsarbeit, bis Horst Dassler endlich bereit war, ihn zu sprechen. Dann erklärte ihm der schlagfertige britische Werber, er habe einen Plan, der sehr verlockende Aussichten biete. Ihm fehle dazu einzig und allein noch jemand mit den entsprechenden Kontakten im internationalen Sport.

Als flotter junger Mann von Anfang zwanzig hatte sich Patrick Nally mit Peter West zusammengetan, einem britischen Sportreporter. Doch statt einfach nur eine x-beliebige Werbeagentur zu gründen, beschlossen die beiden, sich auf den Sport zu spezialisieren. Sie propagierten ein Konzept, das damals noch gänzlich unbekannt war: Sport als Werbeplattform.

Die in London ansässige Firma setzte sich dafür ein, dass Weltkonzerne, die gut bei Kasse waren, Werbedollars in den Sport pumpen sollten. Wie es im typischen Jargon ihrer Branche hieß, plante die Agentur West Nally, »den Sport zu einer neuen Weltsprache zu machen« und die größten Unternehmen der Welt mit den vorgeblich reinen und prestigeträchtigen Werten des Sports in Verbindung zu setzen.

Einige Jahre später beschäftigte West Nally schon etwa vierzig Angestellte und begann, Büros im Ausland zu eröffnen. Patrick Nally hatte Großunternehmen wie Gillette und Benson & Hedges dazu gebracht, in Cricket und Snooker zu investieren. Doch der wagemutige junge Werber war davon überzeugt, dass er diese Sache mit den entsprechenden Beziehungen in viel größerem Rahmen aufziehen konnte.

Seit Geld in den Sport floss, wurde klar, dass er einen beträchtlichen kommerziellen Wert darstellte. Verstärkt wurde das noch durch die Ausbreitung des Fernsehens: Statt über die alten Schwarzweißapparate, auf denen die Warenzeichen bis zur Unkenntlichkeit verwischt waren, drang die ganze Dramatik des Sports neuerdings farbig in fast sämtliche Haushalte der westlichen Welt.

Patrick Nally erkannte sogleich, dass der Fußball das verlockendste Geschäftsfeld darstellte. Die beliebteste aller Sportarten bot atemberaubende Gewinnaussichten. Die seit 1930 ausgerichteten Weltmeisterschaften hatten immer größere Zuschauermengen angezogen. Die Fußballbegeisterung wirkte auf der ganzen Welt ansteckend. Jetzt musste sie nur noch in Marketingdollars umgemünzt werden.

Horst Dassler selbst befasste sich nebenbei ein wenig mit Werbung, seit Adidas France eine Reihe französischer Werbeagenturen aufgekauft hatte. Bei Adidas nannte man sie »la salade de fruits«, Obstsalat, weil die einzelnen Agenturen nach Obstsorten benannt waren: Pamplemousse war auf den Ankauf von Werbeflächen spezialisiert, Cerise befasste sich mit kreativer Werbung, und Framboise erstellte Marketingstudien über das Sportbusiness. Doch das Projekt war ein Fehlschlag auf ganzer Linie. »Sogar die eigenen Adidas-Mitarbeiter beschwerten sich darüber, wie miserabel die Anzeigen waren, und die Marktstudien waren wertlos«, so Didier Forterre, der für das Projekt zuständig war. »Wenn wir eine neue Studie herausbrachten, machten wir uns jedes Mal zum Gespött der ganzen Branche.«

Patrick Nally und die Idee des Sportmarketings waren genau in dem Moment zur Stelle, als Horst sie brauchte. Die einst bescheidenen internationalen Verbände verließen sich, was die Finanzierung ihrer Expansionspläne anging, immer häufiger auf Horst Dassler, ihren mächtigen Adidas-Freund. Er war immer für sie da gewesen, und als Chef einer rasant expandierenden Firma konnte er sich das doch sicherlich leisten, so glaubte man. Den Funktionären war jedoch nicht bewusst, dass Horst ständig knapp bei Kasse war. Er brauchte dringend zusätzliche Einkünfte, um seinen Einfluss auf die internationalen Sportverbände zu wahren und die Expansion seines französischen Geschäftszweiges zu finanzieren.

Der wagemutige britische Werber hatte ihn neugierig gemacht, und Horst willigte ein, ihn in Landersheim zu empfangen. Und nachdem die beiden jungen Männer 1974 zum ersten Mal einander die Hand geschüttelt hatten, ging ihnen zwei Tage lang der Gesprächsstoff nicht mehr aus. Patrick Nally war schwer beeindruckt von

Horsts unermüdlichem Arbeitseifer. An seinem Schreibtisch in Landersheim ging es hoch her. »Er bombardierte seine vier Sekretärinnen mit Anweisungen, griff ständig zum Hörer, um mit Managern und Würdenträgern in aller Welt zu sprechen, oft in ihrer Sprache«, staunte Nally. »Er war ein unglaublich leidenschaftlicher und charismatischer Mensch.«

Horst war von Nallys Mut und Klugheit ebenso angetan. Bald wurde ihm bewusst, dass sie gemeinsam ein großes, aufregendes Geschäft aus dem Boden stampfen konnten. Horst verfügte über genau die richtigen Kontakte im Weltfußball, um sich die Rechte für den Abschluss von Marketingabkommen zu sichern. Und der unermüdliche und äußerst einfallsreiche Verkäufer Patrick Nally, der bereits bewiesen hatte, dass er Firmengelder für den Sport lockermachen konnte, war ohne Weiteres imstande, damit Abermillionen Dollar einzustreichen.

Die Sache hatte nur einen kleinen Haken: Die FIFA war überhaupt noch nicht auf die Idee gekommen, Marketingrechte zu verkaufen. Es würde eine Weile dauern, glaubten Nally und Dassler, bis sich die leitenden Männer des internationalen Fußballs für diesen Vorschlag würden erwärmen können. Doch dann riss eine Clique geldgieriger Neulinge die Führung des Weltfußballs an sich, und alles ging ganz schnell.

Während die besten Fußballspieler jener Zeit zur Weltmeisterschaft nach Deutschland aufbrachen, bereiteten sich die Fußballfunktionäre auf einen anderen erbitterten Wettstreit vor: die Wahl eines neuen FIFA-Präsidenten, die drei Wochen vor dem Eröffnungsspiel, im Juni 1974, in der Frankfurter Kongresshalle stattfinden sollte. Sie galt als möglicher Wendepunkt in der Geschichte des Weltfußballs: Ehemalige Kolonialherren, vorgeblich ehrlich und gerecht, traten an gegen die mit allen Wassern gewaschenen Vertreter einer neuen Welt.

Der Amtsinhaber, Sir Stanley Rous, ein untadeliger Brite, hielt sich viel auf seine Gentlemanmanieren zugute. Der ehemalige Lehrer hatte sich als hervorragender Schiedsrichter einen Namen gemacht und das Fußballregelwerk auf den neuesten Stand gebracht. Stanley Rous führte die FIFA seit 1961 und zeigte sich der wachsenden Fußballbegeisterung, der Ausbreitung des Fernsehens, der immer größeren Menschenmengen, die zu den Spielen strömten, und der Organisation der Weltmeisterschaften, die zu globalen Ereignissen geworden waren, durchaus gewachsen. Dem Druck der Politiker, die das Spiel für sich nutzen wollten, hielt er ebenso stand wie den Verlockungen durch das viele Geld, das neuerdings im Umlauf war. Dem 61-Jährigen schien jedoch jeder Bezug zu den nachwachsenden Fußballnationen der postkolonialen Welt zu fehlen. Und ganz gewiss fehlten ihm das nötige Flair und auch die entsprechenden Beziehungen, um dem aggressiven Wahlkampf seines charismatischen Gegenkandidaten trotzen zu können.

Während sich Rous in aller Ruhe auf die Rückendeckung seiner alten Freunde verließ, bereitete João Havelange den Boden für seine Wahl gründlich vor. Der groß gewachsene Brasilianer hatte seit 1936 die Funktionsweise von Sportverbänden studiert, als er als Wasserballspieler an den Olympischen Spielen von Berlin teilnahm. Havelange gehörte der brasilianischen Nationalmannschaft zwei Jahrzehnte lang an und wurde 1963 ins Internationale Olympische Komitee berufen. Gleichzeitig war er in Brasilien als erfolgreicher Geschäftsmann tätig, dessen Beteiligungen an Industrie- und Transportunternehmen genug Gewinn abwarfen, um seinen strapaziösen FIFA-Wahlkampf zu finanzieren. Als offizieller südamerikanischer Kandidat für den Präsidentenposten bereiste Havelange 86 Länder – oft begleitet von Pelé, dem größten Publikumsmagneten des Kontinents.

Havelanges Wahlprogramm war ganz unverhohlen auf die Wünsche der jungen, aufstrebenden Fußballnationen ausgerichtet. So versprach er, die Teilnehmerzahl der Weltmeisterschaften von 16 auf 24 zugunsten der nichteuropäischen Staaten zu erhöhen. Er wollte eine Junioren-Weltmeisterschaft begründen, die außerhalb Europas stattfinden sollte. Der Bau von Fußballplätzen, Trainingszentren und medizinischen Einrichtungen in Entwicklungsländern lag ihm am Herzen. Und im Gegensatz zu Rous gelobte Havelange, dass Südafrika während seiner Präsidentschaft aus der FIFA ausgeschlossen bleiben würde, solange dort weiterhin die Apartheid herrschte.

Anders als der zugeknöpft wirkende Rous war Havelange ein Meister der Sportdiplomatie. Der Brasilianer belgischer Abstammung, der mit Taufnamen Jean-Marie Faustin Godefroid Havelange hieß, war als weltgewandter junger Mann mehrsprachig aufgewachsen und mischte sich gern unter die Fußballfunktionäre aus aller

Herren Länder. Mit weit mehr politischem Verstand ausgestattet als sein Gegenkandidat, setzte Havelange alle ihm zu Gebote stehenden Mittel ein, um die Wahl zu seinen Gunsten zu beeinflussen. Wie ein Beobachter schrieb: »Es war der Kampf zwischen einem anständigen Mann, der dem Fußball treu gedient hatte und dem sein Amt Belohnung genug war, und einem gerissenen Kerl, der sich über das wahre Wesen der Welt keinerlei Illusionen machte und auf persönlichen Ruhm aus war.«

Um auf Nummer sicher zu gehen, gab Horst seinen Assistenten gegensätzliche Anweisungen. Christian Jannette sollte sich gut um João Havelange kümmern – und um die afrikanischen Delegierten, die ihn offenbar unterstützten. John Boulter bekam hingegen gesagt, dass Adidas auf Stanley Rous setzen werde: Er habe beeindruckende Leistungen vorzuweisen, und die europäische Vorherrschaft im Fußball sei nach wie vor unangefochten, sodass mit der Wahl eines Emporkömmlings aus Südamerika nicht zu rechnen sei.

Noch am Vorabend der Wahl war Horst überzeugt, dass Europa obsiegen würde. Seine Freunde würden ihre Posten behalten und sich ganz bestimmt an die Unterstützung erinnern, die sie durch Adidas erfahren hatten. Nur um ganz sicher zu sein, rief er seinen Freund Blagoje Vidinic an, um mit ihm an der Hotelbar zu feiern.

Seit ihrer Begegnung in Mexiko war Vidinic nach Zaire weitergezogen. Mit persönlicher Unterstützung Präsident Mobutus hatte er die entlegensten Winkel des Landes durchstreift, um eine Mannschaft junger Fußballer zusammenzustellen. Mobutu war ebenso begeistert wie Vidinic und die Spieler, als sie ihre Gratisausrüstung von Adidas erhielten. Ein Leopardenkopf schmückte ihre Trikots. Ganz in die drei Streifen gewandet, gewannen die Leoparden anschließend die Afrikameisterschaft, die in Ägypten stattfand, und qualifizierten sich damit für die Fußballweltmeisterschaft 1974 in Deutschland.

Die Leoparden wurden bei ihrer Heimkehr aus Kairo begeistert empfangen: Sie waren die erste Mannschaft Schwarzafrikas, die an einer Weltmeisterschaft teilnehmen würde. »Ich habe die Feierlichkeiten früh verlassen, habe gesagt, ich sei müde, denn da waren all diese überglücklichen Menschen, die meinen Namen riefen, und das ist schon ein wenig unheimlich, wenn man direkt neben Mobutu steht«, so Vidinic. Immerhin brachte ihm die Qualifikation »einen Sack voller Geldscheine« ein, überbracht von einem Diener Mobutus.

Am Vorabend der FIFA-Präsidentenwahl gesellte sich Blagoje Vidinic zu Horst an die Bar des Frankfurter Hotels, in dem die meisten Fußballfunktionäre abgestiegen waren. Dassler war sich sicher, dass Stanley Rous gewinnen würde, Vidinic aber war vom Gegenteil überzeugt. Bei der Afrikameisterschaft war er in Ägypten Zeuge eines Treffens der afrikanischen Fußballverbände geworden. »Die haben alle zugesagt, Havelange zu unterstützen«, erzählte Vidinic. Der Brasilianer habe die Unterstützung der afrikanischen Verbände vor allem dank seiner Haltung zu Südafrika gewonnen und auch dank manch kleiner Geschenke. Zutiefst beunruhigt, überlegte Horst, was er jetzt tun sollte. Obwohl es schon spät war, drängte Vidinic ihn, sofort seinen Kurs zu ändern. »Hier hast du Havelanges Zimmernummer«, sagte er. »Sag ihm, du hättest bisher Stanley Rous unterstützt, aber du hättest erkannt, dass du aufs falsche Pferd gesetzt hast, und stündest Havelange von nun an uneingeschränkt zur Verfügung.«

Das erwies sich als brillanter Schachzug. Wie João Havelange in den vergangenen Wochen erfahren hatte, konnte Horst Dassler ein mächtiger Gegner sein. Durch seine Unterstützung für Stanley Rous hatte der Deutsche Havelanges Chance, Präsident der FIFA zu werden, sehr verringert. Es war viel angenehmer, Horst auf seiner Seite zu wissen, und zur Finanzierung von Havelanges Plänen würden sich seine Ressourcen als unschätzbar erweisen. Als Dassler von seinem Gespräch mit Havelange zurückkehrte, strahlte er übers ganze Gesicht. »Er hat mich sofort zu Champagner eingeladen«, berichtet Vidinic.

Am nächsten Tag wurde João Havelange nach stürmischen Debatten und zwei Wahlgängen mit dem knappen Vorsprung von 68 zu 52 Stimmen zum neuen Präsidenten der FIFA gewählt, und Horst applaudierte ihm. Die beiden trafen ein Abkommen, das das Fußballgeschäft revolutionieren sollte und auf einer simplen Prämisse beruhte: Havelange brauchte alle Mittel, die ihm Dassler zur Verfügung stellen konnte, um seine kostspieligen Wahlversprechen erfüllen zu können, und Horst brauchte Havelange für seinen neuen Plan: Fußball als Marketinginstrument zu verkaufen.

Auf der Basis des Abkommens zwischen Dassler und Havelange machte sich Patrick Nally an die Arbeit. Er bewog einige Weltkonzerne, in den Fußball zu investieren. Sein größter Fang war Coca-Cola, das der bei Weitem spendabelste FIFA-Partner wurde. Das

Geld des Getränkeherstellers floss in die Organisation der von Havelange versprochenen Jugendmeisterschaften, und als Gegenleistung durften rund ums Spielfeld große Reklametafeln aufgestellt werden. Weitere Coca-Cola-Gelder steckte man in den Aufbau von Fußballschulen in Entwicklungsländern, um diese mit der Unterstützung europäischer Trainer und Ärzte zu Fußballnationen zu machen.

Die verlockendsten Chancen aber bot die nächste Weltmeisterschaft, die in Argentinien stattfinden sollte. Gleich zu Anfang überredete Horst die argentinischen Organisatoren, ihm die Rechte an »Gauchito«, dem argentinischen Weltmeisterschaftsmaskottchen, zu überlassen. Diese vielversprechende Geschäftsbeziehung wurde ein halbes Jahr später jedoch von den mordgierigen Generälen gekappt, die sich in Argentinien an die Macht putschten und dabei über Leichen gingen. Gewehrsalven und im Gleichschritt marschierende Soldaten waren für Patrick Nally keine sonderlich guten Verkaufsargumente.

Dassler und Nally jetteten nicht nur um die Welt, um ihre Marketingpläne zu verkaufen, sie rangen auch ständig um die Finanzierung ihrer informellen Partnerschaft. Da Horst Dassler dieses Geschäft vor seiner Familie geheim hielt, konnte er es schlecht mit Adidas-Mitteln finanzieren. Dennoch gaben die beiden jungen Männer nicht auf. Sie wussten, dass sie an einer großen Sache dran waren.

Um ihre Finanzprobleme in den Griff zu bekommen, gründeten die unternehmungslustigen Freunde in Monte Carlo die Firma SMPI. Das Joint Venture wurde von Patrick Nally geleitet, und seine Firma West Nally hielt 45 Prozent der Anteile. Kontrolliert wurde das Unternehmen aber zu 55 Prozent von Horst Dassler, und finanziert wurde es größtenteils von seinen Geldgebern. Die genaue Herkunft der Einkünfte und des Kapitals dieses Gemeinschaftsunternehmens wurde mittels eines Finanzkarussells verschleiert, das die Gelder von der Schweiz aus nach Monaco, in die Niederlande und auf die Niederländischen Antillen verschob.

Bald nach ihrer Gründung im Februar 1977 erwarb die SMPI von den Organisatoren der Weltmeisterschaft in Argentinien umfassende Rechte. Für die von Coca-Cola zur Verfügung gestellte Garantiesumme von 8,3 Millionen Dollar durften Dassler und Nally rund um die argentinischen Spielstätten Werbeflächen verkaufen. Das Abkommen zwischen Nally und der Coca-Cola-Spitze erwies sich als wegweisend. Als der Riesenkonzern aus Atlanta erst einmal zugesagt hatte, zogen bald etliche weitere Weltunternehmen nach. Nally konnte insgesamt knapp 71 Millionen Dollar verbuchen. Und mit dem Einverständnis der Organisatoren strichen Dassler und Nally eine Provision von fast 30 Prozent ein.

Horst Dassler und Patrick Nally hatten aus eigenen Stücken das Fußballmarketingbusiness begründet. Wenn sie es geschickt anstellten, würden sie bald die wichtigsten Drahtzieher einer ganz neuen Milliardenbranche sein.

Kapitel 14

Der Hahn und die Sardine

Um seine Projekte weiter vorantreiben zu können, brauchte Horst Dassler eine solidere finanzielle Grundlage. Fast zufällig stieß er auf eine Lösung. Mit einem unschönen Übernahmemanöver von Le Coq Sportif fand Horst genau den richtigen Partner, mit dem sich ein geheimes Imperium errichten ließ.

Schon seit etlichen Jahren arbeitete Horst eng mit Le Coq Sportif zusammen, einem Unternehmen, das der Familie Camuset gehörte. Als Sportbekleidungshersteller am französischen Markt etabliert, hatte die Firma ursprünglich nur Hemden und Hosen unter ihrem Hahnenemblem angeboten. Beide Firmen taten sich dann zusammen, um gemeinsam eine vollständige Ausrüstung anzubieten: Adidas lieferte die Schuhe, und Le Coq Sportif stellte in seinem stetig expandierenden Werk in dem Champagnestädtchen Romilly die passenden dreigestreiften Hemden und Hosen her.

Die Geschäftsbeziehungen trübten sich jedoch bedenklich, als herauskam, dass Le Coq Sportif auch unter dem eigenen Markennamen Trainingsanzüge mit den drei Streifen vertrieb. Um diesen Konflikt beizulegen, trafen sich die Dasslers und die Camusets mehrmals, aber Le Coq Sportif beharrte darauf, in Frankreich die Rechte an den drei Streifen innezuhaben. Im Juni 1973 reichte Horst daraufhin Klage ein. Adidas France baute schließlich gerade eine eigene Textilkollektion auf, konnte also nicht zulassen, dass Le Coq Sportif Verwirrung stiftete und auf unzulässige Weise von den Adidas-Investitionen profitierte. Der Fall nahm jedoch für Adidas eine düstere Wendung, als das Straßburger Gericht im Januar 1974 zugunsten von Le Coq Sportif entschied. Die Richter stellten eindeutig fest, dass Le Coq Sportif im Besitz der drei Streifen sei, und untergruben damit das gesamte Textilgeschäft von Adidas France.

Nun zog Horst gegen Le Coq Sportif in den Krieg. Die Produktionsstätten von Adidas France in Troyes arbeiteten auf Hochtouren, um den Markt mit Adidas-Hemden zu überschwemmen. Die Verkaufsabteilung startete eine groß angelegte Offensive, um Le Coq Sportif aus dem Markt zu drängen. Aufgrund der Auseinandersetzungen büßte Le Coq Sportif seine wertvollste Geschäftsbeziehung mit dem französischen Fußballverband ein: den gemeinsam mit Adidas abgeschlossenen Vertrag, der Le Coq Sportif die Lieferung der Fußballtrikots überließ, während Adidas nur für die Schuhe zuständig war. Diese Übereinkunft beruhte jedoch auf der persönlichen Beziehung Dasslers zu dem Verbandschef Jacques Georges, und es kostete Horst nur ein paar Worte, und Le Coq Sportif war raus aus dem Vertrag.

Die schlimmsten Folgen für Le Coq Sportif hatte jedoch eine Strategie, die die Camusets selbst zu verantworten hatten. Durch den harten Konkurrenzkampf schwer angeschlagen und durch die Ölkrise zusätzlich geschwächt, investierten sie in großem Maße, um ihre Produktion zu steigern, bis sie sich damit verausgabten. Im März 1974 wurde Le Coq Sportif von besorgten Gläubigern bestürmt. Einen Monat später musste die Familie Camuset ihr Traditionsunternehmen verloren geben, und ein vom Gericht beauftragter Manager leitete die Suche nach möglichen Übernahmekandidaten ein.

Ungeachtet ihrer sonstigen Meinungsverschiedenheiten waren sich Horst und seine Eltern einig, dass es eine Katastrophe wäre, wenn die Rechte an den drei Streifen, die Le Coq Sportif besaß, in die falschen Hände gerieten. Käthe Dassler unterstützte daher den Versuch ihres Sohns, Le Coq Sportif für Adidas zu übernehmen. Ein konkurrierendes Übernahmeangebot der Groupe Kopa lehnten die Richter als nicht seriös genug ab. Das Gericht präferierte das Adidas-Angebot, das bei Le Coq Sportif jedoch auf unerwartet heftigen Widerstand stieß. Denn Mireille Gousserey-Camuset, die Tochter des Firmengründers, die 51 Prozent der Firmenanteile innehatte, weigerte sich hartnäckig, ihren Anteil den »Boches« auszuliefern. Unter Hinweis auf ihr Engagement in der Résistance während des Zweiten Weltkriegs fand sie den Gedanken unerträglich, Le Coq Sportif könne in deutsche Hände fallen. Ihr Bruder Roland Camuset hingegen hatte keine Probleme damit, seine 49 Prozent an Adidas zu verkaufen.

Als Le Coq Sportif dann schon am Rande der Liquidation stand, schaltete sich die französische Regierung ein. Um in Romilly Ausschreitungen zu verhindern, trat sie mit einem eigenen Käufer für die Mehrheit an Le Coq Sportif auf den Plan. Allgemein herrschte Erleichterung, als Mireille Gousserey dem draufgängerischen Investor André Guelfi ihren Segen gab. Sein Vater war zwar Korse, seine Mutter Spanierin, und er lebte in der Schweiz, aber immerhin hatte ihn die französische Regierung ins Spiel gebracht. Im März 1976, zwei Jahre nach Ausbruch der Krise, trat Mireille Gousserey ihren 51-prozentigen Le-Coq-Sportif-Anteil an den neuen Interessenten ab.

Als die Bitte, Le Coq Sportif zu kaufen, auf seinem Schreibtisch landete, sah André Guelfi darin vor allem eine politische Gefälligkeit. Als ihn jedoch ein Manager von Le Coq Sportif freundlicherweise auf die Gerichtsentscheidung über die drei Streifen aufmerksam machte, witterte er eine reizvolle Gelegenheit. Mit den Gerichtsakten unterm Arm sprach er beim Verantwortlichen für Sport im Ministerium, Marceau Crespin, vor. Crespin, mit dem er seit seinem Militärdienst befreundet war, arrangierte für ihn ein Treffen mit Horst Dassler. »Ich ging in kämpferischer Stimmung hin, um ihnen zu sagen, dass sie mit den drei Streifen nicht einfach machen konnten, was sie wollten«, erinnert sich Guelfi. »Doch dann verstanden wir uns blendend und beschlossen, Partner zu werden.«

Einer erlag dem Charme des anderen. André Guelfi sah ein, dass es mit Le Coq Sportif wieder bergauf gehen würde, wenn Dassler es unter seine Fittiche nahm. Und dieser war seinerseits sofort von Guelfi angetan. Er scheute zwar das Rampenlicht, genoss aber die Gesellschaft munterer, geselliger Charaktere. Außerdem hatte Guelfi genug Geld angehäuft, um Horsts unternehmerische Alleingänge diskret unterstützen zu können.

Die beiden trafen ein geheimes Abkommen. In den Augen der Familie Dassler besaß Adidas France nur 49 Prozent von Le Coq Sportif. André Guelfi gab jedoch 2 Prozent seines Anteils an Horst weiter und räumte ihm die Option ein, jederzeit die restlichen 49 Prozent erwerben zu können. Der 2-Prozent-Anteil und die Option galten für Horst persönlich, nicht für Adidas. Mit anderen Worten: Ohne dass seine Familie davon erfuhr, hatte Horst die Kontrolle über Le Coq Sportif übernommen. Diese Abmachung markierte den Beginn einer intensiven Zusammenarbeit der beiden Männer.

André Guelfi war ein faszinierender Mann. Mit Mitte fünfzig hatte er zweimal ein Vermögen verloren und wieder aufgebaut. Seine Millionen verdankte er zwar teilweise dubiosen Geschäften, aber er schlängelte sich mit viel Schneid durchs Leben. In Mazagan (dem heutigen Al-Djadida) an der marokkanischen Atlantikküste aufgewachsen, begann Guelfi seine Karriere als Bankbote. Beim Aufräumen des Bankarchivs entdeckte er eines Tages einen Aktenstapel mit dem Vermerk »uneinbringliche Kredite«. Er vereinbarte mit dem Filialleiter, dass er für die Kredite, die er doch noch eintreiben konnte, eine stattliche Provision erhalten würde. Kein Jahr später verdiente der Bankbote bereits mehr als der Filialleiter. Das Geld, das er anhäufte, investierte er in etliche Fischereifahrzeuge, was ihm den unschönen Spitznamen »Dédé la Sardine« eintrug.

Guelfis Riecher für windige Geschäfte wurde während seiner Teilnahme am Indochinakrieg geschärft. Er war kein großer Krieger und verbrachte die meiste Zeit damit, den Dschungel nach gut erhaltenen Statuen zu durchkämmen. Als dieses Geschäft nichts einbrachte, widmete er sich seiner Lieblingsbeschäftigung: Im Zentrum von Saigon gründete er eine Autowerkstatt namens »Le Garage Toulousain«. Doch bald musste er Hals über Kopf aus dem Land fliehen, als eine der 27 Frauen, mit denen er sich verlobt hatte, ihre Familie schickte, um die Hochzeitsvorbereitungen zu treffen. Nach Marokko zurückgekehrt, verdiente Guelfi im Fischhandel ein Vermögen, aber dieses Geschäft wurde ruiniert, als Agadir 1960 bei einem Erdbeben weitgehend zerstört wurde. Nun verschlug es ihn nach Mauretanien. Dort verdiente er ein weiteres Mal ein Vermögen, indem er das erste Fischereifahrzeug mit Gefriervorrichtung betrieb und an Land etliche Fischfabriken aufbaute. Doch nachdem das Schiff unter rätselhaften Umständen ausgebrannt und gesunken war, musste er auch dieses Geschäft aufgeben.

Diesmal floh Guelfi nach Frankreich – verfolgt von der mauretanischen Polizei und dem marokkanischen Königshaus. Die Mauretanier waren ihm wegen Bestechungsvorwürfen auf den Fersen. Vermutlich war es auch nicht eben hilfreich gewesen, dass Guelfi den mauretanischen Premierminister beim Besuch einer Fischfabrik zum Scherz minutenlang in einen Kühlraum eingesperrt hatte. Der marokkanische König Hassan II. wiederum hatte Guelfi verstoßen, nachdem der als brutal verrufene Verteidigungsminister General

Oufkir, ein enger Freund Guelfis, 1972 einen Staatsstreich versucht hatte. Oufkir wurde schließlich ermordet, seine Frau und selbst seine Kinder unter abscheulichen Umständen 18 Jahre lang eingekerkert. Manch einer mutmaßte, dass sich Guelfi einiges von dem Geld angeeignet habe, das Oufkir auf ein Schweizer Bankkonto geschafft hatte.

Nach seiner Rückkehr nach Frankreich verfiel Guelfi in einen wahren Kaufrausch. Seine Geschäfte in Nordafrika hatten ihm so viel Geld eingebracht, dass er einige der renommiertesten Pariser Luxushotels erwerben konnte: das Prince de Galles, das Grand Hôtel und das Hôtel Meurice. Als er 1975 in der Schweiz eine Aufenthaltsgenehmigung beantragte, gab er ein Vermögen von rund 50 Millionen Schweizer Franken an. Seine Villa in Lausanne befand sich in unmittelbarer Nachbarschaft des Internationalen Olympischen Komitees.

Sein Privatleben verlief ebenso rasant. Guelfi startete bei sechs Formel-1-Rennen für das Gordini-Team. Als er sich später mit Horst Dassler zusammentat, besaß er einen Learjet, den er auch selber flog. Seine Jacht galt als schnellstes Schiff auf dem Mittelmeer. Nachdem sie sich in Sachen Le Coq Sportif geeinigt hatten, tauchte André Guelfi oft an Dasslers Seite auf, stets sonnengebräunt, temperamentvoll und heftig gestikulierend. Und der Learjet mit Guelfi am Steuerknüppel stand Dassler auf Wunsch fast ständig zur Verfügung.

Nicht alle Mitarbeiter von Adidas France brachten dem neuen Partner, der wie aus dem Nichts aufgetaucht war, Vertrauen entgegen. Seine Extravaganz passte nicht zu dem strikten Arbeitsethos von Landersheim. Guelfis außergewöhnliche Zungenfertigkeit war für seine Lobbyarbeit äußerst hilfreich, aber er gestand selbst, dass sich seine Managementkenntnisse auf das Prinzip »rechte Tasche, linke Tasche« beschränkten. Da er bei seiner spanischen Großmutter aufgewachsen war, konnte er sich gut mit Lateinamerikanern verständigen. Sein Englisch hingegen stammte ausschließlich aus dem Flugunterricht.

Die französischen Manager lachten über die wilden Geschichten, die über André Guelfi im Umlauf waren – und die er gern selbst zum Besten gab. Mit fuchtelnden Armen berichtete er vom Untergang seines Schiffs und wie es ihm gelungen sei, ein paar alte Meister aus dem Wrack zu retten und mit einem Renoir unterm Arm an Land zu schwimmen (seine Versicherung kaufte ihm das offenbar ab). Andere Anekdoten handelten von Geheimdienstaktivitäten und illegalen Geldtransfers und erregten eher Besorgnis. Ein französischer Richter bezeichnete André Guelfi später einmal als »Businessschmarotzer«, »alten Ganoven« und »Urkundenfälscher en gros«.

Horst Dassler aber schlug alle Warnungen in den Wind. Er setzte zusehends auf André Guelfi – als fröhlichen Verbündeten und stets flüssigen Finanzier. »Wir beide«, sagte André Guelfi, »wir griffen nach der Weltherrschaft.«

Kapitel 15

Versteckspiel

Seit André Guelfi dafür gesorgt hatte, dass Le Coq Sportif Adidas in den Schoß fiel, förderte Horst Dassler diese Marke mit der gleichen Entschlossenheit, mit der er einige Jahre zuvor versucht hatte, sie vom Markt zu drängen. Wenn der Familienzwist eine dramatische Wendung nehmen sollte, hatte Horst nun immer noch die Option, die ihm André Guelfi eingeräumt hatte. Le Coq Sportif war nicht nur eine Investition – es war auch eine Marke, auf die Horst Dassler zurückgreifen und die er in der Pattsituation mit seiner Familie als Druckmittel einsetzen konnte. Gemeinsam mit Guelfi plante Horst umfangreiche Investitionen, um Le Coq Sportif von Grund auf zu erneuern. Der auf dem französischen Markt gut eingeführte Sporttextilienhersteller sollte bald zu einem ernst zu nehmenden Mitbewerber im internationalen Sportbusiness werden, und zwar mit einer vollständigen Produktpalette und der Unterstützung einiger der populärsten Athleten und Fußballmannschaften der Welt.

In Landersheim weihte Horst Dassler nur seine engsten Vertrauten in seine Pläne ein. Seine Eltern wussten nur, dass Adidas France 49 Prozent von Le Coq Sportif hielt. André Guelfi musste die Dasslers zu den Aktionärsversammlungen einladen und sie höflich zurate ziehen, wenn es um Expansionspläne ging. Doch Herzogenaurach durfte auf keinen Fall erfahren, was die Franzosen alles anstellten, um Le Coq Sportif weltweit durchzusetzen. »Wenn jemand aus Herzogenaurach kam, wurden die Akten über Le Coq Sportif immer schnell weggeschlossen«, erinnert sich ein Landersheimer Manager.

Um zu verschleiern, in welchem Maße die Manager von Adidas France bei Le Coq Sportif involviert waren, griff man auf die sonderbarsten Tricks zurück. Als ein Manager von Horst Dassler engagiert wurde, enthielt sein Vertrag eine seltsame Nebenklausel. Offiziell sollte

Sportliche Großereignisse als Marketingarena: Immer offensichtlicher wurde der Einfluss der Unternehmen auf Verbände und Funktionäre (allen voran Horst Dassler).
1986 titelte der SPIEGEL mit der »Adidas-Weltmeisterschaft«.

er für Adidas France arbeiten, aber in einem Anhang zu seinem Vertrag war vermerkt, dass er die ihm zugeteilte Aufgabe auch für Le Coq Sportif übernehmen sollte.

Kurz nach seiner Einstellung erhielt Johan van den Bossche, der Leiter der Rechtsabteilung von Adidas France, einen Anruf aus einem Hotel in Asien. Die Vermittlung gab an, ein Mister Gary Heller wolle ihn sprechen. Van den Bossche kannte niemanden, der so hieß. Noch erstaunter war er, als Mister Heller ihn mit Vornamen ansprach und anfing, ihm genaue Anweisungen für ein Lizenzgeschäft zu übermitteln. »Es tut mir leid, Sir, aber ich kann von jemandem, den ich nicht kenne, keine Anweisungen entgegennehmen«, erwiderte van den Bossche ganz gelassen. Wie sich dann herausstellte, handelte es sich bei dem ominösen Mister Heller um Klaus Hempel, Horsts Assistenten für Sonderaufgaben. Wenn er für Le Coq Sportif in Asien unterwegs war, buchte Hempel regelmäßig Hotelzimmer auf den Namen seines Schwagers.

Horst und André Guelfi hielten sich an ausgeklügelte Rituale, wenn es darum ging, die Familie Dassler in Herzogenaurach über die Fortschritte bei Le Coq Sportif zu informieren. »Horst tat manchmal so, als würde er die Partei seiner Mutter ergreifen und Investitionen ablehnen, für die ich warb«, erinnert sich Guelfi. Zugleich gründeten die beiden jedoch im schweizerischen Freiberg die Holdinggesellschaft Sarragan, um damit Horsts heimliche Aktivitäten neu zu strukturieren – darunter auch einen Großteil des Auslandsgeschäfts von Le Coq Sportif.

Auch Descente, der japanische Lizenznehmer von Adidas, wurde in den Geheimplan einbezogen. Die für das Adidas-Geschäft zuständigen Manager bei Descente blieben nach außen hin Herzogenaurach treu ergeben, vertrieben nun aber, um Horst zu unterstützen, auch Artikel von Le Coq Sportif – und das hinter Käthe Dasslers Rücken. Das Adidas-Geschäft wurde von Murakawa-san abgewickelt. Derselbe Mann hatte jedoch noch einen zweiten Satz Visitenkarten von Le Coq Sportif, auf denen er unter dem Namen Nakamura-san firmierte.

Eine weitere Le-Coq-Sportif-Niederlassung wurde in aller Eile in Großbritannien gegründet – von Robbie Brightwell, einem britischen Läufer, den Horst bei der Olympiade 1964 in Tokio kennengelernt hatte. Dassler hielt große Stücke auf Brightwell, den er auch bereits mit der Leitung der britischen Adidas-Niederlassung betraut hatte. Nun überredete er Brightwell, zu Le Coq Sportif zu wechseln.

Da er in die verfahrenen Verhältnisse innerhalb der Familie Dassler eingeweiht war, verstand Brightwell nur zu gut, dass man die neue Niederlassung vor Herzogenaurach geheim halten musste. Le Coq Sportif UK wurde daher in Congleton gegründet, einem Städtchen südlich von Manchester, in dem Brightwell lebte, und die Finanztransaktionen liefen über seine privaten Girokonten. Das löste in der dortigen Zweigstelle der National Westminster Bank, die normalerweise nur mit kleineren Inlandsüberweisungen zu tun hatte, mittlere Panik aus. »Mister Brightwell, da wurde gerade aus der Schweiz eine riesige Summe auf Ihr Konto überwiesen«, flüsterte der nervöse Filialleiter am Telefon.

Sämtliche Kontakte, die Horst für Adidas begründet und gepflegt hatte, wurden genutzt, um Le Coq Sportif in aller Welt bekannt zu machen. Die Marke, die noch einige Jahre zuvor wirklich froh sein konnte, mit dem französischen Fußballverband ins Geschäft zu kommen, wurde nun mit einem Mal von einigen der beliebtesten Tennisspieler der Welt getragen, etwa von Arthur Ashe und Yannick Noah. Auch etliche südamerikanische Fußballmannschaften trugen nun den gallischen Hahn auf der Brust, darunter nicht zuletzt die amtierenden Weltmeister aus Argentinien.

Blagoje Vidinic, der aus Jugoslawien stammende ehemalige Nationaltrainer Marokkos und Zaires, arrangierte neue Werbeverträge für die Weltmeisterschaft. Nach der Teilnahme seines Teams an der

Weltmeisterschaft 1974 hatte Horst ihn gebeten, für Adidas in Kolumbien tätig zu werden. Dort sollte die Weltmeisterschaft 1986 stattfinden. 1983 musste die kolumbianische Regierung jedoch eingestehen, die Auflagen der FIFA nicht erfüllen zu können. Noch bevor Mexiko zum neuen Austragungsort ausgerufen wurde, griff Horst zum Telefon und bat Vidinic, mit Sack und Pack nach Landersheim zu kommen, um sich dort für Le Coq Sportif um die Fußballwerbung zu kümmern.

Für die bevorstehende Weltmeisterschaft in Spanien erhielt Vidinic den Auftrag, für Le Coq Sportif Sponsorendeals mit mindestens drei weiteren Nationalmannschaften einzufädeln. Kamerun und Algerien stellten kein großes Problem dar, aber an Italien biss sich Vidinic fast die Zähne aus. Die Schwierigkeit bestand darin, dass der italienische Fußballverband damals keinerlei Firmenlogos auf den Trikots der Squadra Azzura gestatten wollte. Dennoch kam man zu einer Einigung: Der gallische Hahn sollte immerhin die Trainingsanzüge der Italiener schmücken. »Die Zuschauer in Spanien waren ein wenig erstaunt, als sie die Italiener auch in der Mittagshitze in Trainingsanzügen auf den Platz laufen sahen«, erinnert sich Vidinic amüsiert.

Diese Vereinbarung löste später in Italien einigen Wirbel aus, als behauptet wurde, die Spieler hätten unter der Hand Geld dafür erhalten, dass sie Le Coq Sportif trugen. Italienische Ermittler luden Vidinic vor, und er gestand die Zahlungen rundheraus, da die Beiträge nicht so hoch waren, dass er Ärger für die Spieler vermutete. Doch diese Scherereien waren vergessen, als die Squadra Azzura im Finale der Weltmeisterschaft 1982 ihren deutschen Gegner klar mit 3:1 schlug. Horsts Assistenten wussten nicht recht, ob sie Paolo Rossi anfeuern sollten oder eher Karl-Heinz Rummenigge und sein deutsches Team, das die drei Streifen trug.

Binnen nicht einmal zehn Jahren hatte Horst sein Ziel erreicht: Le Coq Sportif, eine französische Provinzmarke, die auf Fußballtrikots spezialisiert war, hatte sich auf der ganzen Welt durchgesetzt. Zusammen mit seinen anderen Beteiligungen, die in der Holdinggesellschaft Sarragan zusammengefasst waren, erwirtschafteten Horsts Zweitmarken bald Millionenumsätze. »Sie wurden zu einer Art interner Konkurrenz bei Adidas«, so Jean Wendling, der damalige Geschäftsführer von Sarragan France.

Neben Le Coq Sportif betrieb Sarragan auch ein Joint Venture mit Daniel Hechter. Der berühmte französische Designer war Fußballfan und langjähriger Präsident und Mäzen des Klubs Paris Saint-Germain. Dassler und Hechter arbeiteten einige Jahre lang gemeinsam an einer Sportkollektion für Hechter. Eine weitere nebulöse Verbindung wurde mit Roberto Muller geknüpft, dem uruguayischen Firmenchef von Pony. Kurz vor den Olympischen Spielen in Montreal 1976 gegründet, beherrschte diese Marke mit ihren relativ preiswerten Turnschuhen bald einen Großteil des amerikanischen Sportmarkts. André Guelfi erklärte sich bereit, sich bei Pony mit einer großen Minderheitsbeteiligung einzukaufen, aber das war nur ein Tarnmanöver für Horst. In einer Zusatzvereinbarung zu dem Vertrag behielt sich Dassler das Recht vor, den Anteil jederzeit übernehmen zu können.

Horst wollte mit dieser Anhäufung von Nebenbeteiligungen eine »kritische Masse« erreichen, die es ihm ermöglichen sollte, ganz allein im Sportgeschäft bestehen zu können. Weil keine seiner Sarragan-Marken jemals in irgendeiner Weise an Adidas heranreichen würde, verlegte er sich – über zwanzig Jahre früher als seine Mitbewerber – auf die Strategie, im Sportbusiness einen Mischkonzern aufzubauen.

Bemerkenswerterweise gelang es Horst Dassler, einen Großteil seiner Geschäfte vor seiner Familie in Herzogenaurach geheim zu halten. Zur Verschleierung diente ein zusehends enger geknüpftes Netz aus Holding- und Handelsgesellschaften in der Schweiz, das nur er selbst und seine engsten Berater noch durchschauten. Käthe Dassler nutzte indes jede Gelegenheit, um mehr über die verborgenen Geschäfte ihres Sohnes in Erfahrung zu bringen. Manager, die von ihr ausgefragt wurden, mussten erhebliche Verrenkungen anstellen, um ihren Chef nicht in Schwierigkeiten zu bringen. »Manchmal habe ich mich gefragt, bin ich eigentlich Geschäftsmann oder Diplomat?«, so Robbie Brightwell.

Der gleiche Gedanke kam Dieter Passchen, der die Interessen von Adidas in Asien vertrat. Er reiste einmal mit einer Delegation von Descente, dem japanischen Lizenznehmer, der in Sachen Le Coq Sportif auch noch einen separaten Deal mit Horst hatte, nach Herzogenaurach. Die Gespräche der Descente-Manager mit Käthe sollten eigentlich dazu dienen, die Beziehungen zu Adidas zu vertiefen. Kurz vor dem Treffen erfuhr Käthe Dassler jedoch von Descentes doppeltem Spiel mit Le Coq Sportif. »Sie wurde wütend«, erinnert sich Passchen. »Sie bezeichnete die Japaner als Verräter und weigerte sich, die Verträge mit ihnen zu verlängern.« Es dauerte Tage, die Wogen zu glätten.

Diese Konfrontationen waren besonders unangenehm, wenn Käthe Dassler die Manager ihres Sohnes in aller Öffentlichkeit herunterputzte. Alain Ronc, der junge Mann, der in den Anfangsjahren die Marke Arena leitete, wurde auf einer internationalen Fachmesse einmal von Käthe Dassler zurückgepfiffen, als er gerade Gespräche mit Offiziellen des Deutschen Schwimmverbands führte. Die Familie Dassler widersetzte sich hartnäckig der Förderung dieser Marke in Deutschland, da ihrer Meinung nach damit im Einzelhandel Verwirrung gestiftet wurde. »Aber Herr Dassler hat mich gebeten, diese Gespräche aufzunehmen«, protestierte Ronc. Eine Schwester von Horst entgegnete: »Den Anordnungen von Frau Dassler ist auf der ganzen Welt Folge zu leisten. Das gilt auch für Herrn Dassler.«

Roncs Lage wurde so schwierig, dass er beschloss, Käthe Dassler darauf anzusprechen. Auf einem Flug von Phoenix/Arizona nach Los Angeles ergatterte er einen Sitzplatz neben ihr. Die ganze Reise über erklärte er ihr, was er bei Arena tat und inwiefern Adidas davon profitieren könne. Sie taute ein wenig auf und gestand, dass das angespannte Verhältnis zu ihrem Sohn eine große Qual für sie sei. »Ich verstehe meinen Sohn nicht«, klagte sie. »Er hat doch im Leben alles, was er will, warum muss er denn ununterbrochen seine Familie ärgern?« Ronc setzte sich weiterhin für Arena ein, aber sie schnitt ihm das Wort ab. Seine Argumente hinsichtlich der finanziellen Bedeutung Arenas ließen sie kalt. »Für mich ist Seelenfrieden viel wichtiger als Geld«, sagte sie.

Später an jenem Abend traf sich Alain Ronc mit Horst Dassler, der im Mariott Los Angeles abgestiegen war. Käthe Dassler wusste nichts von seiner Anwesenheit, er aber beobachtete genau, was sie in Amerika tat. Er war tief betroffen von dem Gespräch, das Ronc ihm schilderte. »Diese Frauen leiden alle an Verfolgungswahn, wenn es um mich geht«, sagte er mit einem Seufzer. »Ich versuche ihnen zu erklären, was ich tue, aber sie verstehen es einfach nicht. Mit ihrer Engstirnigkeit machen sie mir das Leben zur Qual.« Er bat Ronc, Käthe einfach zu ignorieren, aber der junge Mann hatte die Nase voll. Nach seiner Heimkehr verließ er das Unternehmen.

Um ihre Position zu stärken, versuchte Käthe in Herzogenaurach eine Managerriege mit ausgeprägtem internationalem Profil um sich zu scharen. Zu ihren Wunschkandidaten zählte der Deutsche Alex Schuster, der die Sportswear-Sparte des Skiherstellers Head aufgebaut hatte. Käthe und ihre Töchter luden Schuster zu einem Gespräch im kleinen Kreis nach Herzogenaurach ein, ohne Horst davon zu unterrichten. Eher aus Neugier denn aus ernsthaftem Interesse fand sich Schuster in der Familienvilla ein. Das Meeting wurde jedoch abrupt unterbrochen, als Horst Dassler in den Raum gestürmt kam. Während sich seine Mutter noch von dem Schrecken erholte, nahm Horst Schuster in die Mangel, machte seine Sachkenntnis und seine Leistungen herunter. Schuster, der nicht vorstellig geworden war, um sich Schmähungen anzuhören, stand auf und ging.

Empört über diesen Sabotageakt, setzte Käthe unbeirrt ihre Gespräche fort. Ihr nächster Kandidat war Jürgen Lenz, ein 33-jähriger Kundenbetreuer der Werbeagentur McCann Erickson. Er wurde vom Firmensitz New York aus in alle Welt entsandt, und man hatte ihm bereits bedeutende internationale Budgets anvertraut. Lenz kam bald darauf als erster internationaler Marketingmanager von Adidas nach Herzogenaurach. Einige Wochen nach seiner Einstellung bereitete Lenz seine erste Präsentation für ausgewählte Mitglieder der Geschäftsleitung und für die Familie vor. Er wollte kurz darlegen, wie er Marketingprobleme in den USA anzugehen gedachte. Wenn die Familie zustimmte, wollte er die gleiche Ansprache auch vor den vier amerikanischen Generalvertretern halten, die am nächsten Tag eintreffen sollten. Horst reiste eigens zu dieser Präsentation an, begleitet von seinem neuen Marketingmanager Klaus Hempel.

Hempel arbeitete auch erst seit einem halben Jahr bei dem französischen Zweig des Unternehmens und bemerkte bald, dass irgendetwas in der Beziehung zwischen den beiden Zweigen überhaupt nicht stimmte. Dieser Verdacht nahm auf der vierstündigen Fahrt nach Herzogenaurach ausgesprochen konkrete Gestalt an: Horst forderte Klaus Hempel unverhohlen auf, Jürgen Lenz zu demontieren. »Stellen Sie ihm schwierige Fragen«, verlangte er. »Widersprechen Sie allem, was er sagt. Sorgen Sie dafür, dass er wie ein Dummkopf dasteht.« Während Lenz seine kurze Präsentation abhielt, drängte Dassler Hempel ständig, aktiv zu werden.

Nach dem Ende der Ansprache kam Hempel diesem Wunsch nach. Nach seiner zweiten schwierigen Frage sprang Käthe jedoch wütend auf und rief in ihrer fränkischen Mundart: »Horscht! Wage es nicht noch einmal! Wir werden nicht zulassen, dass du diesen Mann fertigmachst!« Das Meeting endete damit, dass sich die Familienmitglieder gegenseitig anbrüllten.

Mit seinem Vater kam Horst Dassler nie mehr ins Reine. In dunklen Stunden weihte er enge Kollegen in seinen Kummer ein und zeigte ihnen lange, bittere Briefe, in denen Adi seinem Sohn schwere Vorwürfe machte. Noch in den letzten Monaten seines Lebens ließen ihm die Konflikte zwischen seinem Sohn und seinen deutschen Managern keine Ruhe. Zu einer der letzten Auseinandersetzungen kam es kurz vor der Fußballweltmeisterschaft 1978 in Argentinien. Zu diesem Anlass hatte Adi insgeheim einen Fußballschuh mit den allerneuesten Features entwickelt. Horst Widmann, sein persönlicher Assistent, wurde nach Argentinien geschickt, um den Schuh zu präsentieren. Doch als er dann im Sheraton Buenos Aires auf die Mitglieder der Delegation von Adidas France traf, sah Widmann verblüfft, dass auch sie eine Neuheit in petto hatten. Seiner Auffassung nach war es eine plumpe Kopie des deutschen Schuhs. Er kochte vor Wut und war sich sicher, dass die Franzosen einen Maulwurf bei den Deutschen eingeschleust hatten.

Ganz außer sich, rief Widmann bei den Dasslers in Herzogenaurach an. »Adi Dassler platzte vor Wut«, erinnert er sich. »Er gab mir die offizielle Anweisung, der französischen Delegation einen der Schuhe zu entwenden, damit man feststellen konnte, wie er aufgebaut war.« Dann mussten sich die beiden Parteien immer noch darauf einigen, welchen der beiden Schuhe Adidas zur Weltmeisterschaft vorstellen sollte. »Adi und Käthe saßen mir die ganze Zeit im Nacken, riefen ständig an, um dafür zu sorgen, dass ich keinen Zentimeter nachgab«, erinnert sich Widmann. Schließlich einigte man sich auf den Kompromiss, dass die deutsche Nationalmannschaft den deutschen Schuh tragen und Horst den französischen Schuh allen anderen Teams zur Verfügung stellen würde.

Ohne größeres Interesse an den geschäftlichen Aspekten seiner Firma, hatte Adi Dassler auch weiterhin stets seinen Notizblock zur Hand und tüftelte in seiner Werkstatt vor sich hin. Die Besessenheit, mit der er seine Schuhe immer weiter zu optimieren suchte, schien nie nachzulassen. In über fünfzig Jahren meldete er auf seinen Namen fast siebenhundert Patente an, von den Schraubstollen bis zu den kleinsten Detailverbesserungen, für die sich nur die allergrößten Sportschuhliebhaber überhaupt interessierten.

Adi, dessen Haar mit der Zeit grau geworden war, weigerte sich nach wie vor, auf Reisen zu gehen, sah sich aber im Fernsehen eifrig Sportveranstaltungen an. Einen Beweis für Adis beharrliche Aufmerksamkeit erlebte Horst Widmann, als der Chef ihn während der Olympiade in Montreal anrief. Adi hatte die Qualifikationsläufe des Kubaners Alberto Juantorena Danger am Bildschirm verfolgt. »Sprechen Sie sofort mit dem Mann«, verlangte Dassler. »Daran, wie er in die Kurven geht, kann ich erkennen, dass mit seinen Schuhen etwas nicht stimmt.« Als Widmann die Schuhe des Kubaners überprüfte, stellte sich heraus, dass Adi deren Mängel über Tausende Kilometer hinweg korrekt eingeschätzt hatte. Juantorena holte anschließend die Goldmedaillen im 400- und im 800-Meter-Lauf.

Mit über siebzig Jahren war Adi Dassler nach wie vor unempfänglich für die Ehrerbietung, die man ihm mittlerweile entgegenbrachte. Wenn in Herzogenaurach Fremde am Tor auftauchten, die hofften, Adi Dassler kurz zu Gesicht zu bekommen, schickte er sie ohne Umschweife wieder fort. »Eines Tages ging er auf dem Gelände mit seinem Hund Gassi, als ihn jemand an den Zaun rief und nach Adi Dassler fragte«, erinnert sich Karl-Heinz Lang, einer seiner Assistenten. »Adi zuckte nur mit den Achseln. ›Keine Ahnung‹, sagte er zu den Besuchern. ›Ich bin nur der Gärtner.‹« Und in seiner Trainingshose mit den drei Streifen sah er auch genauso aus.

Adi gestand einmal seinem Freund Erich Deuser, dem Physiotherapeuten der deutschen Fußballnationalmannschaft, er habe nicht die geringste Ahnung, wie viele Fabriken Adidas eigentlich besitze – und offen gesagt, sei es ihm auch egal. Käthe Dassler hätte Deuser wahrscheinlich verraten können, dass die Firma, die ihr Mann in der ehemaligen Waschküche seiner Mutter gegründet hatte, 1978 allein in Deutschland fast 3 000 Menschen beschäftigte. In den Fertigungsstätten, die Adidas in 17 Ländern betrieb, wurden Tag für Tag um die 180 000 Paar Schuhe hergestellt. Und offiziell verkauft wurden sie in 144 Ländern der Welt.

Nach einer umfangreichen medizinischen Untersuchung legte man Adi behutsam nahe, es etwas langsamer angehen zu lassen und seine sportlichen Aktivitäten einzuschränken. Er schluckte daraufhin pflichtbewusst tagtäglich ein ganzes Sortiment unterschiedlicher Tabletten. Dennoch fand ihn Käthe am Morgen des 18. August 1978 fast reglos im Bett vor, niedergestreckt von einem Schlaganfall. Man brachte ihn schnell auf die Intensivstation eines Erlangener Krankenhauses. Fast drei Wochen lang rang er dort im Kreise seiner Kinder mit dem Tod, bis sein Herz am 6. September 1978, im Alter von 78 Jahren, endgültig aufhörte zu schlagen.

Die Familie Dassler hielt sich strikt an seine Anweisung, bei seiner Beisetzung keine großen Ansprachen und keine Menschenmengen zuzulassen. Damit die Beerdigung tatsächlich nur im engsten Kreis stattfand, war sie heimlich um eine Stunde vorverlegt worden. Nur Käthe, ihre fünf Kinder und deren Familien waren an jenem verregneten Morgen zugegen. Adi wurde unter einem schlichten Marmorstein in der hinteren rechten Ecke des Herzogenauracher Friedhofs beigesetzt – genau am anderen Ende des Friedhofs war vier Jahre zuvor sein Bruder Rudolf zur letzten Ruhe gebettet worden.

Kapitel 16

Olympische Freunde

Als die Olympischen Spiele von 1976 in Montreal eröffnet wurden, arbeitete Horst Dasslers sportpolitisches Team bereits auf Hochtouren. Diese Bühne sollte dazu genutzt werden, die Vorherrschaft von Adidas auch angesichts zusehends schärferer Angriffe asiatischer und amerikanischer Newcomer zu untermauern. Zugleich nutzten Horsts Marketingleute die Gelegenheit für einen Überfall auf die Olympischen Spiele. Nach der Münchner Olympiade als Sportdiplomat von Adidas engagiert, verbrachte Christian Jannette vor den Spielen von Montreal die meiste Zeit damit, mit olympischen Freunden zu plaudern. Das war für ihn eine leichte Aufgabe, denn er kannte viele der Leute, die für die Ausrichtung der Olympiade verantwortlich waren: Auf seinem vorigen Posten hatte er sie Jean Drapeau, dem Bürgermeister Montreals, persönlich empfohlen. Kein Wunder, dass Adidas ohne irgendeine Ausschreibung den Exklusivauftrag erhielt, sämtliche Offizielle der Montrealer Spiele auszustatten.

Dem offiziellen Status nach immer noch Amateure, erwiesen sich die Sportler als kostspieliger als alle Offiziellen zusammen. Ihre finanzielle Emanzipation hatte nach der Münchner Olympiade dank des Konkurrenzkampfes, den sich die Sportartikelhersteller lieferten, einen neuen Grad erreicht.

Die beinahe folkloristisch anmutende Rivalität zwischen den Adidas- und den Puma-Leuten um die Gunst der besten Athleten nahm im Laufe der Spiele fast gewalttätige Züge an. Bei diesem Streit ging es unter anderem um die kubanischen Sportler, die eigentlich Adidas tragen sollten, aber auf die Avancen Hans Henningsens, des einflussreichen Puma-Agenten aus Brasilien, bereitwillig eingingen. Der Brasilianer erinnert sich, dass »eine mit Pistolen bewaffnete Delegation kubanischer Funktionäre zu einem Spontanbesuch vorbeikam. Sie drohten, sie würden mich umbringen, wenn ich mich noch einmal bei ihren Sportlern blicken lassen würde.«

Diesmal jedoch hatten die beiden fränkischen Unternehmen auch noch mit der aggressiven Konkurrenz dreister Neueinsteiger zu kämpfen. Die Firma Nike, vier Jahre zuvor von dem schlaksigen Mittelstreckenläufer Phil Knight in Oregon gegründet, betrachtete die Olympischen Spiele von Montreal als Sprungbrett für den Weltmarkt. Ihre größten Hoffnungen hatten bis ins Jahr zuvor auf dem amerikanischen Langstreckenläufer Steve Prefontaine geruht, dem großen Werbeträger des Unternehmens, der zwar in München nichts gewonnen hatte, aber seitdem vor allem in seiner Paradedisziplin, den 5 000 Metern, als ungekrönter König galt. Für Nike war es ein harter Schlag, als Prefontaine 1975 bei einem Autounfall ums Leben kam.

Und dann war da auch noch der Trubel rund um Asics. Die Marke war gerade erst begründet worden – von Kihachiro Onitsuka, einem japanischen Geschäftsmann. Er hatte zuvor unter dem Markennamen Tiger Schuhe verkauft, die in den USA von Phil Knight vertrieben wurden. Die Marke Tiger wurde jedoch Gegenstand eines erbittert geführten Rechtsstreits zwischen Knight und Onitsuka, der daraufhin das Label Asics ins Leben rief. Diese japanische Marke sorgte in Montreal sogleich für Schlagzeilen, als der finnische Langstreckenläufer Lasse Viren beim Jubel über seinen unerwarteten Sieg über 10 000 Meter den Kameraleuten seine Asics-Schuhe vor die Objektive hielt. Das IOC berief ihn vor einen Ausschuss, dessen Mitglieder der Finne aber mit der Aussage beruhigen konnte, er habe die Schuhe ganz und gar nicht aus kommerziellen Gründen ausgezogen, sondern weil er sich eine Blase gelaufen habe. Viren durfte mit seinen Asics-Schuhen auch am 5 000-Meter-Lauf teilnehmen, bei der er eine weitere Goldmedaille holte.

Adidas schlug die komplette Konkurrenz jedoch immer noch um Längen, wenn es um die absurde Übung des Medaillenzählens ging. Zu den bemerkenswertesten Schützlingen der Drei-Streifen-Firma zählte Nadia Comaneci, eine 15-jährige Turnerin aus Rumänien, die die Preisrichter ebenso hinriss wie das Publikum. Sie war die erste Turnerin, die bei einem olympischen Wettkampf 10,0 Punkte am Stufenbarren schaffte. Die ganze rumänische Mannschaft trug schlichte weiße Gymnastikanzüge mit einem Dreiblatt an der Taille.

Das war eine großartige Entlohnung für die vielen Gefälligkeiten, die man den rumänischen Offiziellen im Laufe der vergangenen Jahre erwiesen hatte.

Dank seiner olympischen Kontakte hatte sich Christian Jannette ein Zimmer im Queen Elizabeth Hotel sichern können, in dem auch die IOC-Mitglieder untergebracht waren; außerdem besaß er einen Pass, der ihm bevorrechtigten Zutritt zu allen möglichen Einrichtungen verschaffte. Sein Job war es vor allem, die sowjetischen Delegierten genau im Auge zu behalten. Zwei Jahre zuvor hatte das IOC entschieden, dass die nächsten Olympischen Spiele in Moskau stattfinden sollten, und die Adidas-Leute wussten, dass sie nichts dem Zufall überlassen durften. Genau wie er vor den Spielen von Montreal die kanadischen Delegierten umgarnt hatte, bereitete Christian Jannette nun mit großer Sorgfalt den Boden für die Olympiade von 1980.

Eine der heikelsten Missionen in Montreal bestand darin, für Sergej Pawlow, den damaligen sowjetischen Sportminister, eine etwas seltsame Reise zu arrangieren. Michail Msareulow, der Protokollchef der sowjetischen Delegation, ließ Jannette insgeheim wissen, dass Pawlow für sein Leben gern die Niagarafälle besuchen würde, und der Adidas-Mann traf ebenso prompt wie heimlich die entsprechenden Vorbereitungen. Der Ausflug musste unbemerkt bleiben, denn den sowjetischen Behörden wäre diese Eskapade ihres Teamleiters schwer gegen den Strich gegangen.

Jannette schleuste Pawlow und Msareulow also um vier Uhr früh aus dem Olympischen Dorf heraus, setzte sie auf einen Linienflug nach Toronto, flog mit ihnen in einem kleinen Privatjet weiter und brachte sie schließlich mit einer Limousine mit getönten Fensterscheiben zu den Niagarafällen. »Pawlow freute sich wie ein kleiner Junge«, erinnert sich Jannette. Die Russen bestanden darauf, dass unbedingt ein Bild von ihnen geknipst wurde, auf dem nur ihre Köpfe und im Hintergrund die Niagarafälle zu sehen waren.

In den sechs Jahren zwischen der Nominierung Moskaus und der dortigen Olympiade reiste Christian Jannette 62-mal in die russische Hauptstadt. Seine olympischen Freunde behandelten ihn überaus zuvorkommend und verschafften ihm sogar eine uneingeschränkte Reisegenehmigung für das ganze Land. Jannette war vermutlich einer der ersten Westler, der in der Sowjetzeit die Steppen Jakutiens zu

Gesicht bekam – für den achttausend Kilometer von Moskau entfernten Außenposten brauchten selbst Russen ein Visum.

Die Vorbereitungen für die Moskauer Olympiade markierten einen Wendepunkt in den Beziehungen zwischen Adidas und dem IOC. Horst Dassler hatte in den vergangenen Jahren auf unschätzbare Weise von seinem ausgezeichneten Verhältnis zu FIFA-Präsident João Havelange profitiert. Es war gar nicht auszudenken, was Adidas alles würde erreichen können, wenn die Firma beim IOC ähnliche Privilegien hätte. Wie es der Zufall wollte, stand kurz vor der Moskauer Olympiade die Wahl eines neuen IOC-Präsidenten an. Und diesmal sorgte Horst dafür, dass er von Anfang an aufs richtige Pferd setzte.

Wenn Christian Jannette auf einer seiner zahlreichen Reisen in Moskau eintraf, fuhr er oft direkt zur spanischen Botschaft. Dort empfingen ihn Juan Antonio Samaranch, der Botschafter, und seine Frau Bibis stets mit einem üppigen Mahl. Die drei wurden so enge persönliche Freunde, dass, als Jannette einmal mit einem Bruch in einem Moskauer Krankenhaus lag, ihn die reizende Bibis Samaranch jeden Tag besuchte und ihm frisches Obst und spanische Köstlichkeiten brachte.

Seinen Kontakt zu Samaranch begann Christian Jannette zu pflegen, kurz nachdem er 1973 zu Adidas gekommen war. Samaranch, der ehemalige katalanische Sportminister, hatte sich als vorbehaltloser Gefolgsmann des Franco-Regimes erwiesen, sich nach dem Tod des Diktators allerdings rechtzeitig auf einen der begehrtesten Posten des IOC abgeseilt, den des Protokollchefs. Sportkennern war durchaus bewusst, dass die beiden voherigen IOC-Präsidenten vormals ebenfalls diesen Posten bekleidet hatten. Die Bekanntschaft mit Samaranch versprach also beste Aussichten. Jannette war außerdem sehr angetan von den geschliffenen Umgangsformen des Spaniers, seinem ausgeprägten Geschäftssinn und seiner Mehrsprachigkeit. »Er war ein ganz anderer Typ Mensch als die üblichen Schmalspur-Olympiafunktionäre in ihren grünen Blazern«, so Jannette.

Als der ehemalige IOC-Präsident Avery Brundage 1973, im fortgeschrittenen Alter von 86 Jahren, noch einmal heiratete, ergriff Jannette schließlich die Initiative. Zwischen zwei Hochzeitsansprachen fragte er den ebenfalls anwesenden Samaranch, ob er eventuell an einem Treffen mit Horst Dassler interessiert sei. Samaranch begriff sofort, was diese Begegnung bedeuten mochte. Man einigte sich auf einen Termin im September 1974.

Juan Antonio Samaranch bereitete Horst einen großen Empfang. Der Adidas-Chef bekam eine Führung durch das Camp Nou, das legendäre Stadion des FC Barcelona; das Mittagessen nahm man in Samaranchs Privatresidenz ein, dann folgte ein Besuch einer beeindruckenden Schifffahrtsausstellung im alten Hafen von Barcelona, und schließlich empfing ihn das Ehepaar Samaranch zu einem Abendessen im feudalsten katalanischen Stil. Bei diesem Diner wurde ein lebenslang währendes Einvernehmen zwischen den beiden einflussreichsten Männern der Sportwelt besiegelt. Beide waren von unersättlicher Machtgier getrieben, und sie erkannten, dass sie die ersehnte Macht nur gemeinsam erlangen konnten: Wenn Samaranch IOC-Präsident würde, könnte er Horst alle Türen öffnen. Im Gegenzug würde das von Dassler beschaffte Geld Samaranch dabei helfen, seine Stellung zu festigen. Gemeinsam würden sie die Olympischen Spiele beherrschen und in eine gigantische Goldgrube verwandeln.

Falls Horst von Samaranchs engen Verbindungen zum Franco-Regime gewusst haben sollte, störten sie ihn wahrscheinlich nicht weiter. Als Junge hatten ihn seine Eltern für einige Monate zu einer spanischen Familie geschickt. Er wohnte bei den Garcias in Oviedo, der Heimatstadt des »Generalissimo«. Horst blieb auch später noch in engem Kontakt mit der Familie, die das Regime aus Überzeugung unterstützte. Er ernannte sogar seinen früheren spanischen Spielkameraden Manuel Garcia zum Leiter von Arena Brasilien.

Samaranch investierte viel, um seinen Teil der ungeschriebenen Abmachung zu erfüllen. Nach der Wiederaufnahme der diplomatischen Beziehungen mit der Sowjetunion gelang es ihm mithilfe alter Seilschaften, die auch in der jungen Monarchie fortbestanden, sich als erster Botschafter seines Landes in Moskau akkreditieren zu lassen. Er kalkulierte klug: Die für die Olympiade relevanten Leute würden vor den Spielen von Moskau viel Zeit in der russischen Hauptstadt verbringen. Sie würden dankbar sein für die Unterstützung und Gastfreundschaft, die ihnen die spanische Botschaft angedeihen ließ. Angesichts des verschwenderischen Aufwands, den die Samaranchs bei ihren Partys betrieben, nahm man allgemein an, dass sie auch eigene Mittel in ihre diplomatischen Unternehmungen investierten.

Für ihre engsten Freunde war die spanische Botschaft auch bereit, profanere Dinge zu regeln. Adidas hatte in Moskau wiederum einen Exklusivauftrag für die Ausstattung der Sportfunktionäre erhalten. Das erwies sich als ungeheure Aufgabe: Während die Organisatoren der Spiele von Montreal knapp 10 000 Outfits angefordert hatten, verlangten die Sowjets 32 000 Stück. In Landersheim scherzte man daraufhin: »Für jede Tätigkeit gab es einen Typen, der sie ausführte, einen, der ihn dabei beaufsichtigte, und einen Mann vom KGB, der die beiden überwachte.«

Wenige Monate vor der Eröffnung der Spiele kam es wieder einmal zu einem erbitterten Streit zwischen Horst und seiner Herzogenauracher Familie. Ohne Vorwarnung schoben sie den riesigen Ausrüstungsauftrag für die Moskauer Olympiade an Arena ab. Diese Umstellung war der schiere Albtraum für die Textilabteilung in Landersheim, die buchstäblich über Nacht eine neue Kollektion entwerfen musste.

Dann erfolgte ein Paukenschlag des amerikanischen Präsidenten Jimmy Carter. Aus Protest gegen den Einmarsch der Roten Armee in Afghanistan im Dezember 1979 rief er zu einem Boykott der Moskauer Olympiade auf. Daraufhin platzten sämtliche Geschäfte mit amerikanischen Unternehmen, darunter auch der Auftrag von Adidas an Levi's, bei dem es um die Lieferung von Jeans für die Olympia-Offiziellen ging. Patrick Nally rettete die Situation, indem er mit einem italienischen Hersteller in die Bresche sprang, der Jeans unter dem Markennamen Jesus fertigte.

Ähnlich wie Havelange einige Jahre zuvor machte auch Samaranch ganz unverhohlen Wahlkampf. Er ging mit der Überzeugung hausieren, man solle das olympische Amateurethos endlich laxer handhaben. Dieser Auffassung trat niemand entschiedener entgegen als Avery Brundage, und auch etliche ältere IOC-Mitglieder, die der europäischen Aristokratie angehörten, hielten Geldgeschäfte tendenziell für unanständig. Realistischer denkende Mitglieder waren jedoch immer mehr davon überzeugt, dass bestehende Regeln scheinheilig und daher nicht mehr tragbar seien. Horsts Unterstützung für Samaranch löste in Herzogenaurach einiges Unbehagen aus, denn viele Manager aus der deutschen Geschäftsführung hielten zu seinem deutschen Gegenkandidaten Willi Daume. Ein weiterer viel beachteter Kandidat war der ehemalige Schweizer Skichampion Marc Hodler, Präsident des Internationalen Skiverbands (FIS). Lance Cross aus Neuseeland hingegen stellte für Samaranch keine nennenswerte Bedrohung dar.

Am 16. Juli 1980 schlug Juan Antonio Samaranch sie alle. An diesem Abend trafen sich all die Unterstützer, die zum Triumph des Katalanen beigetragen hatten, in einem Konferenzraum des Hotels Moskwa, um seinen Sieg zu feiern. Unter den fünfzehn Gästen des Ehepaars Samaranch war auch Christian Jannette. Der Kaviar, der gereicht wurde, war auf jeden Fall russisch, aber die Gänseleberpastete war eigens für dieses Fest aus Landersheim eingeflogen worden.

Der damals 44-jährige Horst Dassler war mittlerweile vollkommen fasziniert von den Mechanismen der Macht. Er hatte sich in einen meisterhaften Manipulator verwandelt und war einflussreich genug, um wichtige Entscheidungen zu seinen Gunsten umbiegen zu können. Mit hochrangigen Personen auf Tuchfühlung zu gehen, genoss er ebenso wie seine Rolle als Strippenzieher. Größten Gefallen aber fand er an Intrigen.

Horsts Leben war von Täuschungsmanövern geprägt, weil er sich wegen der grundlegenden Meinungsverschiedenheiten mit seinen Eltern gezwungen sah, einen Großteil seiner Geschäfte vor ihnen zu verheimlichen. Die ganze Scheinheiligkeit rund um die Zahlungen an angebliche Amateursportler verleitete ihn dazu, noch weit dubiosere Geschäfte einzufädeln. Als sich Horst jedoch in die internationale Sportpolitik einschaltete, musste er bei seinen Intrigen noch skrupelloser vorgehen.

Dassler war ohnehin stets auf der Hut, doch in der Sowjetunion ließ er besondere Vorsicht walten. Da er davon überzeugt war, dass man ständig versuchte, seine Gespräche zu belauschen, hatte der Adidas-Chef jenseits des Eisernen Vorhangs stets einen Wanzendetektor dabei, den er in seinen Hotelzimmern aktivierte, noch bevor er seine Koffer auspackte. Etlichen leitenden Mitarbeitern brachte er den Gebrauch solcher Geräte bei und ermunterte sie, in ihren Aktentaschen irreführende Dokumente mit sich zu führen.

Der Kampf gegen die mutmaßliche Überwachung wuchs sich gelegentlich zu einem solchen Stress aus, dass sich Horst mit einem Scherz ein wenig Luft verschaffen musste. Bei einem Geschäftsessen teilte er seinen sowjetischen Partnern eine neue Information mit und fügte dann ganz nebenbei hinzu: »Aber das wissen Sie ja bereits, denn Sie haben ja alle Dokumente längst gelesen.« Seine Gastgeber behielten ihr Pokerface bei und taten so, als hätten sie die Bemerkung überhört.

Zusammen mit Patrick Nally gestattete sich Horst auch vorwitzigere Eskapaden, um die KGB-Männer abzuschütteln. Wenn sie die ständige Überwachung satthatten, sprangen die beiden in ein Taxi und forderten den Fahrer auf, sie schnellstens aus der Stadt herauszubringen. Der Fahrer raste los, ohne weitere Fragen zu stellen, und brachte Dassler und Nally zu irgendeinem obskuren Restaurant, das ganz bestimmt nicht im Besuchsprogramm auftauchte. Wieder zurück in ihrem Vier-Sterne-Hotel, brachen die beiden Männer dann in Gelächter aus – natürlich im Badezimmer, bei voll aufgedrehten Wasserhähnen. Diese Besessenheit war nicht ungerechtfertigt. Schließlich waren die sowjetischen Herrscher notorisch neugierig, was ihre Gäste aus dem kapitalistischen Ausland anging, und im Sportgeschäft stand in jenen Jahren mittlerweile so viel auf dem Spiel, dass sich die Furcht vor Wanzen offenbar auch beim IOC breitmachte. Die Zentrale des IOC in Lausanne verfügte angeblich über einen Konferenzraum, der hundertprozentig abhörsicher war und permanent von eigenen Technikern überwacht wurde.

Nicht einmal Tiere waren über jeden Verdacht erhaben. So löste es einiges Stirnrunzeln aus, als Thomas Keller, Präsident des in Monte Carlo ansässigen Internationalen Ruderverbands, von seinen sowjetischen Freunden einen Hund geschenkt bekam. »Wir waren überzeugt, dass der Hund verwanzt war, mit so etwas rechnete man tatsächlich«, so Patrick Nally mit einem Augenzwinkern. »Wir waren immer sehr nett zu diesem Hund, nur für alle Fälle.«

Umgekehrt war ein amerikanischer Handelsvertreter sehr erstaunt, als er im Sporthotel Herzogenaurach entdeckte, dass die Bar anscheinend abgehört wurde. Das Hotel wurde vor den Spielen 1972 auf den Hügeln über dem Werksgelände eröffnet, nachdem der Strom von Athleten und anderen Gästen in der Villa nicht mehr aufgefangen werden konnte. Als der Vertreter an seinem Transistorradio den amerikanischen Truppensender einstellen wollte, empfing er stattdessen ganz deutlich Gespräche aus der im Erdgeschoss gelegenen Hotelbar.

Das Gleiche erlebte Jörg Dassler, Armins zweitältester Sohn, in seiner Jugend. Er saß im Wohnzimmer und drehte an seinem Radio herum, während Armin telefonierte. »Mit einem Mal hörte ich meinen Vater im Radio«, erinnert sich Jörg Dassler. »So entdeckten wir, dass das Telefon abgehört wurde. Wir schraubten die Muschel auf und fanden eine Wanze.«

Andere waren besorgt über das Ausmaß der Täuschungsmanöver, die Horst, und sei es nur zum Spaß, inszenierte. Wenn es ihm in seinem Hotelzimmer langweilig wurde, griff er gern mal zum Hörer und ängstigte Leute mit frei erfundenen Geschichten. »Wie sie darauf reagierten, erbrachte oft wertvolle Informationen«, so einer von Dasslers Vertrauten.

Doch je tiefer sich Horst auf das florierende Geschäft mit dem Sport einließ, umso zwanghafter und paranoider wurde sein Verhalten. »Es war ein ständiges Versteckspiel«, so Klaus Hempel, sein persönlicher Assistent. »Er hat von seinem Schreibtisch aus Leute angerufen und so getan, als wäre er gerade am anderen Ende der Welt.«

Auf dem Höhepunkt seiner sportpolitischen Macht sorgte sich Horst offenbar vor allem um die Loyalität der ihn umgebenden Menschen. Einer von Dasslers Managern wurde einmal Zeuge, wie der Adidas-Chef bei einem Fußballspiel außer sich geriet, als er Franz Beckenbauer am anderen Ende des Stadions mit jemandem von der Konkurrenz plaudern sah. »Am nächsten Tag rief Dassler bei der deutschen Polizei an, um sich zu erkundigen, wo er Richtmikrofone herbekommen könne, mit denen er solche Gespräche belauschen könnte«, erinnert sich der Mitarbeiter. »Als ich ihm sagte, dass er möglicherweise übertrieben reagiere, verdrehte er die Augen und bezeichnete mich als blauäugig.«

Etliche Führungskräfte mussten ihren Hut nehmen, und die Gründe, die Horst dafür anführte, erwiesen sich später oft als an den Haaren herbeigezogen. Christian Jannette wurde scharf gerüffelt, als er Brigitte Baenkler, Horsts Schwester, beim alljährlich stattfindenden Deutschen Sportball ganz unverfänglich zum Tanzen aufforderte. Da Frau Baenkler allein erschienen war, hielt Jannette das ganz einfach für eine höfliche Geste, aber Horst sah das anders. »Anschließend fragte er mich ganz aggressiv aus, worüber wir gesprochen hätten, was sie zu mir gesagt habe«, erinnert sich Jannette. »Es war äußerst unangenehm.« Jannette, der Dassler sieben Jahre lang treu gedient hatte, wurde bald nach Samaranchs Wahl ohne viel Federlesens entlassen. »Er hat mir gesagt, er könne mir nicht mehr vertrauen, ohne das je zu begründen«, so Jannette. »Später habe ich darin ein Verhaltensmuster erkannt: Er warf Menschen einfach weg wie benutzte Taschentücher, wenn er sie nicht mehr brauchte. Er war Machiavellist und von einer unglaublichen Machtgier besessen.«

Wer von Horst fallen gelassen wurde, wusste, dass er es schwer haben würde, im Sportbusiness wieder ein Bein auf den Boden zu bekommen – es sei denn, er ging zu Puma. »Man merkte schnell, dass er ein taktisch denkender Mensch war, der vor nichts haltmachte, ein großer Manipulator«, so Patrick Nally. »Man wollte auf gar keinen Fall bei ihm ins Abseits geraten.« Doch leider sollte Nally genau das widerfahren.

Kapitel 17

Die Marketing-Invasion

Nachdem sich Horst Dassler und Patrick Nally 1978 in Argentinien warm gelaufen hatten, waren sie bereit, ihr Sportmarketinggeschäft im ganz großen Stil aufzuziehen. Für die nächste Fußballweltmeisterschaft, die in Spanien stattfinden sollte, stellten sie ein nie da gewesenes Paket zusammen. Eine fußballbegeisterte Nation und ein äußerst verlockendes Austragungsland waren ausgezeichnete Verkaufsargumente. Und mittlerweile mussten die beiden Geschäftspartner niemandem mehr erklären, worum es beim Sportmarketing ging.

Das Dumme war bloß, dass sich noch ein weiterer gewiefter und hartnäckiger Geschäftsmann auf das Konzept eingeschossen hatte: der Immobilienhändler Rolf Deyhle aus Stuttgart, der sich auch in allen möglichen anderen Branchen versuchte. Unter anderem gehörte ihm auch ein Zeichentrickstudio in London. Der wagemutige Deutsche hatte die Entwicklungen im internationalen Fußball genau im Blick und kam auf die Idee, mit der Vermarktung einer Fußball spielenden Zeichentrickfigur zwei seiner Interessen zu kombinieren.

Mit einigen Entwürfen im Gepäck fuhr Deyhle zur Villa Derwald, der FIFA-Zentrale in Zürich, wo er von Generalsekretär Helmut Käser herzlich empfangen wurde. Der biedere Schweizer, unter dessen Schreibtisch zwei Hunde vor sich hindösten, beobachtete die Veränderungen, die im Fußballweltverband vor sich gingen, schon eine ganze Weile mit Argwohn. Wie er Deyhle gestand, ärgerte er sich sehr über den Einfluss der geldgierigen Kumpane von João Havelange, die dieser seit seiner Wahl zum FIFA-Präsidenten ins Spiel gebracht hatte. »Nachdem wir uns einige Male getroffen hatten, sagte mir Käser, wir beide sollten gemeinsam den Kampf gegen den Einfluss dieser Leute aufnehmen«, erinnert sich Deyhle.

Helmut Käser arbeitete einen Vertrag aus, der Rolf Deyhle weitreichende Marketingrechte einräumte. Unter anderem gestand er ihm darin für die nächsten zwölf Jahre die kommerzielle Auswertung des FIFA-Emblems und Maskottchens zu. Auf der Rückseite einer Serviette entwarf Rolf Deyhle ein Logo mit zwei fußballförmigen Ohren, welche die beiden Erdhälften darstellen sollten. Das wurde als FIFA-Logo übernommen. Ein Zeichner in Deyhles Londoner Studio ließ sich Sport Billy und Sport Suzy einfallen, die Maskottchen, die Deyhle später für seine internationalen Fußballmarketingpakete nutzte.

Als Dassler und Nally von diesem Geschäftsabschluss erfuhren, trauten sie ihren Ohren nicht. Sie glaubten, sie hätten mit Havelange eine verbindliche Abmachung getroffen. Schließlich hatten sie eine Menge Geld für den Brasilianer aufgebracht, und nun hatte er die Rechte einfach so an irgendeinen anderen Unternehmer abgetreten – und das auch noch für einen Apfel und ein Ei.

Von Dassler wütend zur Rede gestellt, beteuerte Havelange, Käser habe das Geschäft auf eigene Faust eingefädelt. Daraufhin versuchten die beiden, sich gütlich mit Deyhle zu einigen. Doch als der Stuttgarter Unternehmer Horsts Angebot ausschlug, nahmen die Ereignisse eine unangenehme Wendung. Wie aus heiterem Himmel erhielt Deyhle ein knapp gehaltenes Schreiben des FIFA-Präsidenten. In dürren Worten teilte Havelange Deyhle mit, dass er den Verkauf der Marketingrechte rückgängig mache. Dagegen setzte sich Deyhle in der Schweiz gerichtlich zur Wehr, und das Gericht entschied schließlich zu seinen Gunsten.

Von da an blieb Horst nichts anderes übrig, als mit dem notorisch dickköpfigen Rolf Deyhle zu verhandeln. Die durch das Parallelgeschäft auftauchenden Probleme überzeugten ihn davon, dass er bei der FIFA einen zuverlässigeren Ansprechpartner brauchte. Er nutzte die durch den Deyhle-Deal entstandene Konfusion als willkommenes Argument, um einflussreichen Funktionären einzureden, dass Helmut Käser mit dem modernen Fußballbusiness schlichtweg überfordert sei.

Um den ebenso langjährigen und rechtschaffenen wie unbequemen Generalsekretär aus dem Weg zu räumen, wandte sich Horst an einen Gefolgsmann, der keine Skrupel kannte. »Horst bat mich, mir etwas einfallen zu lassen, wie man ihn (Käser) ausschalten könnte«, erinnert sich André Guelfi. »Und daraufhin sagte ich ihm, wenn er sich weigere zurückzutreten, würden wir ihm das Leben zur Hölle machen.« Zunächst blieb Käser noch standhaft, doch bald musste er feststellen, was Guelfis Drohung konkret bedeutete: Er sah sich bald als Opfer einer systematischen Mobbingkampagne. Die von Guelfi in Aussicht gestellte Abfindung erschien ihm unter diesen Umständen als reizvolle Alternative. »Ich habe ihm geraten, lieber erhobenen Hauptes und mit einem goldenen Handschlag abzutreten«, so Guelfi.

Horst hatte in der Zwischenzeit einen Ersatz für Helmut Käser gefunden. Im Rahmen seines Angebots an investierende Unternehmen versprach Patrick Nally, dass sich bei der FIFA ein Marketingfachmann um alle Anfragen kümmern werde. Während sich Dassler und Nally nach einem passenden Kandidaten für den Posten umsahen, brachte Tommy Keller, der Präsident des Internationalen Ruderverbands, einen Namen ins Spiel. Keller, damals leitender Mitarbeiter bei Swiss Timing, hatte einen aufstrebenden Manager entdeckt, der möglicherweise an dem Posten interessiert war: Joseph S. Blatter.

Bei Longines für Public Relations zuständig, war Sepp Blatter, wie er genannt wurde, auch ein großer Fußballfan. Der weltgewandte und mehrsprachige Schweizer war bei Weitem kein so beeindruckender und charismatischer Mann wie Havelange. Doch gerade deshalb war er für Horst genau der Richtige. Er brauchte jemanden, der klug genug war, um das Marketinggeschäft der FIFA zu leiten, zugleich aber hinreichend fügsam, um Dassler und Havelange die Herrschaft über die FIFA – und deren Einkünfte – nicht streitig zu machen.

Einige Monate lang arbeitete Blatter von einem Büro in Landersheim aus, wo Horst ihn ausführlich auf seine Rolle vorbereitete. »Zwischen Horst Dassler und mir bestand von Beginn weg so etwas wie eine Seelenverwandtschaft«, sagt der Schweizer. »Er brachte mir die Feinheiten der Sportpolitik bei – eine sehr gute Lehre für mich.« Da ihre Geburtstage nur zwei Tage auseinanderlagen, feierten sie diese regelmäßig in der Auberge. »Dazu gehörte auch das Rauchen einer guten Zigarre, etwas, das Horst Dassler mir beigebracht hat«, erinnert sich Blatter.

Andere meinten, dass Horst seinen neuen Schützling schlichtweg ausnutzte. »Sie führten Gespräche, in denen Dassler Blatter schlichtweg Anweisungen erteilte«, erinnert sich Christian Jannette. »Horst sprach ganz offen von Blatter als von einer Marionette und stellte ihn als einen von uns vor«, pflichtet André Guelfi bei. »Er war eine Randfigur, Horst hatte ihn komplett in der Hand. Wenn wir zu dritt zu Mittag aßen, sah Blatter zu Dassler auf wie zu einem Gott, weil er ganz genau wusste, dass er ohne Dassler keine Chance hatte, den Job bei der FIFA zu bekommen.« Nachdem Helmut Käser von seinem Posten vertrieben worden war, wurde Sepp Blatter im Mai 1981 bei einem Treffen des FIFA-Exekutivkomitees zu dessen Nachfolger ernannt. Da alle Gegenspieler nun aus dem Weg geräumt waren und seine Freunde am Ruder saßen, konnte Horst seine Verträge jetzt quasi selbst diktieren.

Im Auftrag Horsts jettete Patrick Nally unermüdlich um den Erdball, um Unternehmen zu finden, die bei der Fußballweltmeisterschaft investieren wollten. Auf einem dieser Flüge stellte er ein Paket zusammen, das er »Intersoccer« nannte und das genau festlegte, welche Rechte den Sponsoren gewährt und wie diese geschützt wurden. Intersoccer, das Nally fast im Alleingang ersann, lieferte eine klare, einfallsreiche Vorlage für die Marketingexzesse der Weltmeisterschaften späterer Jahrzehnte. Durch die in Argentinien gescheffelten Millionen ermutigt, machte Horst diesmal für die Marketingrechte der Weltmeisterschaft in Spanien fast 23 Millionen Dollar locker. Das war eine Menge Geld, verglichen mit den 8 Millionen Dollar, die er vier Jahre zuvor investiert hatte. Der Preisanstieg war teilweise dadurch begründet, dass der spanische Markt sehr lukrativ war. Außerdem klagten die Ausrichter, ihre Kosten seien durch die Ausweitung des Teilnehmerfelds stark gestiegen. Wie von Havelange vor seiner Wahl versprochen, nahmen an der Weltmeisterschaft 1982 statt 24 nun 32 Mannschaften teil.

Die Hintergründe dieses Marketingdeals waren undurchsichtiger denn je. Offiziell waren die Rechte im Besitz der im Schweizer Sarnen ansässigen Holdinggesellschaft Rofa. Nur eine Handvoll Insider wusste, dass »Ro« für Robert Schwan stand, Franz Beckenbauers Manager, und »Fa« für Beckenbauer selbst, aber welche anderen Investoren sich dahinter verbargen, blieb unbekannt. Die Rofa wiederum beauftragte Horsts und Patrick Nallys Gemeinschaftsfirma SMPI mit der Verwaltung und dem Verkauf der Marketingrechte.

Wenn Patrick Nally seine Geschäfte ausheckte, ließ ihm Horst fast völlig freie Hand. Solange er das erforderliche Geld zusammenbrachte und nicht gegen die Regeln der Adidas-Sportdiplomatie verstieß, konnte Nally mehr oder weniger tun und lassen, was er wollte. Einige von Dasslers Vertrauten machten sich jedoch zusehends Sorgen um das finanzielle Chaos bei SMPI. »Er stellte oft auf Bierdeckeln Berechnungen an, die dann absolut schluderig und oft letzten Endes auch falsch waren«, so Didier Forterre, Finanzdirektor des Marketingunternehmens.

Horst schlug die Warnungen meist in den Wind. Ganz gebannt von Patrick Nallys grandiosen Projekten, ließ er sich mit den Einzelheiten der SMPI-Finanzen nur sehr ungern belämmern. Ab und an gelang es Didier Forterre jedoch, Horst davon zu überzeugen, dass mit dem Management der SMPI grundsätzlich etwas nicht stimmte. Anhand umfangreicher Akten, die er zusammenstellte, konnte er Dassler davon überzeugen, dass Nally in die eigene Tasche wirtschaftete. Widerstrebend willigte Dassler dann ein, Nally nach Landersheim einzubestellen. »Beim Abendessen gewann Patrick dann aber doch wieder Horsts Herz, indem er ihm erzählte, wen er wieder alles getroffen und kennengelernt hatte«, so Forterre.

Horst beobachtete Nallys Geschäfte allmählich mit Argwohn. Seine heimlichen Befürchtungen schienen sich zu bestätigen, als sich herausstellte, dass Nally mit seinen Partnern Gespräche darüber führte, Dassler auszuzahlen. Nally behauptete hartnäckig, Horst selbst habe das angeregt, weil er dringend Geld für andere Zwecke brauche. Fuchsteufelswild, wie es sonst gar nicht seine Art war, beschloss Horst, seinem bisherigen Lieblingspartner den Boden unter den Füßen wegzuziehen. Wenige Wochen vor der Eröffnung der Weltmeisterschaft ließ sich Horst mit Didier Forterre verbinden. »Ich habe die Schnauze voll von diesem kleinen Scheißkerl. Ich will ihn nicht mehr sehen. Das war's«, sagte er angeblich. Er buchte im Scribe Hotel in Paris drei benachbarte Suiten, ließ einen Anwalt kommen und schloss sich mit ihm ein paar Tage lang ein, um die Auflösung seiner Geschäftsbeziehung zu Patrick Nally zu betreiben. »Er bombardierte alle Welt mit Briefen und Faxen, in denen stand, dass er mit Nally nichts mehr zu tun haben wolle, dass Nally, was ihn angehe, nicht mehr existiere«, erinnert sich Forterre. »Es war eine schlimme Geschichte.«

Unter diesen verwirrenden Umständen wurde Didier Forterre gebeten, seinen Arbeitsplatz vorübergehend nach Spanien zu verlegen. In den Schreiben an seine Kontaktleute hatte Horst Dassler bekannt gegeben, dass der Franzose nun für die SMPI zuständig sei. Ehe Forterre wusste, wie ihm geschah, war er in einem Hotel in Madrid mit der Leitung eines improvisierten SMPI-Büros betraut und sollte ein riesiges Programm abwickeln, das von Patrick Nally auf die Beine gestellt worden war.

Während Horst den brutalen Bruch mit Nally vorbereitete, eruierte er alternative Finanzierungsmöglichkeiten für sein Sportmarketinggeschäft. Eine unverhoffte Lösung für dieses Problem fand sich in Gestalt des japanischen Werbegiganten Dentsu. Das Unternehmen stand unter erheblichem Druck, weil Hakuhodo, die zweitgrößte Werbeagentur des Landes, ihm im Sportgeschäft den Markt streitig machte. Der damalige Dentsu-Chef Omigaki ließ sich daher gern von Horst zur Fußballweltmeisterschaft nach Spanien einladen. Nach dem Endspiel bestätigte Omigaki sein Interesse an dessen Sportmarketingbusiness und stellte eine beträchtliche Investition in Aussicht.

Während der Deal mit den Japanern Gestalt annahm, weigerte sich Horst weiterhin, persönlich mit Nally zu sprechen. Stattdessen entsandte er einige getreue Adidas-Manager, die mit Nally zu einer Übereinkunft kommen sollten. Die bahnbrechende Partnerschaft wurde nach einigen unersprießlichen Meetings am Frankfurter Flughafen und im Londoner Brown's Hotel geschieden. Gegen eine stattliche Ausgleichszahlung trennte sich Patrick Nally von seinen SMPI-Anteilen. Das Geld wurde wie vereinbart gezahlt, West Nally aber erholte sich nie wieder von diesem Zerwürfnis.

»Horst Dassler war eine Zeit lang sehr angetan von Nally, und mit einem Mal fing er dann an, ihn richtig übel mit Schmutz zu bewerfen«, bemerkt die ehemalige IOC-Generalsekretärin Monique Berlioux. »Er wetterte, Patrick Nally habe ihn betrogen, er sah überall Verräter, er glaubte, alle hätten es auf ihn abgesehen.« Patrick Nally war überzeugt, dass Horst und seine Getreuen »alles in ihrer Macht Stehende unternahmen, um mich aus dem Geschäft zu verdrängen«. Umso schmerzlicher war es für Nally, dass sich seine beiden ehemaligen Assistenten Steve Dixon und Peter Sprogis auf Dasslers Seite schlugen.

Sie zählten zu den ersten Führungskräften des neu gegründeten Unternehmens International Sport and Leisure (ISL), das zu gleichen Teilen Horst Dassler und Dentsu gehörte. Im Herbst 1982 unter der Holding Sporis in Luzern ins Leben gerufen, wurde die ISL von Dasslers persönlichem Assistenten Klaus Hempel geleitet. Knapp drei Monate später, um in Herzogenaurach keinen Verdacht zu erregen, gesellte sich als General Manager Jürgen Lenz hinzu.

Fasziniert von den Mechanismen der Macht: Horst Dassler nimmt 1984 den Olympischen Orden von IOC-Präsident Juan Antonio Samaranch entgegen. Vier Jahre zuvor hatte er Samaranch gegen den deutschen Kandidaten Willi Daume durchgesetzt.

Mit einer Riege zuverlässiger Manager und Dentsus finanzieller Unterstützung blies die ISL zum Großangriff auf das Fußballmarketingbusiness. Das von Patrick Nally entwickelte Konzept wurde verfeinert und massiv ausgeweitet. Und der Gewinn war gewaltig: Die Vermarktungsrechte für die Fußballweltmeisterschaft von 1986 in Mexiko kosteten die ISL 45 Millionen Schweizer Franken, aber die Agentur trieb dafür fast 200 Millionen Schweizer Franken auf, für die es eine saftige Provision gab. Etliche Jahre lang bekam die ISL hinter verschlossenen Türen bedenkenlos Milliardenverträge zugesprochen. Diese Vorherrschaft begründete den Verdacht, dass Horst seine Beute mit seinen Managerfreunden bei der FIFA und anderen Sportverbänden teilte.

Jean-Marie Weber, Dasslers ehemaliger »Geldbote«, erschien regelmäßig bei der ISL in Luzern, um sich um finanzielle Angelegenheiten zu kümmern. Später nannte man ihn dort den »Mann mit der schwarzen Liste« – auf der die Empfänger ungewöhnlicher Geldzuwendungen verzeichnet waren. Andere ISL-Manager beteuerten, mit derlei Dingen nichts zu tun gehabt zu haben, aber alle waren sich einig, dass es eine lange Liste war. Wie einer von ihnen es ausdrückt: »Es fragte sich eher, wer nicht auf dieser Liste stand.«

Dass er sich immer tiefer in zwielichtige Geschäfte verstrickte, schien Horst Dassler nicht weiter zu stören. Er widmete sich seinem bis dato gewaltigsten Projekt. Da er den Fußball nun erobert hatte, gab es nur noch eine große Festung zu stürmen.

Die olympischen Ringe zu vermarkten war auf den ersten Blick ein widersinniges Unterfangen, denn sie unterstanden der Kontrolle der Nationalen Olympischen Komitees. Das führte das gesamte Marketinginstrument, das die ISL an den Mann bringen wollte, ad absurdum: Man konnte Weltkonzerne nicht dazu bewegen, bei der Olympiade zu investieren, wenn es den einzelnen Olympischen Komitees möglich war, die Werbung in ihrem jeweiligen Land zu unterbinden. Es würde Jahre dauern, mit ihnen allen einzeln zu verhandeln und zu einer Einigung zu kommen. Und das Projekt konnte immer noch ins Stocken geraten, wenn sich eines der größeren Komitees geweigert hätte, daran teilzunehmen. So machten unter anderem die Deutschen und die Amerikaner von vornherein klar, dass sie nicht die Absicht hatten, ihre Rechte abzutreten.

Horst Dassler ließ sich davon jedoch nicht beirren. Nun war die Zeit gekommen, die Ernte der vielen einsam vor Hotelfahrstühlen verbrachten Stunden einzubringen: Dank seiner ausdauernden Lobbyarbeit kannte er zahlreiche Präsidenten der Nationalen Olympischen Komitees persönlich. Und die Mitarbeiter seiner sportpolitischen Arbeitsgruppe, die gelegentlich auch als Firmengeheimdienst bezeichnet wurde, hatten sich mit vielen weiteren Sportfunktionären angefreundet.

Sein eifrigster Unterstützer war Juan Antonio Samaranch. Der Olympia-Chef setzte sich 1983 bei einer Konferenz in Neu-Delhi nachdrücklich für Horsts Projekte ein und bewegte das IOC, ein internationales Marketingpaket zu schnüren. Es verstand sich von selbst, dass die ISL den Zuschlag für dieses Geschäft erhielt. Horst stand am Ausgang des Saals, um die Delegierten zu begrüßen und zu einem von Adidas gesponserten Büfett einzuladen. Die IOC-Generalsekretärin Monique Berlioux unterstützte ihn ebenfalls. Im Laufe der Jahre hatte diese energische Frau mitbekommen, wie Horst versucht hatte, erst Avery Brundage und später Lord Killanin zu Zugeständnissen zu bewegen. Bei diesen beiden starrköpfigen Olympia-Chefs war Dassler gescheitert, Monique Berlioux aber nahm etliche Einladungen nach Landersheim an und wurde dort äußerst üppig bewirtet.

Andere private Beziehungen stärkten die Kontakte zur Führungsebene des IOC. Berlioux war seit Jahren eng mit Christian Jannette befreundet, und André Guelfi kam oft zu den Abendgesellschaften, die sie in Paris gab. Sie hatten sich bei einer Sportsendung des französischen Fernsehens kennengelernt, bei der Monique Berlioux als Moderatorin tätig war. In dieser Funktion hatte sie Guelfi nach seiner Rückkehr von der Rallye Algier-Kapstadt zu seinen Heldentaten als Rennfahrer befragt.

Als das Internationale Olympische Komitee die ISL offiziell damit betraute, ein Marketingkonzept für die Olympiade zu entwickeln, brachen Horst und Jürgen Lenz zu einer olympischen Weltreise auf. Um die Befürchtungen einiger noch zaudernder nationaler Komitees zu zerstreuen, erläuterte Juan Antonio Samaranch deren Präsidenten in persönlichen Schreiben die Vorteile des Handels. In dem Maße, in dem sich das Dassler-Team immer weiter voranarbeitete, erwachten nun allerdings auch bei Monique Berlioux Bedenken über die Rolle Samaranchs und Dasslers Einfluss auf das IOC. Berlioux, die das Marketingangebot der ISL zunächst unterstützt hatte, erschien nun selbst als weiteres Hemmnis, das aus dem Weg geräumt werden musste. Im Mai 1985 wurde sie auf einer Sitzung des Exekutivkomitees in Ostberlin ihres Amtes enthoben, kam aber immerhin in den Genuss einer stattlichen Abfindung. Eine Woche später erhielt die ISL den schriftlichen Auftrag, mit dem Ausverkauf der olympischen Ringe zu beginnen.

Diese geschäftliche Glanzleistung ermöglichte es den ISL-Managern, einen allumfassenden Marketingplan für die Olympischen Spiele durchzusetzen. Das sogenannte TOP (The Olympic Partnership Programme) sollte dem in Lausanne ansässigen Verband dreistellige Millioneneinnahmen bringen. Nach den gleichen Grundsätzen wie bei Intersoccer vermittelte man Sponsorenverträge an Weltkonzerne. In der ersten Arbeitsphase, der Vorbereitung für die Olympischen Sommerspiele von Seoul 1988, nahm die ISL knapp 94 Millionen Dollar ein.

Der Ausverkauf der Olympischen Spiele löste im Laufe der nächsten Jahrzehnte große Skandale aus, als Journalisten den weitverbreiteten Missbrauch der mit dem TOP eingenommenen Gelder aufdeckten. Zwar flossen diese Mittel teils regulär in Hilfsprogramme, teils aber wurden sie auf die üppigen Spesenkonten korrupter IOC-Mitglieder umgeleitet. Horst Dassler jedoch war am Ziel seiner Wünsche. Mit dem Olympiaprogramm TOP hatte die ISL auf dem Markt für Sportmarketing ein Bollwerk errichtet, das in atemberaubendem Tempo wuchs. Binnen nicht einmal zehn Jahren hatte sich aus seiner Partnerschaft mit Patrick Nally ein Millionengeschäft entwickelt, und die ISL war zum unschlagbaren Anbieter auf einem äußerst lukrativen und offenbar grenzenlosen Markt geworden.

Horst Dassler verteidigte dieses Bollwerk mit Zähnen und Klauen. Er hatte die ISL ganz in Eigenregie aufgebaut, und die Firma blieb sein persönliches Revier. Gewissenhaft schirmte er sie vor den nervenaufreibenden Streitereien mit seinen Angehörigen ab. Der Familienzwist holte ihn jedoch ein, als seine Tarnung aufflog.

Kapitel 18
Die Rückkehr

Während Horst Dassler mit den Herrschern des Weltsports zu Tische saß, servierte Käthe Dassler ihren Gästen auf der Terrasse ihrer Villa noch immer Pflaumenkuchen, und wichtige Entscheidungen wurden nach wie vor beim täglichen Kaffeeklatsch getroffen, wo Käthe mit ihrer Schwester Marianne und ihren Töchtern stundenlang konferierte. Von Anfang an hatte sich Käthe, als sie mit 17 Jahren frisch verheiratet mit Adi aus Pirmasens kam, mit Begeisterung ins Geschäft gestürzt. Über fünf Jahrzehnte lang hatte sie ihren Mann unermüdlich unterstützt und die Expansion des Unternehmens überwacht. Praktisch ohne Pause führte sie am Tage die Geschäfte und empfing Abend für Abend Gäste. Doch allmählich hatten selbst die respektvollsten Manager ihrer Firma den Eindruck, dass sich »die Chefin« zu einem Hemmnis entwickelte.

Wie von Adolf Dassler testamentarisch verfügt, übernahm Käthe nach seinem Tod die Leitung des Unternehmens, bestand aber darauf, all ihre Kinder in die Geschäftsleitung miteinzubeziehen. Jede der vier Dassler-Töchter leitete eine eigene Abteilung. Inge Bente, die Älteste, kümmerte sich um die deutsche Sportwerbung, büßte aber ihren Einfluss weitgehend ein, als sie nach einem Schlaganfall halbseitig gelähmt blieb. Karin Essing, die Zweitälteste, übernahm den Marketingbereich. Brigitte Baenkler pflegte – zum Teil im Einvernehmen mit ihrem Bruder Horst – die Beziehungen zu den osteuropäischen Staaten. Und Sigrid, die jüngste Tochter, leitete für einige Zeit die Textilsparte, ehe sie dann mit ihrem Mann in die Schweiz zog.

Die meisten Problemfelder, die Adidas betrafen, wurden im inoffiziellen Familienrat beraten, dem auch die Ehemänner der Töchter angehörten. Dort hatte der schon lange im Unternehmen tätige Alf Bente den größten Einfluss. Hans-Günther Essing hatte mit dem Tagesgeschäft wenig zu tun, galt aber als zuverlässiger Mensch und analytischer Denker, und Hanns-Wolf Baenkler hörte mehr zu, als dass er selbst etwas beitrug. Christoph Malms, der jüngste Schwiegersohn, studierte noch an der Wharton Business School.

Die Aktivitäten der Familie bestanden jedoch in erster Linie in der Kontrolle der Geschäftsleitung. Um diese fest im Griff zu behalten, wurden merkwürdige Methoden entwickelt. Zu den haarsträubendsten Ritualen zählte das Öffnen der Post. Marianne Hoffmann, Käthe Dasslers Schwester, verbrachte täglich über zwei Stunden damit, sich jedes einzelne Schreiben anzusehen, das bei Adidas in Herzogenaurach eintraf. Es spielte keine Rolle, ob die Briefe an bestimmte Führungskräfte persönlich adressiert waren – sie sah sich alles an und leitete es dann nach Gutdünken weiter.

Was die Dassler-Schwestern umtrieb, hatte oft wenig mit den Arbeitsschwerpunkten professioneller Manager zu tun. Ein junger Manager erinnert sich zum Beispiel, wie er sich einmal gerade inmitten eines dringenden und komplizierten Aktenstudiums befand, als Frau Essing ihn zu sich rief. »Kommen Sie sofort! Unser Ruf steht auf dem Spiel!« Mitten auf ihrem Schreibtisch lag eine aufgeschlagene Sportzeitschrift. Sie enthielt eine Annonce für einen Geruchsentferner, die mit einem kleinen, gezeichneten Sportschuh illustriert war. »Und mit einer Lupe konnte man gerade noch so erkennen, dass dieser Schuh ein paar Streifen an der Seite hatte.« Es kostete ihn Mühe, die Nerven zu behalten, als Frau Essing ihn aufforderte, sich augenblicklich um die Sache zu kümmern – weil sie es empörend fand, dass man Adidas mit stinkenden Schuhen in Zusammenhang bringen könnte.

Dann wieder mussten sich die Manager mit höchst privaten Familienangelegenheiten befassen. Hansrüdi Ruegger, Leiter der Schweizer Tochtergesellschaft, fand einmal in einer Wagenladung Adidas-Schuhe etliche Pakete Windeln. In einem Begleitschreiben wurde Ruegger gebeten, die Windeln bei der Tochter Sigrid abzuliefern, die kurz zuvor nach Zürich gezogen und Mutter geworden war.

Die meisten Führungskräfte nahmen solche Verpflichtungen hin. Schließlich waren sie in ein Familienunternehmen eingetreten. Was das bedeutete, wurde schon bei den Vorstellungsgesprächen deutlich, die in der Regel in der Villa stattfanden und von tobenden, Cowboy und Indianer spielenden Kindern unterbrochen wurden. Die Familienmarotten richteten jedoch größeren Schaden an, wo professionelle Lösungen für das inzwischen große Unternehmen, das über einen provinziellen Familienbetrieb längst hinausgewachsen war, verhindert wurden.

Jürgen Lenz, in Herzogenaurach zuständig für internationales Marketing, zählte zu den Frustriertesten in der Firma. Er hatte einige Jahre lang bei McCann Erickson gearbeitet und wusste um die Macht der Werbung. Als er jedoch Ende der Siebzigerjahre zu Adidas nach Herzogenaurach kam, hatte es dort noch keine einzige Werbekampagne gegeben. Das Einzige, was nach der Einschätzung von Adidas unter die Rubrik »Werbung« fiel, war ein Stapel Kataloge, den die kleine Nürnberger Agentur Hans Fick entworfen hatte. Voller Neid beobachtete Lenz die einfallsreichen, spektakulären Werbekampagnen von Nike.

Einige Monate später wurde er von einem angesehenen deutschen Forschungsinstitut angesprochen, das den Sportwarenmarkt untersuchen wollte. Das bot ihm genau das Instrument zur Verfeinerung seiner Marketingstrategie, um das Jürgen Lenz von Anfang an bei Adidas gebeten hatte. Er ging davon aus, dass Käthe Dassler nichts gegen die kleine Investition einzuwenden hätte, die für die Studie nötig war. Die Antwort in Form einer kurzen, handschriftlichen Notiz lautete jedoch: »Herr Lenz. Ausverkauft bis 1982!«

Seit dem Tod ihres Gatten 1978 ganz auf sich allein gestellt, sehnte sich Käthe Dassler manchmal danach, den komplizierten Familiengeschäften zu entfliehen. Sie reiste viel und versuchte das Beste daraus zu machen, gestattete sich sogar hin und wieder augenfällige Flirts. Als sie sich »Hals über Kopf« in den Geschäftsführer einer brasilianischen Schuhfabrik verliebte, erregte das bei Adidas einiges Aufsehen. Das Objekt ihrer Zuneigung, ein gebürtiger Schweizer, der allerdings verheiratet war, gab Käthe, wenn auch sehr freundlich, einen Korb. Manches Mal wollte Käthe schlicht und einfach nur der angespannten Atmosphäre in Herzogenaurach entfliehen. Als Hansrüdi Ruegger für die Schweizer Tochterfirma neue Verwaltungsgebäude errichten ließ, bat sie ihn, dort auch eine kleine Wohnung für sie einzuplanen. Regelmäßig ließ sie Herzogenaurach hinter sich, um ein paar Tage allein in dem schlichten Apartment in einem tristen Zürcher Industriegebiet zu verbringen.

Doch am meisten plagten die »Mutti« die Schwierigkeiten rund um ihre Kinder. Auf der Terrasse der Villa klagte sie altgedienten

Führungskräften des Unternehmens ihr Leid über ihren Sohn, der auf Abwege geraten sei, und einen ihrer Schwiegersöhne, der selbstzerstörerische Angewohnheiten entwickelt habe. »Der eine macht Geschäfte mit Gangstern, und der andere gehört in den Entzug«, berichtete Käthe Dassler einem peinlich berührten Gast.

Die Stichelei über die Trunksucht galt Alf Bente, dem Mann von Inge, der damals dem Alkohol sehr zugeneigt war. Manche meinten, womöglich habe ihn seine übertriebene Loyalität zu Adidas zum Trinken verleitet. »Wenn Alf nach Ungarn oder Russland reiste, kam da um zehn Uhr morgens schon Wodka auf den Tisch«, erinnert sich ein Zeuge. Alf führte diese Sitte auch in Herzogenaurach ein, wo die Gäste erstaunt feststellten, dass man ihnen schon vor dem Mittagessen Schnaps anbot. Die augenscheinliche Zerrüttung der Ehe zwischen Alf und Inge verschlimmerte dieses Problem vermutlich. Nach Inges Schlaganfall ging es mit der Ehe bergab, und die Streitereien des Ehepaars führten bei Adidas zu kontraproduktiven bis peinlichen Situationen, indem sich Mitarbeiter zum Beispiel mit widersprüchlichen Anweisungen zurechtfinden mussten.

Als deutlich wurde, dass Alf Bente nicht mehr in der Lage war, seine Tätigkeit für Adidas fortzusetzen, verschwand er für einige Tage von der Bildfläche. Hansrüdi Ruegger, der sich bestens mit Bente verstand, bekam einen ängstlichen Anruf von dem Inhaber des Adidas-Ladens am Züricher Flughafen. Im Geschäft sei ein besoffener Mann, der behaupte, der Besitzer von Adidas zu sein, und verlange, abgeholt zu werden. Ruegger eilte zum Flughafen, brachte Bente im Hotel Dolder unter und alarmierte die Familie. Bald darauf berichteten deutsche Boulevardblätter, die Ehe der Bentes sei zerrüttet. Alf Bente zog aus Herzogenaurach fort und ließ sich mit einer jungen Frau in Nürnberg nieder.

Käthes Tirade über die Unterweltbeziehungen ihres Sohnes war vor allem auf André Guelfi gemünzt. Der Korse hatte Käthe eine Zeit lang mit seinem Charme bezirzen können. Wenn er zur Aktionärsversammlung von Le Coq Sportif in Herzogenaurach eintraf, begrüßte sie ihn überschwänglich. Nur selten verließ er die Villa ohne ein kleines Geschenk. Doch ihr Vertrauen in ihn schwand schnell. Ihre Informanten trugen ihr bald zu, dass Guelfi und ihr Sohn gemeinsam um die Welt jetteten. Sie schöpfte den Verdacht, dass Guelfi bei den ganzen dubiosen Machenschaften, die ihr Sohn hinter ihrem Rücken ausheckte, eine tragende Rolle spielte. Doch auf das, was sie dann zu hören bekam, war Käthe nicht vorbereitet.

Marcel Schmid hatte sorgfältig alle Unterlagen studiert. Schmid, ein Mann von lebhaftem Temperament, war Chef der Sarragan. Von seinem Büro in Freiburg aus beobachtete er den florierenden Betrieb, zu dem neben Le Coq Sportif auch Anteile an mehreren anderen Unternehmen gehörten. Doch als er die Verträge und Rechnungen durchsah, die ihm André Guelfi übergeben hatte, war sich Schmid sicher, dass die Zahlen nicht stimmen konnten.

Er vermutete, dass Guelfi Horst die ganze Zeit über betrogen hatte. Bei beinahe jedem Geschäftsabschluss war die im Vertrag vermerkte Summe viel geringer als die an Sarragan gemeldete. Guelfi argumentierte, die Differenz sei unterm Tisch gezahlt worden und tauche deshalb nicht in den Papieren auf. Doch solche Fälle häuften sich derart, dass Schmid beschloss, Horst Dassler zu alarmieren.

Mit diesen Tatsachen konfrontiert, zog Horst umgehend die Konsequenzen. Guelfi verschwand ebenso schnell von der Bildfläche, wie er zuvor erschienen war. Horst machte von seinem Vorkaufsrecht Gebrauch, ergriff die alleinige Kontrolle über Le Coq Sportif und setzte Guelfis Einfluss ein Ende. Blagoje Vidinic stand bei einem Treffen des europäischen Fußballverbands daher vor einer verwirrenden Situation: Er sollte Gespräche mit Roger Petit führen, dem Präsidenten von Standard Lüttich und Mitglied der UEFA-Führungsriege. Dann tauchte jedoch André Guelfi auf, um als Generaldirektor von Le Coq Sportif an den Gesprächen teilzunehmen. »Ich fürchte, Sie haben bei diesem Meeting nichts zu suchen, denn Sie haben bei Le Coq Sportif nichts mehr zu sagen«, beschied Petit ihm kühl.

Die Auseinandersetzungen endeten vor Gericht, nachdem Marcel Schmid André Guelfi verärgert als »international tätigen Betrüger« bezeichnete. Guelfi gab sich entrüstet und reichte bei einem Schweizer Gericht Verleumdungsklage ein. Am Tag der Verhandlung wurde er, wie es die Schweizer Vorschriften damals vorsahen, in ein kleines Hinterzimmer im Gerichtsgebäude geleitet (um Steuergelder zu sparen, brachte man die beiden Parteien zusammen, um vielleicht doch noch in letzter Minute zu einer gütlichen Einigung zu gelangen). Dann kam Schmid hinzu, der eine dicke Akte vorbereitet hatte. Als die beiden den Raum wieder verließen, zog Guelfi die Verleumdungsklage unverzüglich zurück. Nach reiflicher Überlegung war André Guelfi offenbar zu dem Schluss gelangt, dass die Bezeichnung »international tätiger Betrüger« doch nicht ganz so unzutreffend war.

Die beiden Parteien blieben jedoch unversöhnlich, und vollends uneins war man sich über die Summe, die Guelfi für seine Investitionen bei Sarragan erstattet werden sollte. Guelfi schätzte, dass er seit seiner vertraulichen Abmachung mit Horst Dassler 30 Millionen Dollar in das Unternehmen gepumpt habe. Der Wert der Firmen, die Guelfi in Dasslers Auftrag erworben hatte, war relativ leicht zu schätzen. Heikler wurde es, als es um die laufenden Kosten ging. Guelfi behauptete, er habe einen Großteil der Mittel zur Verfügung gestellt, die für die Entwicklung der bei Sarragan zusammengefassten Branchen erforderlich waren – und dieses Geld wollte er zurück.

Heftiger Streit entbrannte auch um die astronomisch hohen Reisekostenabrechnungen, die André Guelfi vorlegte. Der Korse weigerte sich, mit etwas anderem zu fliegen als mit seinem Learjet, und er hatte haarklein sämtliche Stunden aufgelistet, die er in Dasslers Auftrag unterwegs gewesen war. »Eine Stunde kostet um die dreißigtausend Francs, und ich bin etliche tausend Stunden für Dassler geflogen«, so Guelfi. Als Horst die Zahlung verweigerte, folgten für seine Manager eine Reihe unschöner Begebenheiten. Es begann damit, dass kurz nach dem plötzlichen Zerwürfnis am Genfer Flughafen ein Gepäckstück von Jean-Marie Weber verloren ging. Der Mann, der in Horsts Auftrag die internationalen Verbände bei Laune hielt, trug stets mindestens eine große Reisetasche voller heikler Schriftstücke bei sich.

Wenig später, im April 1982, wurde das Adidas-Gebäude in Landersheim von französischen Zollbeamten durchsucht. Etlichen Managern wurde befohlen, ihre Büros zu verlassen, während die uniformierten Kräfte ihre Akten prüften. Weitere Zollbeamte klopften bei Horst daheim in Eckartswiller an. Eine dritte Einheit wurde in die Rue Grimaldi nach Monte Carlo entsandt, um dort die Büros der SMPI zu durchsuchen, dem Sportmarketing-Joint-Venture von Horst Dassler und West Nally. Patrick Nally wurde ausführlich vom Leiter der Marseiller Zollbehörde vernommen. Und ein weiteres Einsatzteam holte Marcel Schmid aus seinem Büro in Freiburg.

Bei den Ermittlungen ging es um illegale Devisengeschäfte. Die sozialistische Regierung, die in Frankreich nach den Präsidentschaftswahlen vom Mai 1981 an die Macht gekommen war, hatte verfügt, dass Bürger wie Unternehmen größere Devisentransfers melden mussten. Das erschwerte bei den in Frankreich ansässigen Weltkonzernen den Betrieb ganz erheblich, und dass sich ausgerechnet Horst Dassler an die neue Regelung halten sollte, war angesichts seiner komplizierten Geschäfte, bei denen vieles unter der Hand lief, schlicht undenkbar.

Einige Manager aus Dasslers engstem Kreis waren überzeugt, dass André Guelfi den Zoll auf den Plan gerufen hatte. »Die belastendsten Dokumente fand man hinter dem Spiegel in Guelfis Badezimmer«, berichtet einer von ihnen, »und dort hatte er sie natürlich absichtlich versteckt.« Didier Forterre, Finanzdirektor der SMPI, den man in Marseille drei Tage lang festhielt und vernahm, bekam von den Polizisten angeblich zu hören, der Tipp stamme von André Guelfi. Der Fall wurde schließlich ohne irgendwelche schwerwiegenden Auswirkungen für die Dasslers ad acta gelegt. Einige Angestellte wiesen darauf hin, dass der damalige französische Haushaltsminister Henri Emmanuelli war, ein Parlamentsmitglied für die südfranzösische Region, in der Adidas eine Menge Leute beschäftigte. Doch Dédé le Sardine hatte noch ein letztes Ass im Ärmel.

Bewaffnet mit seinen Dokumenten, reiste André Guelfi nach Herzogenaurach und packte dort aus. Zu ihrem Entsetzen erfuhren die Dasslers, dass der charmante Franzose ihren abtrünnigen Sohn und Bruder jahrelang unterstützt und Millionen investiert hatte, um ein Nebenimperium ungeahnten Ausmaßes aufzubauen.

Käthe Dassler war außer sich. Sie hegte seit Langem die Vermutung, dass Horst die Familie hinterging, aber die Enthüllungen über Sarragan übertrafen all ihre Fantasien und waren ein vernichtender Schlag für sie. Jetzt kam ans Licht, wie viel Geld Horst in seine verborgenen Geschäfte investiert und welche Mittel er von Adidas für seine eigenen Zwecke abgezweigt hatte. Zum Vorschein kamen eine Falschheit und Doppelzüngigkeit erschütternden Ausmaßes.

Diese Enthüllungen lösten derart heftige Reaktionen aus, dass es zeitweise kaum noch möglich war, die daraus resultierenden Probleme in vernünftigen Gesprächen zu lösen. »Es gab lange Zeiträume, in denen Horst Dassler nur im Beisein eines Anwalts mit anderen Familienmitgliedern sprechen wollte«, so Günter Sachsenmaier, der damalige Exportleiter in Landersheim. »Er war ganz offensichtlich deprimiert.«

Außer sich vor Groll, flog Käthe in die USA, um persönlich in Augenschein zu nehmen, was Horst ohne ihre Einwilligung erworben hatte. Don Corn, Leiter der Textilabteilung von Adidas USA, hatte sie seit Jahren nicht gesehen. Er war erstaunt, als ein Assistent anrief und ihn bat, Frau Dassler vom Flughafen abzuholen. »In ihren Augen loderte ein Feuer«, erinnert sich Don Corn. Sobald sie aus der Maschine gestiegen war, begann Käthe Dassler eine Schimpfkanonade.

Im Laufe des Streits zwischen Horst und seinen Schwestern drohte es immer wieder zum endgültigen Bruch zu kommen. Etliche Adidas-Manager erfuhren, dass die Dassler-Schwestern angeboten hatten, die Anteile ihres Bruders und seinen Betrieb in Landersheim zu übernehmen und ihn auszuzahlen. Horst wollte von diesem Angebot jedoch nichts wissen, und Käthe bat ihre Kinder inständig, sich wieder zu versöhnen.

Nach wochenlangen gegenseitigen Beschuldigungen einigte man sich darauf, André Guelfi mit 15 Millionen Schweizer Franken abzufinden. Die bei Sarragan zusammengefassten Marken und Anteile würden unter die Kontrolle der Familie Dassler fallen. Ohne es zu beabsichtigen, hatte André Guelfi Horst Dassler dabei geholfen, erste Fühler nach Herzogenaurach auszustrecken und damit seine Rückkehr in die Wege zu leiten.

Bernard Odinet wurde auf der Terrasse der Dasslers in Herzogenaurach mit Kaffee und etlichen Portionen Pflaumenkuchen verwöhnt. Flankiert von Albert Henkel, ihrem getreuen Rechtsberater, erklärte ihm Käthe, das Unternehmen brauche einen Manager für die Leitung von Adidas France. Horst, der die französische Tochterfirma damals immer noch leitete, sollte nun wieder ins Stammhaus nach Herzogenaurach überwechseln. »Wir waren uns nicht immer in allem einig«, erklärte Käthe Dassler, »aber jetzt wird es Zeit, dass er hier die Zügel übernimmt. Was auch immer in der Vergangenheit vorgefallen ist – er ist unbestreitbar als Leiter dieses Unternehmens am besten geeignet.« Horst allerdings ließ sich Zeit mit der Entscheidung und pendelte eine ganze Weile zwischen beiden Standorten hin und her.

Odinet willigte nach einigem Zögern ein, den Posten in Landersheim zu übernehmen. Er durchlief in Herzogenaurach eine sechsmo-

Käthe Dassler im September 1984 beim Prominentengolfturnier in Herzogenaurach. Sie verstarb drei Monate später.

natige Einführungsphase und zog dann weiter. Vor seiner Abreise gab ihm Albert Henkel noch einige denkwürdige Ratschläge. »Vermasseln Sie es nicht«, meinte er. »Wenn Sie irgendeinen Fauxpas begehen, sind Sie erledigt.« Bernard Odinet erfuhr bald, was das bedeutete. Einige Mitarbeiter in Landersheim, die den künftigen Chef erwarteten, hatten die Fahnen eingeholt, die sonst oft an der Zufahrt vor dem Adidas-Gebäude im Winde wehten. »Wir wollten nicht, dass der Typ glaubt, wir hätten seinetwegen geflaggt«, meinte der Büroleiter. Was die Landersheimer anging, sollte Bernard Odinet, der neueste Abgesandte aus Herzogenaurach, schnellstmöglich wieder heimgeschickt werden.

»Der Empfang war eisig«, erinnert sich Odinet. »Sie weigerten sich, mir die Akten auszuhändigen, die ich für meine Arbeit brauchte, und ständig wurde ich argwöhnisch beäugt.« Der Widerstand nahm zuweilen groteske Züge an: Als Odinet zum ersten Mal mit den französischen Managern an einer Fachmesse teilnahm, nahm er sich die Zeit, sämtliche am Stand ausgestellten Schuhe ausführlich zu betrachten. Sofort wurde hinter seinem Rücken geflüstert, er spioniere bestimmt für die Deutschen.

Der mutmaßliche Spion wechselte bald die Seiten. Während er die kleinen Demütigungen durch seine französischen Kollegen tapfer erduldete, beobachtete er Horst Dassler mit zunehmender Faszination bei der Arbeit. Er kam schnell zu dem Schluss, dass Käthe Dassler recht hatte und Adidas wertvolle Zeit vergeudete: Zusehends von amerikanischen Neueinsteigern attackiert, brauchte die Firma einen unangefochtenen, hart durchgreifenden Chef. Und es gab nicht den leisesten Zweifel daran, dass Horst Dassler dieser Mann war. Viele

Manager, auch in Herzogenaurach, teilten diese Ungeduld. Seit sich Horst zumindest nach außen hin mit seiner Mutter und seinen Schwestern versöhnt hatte, wuchs sein Einfluss im Stammhaus, aber viele Adidas-Mitarbeiter sehnten sich danach, dass Horst vor Ort das Unternehmen von seinen biederen, altmodischen Verfahrensweisen befreien würde.

Die Unzufriedenheit erreichte einen Höhepunkt, als drei einflussreiche deutsche Manager ein Ultimatum stellten. Der Controller Klaus-Werner Becker, Fedor Radmann, Leiter der Sportwerbung, und Hans-Jörg Bauer, der die Textilabteilung leitete, verlangten in einem Schreiben an die Dasslers, dass Horst unverzüglich nach Herzogenaurach zurückkehren solle. Sie waren die Wankelmütigkeit der Familie leid. Das Ultimatum verstrich jedoch, ohne dass etwas geschah. Kein Jahr nach der erzwungenen Versöhnung mit seiner Mutter und seinen Schwestern reichte es Horst. Er teilte Klaus-Werner Becker, einem der Unterzeichner des Ultimatums, mit, dass er mit mehreren Investmentbanken Gespräche führe. Er bereite ein Angebot vor, um seine Schwestern auszuzahlen. Der Wert des Unternehmens werde auf gut 2 Milliarden Mark geschätzt.

Mittlerweile hatte Käthe Dassler jedoch beschlossen, der Rückkehr ihres Sohns keine Steine mehr in den Weg zu legen. Nach einem Schlaganfall verschlechterte sich ihr Gesundheitszustand rapide, und sie wollte unbedingt verhindern, dass ihre Kinder nach ihrem Tod einander bittere Gefechte lieferten.

Käthes Beziehung zu ihrem Sohn wurde in ihren letzten Lebensjahren erheblich wärmer. Er brachte Geduld, Mitgefühl und Verständnis für sie auf und nahm auch Anteil an ihrem Privatleben. Kurz nach dem Korb, den sie sich in Brasilien geholt hatte, ging Käthe eine Beziehung zu einem österreichischen Schuhfabrikanten ein. Der langjährige Zulieferer von Adidas war erheblich jünger als die Witwe. Die Liebschaft löste bei Käthes Töchtern Bestürzung aus, und vielen deutschen Managern, die das Paar zusammen sahen, war ebenfalls mulmig zumute, zumal der Schuhfabrikant auch Chef von Adidas Österreich war. »Es war offensichtlich, dass der Mann Frau Dasslers Einsamkeit ausnutzte«, äußerte sich einer von ihnen.

Diesmal waren sich die Dassler-Töchter einig: Es musste etwas geschehen, um die beiden auseinanderzubringen. Ihre Vermutung war, dass sich der Schuhfabrikant bereichern wolle und ihre Mutter dazu überreden könne, eine zweite Ehe einzugehen. Deshalb traten einige Familienmitglieder an Klaus-Werner Becker mit der Bitte heran, mit Käthe über die Sache zu reden. Die ließ sich jedoch von seiner aufrichtigen Sorge nicht im Geringsten beeindrucken und erteilte Becker entrüstet Hausverbot. Horst war über das widerwärtige Verhalten des Österreichers ebenfalls empört. Doch statt seine Mutter zu gängeln, ermutigte er sie ganz offen, die Beziehung zu genießen. Diese rücksichtsvolle Haltung beflügelte Käthe ganz sicherlich, die geplanten Reformen bei Adidas voranzutreiben – und das vorhersehbare Gejammer ihrer Töchter zu ignorieren.

Finanzchef Hans-Jürgen Martens wurde dementsprechend beauftragt, die Adidas-Satzung zu ändern. Das Unternehmen sollte in eine Stiftung umgewandelt werden: die Stiftung Adi Dassler & Co. KG, geführt von einem Familienbeirat, der das Management auswählte. Käthe Dassler, die außerdem Geschäftsführerin war, gab Horst die eindeutige Zusage, dass er in der Geschäftsleitung schalten und walten könne, wie er wolle. Horst rang lange mit dieser Entscheidung. Er hätte schließlich seine Adidas-Anteile auch verkaufen und zu neuen Ufern aufbrechen können. Als er sich endgültig zur Rückkehr nach Herzogenaurach entschloss, stellte er eine Bedingung: Seine Schwestern müssten sich aus der Geschäftsleitung zurückziehen. Er wollte den Vorstand ganz allein leiten und um einige neu zu berufende Manager verstärken. Seine Mutter und seine Schwestern sollten ihre Rechte als Anteilseigner ausschließlich noch über den Familienbeirat ausüben.

Seine Schwestern willigten ein. Für ihren Rückzug wurden sie mit einem äußerst großzügigen Geschenk belohnt. Horst überließ jeder von ihnen einen Anteil an Sporis, der Holdinggesellschaft, der die ISL gehörte. Bei der Gründung des Unternehmens wurde Sporis zu gleichen Teilen von Horst Dassler und Dentsu kontrolliert. Bald aber konnte Dassler die japanische Werbeagentur überzeugen, ihm eine 51-prozentige Mehrheit an Sporis einzuräumen. Im Zuge seines Abkommens mit seiner Familie erhielt jede seiner Schwestern 16 Prozent seines 51-Prozent-Anteils an Sporis. Horst hielt zwar weiterhin einen größeren Anteil von 36 Prozent, konnte aber überstimmt werden, wenn sich drei seiner Schwestern einig waren. Mit anderen Worten: Er gab die alleinige Kontrolle über die ISL auf.

Walter Meier, Horst Dasslers Anwalt, blieb angesichts dieser Geste die Spucke weg. Im Zuge der Verhandlungen, die sich über mehr als ein Jahr hinzogen, hatten die Dassler-Schwestern »zahllose vernünftige Vorschläge« abgelehnt. Die ISL-Anteile aber waren ein unverhältnismäßig großes Zugeständnis, wenn man bedachte, dass Horst die ISL ganz allein aufgebaut hatte. »Für mich war das schwer verständlich«, soll Meier gesagt haben. »Er hat seinen Schwestern ein sehr wertvolles Geschenk gemacht.«

Die juristischen Einzelheiten wurden am 19. Dezember 1984 in trockene Tücher gebracht. Einige Tage später reiste Käthe aus Herzogenaurach ab, um den Jahreswechsel bei ihrem österreichischen Freund zu verbringen. Obwohl ihr angegriffener Gesundheitszustand medizinische Betreuung erfordert hätte, ließ er sie einige Tage lang allein in einer Wohnung in Klagenfurt zurück. Als ihre Töchter erfuhren, wie sehr sie litt, schickten sie ein Privatflugzeug, um sie schnellstmöglich nach Haus zu holen. Doch es war bereits zu spät. Am 31. Dezember starb die Chefin im Alter von 65 Jahren in einem Krankenhaus in Erlangen. Als offizielle Todesursache wurde Herzversagen angegeben. Andere sagen, sie sei an gebrochenem Herzen gestorben.

Horst wartete kaum ab, bis seine Mutter unter der Erde war, ehe er zum Hörer griff und sich mit Österreich verbinden ließ. Ohne viel Federlesens kündigte er dem dubiosen Liebhaber seiner Mutter alle Lieferverträge. Gerhard Prochaska, ehemals Marketingmanager bei Adidas France, der bei Adidas Österreich den frei gewordenen Posten übernahm, bekräftigte den Verdacht, dass sein Vorgänger die Beziehung unverhohlen zum Wohle seiner Schuhfabrik ausgenutzt habe.

In den letzten beiden Lebensjahren seiner Mutter war Horst zwischen Herzogenaurach und Landersheim hin- und hergependelt. Nach ihrem Tod aber übernahm er sofort das Ruder. Seine Schwestern räumten vollständig das Feld. Horst ergriff die alleinige Herrschaft über die Führungsebene und umgab sich mit einer Handvoll getreuer Manager. Als er sich auf seinem Chefsessel niederließ, gingen die Geschäfte blendend. Das Unternehmen hatte einen nie da gewesenen Jahresumsatz von fast 4 Milliarden Mark eingefahren und schien das Sportbusiness unangefochten zu beherrschen. Doch Horst war sich nur allzu bewusst, dass dieses Bild trog. Während er sich mit seinen Schwestern herumgezankt hatte, geriet Adidas schwer unter Beschuss.

Kapitel 19

Sturzflug

Bill Closs schlug mit der Faust auf den Tisch. Die Gleichgültigkeit der Manager in Herzogenaurach fand der Adidas-Generalvertreter für die amerikanische Westküste zutiefst frustrierend. Von Oregon aus überschwemmte die kleine Firma Blue Ribbon Sports den Markt mit Schuhen aus asiatischer Produktion. Bisher waren Closs' Warnungen bei Adidas auf taube Ohren gestoßen. Die preiswerten, flexiblen Turnschuhe tauchten mittlerweile auch in kalifornischen Regalen auf. Wenn Adidas nicht schleunigst handelte, war der Schaden, den die Konkurrenz anrichten konnte, nicht abzusehen. »Ihr müsst sie sofort ausschalten«, wetterte Closs.

Hinter Blue Ribbon stand Phil Knight, ein ehemaliger Mittelstreckenläufer und Stanford-Absolvent. »Buck«, wie ihn seine Freunde nannten, war immer in Adidas gelaufen, störte sich aber daran, dass amerikanischen Studenten nichts anderes übrig blieb, als teure deutsche Schuhe zu kaufen. In seiner Abschlussarbeit hatte der Stanford-Student daher einen Geschäftsplan für eine Marke entworfen, die sich gegen Adidas durchsetzen sollte. »Können japanische Sportschuhe gegen deutsche Sportschuhe dasselbe ausrichten wie japanische Kameras gegen deutsche Kameras?«, lautete der Titel.

Die Frage trieb Knight immer noch um, als er nach dem Studium als Wirtschaftsprüfer tätig wurde. Auf einer Japanreise im Jahr 1962 erhielt er einen Gesprächstermin bei Kihachiro Onitsuka, dem Inhaber der Marke Tiger. Obwohl Knight nicht einmal als Unternehmer angemeldet war, behauptete er dreist, er sei Sportartikelgroßhändler und erfand aus dem Stegreif den Namen Blue Ribbon Sports. Sein Bluff wirkte so überzeugend, das Onitsuka ihm die Rechte für den Vertrieb von Tiger in den Vereinigten Staaten überließ.

Die Partnerschaft bewies, dass es in den USA eine große Nachfrage nach billigen, flexibleren Laufschuhen gab. Knight kam bald auf die Idee, Abmachungen mit den koreanischen Herstellern zu treffen, die für Onitsuka arbeiteten, und eine eigene Marke herauszubringen. 1971 begann er Imitationen der Tiger-Schuhe auf eigene Rechnung zu vermarkten. Zunächst wollte er seine neue Marke »Dimension Six« nennen, aber ein befreundeter Sportler und Mitarbeiter schlug »Nike« vor, die geflügelte Siegesgöttin. Das Logo – von der Designstudentin Carolyn Davidson entworfen, die sich damit 35 Dollar verdiente – erinnerte an einen Haken und wurde später unter dem Namen »Swoosh« bekannt.

Der zweite Mann, der hinter Nike stand, war Bill Bowerman, der ehemalige Trainer der amerikanischen Leichtathletikmannschaft, der auch Knight trainiert hatte. Er hatte Oregon zum Mekka der US-Athleten gemacht, aus dem die besten Läufer und Springer des Landes hervorgingen. Wie einst Adi Dassler in der Waschküche seiner Mutter bastelte er in seiner Garage die erstaunlichsten Innovationen zusammen. Seine bahnbrechende Neuerung war der »Waffle Trainer«, dessen Sohle er mit einem Waffeleisen formte. Bowerman frotzelte darüber einmal, ein guter Schuh sei wie eine Vagina: Von außen macht er nicht viel her, aber wenn du drinsteckst, fühlst du dich wunderbar.

Bill Closs, der Westküstengeneralvertreter von Adidas, brachte mehrere Paar Nike-Schuhe zur Inspektion mit nach Herzogenaurach, musste aber entsetzt mitansehen, dass die Turnschuhe nur Verachtung ernteten. »Ich erklärte denen, dass sie sich verkaufen wie warme Semmeln, aber es war ihnen egal«, erinnert sich Bill. »Sie wollten einfach keine Laufschuhe [Joggingschuhe] herstellen. Die Adidas-Schuhe seien so gut wie eben möglich, und das war's dann.«

Dieselbe Reaktion handelten sich die internationalen Manager ein, die auf Nike aufmerksam machten. Günter Sachsenmaier entdeckte die Marke auf seinen US-Reisen und meinte, die Adidas-Techniker müssten sich dafür interessieren, erntete aber nur sarkastische Kommentare. »Sie musterten das Exemplar, als wäre es der reinste Dreck, zerrten daran herum und warfen es in die Ecke«, erinnert er sich. »Sie hielten das für einen Riesenwitz – es sei doch verrückt, Schuhe mithilfe eines Waffeleisens zu entwerfen.«

Die Folgen der Lieferengpässe, unter denen die Adidas-Großhändler in den USA zu leiden hatten, waren umso schlimmer, als Nike eine Lösung für dieses Problem fand. Futures hieß das neue Prinzip, das vorsah, dass die Bestellungen an die Hersteller durch feste Zusagen des Einzelhandels abgesichert wurden. Mit anderen Worten, die Einzelhändler mussten die Bezahlung der Schuhe im Voraus garantieren. Im Gegenzug erhielten sie großzügige Rabatte und konnten sichergehen, dass sie die Ware auch wirklich erhielten. Auf einem Markt mit enormen Nachfrageschüben erwies sich dies als entscheidender Vorteil.

Als der Jogging-Boom in den Siebzigerjahren anrollte, wurde der Vorsprung, den Nike auf diese Weise gewonnen hatte, uneinholbar. An der Spitze der Bewegung stand Bill Bowerman, der Tausende bisher unsportlicher Amerikaner zum täglichen Dauerlauf animierte, und im ganzen Land folgten bald Millionen diesem Beispiel. Das Jogging-Handbuch des Trainers aus Oregon, das den Laufsport als leichte Fitnessübung pries, wurde zum Bestseller. Und das Heer der lauffreudigen Amerikaner griff zu Nike-Schuhen.

Den neuen Trend taten die Techniker in Herzogenaurach mit der Bemerkung ab: »Jogging ist kein Sport.« Und als sie endlich auf die Bitten der amerikanischen Großhändler eingingen, konnten sie sich doch nicht dazu durchringen, das zu liefern, was die Kunden wünschten. Während man in Deutschland den Waldlauf bevorzugte, joggten die Amerikaner auf Straßen und Gehsteigen, also brauchten sie gut gepolsterte Schuhe. Die Adidas-Großhändler forderten weiche Schuhe, wurden aber mit anatomischen Zeichnungen abgespeist, die beweisen sollten, dass solches Schuhwerk den Knöcheln und Knien schade.

Als Adidas Ende der Siebzigerjahre den Trend aufgriff, war es zu spät. Das Unternehmen bot einen Laufschuh namens SL an, von dem im ersten Jahr in den Vereinigten Staaten 100 000 Stück verkauft wurden. Angesichts der explosionsartigen Nachfragesteigerung bestellten die amerikanischen Generalvertreter für das Folgejahr eine Million Paar. »Adidas weigerte sich, die nötigen Anpassungen vorzunehmen, weil das mit erheblichen Investitionen verbunden gewesen wäre«, erklärt Adi Dasslers ehemaliger Assistent Horst Widmann. »Das erwies sich als schwerer Fehler.« Einer der Gründe, warum Adidas über Nikes Erfolg nicht sonderlich beunruhigt war, bestand darin, dass die US-Großhändler weiterhin zweistellige Umsatzzuwachsraten meldeten. Die Deutschen begriffen nicht, dass auf dem rasch expandierenden US-Markt Nike deutlich schneller wuchs und immer höhere Marktanteile an sich riss. Ganz im Bann des Kampfes gegen Puma, nahmen die deutschen Techniker andere Wettbewerber einfach nicht ernst.

Nike aber hatte den Zeitgeist erfasst und ritt ganz oben auf der Welle. Phil Knight und seine hoch motivierten Mitarbeiter erfanden gleichsam das Sportbusiness neu. Ein besonders besessener Typ war Rob Strasser, der Anwalt, der für Knight nach der Trennung von Onitsuka 1973 einen schwierigen Prozess gewonnen hatte und anschließend beim Unternehmen blieb. In anderen Firmen hätte man ihn einfach als Marketingmanager bezeichnet, bei Nike hieß er nur »Rolling Thunder«.

Rob Strasser kam auf die Idee, eine großartige Erfindung mit einem außergewöhnlichen Basketballspieler in Verbindung zu bringen – und daraus wurde ein durchschlagender Erfolg für Nike. Der »Air«, so hieß der neue Schuh, enthielt eine Luftpolsterung, die sichtbar in die Sohle eingearbeitet war. Bei Adidas bekam Frank Rudy, der Erfinder des Air-Konzepts, nicht einmal einen Gesprächstermin, aber Rob Strasser erkannte das Marketingpotenzial der Idee sofort. Dasselbe galt für Michael Jordan. Der »Gott des Basketballs« bezeichnete sich als »Adidas-Freak«, für den nur Drei-Streifen-Schuhe infrage kämen. Doch als ihm dann die Deutschen einen Vertrag vorlegten, war der so erbärmlich, dass er sich dann doch lieber ansah, was andere zu bieten hatten. Mit Rob Strasser wurde er bald handelseinig. Und Nike setzte mit »Air Jordan« zu einem neuen Höhenflug an.

Wenige Monate vor seinem Tod im Jahr 1978 erkannte Adi Dassler schließlich, dass Adidas den Anbruch einer neuen Epoche im Sportbusiness verschlafen hatte. Er trommelte seine engsten Mitstreiter zusammen und hielt ihnen eine ungewohnt heftige Strafpredigt. Endlich hatte er begriffen, dass Nike, trotz anfänglicher technischer Schwächen, drauf und dran war, den Markt zu erobern. Zum ersten Mal in seinem Leben entschloss sich der alte Mann, nach Amerika zu fliegen, verstarb aber vor dem geplanten Termin. Voll beansprucht durch seine Sportmarketinggeschäfte, widmete auch Horst Dassler dem Thema Nike zunächst wenig Aufmerksamkeit. Sein französisches Team hatte den »Country«, einen weichen Laufschuh, präsentiert, die Vermarktung aber nur halbherzig verfolgt.

Die Marketingexperten von Nike sahen die Olympiade in Los Angeles als die perfekte Bühne für ihre Marketingpläne. Acht Jahre zuvor, in Montreal 1976, hatte die Marke praktisch noch nicht existiert. Und 1980 in Moskau war das Engagement der Firma aufgrund der Abwesenheit US-amerikanischer Sportler etwas halbherzig. Aber für Los Angeles stand Nike in den Startlöchern.

Natürlich hatte sich auch Adidas für die Spiele gerüstet. Horst persönlich hatte sich den diplomatischen Demutsritualen unterworfen, die erforderlich wurden, als die Sowjetunion entschied, die Olympiade von Los Angeles zu boykottieren. Die Präsenz der drei Streifen war durch das Fehlen fast aller osteuropäischen Teams ein wenig eingeschränkt, aber schon vor den Spielen stand fest, dass Adidas die meisten Medaillen für sich würde verbuchen können. Schon im Vorfeld hatte das Unternehmen ein Konto mit Tresorraum bei einer Bank in Los Angeles eröffnet, wo Joe Kirchner und andere getreue Mitarbeiter mehrere Millionen Dollar in bar hinterlegten.

Insgesamt hatte Adidas ein Budget von 15 Millionen Dollar für die Spiele veranschlagt. In monatelanger Arbeit traf Bill Closs die Vorbereitungen für Adidas. Athleten und Reporter wurden unweit der Universität untergebracht, Dassler und seine Mitstreiter übernachteten hingegen im Hilton, wo sie alle möglichen Olympiafunktionäre in anregende Gespräche verwickeln konnten. Adidas, Horst Dassler und die Olympischen Spiele gehörten einfach zusammen.

Die Nike-Leute sahen das anders. Für die ältliche europäische Sportaristokratie hatten sie nur Verachtung übrig. Ihre Sportler und sich selbst stellten die Nike-Leute als Querdenker dar, die die Herrschaft des Sportestablishments kippen wollten. Während Horst und seine Getreuen mit den notorisch korrupten Drahtziehern hinter den Kulissen des Sports Cocktails tranken, improvisierten Phil Knight und sein Team Bierpartys am Strand. Zur Olympiade setzte die Nike-Crew auf unübersehbare Werbung in den Straßen von Los Angeles, für die einige der beliebtesten US-amerikanischen Sportler posierten. Carl Lewis etwa eroberte im Sprung den Himmel Kaliforniens auf einem über acht Meter langen Gemälde an der Fassade eines Hauses am Marina del Rey Freeway, John McEnroe überragte andernorts in seiner Lederjacke die Stadt. Während der Spiele lief auch ein ausgeklügelter 60-Sekunden-Spot, in dem zum Soundtrack von Randy Newmans »I love L.A.« unter anderem Starathleten wie der Marathonläufer Alberto Salazar und die Mittelstreckenläuferin Mary Decker auftraten.

Beim Medaillenzählen am Ende der ersten Olympischen Spiele der Neuzeit, die einen Gewinn abwarfen, konnte Adidas den Sieg reklamieren. Unter anderem trug auch der herausragende amerikanische Hürdenläufer Edwin Moses die drei Streifen. Adidas-Athleten hatten 259 Medaillen geholt, Nike-Sportler nur 53. Salazar kam nicht unter die ersten drei, Mary Decker, die in Los Angeles lediglich im 3 000-Meter-Lauf antrat, schied nach einem spektakulären Zusammenstoß mit der barfuß laufenden Zola Budd aus. Nike habe eine »kostspielige, aber kurzlebige Show« präsentiert, freute sich Horst.

Doch die Marketingexperten bei Adidas wussten sehr wohl, dass Nike auf Erfolgkurs war. Ganz gleich, wie viele Athleten Adidas auch ausstattete, Nike hatte die Spiele von Los Angeles im Handstreich genommen. Obwohl Converse 5 Millionen Dollar bezahlt hatte, um als offizieller Partner des Organisationskomitees aufzutreten, hatten die Verbraucher den Eindruck gewonnen, Nike hätte die Olympiade gesponsert. In den Leichtathletikdisziplinen der Männer hatten bis auf drei alle Goldmedaillengewinner Nike getragen. Und die originellen Strandpartys des Unternehmens waren Stadtgespräch. Wer diesen Sommer in Kalifornien miterlebt hatte, wusste, dass ein Großangriff gegen Adidas lief. Wie ein Augenzeuge kommentierte: »Los Angeles war ein lauter Weckruf.«

Anfang der Achtzigerjahre nahm sich Rich Madden der Sache an. Der Unternehmer und Harvard-Absolvent war von Käthe Dassler engagiert worden, um die amerikanischen Adidas-Vertriebsstellen besser in den Griff zu bekommen. Nun saß Madden als Chef von Adidas USA in Mountainside, Pennsylvania, und sollte sich um das Textilgeschäft und die Marketingaktivitäten des Unternehmens in den Vereinigten Staaten kümmern.

Seiner Ansicht nach ruhten sich die Generalvertreter auf ihren Lorbeeren aus. Dank Adidas hatten sie ein Vermögen gescheffelt, und nun fehlte ihnen der rechte Schwung, um sich gegen den Ansturm der Konkurrenz zu wehren. Besonders fatal fand Madden, dass sie sich weigerten, mehr für Marketing auszugeben und ihre Bestellungen zu koordinieren, während ihre Lager durch überholte Bestände im Wert von Millionen Dollar verstopft waren.

Diese schonungslose Diagnose ergänzte Madden durch einen radikalen Vorschlag, seinen sogenannten Plan X: Er regte an, die amerikanischen Niederlassungen aufzukaufen und Adidas USA an die Börse zu bringen. Statt Geld sollten die Generalvertreter Anteile des börsennotierten Unternehmens erhalten. Madden ließ seinen Plan X von Lehman Brothers und Merrill Lynch, zwei führenden Emissionshäusern, gründlich prüfen. Die Broker fassten einen der größten Börsengänge des Landes ins Auge, der mindestens 200 Millionen Dollar einbringen sollte. Aber der Plan X landete im Papierkorb: Die Generalvertreter fanden es »grotesk«, dass man ihnen Beteiligungen an einem Unternehmen anbot, das praktisch noch gar nicht existierte. Auch Hans-Jürgen Martens, dem hochnäsigen konservativen Finanzchef in Herzogenaurach, erschien der Plan viel zu kühn. Den Ausschlag gab aber wohl, dass Horst nicht bereit war, die uneingeschränkte Kontrolle über den amerikanischen Markt aufzugeben. Rich Madden hatte keine Chance.

Nun entsandte Horst einen Mann aus seinem Team, der die Lage in den USA in den Griff bekommen sollte. Joe Kirchner, ehemals bei Adidas Deutschland für Textilien zuständig, wurde über die Textilabteilung in New Jersey in das amerikanische Tochterunternehmen eingeschleust. Don Corn hatte das Textilgeschäft in den Vereinigten Staaten praktisch in Eigenregie aufgebaut. Als er 1974 das Geschäft mit Adidas-Bekleidung aufzog, hatte er es mit Herstellern zu tun, die noch nie von Adidas gehört hatten und die Bonität des Unternehmens anzweifelten. Dennoch hatte er in kaum zehn Jahren den Umsatz seines Geschäftsbereichs auf 100 Millionen Dollar hochgeschraubt.

Um seinen Mann an einflussreicher Stelle unterzubringen, forderte Horst den Rücktritt von Don Corn – mit der Begründung, er habe bereits das Rentenalter erreicht. Empört über diese rüde Behandlung, ging Corn vor Gericht, wo ihm eine Abfindung zugesprochen wurde, die Adidas finanziell schwer belastete.

Die amerikanischen Generalvertreter tauschten auf einer Messe ungläubige Blicke aus. Gerade hatten sie gehört, Adidas beabsichtige einen Buy-out der amerikanischen Großhändler. Doc Hughes, der texanische Händler für den Süden der Vereinigten Staaten, hatte sich bereits aus dem Adidas-Geschäft verabschiedet, seine Rechte wurden zwischen Dietrich und Closs aufgeteilt. Gary Dietrich, der Repräsentant für den Mittleren Westen, konnte es nicht fassen: »Wir hatten dieser Sache unser Leben verschrieben, und jetzt wurde sie uns plötzlich aus der Hand genommen.« Bill Closs, der Horst Dassler in harten Zeiten freundschaftlich unter die Arme gegriffen hatte, war wütend und verletzt. Und Ralph Libonati war so empört, dass er sich entschloss, Adidas zu verklagen.

Der Plan, die amerikanischen Unternehmensbereiche aufzukaufen, war in Herzogenaurach schon seit Monaten gereift. Dass die Marke international einen so hervorragenden Ruf genoss, war natürlich auch den amerikanischen Generalvertretern zu verdanken. Sie hatten Adidas stets die Treue gehalten, und die Einnahmen aus ihren Bestellungen sicherten zuverlässige Wachstumsraten. Aber Horst glaubte, die Attacke durch Nike nur abwehren zu können, wenn er den amerikanischen Markt selbst in die Hand nahm.

So war Dassler überzeugt, dass die Aufspaltung des amerikanischen Marktes in vier Regionen einen durchschlagenden Erfolg von Marketinginvestitionen verhindere. Von Anfang an hatte man die Generalvertreter aufgefordert, 4 Prozent ihres Umsatzes in einen Marketingtopf zu stecken, aus dem die Verkaufsförderung und landesweite Werbemaßnahmen finanziert wurden. Jeder investierte außerdem in regionale Marketingideen. Doch Horst Dassler erschienen diese Anstrengungen zu diffus.

Überdies verhinderten die US-amerikanischen Wettbewerbsgesetze, dass die Großhändler Adidas-Produkte in ihren jeweiligen Absatzgebieten zum selben Preis anbieten konnten. Das wäre als Preisabsprache ausgelegt worden. Zwar waren die Preisabweichungen nur gering, aber die Einzelhändler sahen sich doch nach dem günstigsten Angebot um. Gleichzeitig waren wegen der rasant steigenden Nachfrage große Ketten von Sportfachgeschäften entstanden, denen Adidas keinen adäquaten Service bieten konnte.

In den Achtzigerjahren bereitete aber nicht nur Nike Probleme, sondern auch eine neue Marke namens Reebok. Sie wurde von dem britischen Unternehmen Joe Foster auf den Markt gebracht, das schon seit Jahrzehnten Leichtathletikschuhe herstellte. Als es mit dem Geschäft bergab ging, entschieden sich Joe Fosters Erben für einen Neuanfang unter dem Namen Reebok und taten sich mit Großhändlern zusammen, die die Sportschuhe auch außerhalb Großbritanniens bekannt machen sollten. Die Rechte für die Vereinigten Staaten sicherte sich Paul Fireman, ein kleiner Unternehmer aus Boston.

Das Geschäft kam so langsam ins Rollen, dass Fireman beinahe Pleite machte. Um das Aus noch einmal abzuwenden, verkaufte er 55 Prozent seines Unternehmens an den britischen Investor Stephen Rubin. Doch mit der Einführung des »Freestyle«, eines auf Aerobic zugeschnittenen Schuhs, machte Fireman ein Vermögen, da die neue Fitnesswelle die gesamten Vereinigten Staaten erfasste. Entstanden war der neue Schuh als Folge eines Fehlers der Reebok-Hersteller in Asien, die versehentlich Handschuhleder verwendet hatten. Als die Asiaten die Muster an Reebok schickten, entschuldigten sie sich für die Fältchen, die vor der serienmäßigen Fertigung noch ausgebügelt werden sollten. Die Reebok-Manager in Boston waren hingegen begeistert. Mit diesem ultraweichen Schuh eroberten sie den Sportschuhmarkt für Frauen im Sturm. Der Freestyle sorgte im Sportbusiness für eine noch nie da gewesene Aufregung. Hatte Reebok 1980 noch 300 000 Dollar umgesetzt, so verbuchte man drei Jahre später bereits 12,8 Millionen.

Erwartungsgemäß reagierten die Adidas-Manager nur mit einem Achselzucken. Die deutschen Techniker belächelten den »Freestyle« ebenso wie Jahre zuvor Nikes Waffelsohlenschuh. Aber die Nike-Oberen begingen diesmal genau den gleichen Fehler. Aerobic, das sei nur »ein Haufen dicker Damen, die zur Musik tanzen«, und der »Freestyle« sei kein Sportschuh, meinten sie. Doch 1987 erzielte Reebok bereits einen Umsatz von 1,4 Milliarden Dollar, und Nike kam ebenso wie Adidas in Bedrängnis.

Nach dem ersten Schock zogen sich die drei Adidas-Großhändler zu geheimen Beratungen zurück. Ralph Libonati hielt an seiner Absicht fest, einen Prozess anzustrengen. Gary Dietrich und Bill Closs aber glaubten, »Widerstand ist zwecklos«, und nahmen die Einladung nach Herzogenaurach an, wo die Übernahme besprochen werden sollte. Als Berater in dieser Sache hatte Horst Dassler den kanadischen Anwalt Dick Pound engagiert. Die Tatsache, dass Dick Pound in der Geschäftsführung des IOC für die Vergabe von Fernsehrechten zuständig war, also durchaus ein Interessenkonflikt vorlag, schien niemandem aufzufallen.

Schon das Anfangsangebot Horsts fanden die Amerikaner so beleidigend, dass die Verhandlungen zum Scheitern verurteilt schienen. Am ersten Abend bat Dietrich Closs zu einer Unterredung in sein Zimmer im Sporthotel. Dass in ebendiesem Hotel einer von Dietrichs

Mitarbeitern auf der Suche nach dem Radiosender der US-Streitkräfte Gespräche in der Bar mitgehört hatte, war Dietrich noch lebhaft in Erinnerung. Wenn schon die Bar verwanzt war, durften die beiden sicher sein, dass auch ihr Gespräch belauscht wurde. Um den Spionen die Arbeit zu erleichtern, schlug Dietrich seinem Kollegen mit klar und deutlich formulierten Worten vor, umgehend in die USA zurückzukehren und Adidas zu verklagen. »Am nächsten Tag legten sie eine völlig veränderte Haltung an den Tag«, erinnert sich Dietrich. »Horst rief uns in sein Büro und überreichte uns einen Zettel mit sieben Punkten darauf. Das war unsere Vereinbarung.«

Verhandelt wurde dann doch eine Ewigkeit, und zwar um den Wert der Lagerbestände, die die Generalvertreter angehäuft hatten. Adidas erklärte sich bereit, die Lager komplett zu übernehmen – und zwar einschließlich der gesamten unverkäuflichen Bestände zum vollen Preis. Zwei Jahre lang wurde geschachert, und anschließend stand Adidas mit mehreren Tonnen veralteter Ware, vier Lagerhäusern und einer Verkaufsmannschaft da, von der sich die Spitzenkräfte verabschiedet hatten. Ralph Libonati, der es doch vorgezogen hatte, von einer Klage Abstand zu nehmen, erhielt allein von Adidas für Ware, die eigentlich abgeschrieben gehörte, um die 35 Millionen Dollar. Unterm Strich bezahlte das Unternehmen eine Menge Geld – die Schätzungen belaufen sich auf über 120 Millionen Dollar. Besonders ungünstig wirkte sich aus, dass der Kurs des Dollar gegenüber dem der Mark ausgerechnet zu diesem Zeitpunkt einen beispiellosen Höhenflug erlebte.

Die Männer, die Adidas in den Vereinigten Staaten groß gemacht hatten, besaßen nun ein Millionenvermögen. Nur mit Ralph Libonati meinte es das Schicksal nicht gut: Er hatte sich bereiterklärt, die Leitung von Pony und einen Teil von Horst Dasslers Pony-Anteilen zu übernehmen, konnte aber die Probleme der angeschlagenen Firma nicht lösen und starb zu früh, um sein Vermögen noch genießen zu können. Gary Dietrich zog sich zurück und verbrachte seine Zeit auf seiner Plantage in North Carolina und einer idyllischen Jagdhütte tief in den Wäldern Montanas. Bill Closs betätigte sich für Nike noch ein wenig im Tennisgeschäft und genoss im Übrigen die wunderbare Aussicht auf den Lake Flathead in Montana. Für Adidas aber leiteten die Kosten des amerikanischen Buy-out einen schwindelerregenden Sturzflug ein.

Kapitel 20

Der Imperator schlägt zurück

Zu Hause in Herzogenaurach befasste sich Horst Dassler zunächst einmal damit, das Unternehmen in den Griff zu bekommen. Schon zu lange hatte Adidas unter den Streitigkeiten innerhalb der Familie gelitten – doch nun setzte er sich als unangefochtener Chef durch. Unter seiner Führung sollten alle Mitarbeiter an einem Strang ziehen, damit die Firma ihre Vormachtstellung auf dem sich wandelnden Sportmarkt ausbauen konnte. Kurz nach Horsts Heimkehr wurde der fünfte Stock des Verwaltungsgebäudes komplett umgebaut. Der Chef regierte nun von einem imposanten Schreibtisch in der Mitte des Stockwerks aus über sein Reich. In den angrenzenden Büros saßen sowohl einige seiner altgedienten Manager aus Landersheim als auch eine Reihe vielversprechender Leute, die er neu eingestellt hatte.

Für die Durchführung der Pläne, die Horst im Kopf hatte, brachten diese Manager die besten Voraussetzungen mit. Sie wirkten wie jüngere Ausgaben des Dassler-Erben: Sie besaßen Charisma, Tatkraft, internationale Erfahrung und beherrschten mehrere Sprachen. Wegen Horsts zwanghaften Kontrollbedürfnisses waren sie alle ihm direkt unterstellt.

Wie einige ehemalige Partner bemerkten, wirkte Horst Dassler damals wie verwandelt. Angesichts der Spannungen mit seinen Eltern hatte er ständig lavieren müssen, nun aber konnte er als Alleinherrscher über Adidas endlich auf Distanz zu einigen dubiosen Freunden gehen – endlich durfte er seine Macht auskosten und sich als »Imperator« gebärden.

Horst, der inzwischen auf die Fünfzig zuging, hatte eine Generalüberholung des Unternehmens ins Auge gefasst. Adidas sollte alle verstreuten Geschäftsbereiche, die in der Zwischenzeit hinzugekommen waren, zurückkaufen. Über verschiedene Holdinggesellschaften kontrollierte Adidas indirekt Arena, Le Coq Sportif, Pony und Erima.

Sie alle sollten Teil eines rundum ausgewogenen internationalen Konzerns werden. Zu einer Zeit, als die meisten Büros noch nicht einmal über Faxgeräte verfügten, entsprach dieses globale Denken keineswegs den gängigen Gepflogenheiten. Nur wenige Firmen operierten tatsächlich auf globaler Ebene. Mit seinem Vertriebssystem und der Machtposition der Marke Adidas war das Unternehmen prädestiniert für eine Vorreiterrolle.

Horst Dassler nickte zufrieden. Die Frankfurter Niederlassung der Werbeagentur Young & Rubicam hatte einen anregenden Slogan entworfen: »The Adidas Factor. It's either for you or against you« – »Der Adidas-Faktor. Er ist entweder für Sie oder gegen Sie«. Die Mitarbeiter von Y&R, eine der beiden letzten Agenturen, die im Wettbewerb um den Adidas-Zuschlag noch im Rennen waren, hatten nervös auf Horsts Urteil gewartet. Adidas war der Traum eines jeden Creative Directors, und zweifellos verfügte der Sportartikelhersteller über ein sagenhaftes Werbebudget.

Horst war zu der Überzeugung gelangt, dass auch Adidas – wie alle anderen starken Marken, mit denen er bei ISL handelte – in die internationale Werbung investieren musste. Bisher hatte das kleine Designbüro Fick in Nürnberg, das Adi Dassler seit den Fünfzigerjahren beschäftigte, die Werbung für Adidas erledigt. Es lieferte vor allem Produktwerbung, und jeder Unternehmenszweig konnte sich seine Werbemaßnahmen selbst aussuchen. Aber für Horst stand fest, dass dieses Konzept veraltet war. Er wollte stattdessen eine stimmige internationale Message verbreiten.

Y&R bekam das Budget, aber den Kreativen stand ein Stück harte Arbeit bevor. Die Leiter der Agentur stellten erstaunt fest, wie komplex das Unternehmen war und wie unkontrolliert Geld in die Werbung floss. Für Procter & Gamble, ebenfalls Kunde bei Y&R, wurde im Schnitt eine Anzeigenkampagne pro Jahr produziert, bei Adidas verlangte jede Unternehmenstochter eine eigene Version. Zwei Monate nachdem man handelseinig geworden war, hatte Y&R bereits fünfzig Zeitungsanzeigen entworfen, und niemand machte sich über die wachsenden Ausgaben Gedanken.

Als die Agentur schließlich auf Anregung Horsts ein Konzept für den ersten globalen TV-Werbespot vorlegte, kamen von allen Seiten Einwände. Anders als die betont modischen Nike-Spots hatte der

Entwurf von Y&R, der sich auf ein Wolkenmotiv stützte, eine künstlerische Note. Der Grundgedanke war, dass Wolken nicht übersetzt werden mussten. Ein solches Motiv konnte überall rund um den Globus verwendet werden. Aber die Manager der einzelnen Länder forderten so viele Änderungen, dass Y&R schließlich vier Versionen des Spots lieferte – eine englische, eine französische, eine deutsche und eine für den Rest der Welt. »Im Grunde ist damit Dasslers Gedanke aufgegeben worden, eine globale Kampagne zu starten«, erklärt Tom Harrington, der damals bei Y&R für die Kundenberatung zuständig war.

Der Spot wurde schließlich im August 1986 auf der ISPO, der Internationalen Fachmesse für Sportartikel und Sportmode, in München vorgeführt. Die Generalvertreter und Adidas-Manager aus dem Ausland lauschten gespannt, als Horst das Konzept vorstellte. »Wir haben jetzt eine globale Werbeagentur, die eine globale Werbekampagne durchführt«, sagte er, »und darüber gibt es keine Diskussion.«

Kaum war die Präsentation vorüber, brachen auch schon die Diskussionen aus. Am lautesten protestierte der Leiter der französischen Tochter in Landersheim, Bernard Odinet, der sich rundweg weigerte, den Wolkenspot zu zeigen, weil er sich an die Propagandafilme Leni Riefenstahls erinnert fühlte. Viele andere Länderchefs, die von einer Imagekampagne nichts hielten, pflichteten ihm bei. Sie wünschten sich, dass die Werbung nicht irgendwelche Wolken, sondern einzelne Produkte vorstellen und deren Absatz ankurbeln sollte. »Noch nie hatte ich in so feindseliger Atmosphäre eine Präsentation abgehalten«, erinnert sich Ingo Kraus, damals Leiter von Y&R Germany. Die Werber mussten mitansehen, wie ihr globales Konzept in einen Produktkatalog zerfiel.

Verheerender noch als das Flickwerk der Werbung wirkten sich einige kostspielige Fehlentscheidungen im Marketing aus. Der größte Flop war Horsts Versuch, sich vom reinen Leistungssport zu verabschieden. Aus der rasanten Expansion von Nike mit dem Turnschuh, der Bestandteil der US-amerikanischen Freizeitkleidung wurde, zog er den Schluss, dass Adidas das anderswo auch leisten konnte. Nike hatte das Sportbusiness in den Vereinigten Staaten neu definiert – Horst verkündete seinen verblüfften Managern: »Ich möchte eine Freizeitmarke werden.«

Was er meinte, versuchte Horst mit einem Pyramidendiagramm zu verdeutlichen. Die Spitze war der Sportmarkt, während die breite Basis den Massenfreizeitmarkt darstellte. Auch ohne ausgeklügelte Marktstudien schien auf der Hand zu liegen, dass Adidas doch besser den viel größeren Freizeitmarkt anpeilen sollte.

Leider ließ die Umsetzung der neuen Idee zu wünschen übrig. Adidas brachte unter dem Namen »City« Straßenschuhe heraus, die gar nichts mehr mit Sport zu tun hatten. Das Sortiment umfasste ein unübersichtliches Angebot an Bootsschuhen, Wanderschuhen mit dicken Plastiksohlen und sogar Pumps mit drei Streifen am Absatz.

Dieser Fehlschlag sorgte für große Verwirrung. Mit Befremden sahen Sportartikelhändler, dass Adidas seine Zugkraft als Sportmarke aufs Spiel setzte. Und in den Modegeschäften fragte man sich, was Adidas-Produkte in den Regalen verloren hatten. Außerdem entstanden Spannungen zwischen den altgedienten Sportdesignern im Unternehmen und den neu hinzugekommenen Modeschöpfern, die von ganz anderem Naturell waren. Besonderes Aufsehen erregte zum Beispiel ein Kollege aus der Modebranche, der in einem schwarzen Cape im Büro erschien.

Das Problem war, dass sich Adidas solche teuren Fehler nicht leisten konnte. Durch den Aufkauf der amerikanischen Generalvertretungen und der zunehmenden Konkurrenz auf dem europäischen Markt, wo Nike sich allmählich profilierte, war das Unternehmen stark geschwächt. Und nachdem Horsts zweifelhafte Reformen wenig Wirkung zeitigten, sah die finanzielle Situation von Adidas nicht gerade rosig aus.

Als Horst Dassler seine kleine Propellermaschine bestieg, fiel seinen Begleitern auf, wie angespannt er wirkte. Auf dem kurzen Flug von Herzogenaurach nach Landersheim vertiefte er sich zunächst einmal in seine Zeitung. Ratlos sahen sich seine Mitreisenden an, als sie mitbekamen, wie ihr sonst so unerschütterlicher Chef hinter der Zeitung schluchzte.

«Das war so schockierend, dass ich ihn einfach fragen musste, was los ist«, erinnert sich sein langjähriger Berater Blagoje Vidinic. »Da erklärte mir Horst, dass er gerade die schwerste Entscheidung seines Lebens getroffen hatte. Er musste eine Fabrik im Elsass schließen, die er selbst als junger Mann gekauft hatte. Wie er sehr wohl wusste, würden mehrere Familien dadurch ihr Einkommen verlieren und in diesem gottverlassenen Dorf nie wieder Arbeit finden. Das hat ihm schwer zu schaffen gemacht.«

Auf die Schließung der Fabrik in Frankreich folgten viele weitere. So bitter es ihn traf, Horst musste sich eingestehen, dass Adidas die großen Produktionsstätten in Europa nicht mehr tragen konnte. Billige Importe aus Fernost ermöglichten Nike, mit Bruttomargen von über 40 Prozent zu arbeiten, während sich Adidas um die 25 Prozent bewegte. Dank dieser Differenz konnte Nike, große Summen in die Werbung pumpen. Und einen Gegenschlag konnte sich Adidas nicht leisten, solange die Produktionskosten so hoch lagen.

Adidas blieb nichts anderes übrig, als selbst einen Großteil der Schuhherstellung nach Osteuropa und in den Fernen Osten zu verlagern. Bereits Mitte der Achtzigerjahre fertigten die Gebrüder Riu mit mehreren Fabriken in Taiwan und China über die Hälfte der von Adidas angebotenen Schuhe – rund 40 Millionen Paar. Um die Verlagerung zu beschleunigen, engagierte Horst Uwe Breithaupt, einen Fachmann für Schuhherstellung.

Adidas war jedoch nicht bereit, die Kontrolle über die eigene Produktion ganz aufzugeben. Während Nike mit völlig eigenständigen fernöstlichen Herstellern arbeitete, wurden Adidas-Schuhe weitgehend in Fabriken gefertigt, an denen das Unternehmen wenigstens die Mehrheit hielt. Zu Breithaupts Team gehörten deutsche Techniker, die als Leiter von Fertigungsstätten in Korea, Malaysia, Thailand und China arbeiteten; sie alle erhielten hohe Auslandszuschläge. Unter diesen Bedingungen konnte Adidas aus der billigeren Herstellung nicht den vollen Profit schlagen, und das komplizierte Produktionssystem verursachte zudem heilloses Durcheinander, bei dem zuweilen Adidas-Lieferungen ausblieben, in der Folge empörte Abnehmer beschwichtigt und wachsende Verluste hingenommen werden mussten.

Unter Horsts Alleinherrschaft waren nur wenige Manager in die Schwierigkeiten eingeweiht, mit denen Adidas zu kämpfen hatte. Die weitreichenden Sparmaßnahmen und andere dringend nötige Reformen, die er einleitete, würden sich zwar auszahlen, aber erst nach Jahren. Der amerikanische Buy-out hatte ein großes Loch in die Finanzen des Unternehmens gerissen, und die daraus resultierenden Probleme bei Adidas USA sorgten für rote Zahlen. Ganz zu schweigen von den Schwierigkeiten, die im Zusammenhang mit Sarragan entstanden waren, die das Unternehmen mit weiteren Verlusten belasteten. Horsts Schwestern meldeten allmählich Zweifel an den Führungsqualitäten ihres Bruders an. Vor allem sein Schwager Christoph Malms, der Mann seiner jüngsten Schwester Sigrid, verbreitete ein Klima des Misstrauens. Seit er auf der Wharton Business School in Philadelphia studiert hatte und Berater bei McKinsey war, gab er bei den Sitzungen des Beirats häufig schneidende Kommentare ab.

Horst sprach zwar selten über seine Familie, aber wie wenig er von Malms' Anregungen hielt, wusste jeder. Dass er dessen Dreistigkeit unerträglich fand und keineswegs bereit war, die Ratschläge eines frischgebackenen Unternehmensberaters anzunehmen, war seinen Managern jedenfalls klar. Malms, der Horst nicht frontal angreifen wollte, überredete die Schwestern, eine unabhängige Beraterfirma hinzuzuziehen. Die Wahl fiel auf Michel Perraudin, einen Partner bei McKinsey in Düsseldorf, der sich auf Operationsmanagement spezialisiert hatte. Anfang 1987 fand er sich zu einem diskreten Vorgespräch mit Christoph Malms im Züricher Hilton ein. »Es war wie eine Verschwörung, weil niemand davon erfahren durfte«, berichtet Michel Perraudin. Er wurde gebeten, einen Bericht über Adidas anzufertigen, der im Mai dem Beirat vorgelegt werden sollte.

Kurz vor der Eröffnung der Fußballweltmeisterschaft 1986 in Mexiko machte sich Horst Dassler unauffällig aus dem Staub. Einigen engen Mitarbeitern hatte er gesagt, er müsse kurzfristig zu einer Besprechung nach New York. Was er ihnen nicht verriet, war, dass er dort einen Termin bei einem Arzt hatte, der ihm dringend zu einer Entfernung des Krebsgeschwürs riet, das hinter seinem linken Auge entdeckt worden war.

Eine der wenigen, die Horst während seines Krankenhausaufenthalts in New York anrief, war Pat Doran, die früher für *Sportstyle* berichtet hatte. Als die Journalistin einen Artikel über Adidas vorbereitete, lernte sie Horst kennen und wechselte schließlich zur US-Niederlassung von Le Coq Sportif. Dassler sei »brillant« und »seiner Zeit voraus«, lautete ihr Urteil. Er wiederum schätzte ihr Flair und ließ sich gern von ihr über die amerikanische Modeszene auf dem Laufenden halten.

Horsts Arbeitssucht und seine Paranoia kannte Pat Doran nur allzu gut, dennoch war sie erstaunt, als sie sah, wie er Adidas von

Die Beerdigung Horst Dasslers im April 1987. In der ersten Reihe João Havelange und Juan Antonio Samaranch. Dahinter Dasslers Geschwister mit Familien.

einem New Yorker Krankenhaus aus dirigierte. »Während er auf die Magnettherapie wartete, die den Tumor schrumpfen lassen sollte, rief er Leute rund um den Globus an, die ihn in seinem Büro vermuteten«, erinnert sich Pat Doran. Seinen Aufenthalt hielt er vor allem deshalb geheim, weil er nicht wollte, dass sein Cousin Armin von seinem Leiden erfuhr. »Er glaubte allen Ernstes, dass Armins Spione ihm auf Schritt und Tritt folgten«, erklärt Doran.

Als Horst mit einer Bandage nach Herzogenaurach zurückkehrte, widmete er sich wieder seinem übervollen Terminkalender, musste aber manchmal Sitzungen vorzeitig verlassen, weil er sich erschöpft und schwindelig fühlte. Ratlos reagierte ein alter Freund, als Horst ein Geschäftsessen absagte, um den Abend mit seiner Frau zu verbringen. Anderen fiel auf, dass Dasslers Auge häufig tränte. Auf besorgte Fragen aber ging er nicht ein, und weder die Vorstandsmitglieder noch andere Manager ahnten, wie ernst Horsts Gesundheitszustand war. Nur selten gingen von Horst Warnsignale aus. Marketingmanager René Jäggi saß im Flugzeug neben ihm, als der Chef vollkommen unvermittelt die Namen einiger Kollegen aufzählte, auf die sich

Jäggi verlassen könne, »falls mir etwas zustößt«, wie er sagte. Als Jäggi nicht lockerließ, gab Horst Dassler zu, dass er mit einer schweren Krankheit zu kämpfen habe.

Immerhin hatte Horst einer vertrauten Person verraten, wie unglücklich er war: Seine Beziehung zu seinen Schwestern war äußerst gespannt, seine Ehe zerrüttet, und ob seine Kinder willens oder fähig waren, auf seinen Leistungen aufzubauen, blieb ungewiss. Mehrere Manager waren gebeten worden, Horsts Sohn Adi unter ihre Fittiche zu nehmen. Doch nachdem sie ihn für einige Wochen in ihre Abteilungen geholt hatten, konnten sie dem Vater nicht viel Mut machen: Adi war ein netter Kerl, aber er hatte mehr Freude am Ausgehen als an Adidas, erschien häufig morgens nicht zur Arbeit oder schlief am Schreibtisch ein.

Anders als früher verlor Horst nun leicht die Beherrschung und ließ seine Launen an seinen engsten Mitarbeitern aus. Zu ihnen zählte Jean-Marie Weber, der einstige Buchhalter, der für Horst den »Geldboten« machte. Viele Jahre lang hatte sich der Adidas-Chef vollkommen darauf verlassen, dass Weber in einem Gewirr aus Holdinggesellschaften und dubiosen Zahlungen die Übersicht behielt. Dass Weber für das so entstandene heillose Durcheinander verantwortlich sei, stand nun plötzlich für Horst fest. Er bezeichnete seinen langjährigen Mitarbeiter als »inkompetent« und beschloss, ihn vor die Tür zu setzen.

Eine weitere Zielscheibe war FIFA-Generalsekretär Sepp Blatter. Der Funktionär, den Horst mit in den Sattel gehoben hatte, zeigte sich nicht immer so dankbar, wie der Adidas-Chef es erhofft hatte. Zwar feierten die beiden nach wie vor ihre Geburtstage gemeinsam in Landersheim, aber mit den Geschäftsbeziehungen ging es bergab. Als Blatter dabei ertappt wurde, wie er im Puma-Outfit Tennis spielte, war Horst außer sich. Auch zwischen FIFA und ISL gab es Spannungen. »Undankbarer Mistkerl«, ließ er vor einem Mitarbeiter verlauten. »Habe ich ihm denn nicht alles beigebracht?«

Horsts übelster Schlag in dieser letzten Zeit richtete sich aber gegen seinen Lieblingsfeind Armin Dassler. Auffallend war auch hier die Boshaftigkeit, mit der er gegen einen Gegner vorging, der schon am Boden lag. Wenige Monate zuvor, im Juli 1986, war Puma in Frankfurt an die Börse gegangen, wobei die Deutsche Bank als Emissionsbank fungierte. Armin freute sich noch am Erfolg des Börsengangs, der die Aktienwerte in schwindelerregende Höhen trieb, als sich wenig später herausstellte, dass der Umsatz von Puma zu wünschen übrig ließ. Nach einer Pressekonferenz in Budapest im März 1987 blieb Horst extra zurück, um über die Finanzsorgen seines Cousins zu lästern. »Puma sucht einen Käufer, der hohe Verlustvorträge braucht«, bemerkte er bissig. Pumas Probleme an der Börse brächten die ganze Branche in Verruf; er sprach von einem absoluten »Skandal der Banken«.

Inzwischen lag auf der Hand, dass die Therapie versagt hatte und der Krebs weiterwucherte. Horst Dassler verlor rasch an Gewicht und wirkte ausgemergelt. Manager, die ihn längere Zeit nicht gesehen hatten, waren über seine eingefallenen Wangen und seinen verdrossenen Gesichtsausdruck schockiert. Aber Horst führte Adidas weiterhin mit fester Hand, als lägen noch viele Jahre vor ihm. Ende März 1987 gab er eine sechsseitige Mitteilung mit Anweisungen für den Adidas-Vorstand heraus. Unter anderem teilte er darin mit: »Leider wird sich meine Krankheit doch länger hinziehen als ursprünglich vermutet« und: »Damit diese Darm- und Magengeschichte nicht chronisch wird, muss ich weitere zwei Monate völlige Ruhe und Diät beachten.« Aber der Tonfall des ganzen Schriftstücks verriet, dass dem Verfasser nicht mehr viel Zeit blieb.

Höchste Priorität hatte, seinem Vermächtnis zufolge, wieder die besten Produkte herzustellen. Horst prangerte die »groben Fehler« seitens der Marketing- und Verkaufsmannschaft an, durch die im vergangenen Jahr Verluste erwirtschaftet worden seien. »Ich bin es langsam satt, über Kostensenkungen und damit leicht zu erreichende Gewinne zu diskutieren«, schrieb Horst und: »Ohne jeden Zweifel ist der entsprechende Faktor unserer Gewinnsituation nicht die Verringerung der Kosten, sondern die Erhöhung oder Erhaltung der Rohertragsspanne.« Aber die Mitteilung wirkte eilends dahingeworfen, und von einer mitreißenden Vision, die der Vorstand von Horst erwartete, war wenig zu spüren.

Zu den letzten Verträgen, die Horst absegnete, gehörte die Vereinbarung zwischen Adidas und Steffi Graf. Die beständige Spitzenspielerin trug seit Langem Dreiblatt und drei Streifen, aber die Verhandlungen um eine höhere Einstufung zogen sich in die Länge. Thomas Bach, damals für Sportpromotion zuständig, verhandelte wie gewohnt hart, bis er einen beunruhigenden Anruf von Horst erhielt. »Zuvor hatte er mich gebeten, nicht nachzugeben und den Preis zu drücken, aber plötzlich wollte er, dass ich sofort unterschreibe«, erinnert sich Bach.

Horst starb am 9. April 1987, kaum vier Wochen nach seinem 51. Geburtstag. Die Nachricht vom Tod ihres Arbeitgebers traf viele tausend Beschäftigte am nächsten Morgen völlig unerwartet. Wer ihn in den vergangenen Monaten nicht gesehen hatte, wusste nichts von seiner Krankheit. Eine internationale Verkaufskonferenz wurde unterbrochen, und die Vorstandsmitglieder kamen zusammen, um die Katastrophe zu besprechen. In Deutschland waren die Reaktionen noch gedämpft im Vergleich zu den Szenen, die sich in Landersheim abspielten. Als dort die Todesmeldung über den Lautsprecher ging, brachen unzählige erwachsene Männer und Frauen in Tränen aus. »Es ging einem unter die Haut«, erinnert sich ein ehemaliger Mitarbeiter. »Die Leute liefen heulend den Flur entlang, andere brachen regelrecht zusammen und weinten stundenlang.«

In den Nachrufen der deutschen Presse wurde Horst als »unauffälliger, bescheidener Mann« gelobt, der auf internationaler Ebene ein Unternehmen mit einem Umsatz von 4,1 Milliarden Mark gelenkt habe. Andere gingen auf sein Engagement im Weltsport ein und bezeichneten ihn als den »mächtigsten Mann im Sport«. Er sei »ein rastloses, aber nicht uneigennütziges Genie gewesen«, hielt ein Reporter fest, während ein anderer ihn als »den Mann im Hintergrund« sah, »der die Fäden zog«.

Monika Dassler ging an der Spitze des kleinen Leichenzugs, der den Sarg ihres Mannes begleitete. João Havelange, Juan Antonio Samaranch und Sepp Blatter folgten der Witwe und ihren Kindern Adi und Suzanne. Ihren Vater hatten sie nicht oft zu Gesicht bekommen, aber sie wussten doch, wie viel ihm kleine Gesten bedeuteten. Also hatten sie dafür gesorgt, dass er die Uhr trug, mit der ihm Ilie Nastase solche Freude bereitet hatte.

Kapitel 21

Der Untergang des Hauses Puma

Freudestrahlend schüttelte Armin Dassler den Bankiers die Hände. Der Puma-Chef hatte seit dem Tod seines Vaters Triumphe und Niederlagen erlebt, aber dies war seine Sternstunde: Am Morgen des 25. Juli 1986 wurde Puma an der Frankfurter Börse notiert.

Sofort schoss der Wert der Aktien in die Höhe. In den Augen der Öffentlichkeit wurde das Unternehmen mit dem sommersprossigen 17-jährigen Tennisstar in Verbindung gebracht, der sich im Jahr zuvor einen Namen gemacht hatte. Im Juli 1985 hatte Boris Becker die Welt durch seinen Wimbledon-Sieg begeistert – und das Puma-Logo auf seinen Schuhen war stets deutlich zu sehen, wenn er seine Bälle über das Netz schmetterte.

Den Tipp hatte Puma von dem Rumänen Ion Tiriac erhalten. Der ehemalige Profispieler war seit 1984 Beckers Manager. Auf dem Platz war Tiriac leicht an seinem Schnauzbart und seinem drohenden Blick zu erkennen. Ein britischer Reporter hielt fest: »Tiriac sieht aus wie ein Mann, der im Begriff ist, im Hinterzimmer eines Hinterzimmers einen Deal abzuschließen.«

In diesem Fall handelte es sich allerdings um das Vorstandszimmer bei Puma in Herzogenaurach. Tiriac, der zuvor bei Adidas vergebens angeklopft hatte, bewog Armin Dassler, mit dem noch ziemlich unbekannten Becker einen Werbevertrag über 300 000 Mark zu schließen. Als aus Becker Bumm-Bumm-Boris wurde, zahlte sich die Investition vielfach aus. Das Boris-Becker-Fieber erreichte nur wenige Tage vor dem Börsengang des Schuhherstellers einen Höhepunkt, als Becker am 8. Juli im Finale von Wimbledon seinen Vorjahressieg wiederholte und den Adidas tragenden Weltranglistenersten Ivan Lendl in drei Sätzen bezwang. Pumas Beziehungen zu Becker waren inzwischen so eng, dass das Zeichnungsangebot des Unternehmens den Beinamen »Becker Float« erhielt.

Die Aktien wurden zum Preis von 310 Mark ausgegeben. Mittlerweile hatte sich die Aufteilung des Stammkapitals ein wenig zugunsten von Armin verschoben. Er hatte weitere 10 Prozent von seinem Bruder Gerd übernommen, der in einen finanziellen Engpass geraten war. Die Brüder legten 28 Prozent ihrer Aktien auf, behielten aber die Mehrheit ein und verfügten damit weiterhin über sämtliche Stimmrechte. Der Verkauf der Aktien diente der Kapitalbeschaffung, war aber teilweise auch – wie Armin Dassler erklärte – durch seine Gesundheitsprobleme motiviert. Jahre nach einer Keniasafari hatte er einen schweren Malariaanfall erlitten, der ihn beinahe das Leben gekostet hätte. Armin meinte, durch die Börsennotierung könnten Erbschaftsprobleme vermieden werden.

Der Schritt stand am Ende einer Erfolgssträhne. Seit Armin das Unternehmen 1974 von seinem Vater übernommen hatte, war der Umsatz auf 818 Millionen Mark gestiegen und hatte sich damit verfünffacht. Armin hatte eine Firma geerbt, die auf dem Markt relativ bedeutungslos war und vor allem vom deutschen Fußball lebte. Im Lauf der folgenden Jahre vergab er zahlreiche Lizenzen und kam mit Generalvertretern ins Geschäft, die den internationalen Absatz in die Höhe schraubten. Überdies festigte er seinen Ruf als kampfeslustiger Außenseiter.

In Lateinamerika, wo Armin nach wie vor von der Verbindung mit Hans Henningsen profitierte, lief das Geschäft besonders gut. Puma stattete die argentinische Nationalelf, die 1978 im eigenen Land die Weltmeisterschaft gewann, fast komplett aus. Zu den Puma-Partnern zählte auch der argentinische Trainer Cesar Luis Menotti. Als ihm bei den Boca Juniors ein kleiner Stürmer auffiel, schickte er den Teenager direkt zu Armin Dassler. Diego Maradona war damals noch so jung, dass sein Vater den Vertrag mit Puma unterschreiben musste. In den nächsten Jahren sollte diese Verbindung dem Puma-Chef zwar einige Kopfschmerzen bereiten, aber sie sorgte dafür, dass Puma im öffentlichen Bewusstsein präsent blieb.

Armin Dassler führte Puma nach wie vor als Familienbetrieb. Viele Jahre lang hatte er die Firma morgens über die Fabrik betreten und all seine Arbeiter persönlich begrüßt. Durch seine Offenheit und Großzügigkeit sicherte er sich die Loyalität seiner Mitarbeiter, aber auch andere profitierten von seinen Eigenschaften. John Akii-Bua zum Beispiel, ein Hürdenläufer aus Uganda, erfuhr Armins Gastfreundschaft, als er in den Siebzigerjahren von dem Diktator Idi Amin drangsaliert wurde und aus seiner Heimat fliehen musste. Armin und Akii-Bua hatten sich in München kennengelernt, wo der Afrikaner in neuer Weltrekordzeit Gold über 400 Meter Hürden holte. Als Armin von den Problemen hörte, in denen der Hürdenläufer steckte, brachte er ihn bei seiner Familie in Herzogenaurach unter und bot ihm eine Position in der Sportpromotion-Abteilung an.

Im Vergleich zu Horst besaß Armin immer noch die Ausstrahlung eines Unternehmers aus der Provinz, der sich bei Braten mit Klößen wohler fühlt als bei Sushi. Dennoch hatte er sich im Sportbusiness als Vorsitzender des Weltverbands der Sportartikelindustrie (WFSGI) etabliert, der sich im Namen der Hersteller für den freien Handel einsetzte. Bei einem Treffen des Verbands ließ er sich sogar dazu überreden, sich mit seinem Cousin Horst an einem Tisch sitzend fotografieren zu lassen.

Andererseits brachte Armin durch seine Impulsivität Puma zuweilen in ernste Schwierigkeiten. Schlimme Folgen hatte zum Beispiel der Bruch mit Beconta im Juni 1979. Die Firma hatte lange Jahre die Exklusivrechte für Puma in den Vereinigten Staaten besessen, und die Verbindung funktionierte gut, bis Armin irgendwann zu der Überzeugung gelangte, Beconta sei ein Bremsklotz, weil das Unternehmen nicht die Mittel hatte, um Puma im ganzen Land voranzubringen. Ein Nachteil bestand auch darin, dass Beconta – anders als die Adidas-Großhändler – das Recht hatte, Puma-Schuhe direkt von den Produktionsstätten in Asien zu beziehen. Von diesen Geschäften erhielt Puma nur die Lizenzgebühren, während für die über Puma Deutschland eingeführten Schuhe der volle Preis fällig war.

»Mit Beconta hätte es wohl immer Probleme gegeben«, meinte Armins jüngerer Bruder Gerd. »Aber ein solches Chaos, wie mein Bruder es verursachte, als er von einem Tag auf den anderen mit ihnen brach, wäre nicht nötig gewesen. Warum Armin damals plötzlich so wütend wurde, weiß ich nicht. Aber von da an herrschte für Puma in den USA ein komplettes Durcheinander.«

Armin bat Dick Kazmaier, früher Großhändler für Converse und Saucony, Beconta in aller Eile durch vier neue Firmen zu ersetzen. Ihre Bestellungen und Marketingaktivitäten sollten durch Puma USA, ein Zentralbüro, das Kazmaier in Boston noch einrichten musste, überwacht werden. Kazmaier selbst übernahm die Versorgung der Ostküste und suchte drei weitere Partner für den Rest des Landes. Der Wechsel wurde in kürzester Zeit vollzogen, aber die Puma-Lieferungen liefen mindestens ein Jahr lang nicht reibungslos, und ausgerechnet in diesem Zeitraum veränderte sich der Markt von Grund auf.

In den folgenden Jahren versuchten die neuen Partner, Armin davon zu überzeugen, dass die Puma-Schuhe für den amerikanischen Markt nicht mehr taugten. Doch ähnlich wie die Konkurrenz auf der anderen Flussseite konnten sie sich nicht verständlich machen und mussten Schuhe vertreiben, die sich »wie Ziegelsteine anfühlten«. Aber die Marke Puma erlitt einen noch schlimmeren Rückschlag, als Armin Kazmaier riet, einen umfangreichen Vertrag mit einem amerikanischen Discounter abzuschließen.

Kazmaier, der gerade nach Edmonton zu den World University Games aufbrach, erhielt im August 1983 einen Anruf von Armin. Armin erklärte, er stecke in der Zwickmühle. »Wie er mir sagte, musste er sein Absatzvolumen steigern, deshalb wollte er bis Anfang September zwei Millionen Paar verkaufen«, erinnert sich Kazmaier. »Zwei Millionen Paar waren damals eine stattliche Menge. So viele Schuhe in so kurzer Zeit konnte man nur verkaufen, wenn man den Massenmarkt ansteuerte.« Das führte zu einem großen Abkommen mit Meldisco, dem Schuh-Franchisepartner von K-Mart, einem großen amerikanischen Einzelhandelskonzern. Offenbar flog Armin eigens nach Boston, um sich eine Kopie der Bestellung abzuholen. Nach Eingang der Bestellung von Meldisco wurden bei Puma Maßnahmen ergriffen, um die Discount-Schuhe von den übrigen zu unterscheiden: Die für den normalen Einzelhandel vorgesehenen Paare wurden in grünen Kartons geliefert, die für Meldisco in weißen.

Bei dem Geschäft war Kazmaier nicht ganz wohl, weil er wusste, dass »die übrigen Generalvertreter nicht begeistert sein würden«. Durch den Absatz über einen Ableger von K-Mart unterminierte er seine eigenen Marketinganstrengungen und würde beim Fachhandel nur Befremden auslösen. Andererseits liefen die Verträge mit den Generalvertretern bald aus, und darin hieß es, dass Puma die Beziehungen ohne Kompensation beenden konnte und lediglich verpflichtet war, die Lagerbestände zurückzunehmen. »Es war praktisch vereinbart, dass wir Geld verdienen sollten, solange der Vertrag lief«, erklärt Kazmaier.

Binnen kurzer Zeit hatte Puma dann die Konsequenzen zu tragen. Foot Locker, die wichtigste Sporteinzelhandelskette der Vereinigten Staaten, beschloss, Puma aus ihren Regalen zu verbannen. Wenn es die Marke auch bei K-Mart gab, war sie nicht mehr interessant.

Ähnlich, wie zuvor sein Cousin Horst agiert hatte, versuchte nun auch Armin, die beiden verbleibenden amerikanischen Generalvertreter Dick Kazmaier und Richard Voit aufzukaufen. Puma USA, unter Kazmaiers Leitung für gemeinsamen Einkauf und Marketing zuständig, sollte zu einem regelrechten Tochterunternehmen ausgebaut werden. Aber schon bald hatte Puma USA mit albtraumartigen Problemen zu kämpfen. Nacheinander versuchten drei Geschäftsführer, den Ruf der Marke zu retten, aber keiner konnte sich länger als ein paar Monate halten. Zu frustrierend war die Zusammenarbeit mit der deutschen Unternehmensleitung, die sich offenbar der Realitäten auf dem amerikanischen Markt nicht bewusst war.

In dieser Situation wandte sich Armin an seinen ältesten Sohn Frank. Der 29-Jährige studierte Jura in Nürnberg. Vor Beginn der Vorlesungen kam der intelligente, fleißige junge Mann täglich in die Firma, wo er eine Forschungsabteilung aufbaute, das sogenannte Laufstudio. Seine Branchenkenntnisse waren allerdings noch sehr begrenzt, und Erfahrungen im Management hatte er noch gar nicht gesammelt. Als Armin dem Vorstand mitteilte, dass er Frank in die USA schicken wollte, um die dortigen Probleme zu lösen, wandten mehrere seiner Manager ein, damit tue er weder Puma noch seinem Sohn einen Gefallen. Auch Frank hatte das Gefühl, das Ansinnen sei »irgendwie verrückt«. Aber Armin setzte sich durch.

Obwohl sich Frank mit Feuereifer auf seine Aufgabe stürzte, konnte er den Zusammenbruch nicht verhindern. Bei einer Besprechung im Februar 1985 warnte er den Vorstand vor dem Absatzeinbruch in den Vereinigten Staaten. Aber das volle Ausmaß der Katastrophe zeigte sich erst im Oktober 1986, wenige Monate nach dem Börsengang. Die Puma-Aktien lagen inzwischen bei dem schwindelerregenden Wert von 1 400 Mark. Als durchsickerte, mit welchen Problemen das Unternehmen in den USA zu kämpfen hatte, fiel der Kurs ebenso steil wieder ab. Es lag auf der Hand, dass Puma das Jahr mit erheblichen Verlusten abschließen würde, die vor allem durch den Einbruch in den Vereinigten Staaten verursacht wurden: Während die Marke dort im Vorjahr noch 180 Millionen Dollar umgesetzt hatte, bewegten sich die Zahlen für 1986 nur noch bei 95 Millionen Dollar. Der in Amerika eingefahrene Verlust von 27 Millionen Dollar zog die gesamte Bilanz in die roten Zahlen.

Das war nicht genug, auch Boris Becker hatte sich zu einer Art Mühlstein entwickelt, der das Unternehmen noch tiefer nach unten zog. Das einstige Vorbild und Sportidol galt mittlerweile als arroganter Lümmel. Ein deutsches Tennismagazin schrieb, Boris Becker sei der aufregendste, aber auch der unattraktivste Tennisspieler noch vor Lendl und McEnroe. Das ganze Land empörte sich, als er, offenbar auf der Flucht vor dem Finanzamt und der drohenden Wehrpflicht, angeblich auf Anraten seines Managers Ion Tiriac nach Monte Carlo übersiedelte. »Die Einzelhändler versicherten uns, die Boris-Becker-Produkte würden sich ohne seinen Namen erheblich besser verkaufen«, seufzte Uli Heyd, Vorstandsmitglied bei Puma.

Puma war jedoch durch eine teure Vertragsänderung gebunden, die Tiriac 1986, kurz nach Beckers zweitem Wimbledon-Sieg, ausgehandelt hatte. Geblendet durch die Becker-Euphorie, hatte sich Armin breitschlagen lassen, eine monströse Vereinbarung zu unterschreiben, die ihm erlaubte, Boris Becker vom Trikot bis zum Tennisschläger auszustatten: Fünf Jahre lang durfte der Tennisstar dafür jährlich 5 Millionen Dollar kassieren; hinzu kamen ansehnliche Provisionen für die Puma-Produkte aus dem Boris-Becker-Sortiment, Nur mit exorbitanten Umsatzsteigerungen hätten sich diese Ausgaben für Puma auszahlen können. Angesichts der Umstände war der Vertrag nicht nur peinlich, sondern ließ auch den Schuldenberg anwachsen.

Das Problem nahm solche Proportionen an, dass Armin und Gerd Dassler im Januar 1987 beschlossen, durch ein privat abgesichertes nachrangiges Darlehen 62 Millionen Mark in die Firma zu pumpen. Doch auch damit ließen sich die nervösen Aktionäre nicht beschwichtigen. Und zwei Monate später kursierte das Gerücht, Puma stehe zum Verkauf. Die Aufregung wuchs, als die Buchprüfer in den folgenden Monaten die Bilanz des Unternehmens durchleuchteten. Nach damaligem Recht musste Puma die Geschäftsergebnisse der britischen und amerikanischen Tochterunternehmen nicht konsolidieren. Unter der Überschrift »Geschäftsgang und Aussichten« hieß es im Emissionsprospekt, dass »der Auftragseingang aus dem USA-Geschäft eine deutlich rückläufige Tendenz erkennen lässt«. Doch die verstimmten Aktionäre warfen dem Puma-Management vor, verschwiegen zu haben, wie tief die Probleme in den Vereinigten Staaten gingen, und damit den Markt irregeführt zu haben. Und selbst die Deutsche Bank geriet als Emissionsinstitut in die Schusslinie.

Noch mehr ergrimmte es die Aktionäre, als die Aktionärsversammlung verschoben werden musste, weil die Buchprüfer ihr Plazet noch nicht gegeben hatten. Mit seiner abfälligen Bemerkung stimmte auch Horst Dassler in den Chor der Kritiker ein. Um den Unfrieden beizulegen, machte Armin den Aktionären das erstaunlich großzügige Angebot, die ausbleibenden Dividenden aus eigener Tasche zu bezahlen.

Nachdem der Ruf des Unternehmens so schwer gelitten hatte, riss die Deutsche Bank die Kontrolle über Puma an sich. Der damalige Vorstandschef Alfred Herrhausen fühlte sich für den Fall persönlich verantwortlich. Schließlich hatte er die Emission der Puma-Aktien gebilligt, die sich nun als Katastrophe erwies. Herrhausen wusste, dass er es sich nicht leisten konnte, Puma den Geldhahn ganz zuzudrehen.

Armins zweitältester Sohn Jörg erinnert sich genau an den Abend, als sein Vater sich in tiefster Depression auf die Couch sinken ließ. Er hatte gerade ein Gespräch mit den Vertretern der Deutschen Bank hinter sich, bei dem er erfahren hatte, dass er sein Unternehmen verlieren würde. »Sie haben Ihre Firma verspielt«, wurde ihm lapidar mitgeteilt.

Kurze Zeit später wurden auch seine beiden älteren Söhne zu einer Unterredung mit den Bankvertretern gebeten. Inzwischen war Frank aus den Vereinigten Staaten zurückgekehrt und hatte sein Jurastudium wiederaufgenommen, nahm sich aber nach wie vor Zeit für Puma. Jörg hatte sich seit Langem auf dem Gebiet der Entertainment-Promotion betätigt und unter anderem dafür gesorgt, dass Elton John, The Scorpions und viele andere Rockbands Puma trugen. Die beiden Brüder wurden unverblümt aufgefordert, ihren Schreibtisch zu räumen. »Nach Ansicht der Bankleute«, erklärt Frank, »war es nicht hinnehmbar, dass wir, nur weil wir Armins Söhne sind, Geld bekommen.«

Gegen die Methoden und Unterstellungen der Bankvertreter war die Familie machtlos. Aufgrund des Darlehens, das Armin im selben Jahr erhalten hatte, konnte die Deutsche Bank praktisch über die

Aktienanteile der Dasslers verfügen. Mitschuld an der resignierten Haltung der Familie hatte aber auch Armins Gesundheitszustand. Vielleicht aufgrund der Malaria, an der er zwei Jahre zuvor erkrankt war, hatte seine Leber schweren Schaden genommen. Widerwillig ließ er sich auf eine Lebertransplantation ein, aber er litt zunehmend unter Müdigkeit und Reizbarkeit.

Die lange aufgeschobene Aktionärsversammlung fand schließlich am 19. Oktober 1987 im Münchner Sheraton Hotel statt. Die Kritik richtete sich dort vor allem gegen die Bankenvertreter im Aufsichtsrat. Wegen seiner Krankheit und seiner großzügigen Geste wurde Armin dagegen weitgehend geschont. Den Aktionären wurde mitgeteilt, dass Armin Dassler sein Unternehmen im Laufe der nächsten Wochen verlassen werde.

Die Firmenleitung sollte danach Hans Woitschätzke übernehmen, der im Sportbusiness bereits Erfahrung besaß. Der schlaksige Manager hatte Anfang der Achtzigerjahre den Skihersteller Kneissl übernommen, als der kurz vor der Pleite stand. Woitschätzke traf mit dem Puma-Aufsichtsratvorsitzenden Manfred Emcke und mit Alfred Herrhausen zusammen, die ihn dazu überredeten, das gebeutelte Unternehmen aus der Krise zu führen. »Diese Firma wird nicht bankrottgehen«, versprach Herrhausen.

Die neue Nummer 1 musste in den folgenden Monaten feststellen, dass es das ehemalige Management mit der Buchhaltung nicht gerade genau genommen hatte. »Die Bücher waren voll mit fragwürdigen Geschäften, angefangen mit sonderbaren Ausgaben bis hin zu uneinbringlichen Forderungen, die einfach in einem Offshore-Standort geparkt waren«, erklärte Woitschätzke. »Die Deutsche Bank als Emissionsinstitut hatte offensichtlich ihre Hausaufgaben nicht gemacht. Sonst hätten die Verantwortlichen gesehen, dass Puma auf die Katastrophe zusteuerte.«

Die Versäumnisse hatten aber auch mit dem zwanglosen Gebaren des ehemaligen Vorstands zu tun. Unter Armin waren viele Verträge durch persönliche Beziehungen zustande gekommen. In Dasslers geräumigem Büro gab es eine Bar, die gerne genutzt wurde, wenn Besprechungen bis in die Nacht dauerten. Und anscheinend hatten die Vorstandsmitglieder im Laufe der Jahre ihre Hemmungen weitgehend abgelegt; so hatte jeder der sechs einen eigenen Chauffeur, und nach ihren Spesenabrechnungen zu schließen, so Woitschätzke,

»müssen sie jedes Lokal von Flensburg bis Garmisch-Partenkirchen gekannt haben«. In einem Brief an Armin Dassler ließ die Deutsche Bank außerdem den Vorwurf der »verdeckten Gewinnausschüttung« laut werden.

Noch mehr beunruhigte Woitschätzke, dass das Vermögen der Firma künstlich aufgebläht worden war. Um Licht ins Dunkel zu bringen, stellte er Bernd Szymanski ein, einen anerkannten Finanzexperten. Der neue Finanzleiter beauftragte eine externe Wirtschaftsprüfungsgesellschaft, die einen inoffiziellen Bericht vorlegen sollte. Das Dokument zeichnete ein so ungeschöntes Bild von den verschleierten Verbindlichkeiten des Unternehmens, dass Woitschätzke und Szymanski beschlossen, es zu vernichten. »Wenn der Inhalt dieses Berichts bekannt geworden wäre, hätten wir keine andere Wahl gehabt, als Konkurs anzumelden«, erklärt Woitschätzke. »Das wollten wir aber um jeden Preis vermeiden, weil es verheerende Folgen für die Marke gehabt hätte.«

Die beiden hielten endlose Besprechungen mit den Vertretern der Banken ab, die sich am liebsten von Puma verabschiedet hätten. Doch Alfred Herrhausen hielt sein Versprechen, die Deutsche Bank unterstützte die beiden Manager nach besten Kräften und setzte die übrigen Banken unter Druck, den zugesagten Kreditrahmen nicht zu kündigen.

Um dem Unternehmen wieder auf die Beine zu helfen, räumte Woitschätzke zunächst einmal im Management auf. Von den sechs Vorstandsmitgliedern behielt nur der Justiziar Uli Heyd seinen Job. Gleichzeitig leitete der neue Chef eine, wie er sagte, »schleichende Sanierung« ein. Außer Kontrolle geratene Ausgaben wurden durch eine »Null-Basis-Budgetierung« drastisch gekürzt. Da die Bruttomarge mittlerweile unter 30 Prozent lag, erhielt die Verbesserung der Kostenstruktur gegenüber dem Umsatzzuwachs Vorrang. Woitschätzke schloss sämtliche noch verbliebenen Produktionsstätten in Frankreich und Deutschland und behielt nur einen Versuchsbetrieb in Herzogenaurach. Außerdem versuchte er, Puma aus den Verträgen mit K-Mart zu befreien, die dem Ruf der Marke so geschadet hatten.

Ein weiteres heißes Eisen war der überdimensionale Vertrag mit Boris Becker. Woitschätzke machte sich auf harte Verhandlungen gefasst, als er Ion Tiriac zu einem Gespräch über eine Vertragsanpassung einlud. Zunächst verlangte der Rumäne eisern, Puma müsse die Vereinbarung einhalten. Aber Woitschätzke konnte ihn umstimmen. »Wir haben alle Register gezogen, wir haben gebettelt und gedroht«, so Woitschätzke. Sein stärkstes Argument war, dass »Beckers Ruf noch mehr Schaden nähme, wenn sich herausstellen würde, dass Puma in den Bankrott getrieben wurde, nur weil Boris uns Jahr für Jahr 5 Millionen Dollar abknöpfte«. Dem Vertrag zufolge musste Puma noch mindestens 20 Millionen Dollar auszahlen. Tiriac war schließlich bereit, sich mit einer Zahlung von 4 Millionen zufriedenzugeben, ergänzt durch einen Besserungsschein. Falls Puma in den nächsten fünf Jahren Gewinne machte, hatte Becker Anspruch auf maximal 20 Prozent dieser Summe.

Unterdessen handelte die Deutsche Bank die letzten Details zum Verkauf von Puma aus. Für die Übernahme interessierte sich BTR, ein britischer Mischkonzern, zu dem auch Dunlop, der langjährige Puma-Großhändler für Großbritannien, zählte. Eine abschließende Besprechung sollte im Münchner Hotel Vierjahreszeiten stattfinden. Doch als die Deutschen den vorbereiteten Vertrag vorlegten, stellten die Briten eine weitere Forderung. Manfred Emcke, der Vorsitzende des Puma-Aufsichtsrats, den die Deutsche Bank mit dem Verkauf des Unternehmens betraut hatte, war so wütend, dass er die Gespräche abbrach.

Mehrere Monate später brachte Hans Woitschätzke einen Gast mit in das Puma-Gebäude, einen »Herrn Müller«, wie er den Vorstandsmitgliedern erklärte, der von einer ausländischen Bank komme, um Einzelheiten über Strategie und Aussichten des Unternehmens in Erfahrung zu bringen. Nach der Präsentation holte Uli Heyd den Hut des Bankiers und bemerkte die Initialen an der Innenseite: KJ. »Ha, Herr Müller, ich wusste gar nicht, dass Sie Hüte klauen«, scherzte Heyd. Klaus Jacobs fragte sich mit gequältem Lächeln, ob der Puma-Justiziar seine Tarnung entlarvt hatte. Der Besitzer von Jacobs Suchard hatte sich auf Drängen von Emcke und Woitschätzke eines falschen Namens bedient, weil beide heftige Reaktionen des deutschen Einzelhandels befürchteten, wenn die Identität des potenziellen Investors bekannt werden würde – eine Vorsichtsmaßnahme, die sich als unnötig erweisen sollte, da Jacobs das Angebot ablehnte.

Nach mehreren Absagen wurde die Deutsche Bank allmählich nervös. Woitschätzke hatte aber noch einen Vorschlag auf Lager:

Cosa Liebermann, die Schweizer Holdinggesellschaft, die die Puma-Lizenz für Japan innehatte und sich um die Produktion im Fernen Osten kümmerte. Vor seinem Wechsel zu Puma war Woitschätzke einflussreiches Aufsichtsratsmitglied bei dem Unternehmen gewesen (ein Posten, den er niederlegte, um Interessenkonflikte zu vermeiden). In der Zwischenzeit waren die Fernostgeschäfte mit Cosa Liebermann abgeblasen, aber der Absatz von Puma-Produkten in Japan war nach wie vor ein bedeutender Geschäftsbereich der Firma.

Puma war inzwischen weit mehr als ein kleinerer Sparringspartner von Adidas; dank faszinierender Sporthelden und aggressiver Taktiken, die das moderne Sportbusiness mitbegründeten, hatte die Marke eine eigene Identität gewonnen. Doch die unklugen Entscheidungen der vergangenen Jahre hatten gereicht, um das Gewonnene zu verspielen. Nach zweijähriger Aufräumarbeit machte das Unternehmen immer noch Verluste und hing am Tropf der Banken. Die Geldgeber hatten so viele Absagen eingesteckt, dass sie sich an kleinere Partner halten mussten, um sich aus diesem Sumpf zu befreien. Im Mai 1989 verkauften sie zutiefst erleichtert die 72-prozentige Beteiligung der Dasslers an Cosa Liebermann; der Preis lag schätzungsweise bei 43,5 Millionen Dollar, die zur Hälfte als Geldspritze dem Unternehmen zugutekommen sollte; der Rest ging an die Verkäufer.

Nach Ansicht der Deutschen Bank hätte dieser Teil der Zahlung direkt auf ihr Konto fließen sollen. Zwar hatte das Geldinstitut der Familie schon einen Teil des vor zwei Jahren aufgenommenen Kredits erlassen, aber die Hälfte der Schuld bestand noch. Dennoch konnte Woitschätzke die Deutsche Bank überzeugen, den Dasslers wenigstens einen Teil des Verkaufserlöses zu überlassen. Durch einen schließlich erzielten Kompromiss erhielten die ehemaligen Eigentümer von Puma nach seiner Einschätzung 20 Millionen Mark.

Damit hatte die Deutsche Bank die letzten Verbindungen zwischen Puma und den Dasslers gekappt. Frank und Jörg, die beiden älteren Söhne Armins, würden nicht in das Unternehmen zurückkehren. Ihr Halbbruder Michael studierte noch, als Puma verkauft wurde; letztlich erhielt keines der Kinder Armins die Chance, bei Puma Karriere zu machen. Das Unternehmen war kein Familienbetrieb mehr, und offenbar konnten es die neuen Eigentümer kaum abwarten, das Erbe der Familie in der Firma auszulöschen.

Armin wurde unterdessen immer häufiger von Depressionen geplagt. Seine Leber, die ihm schon seit Längerem Beschwerden bereitete, war von Krebs befallen, der rasch auf die Knochen übergriff. Nach einer kurzen Chemotherapie wurde ihm geraten, wieder nach Hause zu gehen. Im Alter von 61 Jahren verstarb er am frühen Nachmittag des 14. Oktober 1990. Zwar hatte der Krebs seinen Körper zerstört, aber Armins Familie ist nach wie vor überzeugt, dass es der Verlust seines Unternehmens war, der ihm den Todesstoß versetzte. »Um es so auszudrücken«, sagt Irene Dassler, die Witwe, »gekämpft hat er sowieso nicht.«

Kapitel 22

Die Schweizer Armada

Während das schwere Krebsleiden den Tod Armins bereits hatte erahnen lassen, traf Horsts Tod im April 1987 seine Schwestern völlig unvorbereitet. Angesichts der Schwierigkeiten, in denen das Unternehmen steckte, hätten sie sofort Manager von Format mit einer gründlichen Sanierung beauftragen müssen. Die Dassler-Schwestern aber meinten, Adidas sei ohne Unternehmensleiter besser dran. Bei einer Besprechung zwei Wochen nach dem Tod ihres Bruders beschlossen sie, der Vorstand solle in seiner bisherigen Zusammensetzung nach dem Grundsatz der »Gleichberechtigung und Kollegialität« weiterarbeiten. Andererseits sollte auch der Beirat, der paritätisch mit Familienmitgliedern und Außenstehenden besetzt war, »wesentliche Verantwortung« tragen. Das hieß, die Schwestern würden jede Entscheidung maßgeblich beeinflussen.

Horsts engste Mitarbeiter beobachteten bestürzt, was seine Schwestern mit seinem Erbe anstellten. Zunächst einmal verbrachten sie Wochen damit, das Unternehmen ihres verstorbenen Bruders zu durchstöbern. »Auf einmal ist die deutsche Armada hier eingefallen«, seufzt Jean Wendling, damals für Sarragan France zuständig. »Die Familie ordnete eine Überprüfung unserer gesamten Tätigkeiten an. In meinem Büro erschienen sie genauso unangekündigt wie bei mir zu Hause. Sie wollten alles herausfinden, was Horst vor ihnen verheimlicht hatte.« Den deutschen Managern und Familienmitgliedern folgten alsbald die Anwälte.

Anfang Mai wurde dem Beirat der McKinsey-Bericht vorgelegt, der den lange gehegten Verdacht der Familie bestätigte. Sofern nicht schnellstens auch der Rest der Produktion in den Fernen Osten verlagert werden würde, steuerte Adidas auf den Abgrund zu. Beirat und Adidas-Führung nahmen die Ergebnisse ernst, aber mit der Durchführung der Aufräumarbeiten beauftragten die Schwestern keinen

Hat gut lachen. Nike-CEO Phil Knight genießt an der Seite von Sarah Ferguson im September 1996 ein Halbfinalmatch in Flushing Meadows.

anderen als Albert Henkel, den Horst verabscheut hatte. Der Nürnberger Rechtsanwalt hatte sich nach Adi Dasslers Tod als Testamentsvollstrecker das Vertrauen der Witwe und ihrer Töchter erworben. Auch nach Käthes Tod bot er den Hinterbliebenen seine Unterstützung an. Horsts Schwestern sahen in ihm einen vertrauenswürdigen Berater – und einen unparteiischen Verbündeten, der ihre Konflikte beilegen und ihnen angesichts der Ungewissheit der kommenden Monate beistehen würde.

Im Juli wurde er schließlich zum Generalbevollmächtigten ernannt. Sobald sich Albert Henkel im Chefsessel niedergelassen hatte, zeigte sich mit peinlicher Klarheit, wie wenig er der Führungsrolle gewachsen war. Seine engen Beziehungen zu Horsts Schwestern und seine Erfahrung als Anwalt reichten nicht aus, um ein weltweit operierendes Unternehmen zu leiten – geschweige denn, es aus der Krise zu führen. Doch leider waren Henkel selbst und die Erbinnen die Einzigen, die das nicht begriffen.

Endlich den staubigen Akten seiner Nürnberger Kanzlei entronnen, gefiel sich Henkel nun in der Rolle des Wirtschaftsmagnaten, der sich mit Vorliebe in der Schickeria bewegte. Die Adidas-Manager beobachteten sein Treiben halb mitleidig, halb verzweifelt. »Er hielt sich für den lieben Gott persönlich, hatte aber keine Ahnung«, erinnert sich ein ehemaliges Vorstandsmitglied. Andere hielten Henkel für »einen Vollidioten«, »überschlau« und »einen schlechten Witz«. Noch schlimmer, er schaute oft »viel zu tief ins Weinglas«.

Im August 1987 sollte Albert Henkel auf der ISPO der Presse vorgestellt werden. Als der Anwalt den Konferenzraum betrat, spitzten die Journalisten ihre Stifte. Adidas schnitt auf dem Markt miserabel ab, und die Reporter wollten wissen, was der neue Chef dagegen zu unternehmen gedachte. Public-Relations-Manager Klaus Müller war mulmig zumute, als er auf dem Podium Platz nahm. Zweifellos würde man Henkel mit Salven scharfer Fragen zu Leibe rücken, und wahrscheinlich würde der neue Unternehmensleiter Adidas schrecklich blamieren.

Irgendwie gelang es Albert Henkel, sich selbst zu übertreffen. »Es war eine Katastrophe«, erinnert sich Müller. Einige Journalisten, die sich einen Reim auf Henkels Antworten machen wollten, seufzten hörbar. Andere legten genervt den Stift beiseite, wieder andere verfassten verächtliche Kommentare, die der Moral bei Adidas einen weiteren Schlag versetzten. Ein besonders verheerender Bericht erschien im *manager magazin,* das den »vor Selbstbewusstsein strotzenden« Henkel mit der Überschrift »Der Champion macht schlapp« auf das Titelblatt der Septemberausgabe setzte.

Das vernichtende Presseecho war der Auslöser für eine Managementrevolte. Während Nike und Reebok den Markt unter sich aufteilten, schoss sich der Adidas-Vorstand auf Henkel ein. Konsens im Vorstand war: Betriebsinterne Konflikte wurden erst einmal zurückgestellt – die Entfernung Albert Henkels hatte Vorrang. Wenn er blieb, hatte Adidas keine Überlebenschance, und die Vorstandsmitglieder würden wie Idioten dastehen.

An die Spitze der Kampagne gegen Henkel stellte sich René Jäggi, der temperamentvolle Schweizer, den Horst als Marketingleiter engagiert hatte. Zwei Monate lang führte Jäggi regelmäßig Gespräche mit Hans-Günter Essing, dem Ehemann von Horsts Schwester Karin, der als Mittelsmann zwischen der Familie und den Managern fungierte. Dabei stimmte Jäggi ein Klagelied über Henkel an: »Mit Henkel am Ruder hat dieses Unternehmen keine Chance, und ich will nicht auf der ›Titanic‹ feiern.« Sofern kein radikaler Kurswechsel erfolge, stehe ein Exodus des Managements bevor.

Schließlich hatten diese immer dringlicheren Vorhaltungen Erfolg: Jäggi selbst wurde zum Vorstandsvorsitzenden ernannt, und Albert Henkel musste gehen.

Als er es sich im größten Büro der Vorstandsetage bequem gemacht hatte, staunte René Jäggi über sein Schicksal. Da stand er nun, gerade 38 Jahre alt, an der Spitze eines Unternehmens von Weltrang. Natürlich war sein Aufstieg durch Umstände beschleunigt worden, die niemand geahnt hatte, angefangen mit Horst Dasslers plötzlichem Tod bis hin zum Aufstand gegen Albert Henkel. Aber zweifellos hatte Jäggi sein Blatt gut gespielt. Wie er selbst erklärte, war er zum ersten Mann bei Adidas aufgestiegen, indem er stets – wie ein Hai – in Bewegung blieb. »Das ist der einzige Fisch, der nicht ruhig stehen bleiben kann, sonst sinkt er. Dadurch hat er eine unheimlich elegante Schwimmbewegung«, verriet er dem *Playboy*.

Außerdem besaß Jäggi das Charisma, das der Leiter eines Sportkonzerns nun einmal benötigt: Ob mit Fußballern, aalglatten Sportfunktionären oder Politikern, er traf immer den rechten Ton. Hochgewachsen, breitschultrig und kühlen Charme verbreitend, hätte er sich auch als Star eines Kassenschlagers Marke Hollywood gut gemacht. Und da er überdies noch freundlich, witzig und kontaktfreudig war, ging jeder gern mit ihm auf ein Bier. Nur die allerkonservativsten deutschen Bankiers empfanden leises Unbehagen bei der Vorstellung, dass dieser allzu junge Mann einige Stufen auf der Karriereleiter übersprungen hatte.

René Jäggis unspektakuläre Jugend hatte eine überraschende Wendung genommen, als er sich 1970 ein One-Way-Ticket nach Tokio kaufte. Der 21-Jährige hatte nicht nur Philosophie und Sport studiert, sondern war auch bei Judowettkämpfen zu Ehren gelangt. Mit dem schwarzen Gürtel im Gepäck reiste er nach Japan, um sich auf die Olympiade von 1972 vorzubereiten. An den Spielen von München nahm er dann zwar doch nicht teil, aber er lernte fließend Japanisch und knüpfte Kontakte, die ihm in den folgenden Jahren aus mancher Klemme halfen.

Jäggi war Generaldirektor beim Batterienhersteller Daimon Duracell, als sich die Chance bei Adidas bot. Als sportlicher Manager, der fünf Sprachen fließend spricht, besaß er genau das Profil, das auf Horst Dassler verführerisch wirkte. Seither lebte der Schweizer nach dem einprägsamen Motto, das einst gerahmt in seinem Büro hing: »Es gibt drei Sorten von Menschen: Die einen sorgen dafür, dass etwas passiert, die anderen sehen zu, wie etwas passiert, und die Dritten fragen sich, was jetzt schon wieder passiert ist.«

Nach Horsts Tod griff Jäggi alsbald nach der Macht. Im Prinzip sollten die Vorstandsmitglieder gleichberechtigt sein, aber Jäggi etablierte sich als Führungsfigur, indem er seine Kollegen mit Memos überhäufte und den Kontakt zur Familie suchte. Verblüfft beobachteten die anderen, was da ablief. Zwar fühlten sie sich von Jäggi untergebuttert und glauben bis heute, er habe den Bericht im *manager magazin* untergebracht, mit dem Henkels Niederlage besiegelt wurde. Aber das Unternehmen brauchte so dringend einen neuen Chef, dass die Vorstandsmitglieder es vorzogen, Jäggis aufdringliches Vorgehen einfach hinzunehmen.

Im Gegensatz zu Horst, der die Verlagerung der Produktion in den Fernen Osten nur sehr zögerlich angegangen war, sorgte Jäggi unter Berufung auf die McKinsey-Studie dafür, dass mehrere tausend Mitarbeiter entlassen wurden. Uwe Breithaupt, der im Vorstand für die Schuhproduktion zuständig war, verließ das Unternehmen. Nun wurde Michel Perraudin, der Verfasser des McKinsey-Berichts, in den Vorstand berufen, um noch radikalere Maßnahmen durchzuführen. Unterdessen sah sich die Familie Dassler mit Tausenden von Demonstranten vor ihren Toren konfrontiert. »Hemden, Hosen, dreigestreift, Arbeitnehmer eingeseift«, skandierten die empörten Arbeitslosen, und auf den Transparenten, die wütende Zuschauer auf deutschen Fußballplätzen fernsehgerecht in die Höhe hielten, hieß es: »Schuhe macht die Dritte Welt, Adidas das große Geld.« Die Zahl der weltweit Beschäftigten sollte innerhalb von vier Jahren von 14 500 auf 7 000 reduziert werden.

Zu den Altlasten aus dem Dassler-Erbe zählte auch die enorme Produktpalette, die Adidas anbot. Zu den Kuriosa, die der neue Chef entdeckte, gehörte die Ausrüstung für das Boßeln, eine wenig bekannte Sportart, die damals lediglich auf friesischen Straßen praktiziert wurde. »Der Warenbestand wurde auch durch Curlingschuhe in Größe 16 blockiert«, erklärt Marketingmanager Roddy Campbell. Dass Adi Dassler sich so hartnäckig darum bemüht hatte, jeden Sportler mit dem bestmöglichen Schuh auszustatten, war das Erfolgsrezept von Adidas gewesen, aber jetzt erstickte die schiere Bandbreite der Produkte das Unternehmen. In den nächsten vier Jahren wurde die Produktpalette um über 60 Prozent reduziert.

Eine weitere kostspielige Hinterlassenschaft waren all die Athleten, aber auch die Nichtsportler, die von Adidas Geld bekamen. Übertrieben großzügig erschien es Campbell zum Beispiel, dass Franz Beckenbauer nach wie vor jährlich eine Million Mark erhielt, obwohl er längst nicht mehr aktiv war. Haarsträubend war auch, dass Adidas als Sponsor fast sämtlicher Bundesligamannschaften auftrat und Promotionexperten sich überdies bemühten, die verbliebenen zwei Vereine auch noch unter Vertrag zu nehmen. Merkwürdig fand Campbell ferner die regelmäßigen Zahlungen an den Sohn von Juan Antonio Samaranch. Der Marketingleiter überprüfte, ob eine Geschäftsbeziehung bestand, musste aber feststellen, dass der junge Mann offenbar nur deshalb auf der Liste stand, weil er »Samaranchs Sohn war«. Bei seinen Nachforschungen stieß Campbell immer wieder auf undurchsichtige Zahlungen an Sportfunktionäre und Mitarbeiter von Rundfunkanstalten, die umgehend gekappt wurden. Schwer zu verkraften waren die Kürzungen allerdings für Empfänger, die das Geld von Adidas wirklich für ihre Athleten brauchten. Nicht nur in Moskau brach Panik aus, als sich Adidas anschickte, die Werbeverträge neu auszuhandeln.

Eine besonders dornige Angelegenheit war die Demontage der Unternehmensbereiche, die Horst Dassler in Frankreich geschaffen hatte. Das in Landersheim aufgebaute Imperium verursachte dem neuen Chef besondere Bauchschmerzen, denn dieser Überrest der alten Ordnung war in seinen Augen ein Musterbeispiel für die Absurditäten, die die Entwicklung von Adidas blockierten. Auch bei diesem Problem fackelte der Schweizer nicht lange und beherzigte einen anderen seiner Wahlsprüche: »Als Hannibal im Gewaltmarsch die Alpen überquerte, gab es auch einige Abstürze.« Jean Wendling, der dortige Chef der Textilabteilung, seufzte: »Nachdem der Chef gestorben war, hieß es ›Deutschland über alles‹. Adidas France wurde praktisch zerstückelt.«

Besonders misstrauisch reagierten die Franzosen auf die Gründung eines neuen Textilentwicklungszentrums in den ehemaligen Stallungen von Bourron-Marlotte, einem Schloss in Fontainebleau. Durch die Eröffnung eines neuen Centers bei Paris könne Adidas, so meinte Jäggi, vom kreativen Flair der Hauptstadt profitieren. Das feudale Anwesen wurde stilvoll und aufwendig renoviert – unter anderem erhielt es einen Swimmingpool auf dem Dach. Aber jeder Bewohner der Hauptstadt hätte Jäggi verraten können, dass man von Paris nach Fontainebleau, das von einem felsigen Wald und ausgedehnten Getreidefeldern umgeben ist, mindestens eine Stunde braucht. Hier einen Modebetrieb einzurichten war, als würde man auf dem Dach des Empire State Building einen Biobauernhof ansiedeln.

Während sich Nike und Reebok anschickten, die Marktanteile von Adidas in Europa zu erobern, entwarf René Jäggi eine umfassende Strategie zur Sanierung des Unternehmens, die im Lauf der nächsten fünf Jahre umgesetzt werden sollte. Damit wollte er das Problem in den USA lösen, den japanischen Markt weiter erschließen und die Lagerbestände drastisch reduzieren. Um mit Nike fertig zu werden, dachte er sich aber noch einen anderen Plan aus.

Mit dem »Air«, einem Sportschuh, dessen Fersenbereich eine Luftpolsterung enthielt, hatte Nike einen großen Sprung nach vorn geschafft. Das Verkaufsargument lautete, dass die Luftpolster Basketballspielern höhere Sprünge ermöglichte. Dass diese Behauptung lächerlich war, hatte nichts zu sagen: Jedes Mal, wenn Michael Jordan ein Spiel für seine Mannschaft entschied, griffen die Kunden begeistert zu Nike-Schuhen.

Adidas' Rache hieß »Torsion«. Leiter dieses ehrgeizigen Projekts war Bernd Wahler, der erste globale Produktmanager des Unternehmens. Mit großem Tamtam wurde es im Sporthotel Herzogenaurach den Vertriebspartnern präsentiert. Wahler hatte Vertreter aus aller Welt eingeladen, um mitzuerleben, wie ein zehn Meter langes Modell des Schuhs unter Rauchwolken aus einem Kasten auftauchte. Hinter dem Hotel war ein Festzelt errichtet worden, um die Markteinführung mit über zweihundert internationalen Adidas-Mitarbeitern zu feiern. Wahler erinnert sich, dass große Begeisterung herrschte und die Stimmung »viel ausgelassener war als sonst«. Die Adidas-Manager hofften, dass der »Torsion« ebensolche Erfolge feiern würde wie Nikes »Air«.

Kreiert hatten den Schuh angesehene Professoren für Biomechanik. Ihr Grundprinzip war: eine in der Mitte flexible Außensohle zugunsten eines natürlichen Bewegungsablaufs. Das Konzept an sich sollte sich bewähren und wurde später unter anderen Namen von konkurrierenden Unternehmen immer wieder kopiert. Das Problem war nur, dass man den »Torsion«, anders als den »Air«, nicht mit einem Satz erklären konnte. Wenn die Adidas-Vertreter in Sportgeschäfte gingen, um den neuen Schuh vorzustellen, dann mussten sie komplizierte Vorrichtungen und Skelettmodelle des menschlichen Fußes mitbringen.

Noch schlimmer war der Name, den sich die Marketingexperten ausgedacht hatten. Zunächst wollten sie den neuen Schuh »Freedom« nennen, doch als die Kataloge schon gedruckt waren, stellte sich heraus, dass die Bezeichnung schon für ein Sortiment von Hygieneartikeln für Damen angemeldet war. Als man sich für den neuen Namen entschied, hagelte es aber Beschwerden von Ländermanagern, denn »Torsion« steht eigentlich für schraubenförmige Verdrehungen oder auch Formveränderung fester Körper – also irgendwie für schmerzhafte Verletzungen. »Danke für den verstauchten Knöchel«, lautete der Kommentar von Gerhard Prochaska, der damals Adidas France leitete.

Auch die Werbekampagne um den »Torsion« weckte keine große Begeisterung. Der Slogan »I want. I can« – »Ich will. Ich kann« – sollte Einblick in die Psyche eines Erfolgssportlers geben. Werbespots zeigten Athleten, die am Startblock kauerten und die Rennbahn ins Auge fassten. Ganz in Schwarz und Gelb gehalten, sollten die Aufnahmen einen surrealistischen Eindruck vermitteln, aber in den Reaktionen, die Roddy Campbell erhielt, fiel häufiger der Begriff »teutonisch«.

Trotz aller Anstrengungen sah es also nicht so aus, als könnte Nikes Vormarsch gestoppt und Adidas aus der Sackgasse manövriert werden.

Kapitel 23

Das Schlangennest

Alle, die in diesem Dokument blätterten, mussten schwer schlucken. Nach der getrübten Wahrnehmung der Dassler-Jahre präsentierte dieser Bericht plötzlich ein scharfes Bild von Adidas – und das sah ziemlich furchterregend aus.

Nach und nach waren die Zahlen ans Licht gekommen, als die Adidas-Manager, McKinsey-Mitarbeiter und andere Berater das verschlungene Gebilde zerlegten, das Horst Dassler geschaffen hatte. Nach der Integration Verlust bringender Tochtergesellschaften, dem Verkauf einiger Unternehmensbereiche und monatelangem Aufarbeiten der Zahlen hatte McKinsey eine durchschaubare konsolidierte Bilanz vorgelegt. Die schmerzlichsten Verluste wurden in den Vereinigten Staaten verbucht. Hier mühten sich neu engagierte Manager mit dem Zusammenschluss von vier zuvor selbstständigen Unternehmen mit vier nichtkompatiblen Computersystemen und vier Warendepots ab, in denen sich überholte Bestände türmten. Die einstigen Generalvertreter hatten dafür gesorgt, dass ein Großteil ihrer Mitarbeiter bei Adidas beschäftigt blieb, aber diese verloren bald ihre Illusionen.

Die Umstellung gestaltete sich noch komplizierter durch einige absurde Lösungen, die das für Adidas USA angeworbene Team ersann – wie etwa den Neubau eines Adidas-Warenlagers in Spartanburg, South Carolina. Dass hier Geld investiert wurde, war merkwürdig genug, aber vollends katastrophal war die Entscheidung, einen Entertainmentspezialisten mit der Einrichtung des Lagerhauses zu beauftragen. Der legte, wie er es wohl gewohnt war, die Regale auf die Lagerung von CDs aus, sodass die Schuhkartons ständig herauszukippen drohten – für Adidas waren sie also denkbar ungeeignet.

Die Verkaufsexperten von Adidas konnten sich selbst ein Bild von den Problemen machen, als sie aus dem ganzen Land zu einem Treffen in Spartanburg zusammengetrommelt wurden. Dort erhielten sie statt des Motivationsvortrags, mit dem sie gerechnet hatten, den Auftrag, ihre eigenen Bestellungen im Lagerhaus zusammenzusuchen. »Da liefen nun die Verkaufsleute durch das ganze Warenlager und suchten ihre Kartons zusammen«, erinnert sich Tim Engel amüsiert, ehemals Verkaufsleiter bei Ralph Libonati.

Am schlimmsten wirkte sich aber aus, dass das amerikanische Verkaufsteam keinerlei Orientierung hatte. In den drei Jahren, die auf den Buy-out der amerikanischen Generalvertreter folgten, gaben sich bei Adidas USA fünf verschiedene Geschäftsführer die Klinke in die Hand, aber keiner erwies sich als der geniale Macher, der tatsächlich eine Lösung parat hatte, um die Pleite abzuwenden. Die Marke erlitt einen kapitalen Absturz: In weniger als zehn Jahren zerbrach der Marktanteil von Adidas in den Vereinigten Staaten von über 70 Prozent auf unter 5 Prozent.

Die amerikanische Adidas-Tochter kam auch nicht aus den roten Zahlen heraus – die jährlichen Verluste beliefen sich auf mindestens 30 Millionen Dollar. Das schadete der Marke und schnürte dem Unternehmen allmählich die Luft ab. Die Probleme verschärften sich noch durch eine weitere kostspielige Firmenübernahme in Großbritannien, wo sich Adidas von Umbro getrennt hatte. Diese Verluste fielen in der von McKinsey vorgelegten Bilanz besonders schwer ins Gewicht. Aber einen echten Schock erlebten die Vorstandsmitglieder, als René Jäggi sie über die Kapitalausstattung des Unternehmens aufklärte. Hatte die Eigenkapitalquote 1981 im Verhältnis zur Bilanzsumme noch 100 Prozent betragen, so belief sie sich 1988 nur noch auf 47 Prozent. Und die konsolidierten Zahlen nach der Wertberichtigung, die sich durch die Schließung mehrerer deutscher und französischer Fabriken ergab, wiesen nur noch jämmerliche 23 Prozent aus.

Unter den gegebenen Umständen manövrierte René Jäggi mit großem Geschick. Den Kontakt mit den Erbinnen pflegte er sorgfältig, und er schonte deren Protegés im Unternehmen. Der Geschäftsführer konnte den Aktionären überzeugend versichern, dass die Restrukturierungsmaßnahmen sich allmählich auszahlten, und gleichzeitig stellte er klar, dass sie sich angesichts der gefährlichen finanziellen Situation nicht in Sicherheit wiegen durften. Mit Hinweis auf die neuesten McKinsey-Ergebnisse erklärte Jäggi, dass die unverzichtbaren Schließungen und Kürzungen nicht ohne eine kräftige Finanzspritze abgeschlossen werden könnten. Dafür seien mindestens 300 Millionen Mark erforderlich; und er erkannte vollkommen richtig, dass die Dassler-Schwestern einen solchen Betrag nicht aus dem Hut zaubern konnten. Die offenkundige Lösung bestand darin, Teile des Unternehmens zu verkaufen.

Ohne eine Änderung der Satzung war das aber nicht durchführbar. Nach wie vor wurde Adidas von der 1984 gegründeten Adi Dassler Stiftung & Co. KG regiert, und daher war es für Investoren kompliziert und unattraktiv, in die Firma einzusteigen. Um finanzkräftige Partner anzulocken, musste Adidas in eine Aktiengesellschaft umgewandelt werden. Für diesen Schritt setzte sich Jäggi mit ebensolchem Nachdruck ein wie die beiden Bankenvertreter im Beirat, die sich allmählich Sorgen um die Rückzahlung der Kredite machten.

Jäggi konnte man für die schweren Finanzprobleme der Firma nicht verantwortlich machen. Die Berichte der Unternehmensberater stützten seine Sicht der Dinge, und es war ja nicht seine Schuld, wenn den Schwestern die nötigen Mittel fehlten. Dennoch kam ihm die Situation gut zupass. »Jäggi ist in allererster Linie ein Macher«, urteilte ein Vorstandsmitglied. »Er hatte schon immer im Sinn, einen Teil des Unternehmens zu kaufen.«

Während die Juristen an der Satzung arbeiteten, lud der rege Schweizer seine engsten Berater zu vertraulichen Gesprächen nach Herzogenaurach ein. Der schottische Marketingmanager Roddy Campbell und der ehemalige McKinsey-Mann Michel Perraudin lauschten aufmerksam, als Jäggi ihnen seine Pläne enthüllte. Um die Dassler-Schwestern loszuwerden, wollte er einen Buy-out inszenieren.

In Gesprächsrunden mit befreundeten Bankfachleuten in Basel gewann das Projekt Konturen. Nach Jäggis Vorstellungen sollte sich die Übernahme des Unternehmens auf Aktionäre aus den drei größten Adidas-Märkten stützen: Europa, Japan und die Vereinigten Staaten. Das Management würde einfach auf den fahrenden Zug aufspringen. Ein europäischer Partner war bald gefunden. Klaus Jacobs, der Eigentümer von Jacobs Suchard, war seit seiner Stippvisite bei Puma bereits mit Herzogenaurach vertraut. Als Mitglied des Aufsichtsrats von Jacobs Suchard konnte Jäggi Jacobs für den Einstieg bei Adidas interessieren. Die japanische Flanke sollte von Descente abgedeckt werden, einer Firma, die seit Langem Lizenzen für Adidas und Le

Coq Sportif besaß. Wer in den USA investieren sollte, wurde Jäggi klar, als er am Flughafen die internationale Presse durchsah. Eine Schlagzeile meldete, dass Peter Ueberroths Übernahmeangebot für die Fluggesellschaft Eastern Airlines gescheitert war.

Durch die Olympiade von Los Angeles 1984, die noch nie da gewesene Gewinne abgeworfen hatte, war Ueberroth, der damalige Chef des Organisationskomitees, zum gefeierten Unternehmer geworden. Gemeinsam mit mehreren erprobten Führungskräften gründete er daraufhin die Contrarian Group, deren Geschäft es war, im Sinne einer »freundlichen Übernahme« in unterbewertete Unternehmen zu investieren und anschließend eigene Manager abzustellen, um bei der Rettung des Unternehmens mitzuwirken, in das die Investition geflossen war. Zu den Contrarians zählten namhafte amerikanische Führungskräfte wie John Martin und Andy Hines, ehemals bei RJR Nabisco, einem Unternehmen, das im Mittelpunkt des spektakulärsten kreditfinanzierten Buy-out der Achtzigerjahre stand. Durch die Spiele von Los Angeles hatte Peter Ueberroth größten Einfluss auf das amerikanische Sportbusiness gewonnen. Vom *Time Magazine* zum Mann des Jahres gewählt, galt der gewandte Kalifornier als die treibende Kraft hinter der »wiederauflebenden unternehmerischen Tatkraft und Zuversicht in Amerika«. Seiner plötzlichen Eingebung folgend, eilte René Jäggi zum öffentlichen Fernsprecher des Flughafens. Wenn jemand den absoluten Zerfall der Dasslers aufhalten konnte, dann war es Peter Ueberroth.

Jäggi war selbst erstaunt, wie schnell er Ueberroth für sein Vorhaben gewinnen konnte. Man vereinbarte, dass die Contrarian Group das Management von Adidas USA übernehmen sollte. Die Änderung der Unternehmenssatzung, die Anfang 1989 in Kraft trat, ermöglichte es Jäggi, einen Teil der Vergütung durch Aktienoptionen zu regeln. Peter Ueberroth erhielt ein Vorkaufsrecht für 45 Prozent von Adidas USA sowie für kleinere Anteile von Pony und Le Coq Sportif USA, das bis Ende 1991 galt. Überdies wurde er mit weiteren Optionen für 4 Prozent von Adidas sowie einem Sitz im Aufsichtsrat des Unternehmens bedacht. Der Schritt wurde mit Erleichterung aufgenommen: Jäggi erntete großes Lob, weil er einen so fähigen und einflussreichen Manager hatte gewinnen können. Doch es sollte sich herausstellen, dass er mit Ueberroth den Zufall der Familie ins Rollen gebracht hatte.

Nach Horst Dasslers Tod hatten seine Kinder Suzanne, damals Anfang zwanzig, und Adi zusammen 20 Prozent von Adidas sowie einen Sitz im Beirat erhalten. Die beiden jungen Leute, die das Erbe ihres Vaters schützen wollten, hatten auch durchaus vor, ihren Einfluss geltend zu machen. Aber Horsts Schwestern waren davon alles andere als begeistert. Wie Suzanne später französischen Reportern berichtete, fühlten ihr Bruder und sie sich von den Tanten in Herzogenaurach verfolgt: »Sie haben uns nichts erspart. 48 Stunden nach dem Tod meines Vaters standen sie bei uns in Luzern vor der Tür und haben von uns verlangt, Dokumente hinsichtlich der Erbschaft zu unterschreiben.« Horsts Kinder fanden dieses Vorgehen absolut pietätlos und weigerten sich. Von nun an ließen die Schwestern ihre Nichte und ihren Neffen immer wieder wissen, dass sie an ihren Beiträgen nicht interessiert seien. »Man hat ihnen praktisch nahegelegt, sich zu verziehen«, stellte Bernard Odinet fest.

Offenbar wollten Horsts Schwestern alles abschütteln, was sie an ihn erinnerte – aber genau das versuchten seine Kinder in hartnäckiger Treue zu verhindern. Die beiden hörten sich die Klagen der französischen Manager an und mussten empört mitansehen, wie die Bastion ihres Vaters in Landersheim in ein x-beliebiges Tochterunternehmen umgewandelt wurde. In ihren Augen stand René Jäggi hinter dem Komplott: »Dieser Mann kann sich wegen der Notlage der Aktionäre durchsetzen«, so Suzanne damals. »Er fürchtet, im Schatten meines Vaters zu stehen. Die Angestellten dürfen seinen Namen nicht in den Mund nehmen. Die offiziellen Broschüren erwähnen nicht, was er erreicht hat. Aber sie können ihn nicht töten. Wir werden die Vergangenheit weiterhin verteidigen.«

Als René Jäggi an die japanische Werbeagentur Dentsu herantrat, kam es zum offenen Konflikt. Er bot den Japanern im Auftrag der Dassler-Schwestern an, einige Aktien von Sporis zu kaufen, der Holdinggesellschaft, die 51 Prozent der Anteile von ISL hielt. Damit hätten die Schwestern die Erbschaftssteuer bezahlen und überdies noch etwas Geld in Adidas stecken können. Nachdem Dentsu bereits 49 Prozent von ISL besaß, brauchten die Japaner nur eines der vier Aktienpakete der Schwestern, um die Sportrechteagentur zu kontrollieren.

Dass ihr Vater nach seinem Ableben bei Adidas so sehr in Verruf geriet, hatte Suzanne und Adi zutiefst verbittert, deshalb waren sie entschlossen, wenigstens sein Erbe bei der ISL zu wahren. Auf seine

Verdienste um die ISL konnten sie besonders stolz sein, denn anders als Adidas hatte er ISL praktisch im Alleingang aufgebaut. Bei Adidas konnten die Tanten den beiden den Mund verbieten, aber die Geschwister würden auf keinen Fall zulassen, dass irgendwelche japanischen Werbefritzen die große Leistung ihres Vaters an sich rissen.

Aber wie die Dinge nun einmal lagen, war René Jäggi zugleich auch Vorsitzender von Sporis – eine Position, die er ebenfalls von Albert Henkel übernommen hatte. Folglich kümmerte er sich um die Gespräche mit Dentsu und zog damit Suzannes und Adis Zorn auf sich. Die Geschwister besaßen allerdings das Vorkaufsrecht für die Aktien und waren fest entschlossen zu verhindern, dass die ISL-Anteile ihrer Tanten in fremde Hände gerieten. Dafür wollten sich Horsts Schwestern nun rächen, indem sie Adis und Suzannes Vertreter im Aufsichtsrat von Sporis zum Rücktritt zu veranlassen versuchten. Der Züricher Anwalt Walter Meier, Horsts Testamentsvollstrecker, war den Schwestern inzwischen ein Dorn im Auge, aber der ISL-Satzung zufolge konnte er nur aus »ernsten Gründen« entlassen werden, und die lagen offenbar nicht vor. Die Schwestern widmeten sich einige Monate lang dem Kampf gegen Meier, bis sie eine andere Möglichkeit fanden, es Adi und Suzanne heimzuzahlen.

Im Vertrag mit Peter Ueberroth, der die US-Tochter sanieren sollte, war ihm klar und deutlich ein Sitz im Beirat von Adidas in Aussicht gestellt worden. Und damit dieses Gremium nicht zu schwerfällig wurde, sollte, wie Jäggi und die Dassler-Schwestern meinten, ein anderes Mitglied seinen Platz räumen. Bestürzt mussten Adi und Suzanne zur Kenntnis nehmen, dass bei der Hauptversammlung im Oktober 1989 ihre Tanten sich einstimmig dafür ausgesprochen hatten, Walter Meier aus dem Adidas-Beirat zu vertreiben. In den folgenden Wochen kämpften sie mit allen Mitteln darum, die Entscheidung annullieren zu lassen. Die Auseinandersetzung nahm groteske Züge an: So musste der Beirat dreimal hintereinander zusammentreten, um über ein und dieselbe Frage abzustimmen; das Ergebnis war immer dasselbe, 80 Prozent Ja-Stimmen, aber Walter Meier verfocht stets den Standpunkt, sein Ausschluss sei wegen eines Formfehlers rechtswidrig. Wieder einmal endete ein Familienstreit vor Gericht. Adolf Dassler und Suzanne Dassler-Werlé reichten beim Amtsgericht Nürnberg Klage gegen ihre Tanten ein. Sie hätten einer Änderung der

Adidas-Satzung nur unter der Bedingung zugestimmt, dass sie weiterhin im Beirat vertreten seien, aber nicht einmal ein Jahr später seien sie ausgebootet worden. In der Klageschrift wurde eine Sonderprüfung des Unternehmens verlangt.

Das dringlichste Problem der beiden Geschwister waren jedoch die Forderungen des Finanzamts, denn Mitte 1995 wurden umgerechnet etwa 45 Millionen Mark Erbschaftssteuer fällig. Und nachdem Suzanne und Adi entschlossen waren, an ihren ISL-Anteilen festzuhalten, konnten sie diesen Betrag nur aufbringen, wenn sie einen Käufer für ihre Adidas-Aktien fanden.

Ihre Tanten, die ihre ISL-Anteile nicht abstoßen konnten, hatten ebenfalls Geldprobleme und wurden bereits nervös, wenn ein Anruf von der Bank kam. Auch René Jäggi beklagte nach wie vor den Kapitalmangel des Unternehmens. In dieselbe Kerbe hieb Dietrich Köllhofer, Mitglied des Beirats und Chef der Bayerischen Vereinsbank, die als Hausbank der Familie Dassler fungierte.

Unter normalen Umständen wären Banken, Anteilseigner und Geschäftsleitung zweifellos zu einer Einigung gekommen. Carl-Hainer Thomas, ein unabhängiges Mitglied des Beirats, hielt die Schwierigkeiten des Unternehmens jedenfalls nicht für unüberwindlich. Als Chef einer Abteilung von Siemens, die Milliardenumsätze machte, riet er den Dassler-Schwestern, nichts zu überstürzen. »Dass es so schnell bergab ging, war erschreckend, aber es gab keinen vernünftigen Grund zu verkaufen«, meint er. Dennoch gelangten die Schwestern zu der Überzeugung, dass sie aussteigen sollten, solange Adidas noch relativ gut dastand. Besorgt beobachteten sie das Drama, das sich am anderen Ufer der Aurach vollzog, wo ihre Cousins Puma verloren und mit einem Almosen abgespeist wurden. Von Panik ergriffen, fassten sie den Entschluss, sich von Adidas zu trennen.

Die Aufgabe, Adidas zu verkaufen, fiel Gerhard Ziener zu, dem neuen Vorsitzenden des Beirats. Der ehemalige Chef von Röhm, einem Chemieunternehmen in Darmstadt, wandte ein, er sei nicht der richtige Mann, um ein solches Geschäft einzufädeln, und empfahl eine Investmentbank. Doch die von den Banken geforderten Provisionen schreckten die Schwestern, und sie bestanden darauf, dass Ziener die Gespräche selber führen sollte. Widerstrebend gab der Beiratsvorsitzende eine Unternehmensbewertung und eine Einschätzung der Aussichten von Adidas in Auftrag. Er war zutiefst erleichtert, als der stets einsatzfreudige René Jäggi in die Bresche sprang, um den Verkauf voranzutreiben. Jäggi handelte sich einige Absagen ein, bis er mit zwei deutschen Investoren ins Gespräch kam.

Der eine war der Metro-Gründer Otto Beisheim. Im Mai 1989 hatte dessen rechte Hand Erwin Conradi bestätigt, dass das Unternehmen eine Option zum Kauf einer 15-prozentigen Beteiligung an Adidas besaß. Diese hatte es von Adi und Suzanne Dassler erworben, die nun noch über einen Anteil von 5 Prozent verfügten. Kurz nach dem Tod ihres Vaters hatten Horsts Kinder bei Conradi Rat gesucht, als sie sich den Angriffen ihrer Tanten ausgesetzt sahen. Der Verkauf ihrer Anteile löste jedoch Unruhe bei den deutschen Sportartikelhändlern aus, die eine unfaire Konkurrenz durch die Metro-Filialen fürchteten. Nach den ersten Gesprächen hielt Erwin Conradi an seinen 15 Prozent als »Investitionsmöglichkeit« fest, lehnte es aber ab, den Rest der Aktien zu übernehmen.

Der andere Interessent war Klaus Jacobs. Ziener hielt nicht viel von dem Investor, der einen »sehr arroganten Eindruck« machte. Auch die Verbindung zwischen Jacobs und Jäggi, der »immer glänzende Augen bekam, wenn der Name Jacobs fiel«, fand der Beiratsvorsitzende beunruhigend.

Jäggi hingegen wusste, dass die Dassler-Schwestern nicht gerade mit Angeboten überschüttet wurden, und offenbar hatten sie keine Vorbehalte gegen Jacobs. Dass er Deutscher war und ein Familienunternehmen besaß, sprach in ihren Augen für ihn. Wenn Jäggi ihnen ein Angebot von Jacobs vorlegte, dann würden sie zweifellos zugreifen. Im Juni wurde in Jacobs' feudalem Züricher Haus eine detaillierte Vereinbarung ausgehandelt. Zugegen waren, außer dem Gastgeber, vier Adidas-Manager: René Jäggi, dessen Assistent Hermann Homann, der Finanzchef Axel Markus sowie Michel Perraudin, der McKinsey-Berater, der nun im Vorstand saß.

Auf der Rückfahrt zum Züricher Flughafen jubilierte das Quartett. Ihrem Chauffeur Hansrüdi Ruegger, der schon seit Langem die Adidas-Niederlassung in der Schweiz leitete, versicherten die vier, sie hätten Adidas gerettet. Jacobs konnte den geforderten Kaufpreis für das Unternehmen aufbringen, und er hatte den Managern ein Stück vom Kuchen versprochen. Gefeiert wurde der Erfolg mit Champagner und Lachs. Auch im Flugzeug begossen Jäggi und Markus noch einmal die geglückten Verhandlungen. Die beiden, die in den letzten Monaten eng zusammengearbeitet hatten, wussten, dass der von den Dassler-Schwestern geforderte Preis moderat war. Da sie auch selbst Aktienoptionen erwarten konnten, würden sie einen guten Schnitt machen. Michel Perraudin, mit einem anderen Flug nach Hongkong unterwegs, war ebenso zuversichtlich. »Das Geschäft war unter Dach und Fach«, meinte er.

Am nächsten Tag rief Jäggi Christoph Malms an, den Ehemann der jüngsten Dassler-Tochter Sigrid, um das Plazet der Familie einzuholen. Voller Stolz begann Jäggi von der Besprechung in Zürich zu berichten, doch Malms fiel ihm ins Wort. Die Dassler-Schwestern hatten einen anderen Bewerber gefunden. Der Mann war aus dem Nichts aufgetaucht, und seine Absichten waren schwer durchschaubar, aber er hatte die Herzen der Schwestern im Sturm erobert. Ausnahmsweise verschlug es Jäggi die Sprache.

Kapitel 24

Der Ausverkauf

Der Mann am anderen Ende der Leitung sprach Englisch mit leicht französischem Akzent. Er stellte sich als Laurent Adamowicz vor, Berater der Bank Paribas. Sein Klient sei ein französischer Investor, der sich für den Kauf von Adidas interessiere, dessen Namen er aber leider nicht nennen könne. Adamowicz hielt es für klüger, ihn nicht gleich beim ersten Telefonat zu erwähnen. Ulrich Nehm war ratlos. Vor einigen Monaten war er engagiert worden, um die Ablösung Albert Henkels als Generalbevollmächtigter über die Bühne zu bringen, und plötzlich erhielt der Münchner Anwalt über seine Privatnummer Anrufe von mysteriösen Investoren. Aber dieser Adamowicz machte einen seriösen Eindruck, und Adidas konnte es sich nicht leisten, potenzielle Geldgeber abzuweisen.

Als ihm Adamowicz bei einem Treffen in Nehms Münchner Kanzlei gegenübersaß, sah der Anwalt seinen intuitiven Eindruck bestätigt. Der junge Mann mit den runden Brillengläsern und dem schütteren Haar konnte als Investmentbanker bereits einige Erfahrung vorweisen. Nach einem Aufenthalt bei Paribas New York hatte ihn die Bank beauftragt, sich nach großen Buy-outs in Europa umzusehen. Der Absolvent der Wharton Business School schien ein korrekter, tüchtiger Mann zu sein. Aber als er Nehms Kanzlei verließ, hatte er die Identität seines Klienten immer noch nicht preisgegeben. Leicht gereizt fuhr Nehm wenig später nach Herzogenaurach, um mit Jäggi über die merkwürdige Begegnung zu sprechen. Der Schweizer lachte laut heraus. »Aber natürlich ist das Bernard Tapie!«, rief er. »Wer denn sonst?«

In der zweiten Hälfte der Achtzigerjahre hatte Bernard Tapie im Wirtschaftsteil französischer Zeitungen immer wieder für Schlagzeilen gesorgt. Der einstige Elektronikhändler hatte ein Vermögen gemacht, indem er Firmen kurz vor dem Bankrott übernahm und sie wieder auf Vordermann brachte. Dank seines Charismas, seiner

Großmäuligkeit und seiner zupackenden Art verschreckte er nicht nur das französische Establishment, sondern durfte auch zur besten Sendezeit eine Talkshow moderieren. Abgerundet wurde das Bild, als er überdies noch in einem hart umkämpften Marseiller Wahlbezirk als Kandidat der Sozialisten einen Parlamentssitz errang.

Wirklich stolz sein konnte er auf seinen Geschäftserfolg mit Wonder, einem totgeglaubten Batterieunternehmen, das er für 30 Millionen Francs erwarb und fünf Jahre später mit einem Gewinn von etwa 470 Millionen Francs wieder verkaufte. Dann folgten Terraillon und Testut, zwei Unternehmen, die sich als Hersteller von Waagen einen Namen gemacht hatten. Außerdem war er zu 1,7 Prozent an TF1, dem führenden Privatsender Frankreichs, beteiligt. Seine Anteile an diesen Firmen wurden in dem neu gegründeten Unternehmen Bernard Tapie Finances (BTF) zusammengefasst, mit dem er im November 1989 an die Pariser Börse ging.

Der 47-Jährige erinnerte seine Zuhörer gern daran, dass er das alles ganz allein aufgebaut hatte – ein zäher Junge, der in einer tristen Pariser Vorstadt aufgewachsen war und dessen Familie in einer Wohnung mit nur einem Waschbecken und ohne Badezimmer gelebt hatte. Ende der Achtzigerjahre sah sein Lebensstil ein wenig anders aus. Tapie hatte, nicht ohne Unterstützung seiner Banken, das Hôtel de Cavoye erworben, eines der schönsten Anwesen von Paris, umgeben von einem üppig blühenden Garten an der Rue des Saint-Pères mitten im Quartier Latin. Der Vorbesitzer Hubert de Givenchy hatte das Haus äußerst geschmackvoll renoviert. Außerdem besaß Bernard Tapie noch eine Residenz in Marrakesch und einen Falcon-20-Jet.

Wenn Tapie seinen Gästen aber wirklich imponieren wollte, lud er sie auf die »Phocéa« ein, seinen 74 Meter langen Viermaster. Gebaut hatte sie der französische Seemann Alain Colas, der damit ein Einhand-Transatlantik-Rennen zu gewinnen hoffte. Doch Colas starb 1978 auf hoher See, und seine tahitianische Witwe freute sich, als sie einen Käufer für das Riesenschiff fand, das im Hafen von Papeete verrottete. Die Instandsetzungsarbeiten, die vier Jahre dauerten und über 60 Millionen Francs verschlangen, verwandelten die ehemalige Rennjacht in ein Luxusboot mit zehn prunkvollen Luxuskabinen, das nun stolz im Hafen von Marseille vor Anker lag.

Manche hielten Bernard Tapie für die Antwort Frankreichs auf die verwegenen Selfmademen, die in den Achtzigerjahren mit kreditfinanzierten Buy-outs die Geschäftswelt der USA unsicher machten. Lebhaften Beifall erntete er bei Betriebswirtschaftsstudenten, die nur allzu gern das konservative Establishment, das die Ökonomie des Landes beherrschte, losgeworden wären – die Leiter von Staatsunternehmen, die keine Rede hielten, ohne irgendwelche Dichter zu zitieren, und anmaßende Außenseiter verabscheuten, schmähten ihn hingegen. Für sie war Bernard Tapie lediglich ein vulgärer Scharlatan und skrupelloser Draufgänger: ein ehemaliger Fernseherverkäufer, der schon zweimal Konkurs angemeldet hatte.

Größte Verwunderung löste es daher aus, als Bernard Tapie in Gesellschaft von Staatspräsident François Mitterrand gesehen wurde. Der gewiefte Sozialist war dem Charme von Tapies überschäumendem Temperament erlegen – oder er glaubte wenigstens, davon profitieren zu können. Die Freundschaft sollte sich bewähren, als Mitterrand einen wagemutigen Streiter brauchte, des sich offensiv mit Jean-Marie Le Pen, dem Führer des rechtsextremen Front National, auseinandersetzte, um dessen Wähler für die Sozialisten zurückzugewinnen. Während behäbige Demokraten noch zögerten, sich mit dem gerissenen, notorisch aggressiven Rassisten anzulegen, hob Tapie den Fehdehandschuh auf und machte Le Pen verbal nieder. Bemerkenswert war sein Auftritt, als er eine Wahlversammlung des Front National stürmte. Als er reden durfte, sagte er: »Ich sage Ihnen, wie ich das Ausländerproblem in Marseille lösen würde. Wenn ich an der Macht wäre, würde ich alle illegalen Ausländer auf ein Schiff verfrachten, die Torpedos scharf machen und es versenken.« Der Saal tobte, die Menge klatschte wild. Tapie fuhr fort: »Schaut mal, wer ihr seid. Ich rede hier von einem Völkermord, einem regelrechten Massaker, und ihr applaudiert.«

Marseille wurde Tapies Basis in der Politik wie im Sport, als er den Fußballklub Olympique de Marseille übernahm. 1986 führte der traditionsreiche Klub ein Schattendasein in der zweiten Liga, was bei den zahlreichen Fans zu wiederholten öffentlichen Unmutsbekundungen führte. Gaston Deferre, der Bürgermeister der Stadt, befürchtete zu Recht, dass ihn die mäßige Leistung von Olympique Wählerstimmen kosten könnte, deshalb forderte er Bernard Tapie auf, den kränkelnden Verein zu kaufen. Innerhalb weniger Monate stellte der neue Besitzer eine Mannschaft mit international renommierten Spielern wie Chris Waddle und Enzo Francescoli zusammen, und schon

1989 gewann Olympique de Marseille die erste seiner fünf Meisterschaften in Folge.

Tapie genoss das Rampenlicht und das heroische Ambiente des Sports. In den Achtzigerjahren hatte er sich bereits im Radsport engagiert und war mit seinem Diätartikelunternehmen La Vie Claire als Sponsor der Tour de France aufgetreten. Mit Bernard Hinault und Greg LeMond ging sein Team zweimal als Sieger hervor. Schon zuvor hatte er Look, einen französischen Hersteller von Skibindungen, übernommen (das Unternehmen befand sich im Wahlkreis seines stärksten politischen Verbündeten, des ehemaligen Finanzministers Pierre Bérégovoy). Außerdem besaß Tapie Donnay, eine belgische Tennisschlägerfirma, deren prominentester Werbeträger Andre Agassi war.

Als sich Bernard Tapie von Laurent Adamowicz, der unaufgefordert bei ihm angeklopft hatte, Buy-out-Vorschläge präsentieren ließ, ging es mit seinen Geschäften bereits bergab. Die BTF-Aktien hatten nicht gerade einen Höhenflug erlebt, und Terraillon, Tapies stärkster Aktivposten, musste die Gewinnprognosen für 1989 deutlich nach unten korrigieren. Als der Paribas-Mitarbeiter seine Liste durchging, reagierte Tapie daher ziemlich zurückhaltend – bis der Name Adidas fiel. Das war genau das Objekt, das er suchte. Ein Weltunternehmen mit einer zugkräftigen Marke, die ihm Zutritt zur internationalen Sportszene verschaffen und das Profil seiner Firma deutlich verändern würde. Schließlich konnte Adidas einen Umsatz von 10 Milliarden Francs ausweisen, Lizenzeinnahmen noch nicht mitgerechnet, während BTF gerade mal auf 1 Milliarde Francs kam. Die Übernahme von Adidas, einem deutschen Traditionsunternehmen, das Tapies bisherige Akquisitionen in den Schatten stellte, wäre ein spektakulärer Coup, mit dem der Franzose seine Kritiker leicht mundtot machen konnte. Aber wie sollte er den Deal zuwege bringen?

Sie nannten es Operation Lendl. Umsichtig prüfte Adamowicz zunächst einige Studien über die Lage des Unternehmens. Auf einem Kurzbesuch in New York besprach er die Situation auf dem US-Markt mit Rich Madden, einem ehemaligen Geschäftsführer von Adidas USA, und in Paris traf er sich mit Bernard Odinet, der dem Adidas-Vorstand angehört hatte. Tapie konnte sich unterdessen vor Ungeduld kaum halten. Er brauchte keine umfangreichen Buchprüfungen und wortreichen Analysen – er sah die Sache ganz klar vor sich. »Alle, die darum kämpfen, von sich behaupten zu dürfen, sie hätten Adidas gerettet, sind Clowns«, meinte Tapie. »Ein Betriebswirtschaftsstudent im ersten Semester hätte die Probleme des Unternehmens erkennen können.« Und auch wenn seine Kassen leer waren, er würde eine Lösung finden. Schließlich ging es um Adidas.

Doch erst einmal musste Tapie die Erbinnen davon überzeugen, dass er der richtige Investor war, der das Ruder herumreißen konnte. Ein paar Anrufe gaben Aufschluss darüber, dass Horst Dasslers Kinder mit ihren vier Tanten in Herzogenaurach auf Kriegsfuß standen. Und weil die Damen gemeinsam 80 Prozent der Aktien besaßen, schien es klüger, sich auf sie zu konzentrieren. Allerdings brauchte Adamowicz einige Wochen, bis er deren Münchner Anwalt ausfindig gemacht hatte. Die erste Besprechung mit Nehm verlief aussichtsreich, und nach weiteren Telefongesprächen gestand Adamowicz schließlich, dass es sich bei dem Kaufinteressenten um Bernard Tapie handele. Nehm reagierte darauf nicht so beunruhigt, wie Adamowicz befürchtet hatte. Stattdessen suchte er sofort die Dassler-Erbinnen auf, die ihn baten, gemeinsam mit dem Beiratsvorsitzenden Ziener die Verhandlungen zu führen. Die beiden trafen sich mit Laurent Adamowicz und Bernard Tapie in einem Konferenzzimmer des Chemieunternehmens Röhm, dessen Leiter Ziener gewesen war.

Das Gespräch verlief ein wenig schleppend, weil Adamowicz für Tapie, der kein Englisch sprach, jedes Wort übersetzen musste. Dennoch konnte Tapie mit seinen Schauspielkünsten glänzen, und das Spiel lief für ihn hervorragend. So etwas hatten die beiden Deutschen noch nie gesehen. Tief beeindruckt von Tapies Charme und der Leidenschaft, mit der er sprach, hatten sie den Eindruck gewonnen, dass der Franzose »sein Herz dem Unternehmen verschreiben würde«, so Nehm.

Von Herzogenaurach aus zogen Nehm und Ziener Erkundigungen über Tapies finanzielle Lage ein, die nicht gerade ermutigend ausfielen. »Offensichtlich hatte er keine ganz weiße Weste«, stellten sie fest, und das war noch ein mildes Urteil. Wer die streng konservativen Dassler-Schwestern kannte, die das Erbe ihrer Eltern in zuverlässige Hände geben wollten, wäre wohl kaum auf die Idee gekommen, ihnen ausgerechnet Tapie vorzuschlagen. Anders als Adi Dassler spielte sich der extravagante Franzose gern in den Vordergrund und genoss das Rampenlicht – er fiel eher in die Kategorie der Leute, die Horst geschätzt hatte. Kontroversen scheute er nicht, Versprechen waren ihm keineswegs heilig, und auch an Geschäftsvereinbarungen hielt er sich nicht immer.

Schlimmer noch, als er gerade versuchte, die Deutschen von seiner Integrität zu überzeugen, handelte sich Bernard Tapie einen Tadel der UEFA ein. Der europäische Fußballdachverband hielt wenig von den Kommentaren, die der Präsident von Olympique de Marseille 1990 nach der Niederlage des Teams im Halbfinale des UEFA-Cups abgegeben hatte. Marcel van Langenhove, der belgische Schiedsrichter, hatte nicht eingegriffen, als ein Spieler von Benfica Lissabon das einzige Tor der Begegnung per Hand erzielte. Bernard Tapie lieferte prompt seine Interpretation nach: OM habe das Spiel nur deshalb verloren, weil die Gegner den Unparteiischen bestochen hätten.

Dennoch vertraten die Entscheidungsbefugten bei Adidas die Interessen der Franzosen mit großem Nachdruck. Sie erklärten den Dassler-Erbinnen, dass allein schon Tapies Charisma für die Marke unschätzbar sei. Außerdem feilsche er nicht um den geforderten Preis und verspreche, frisches Geld in die Firma zu pumpen. Auch die französische Regierung stehe hinter dem Unternehmer und Parlamentarier – und die werde einen traditionsreichen deutschen Konzern nicht einfach fallen lassen.

Nach einem persönlichen Treffen mit Tapie in Basel im Restaurant Chez Stücki hatte René Jäggi durchaus Grund zu der Annahme, dass die Übernahme durch Tapie sich auszahlen würde – jedenfalls für ihn selbst. Nachdem Klaus Jacobs nicht mehr im Rennen war, ging es dem Vorstandschef darum, einen guten Eindruck bei dem potenziellen neuen Eigentümer zu hinterlassen. Überzeugend erklärte er daher, der Turnaround stehe kurz bevor. Tapie wiederum versicherte Jäggi, er wolle das Management übernehmen, und er habe die Angewohnheit, den Vorstand mit Aktienoptionen seiner Unternehmen zu belohnen.

Beim zweiten Treffen mit den Deutschen im Juni 1990 inszenierte Bernard Tapie eine weitere schrille Show. Diesmal nahm neben Ulrich Nehm auch Finanzleiter Hans-Jürgen Martens teil. Die beiden stiegen im Ritz an der Place Vendôme in Paris ab, wo Tapie sie morgens in einem schwarzen BMW abholte, gefolgt von einem blauen Polizeiwagen. Sobald die deutschen Besucher eingestiegen waren, setzte sich Tapie ans Steuer, zog ein kleines Messingabzeichen mit der Aufschrift »Membre de l'Assemblée Nationale« (Mitglied der Natio-

»Ein Tag, an dem ich nicht in den Medien bin, ist ein verlorener Tag.« Bernard Tapie.

nalversammlung) hervor und klemmte es hinter die Windschutzscheibe. Dann ging es, eskortiert von dem Polizeiwagen mit heulendem Blaulicht, in rasantem Tempo durch den Pariser Berufsverkehr. Nun steuerte der Konvoi Le Bourget an, einen der drei internationalen Flughäfen von Paris, wo sich René Jäggi zu der Runde gesellte, um die Verhandlungen fortzuführen. Die beiden Deutschen wurden leichenblass angesichts des Fahrstils von Tapie.

Tapie und sein französisches Management hatten unterdessen auch ihre Sorgen: Sie mussten die Banken dazu bewegen, die Übernahme von Adidas zu finanzieren, während die Unternehmensergebnisse der viel kleineren BTF zu wünschen übrig ließen. Bernard Tapie hatte keine Sekunde gezögert, als in Darmstadt über die Preisvorstellungen gesprochen wurde – die Forderung erschien ihm mehr als moderat. Dennoch war Adidas erheblich teurer als seine bisherigen Erwerbungen, und er stand praktisch mit leeren Taschen da. Deshalb musste er die Übernahme größtenteils über Kredite und Aktienemissionen finanzieren.

Seit seinem Einstieg ins Wirtschaftsleben war Tapie von der Crédit Lyonnais unterstützt worden, einer Staatsbank, die eine kühne Expansionspolitik verfolgte. Tapie war ein relativ kleiner Fisch im Vergleich zu anderen französischen Geschäftsleuten, die damals im Kommen waren, wie etwa Bernard Arnault, dem Eigentümer der auf Luxusprodukte spezialisierten Unternehmensgruppe LVMH, und François Pinault, der den Handelskonzern PPR aufgebaut hatte – ganz zu schweigen von Giancarlo Paretti und anderen fehlgeschlagenen Investitionen, die den französischen Steuerzahler bis dato 20 Milliarden Euro gekostet hatten.

Innerhalb der Bank hatte Tapie enge Beziehungen zu Pierre Despessailles, dem Leiter der Société de Banque Occidentale (SDBO), geknüpft. Die Bank war zu 6 Prozent an BTF beteiligt und damit zweitgrößter Anteilseigner nach der Banque du Phénix, die der staatseigenen Versicherung AGF gehörte. Bernard Tapie hoffte nun, mit diesen beiden Partnern handelseinig zu werden; außerdem wollte er Institute wie die Banque Nationale de Paris (BNP) und die Crédit Agricole gewinnen.

Wieder war es René Jäggi, der das Projekt voranbrachte. Er zog Stephen Rubin hinzu, den Chef der Pentland-Gruppe, die erheblich an Reebok beteiligt war. Jäggi berichtete ihm, dass Bernard Tapie ein Übernahmeangebot für Adidas vorbereite, dass aber der Vorstand des Unternehmens erleichtert sei, wenn Rubin miteinsteige. Adidas brauche die Unterstützung eines angesehenen Investors, der in der Schuhbranche bereits eine eindrucksvolle Bilanz vorweisen könne.

Jäggi holte Rubin in Paris vom Flughafen ab und fuhr mit ihm zum Hôtel de Cavoye. Tapie und Adamowicz bestätigten ihm aufgekratzt, sie stünden kurz vor einem Abschluss mit den Dassler-Schwestern. Eine ganze Reihe von Banken sei bereit, die Übernahme zu finanzieren. »In diesem Fall werden die Banken die Eigentümer von Adidas sein«, wandte Rubin mit leiser Ironie ein. Ein wenig pikiert fragte ihn Tapie, was er denn tun würde, wenn er die Chance hätte, Adidas zu kaufen. »Einen Scheck ausstellen!«, lautete die Antwort.

Nach diesem Seitenhieb erkannte Tapie sofort, dass es nützlich sein konnte, den gut betuchten Engländer an seiner Seite zu haben. Er bot Rubin eine auf drei Jahre befristete Option an, 33 Prozent der BTF GmbH zu kaufen, ein Konstrukt, das als Holdinggesellschaft für Tapies Anteile an Adidas dienen sollte. Jäggi und Adamowicz waren Zeugen, als die beiden die Vereinbarung mit Handschlag besiegelten. Bekräftigt wurde das Geschäft durch einen Brief, den Adamowicz am 7. Juni 1990 an Rubin schrieb. Der gerissene Geschäftsmann Rubin legte den Brief vergnügt zu den Akten.

Am Morgen des 4. Juli 1990 trennten sich die Dassler-Schwestern im Darmstädter Gebäude der Firma Röhm vom Erbe ihres Vaters. Sie wurden durch Brigitte Baenkler vertreten, die zweitjüngste Tochter, die sich dem Unternehmen besonders eng verbunden fühlte. Der zweite Abgesandte war Christoph Malms, Ehemann der jüngsten Tochter Sigrid.

Die beiden reisten zwar getrennt an, waren aber gleichermaßen erleichtert, dass sie die Sorge um Adidas nun abgeben konnten. Obwohl sie wussten, dass durch den Vertrag mit Bernard Tapie eine über ein halbes Jahrhundert währende Familientradition zu Ende ging, die das Leben der Eltern ebenso geprägt hatte wie ihr eigenes, war dies ihre erste Begegnung mit Bernard Tapie. Die Schwestern hatten den Verkauf abgesegnet, ohne ein einziges Mal mit dem Käufer zu sprechen.

Als man den Konferenzsaal betrat, nahm der Beiratsvorsitzende Gerhard Ziener Adamowicz beiseite. »Die Eigentümer haben eine letzte Bitte«, flüsterte er. Halb ärgerlich, halb besorgt, entgegnete der Paribas-Mitarbeiter, der Vertrag sei doch bis in die kleinsten Einzelheiten erörtert und abgestimmt worden. Aber Ziener erklärte, es handle sich nicht um den Verkauf an sich. »Die Eigentümer wollen nur die Zusage, dass sie Adidas-Produkte in den Firmengeschäften weiterhin mit Rabatt beziehen könnten«, erinnert sich Adamowicz amüsiert.

Diesmal hatte Gerhard Ziener einen repräsentativen Saal reservieren lassen, aber dennoch wollte keine rechte Stimmung aufkommen, als die beiden Parteien den Vertrag ein letztes Mal durchgingen. Brigitte Baenkler konnte ihre Emotionen nicht unterdrücken. Nach einem tristen, wenig schmackhaften Mittagessen, das man aus der Kantine hatte holen lassen, schüttelten die Vertreter der Familie Dassler Bernard Tapie freudlos die Hand. Doch das böse Erwachen sollte noch folgen.

Scharen von Reportern hatten sich auf den samtbezogenen Sesseln im Forum Olimpico in Rom niedergelassen. João Havelange, Präsident der FIFA, hatte sie zusammengetrommelt, um über das Finale der Fußballweltmeisterschaft in Italien zu sprechen, das am folgenden Tag zwischen Deutschland und Argentinien ausgetragen werden sollte. Am Ende seiner Pressekonferenz bat er die Journalisten, noch zu bleiben, weil Adidas eine »wichtige Nachricht« bekannt zu geben habe.

Brav blieben die Pressevertreter sitzen, während anstelle der FIFA-Logos das Adidas-Dreiblatt auf der Projektionsleinwand erschien und

Bernard Tapie mit strahlender Miene die Bühne betrat. Einigen Reportern verschlug es den Atem, als sie den schillernden Eigentümer von Olympique de Marseille sahen, aber wahrscheinlich kannte kaum einer im Saal seine beiden Begleiter Gerhard Ziener und René Jäggi.

In einem beigefarbenen Anzug mit dem Dreiblatt am Revers zog der Franzose seine Zuhörer mühelos in den Bann. »Abgesehen von der Geburt meiner Kinder ist das der schönste Tag meines Lebens«, verkündete er. Für ihn vereine Adidas die drei Dinge, die ihn am meisten faszinierten: Sport, Geschäft und Politik. »Die Übernahme einer Mehrheitsbeteiligung an Adidas durch ein französisches Unternehmen symbolisiert die bevorzugte und freundliche Beziehung zwischen Deutschland und Frankreich«, ließ er großspurig verlauten. Das werde dazu beitragen, die Franzosen von ihren Komplexen gegenüber der Wirtschaftsmacht eines vereinigten Deutschland zu befreien.

Die Nachricht erschütterte das deutsche und französische Wirtschaftsestablishment bis in die Grundfesten. Für die Deutschen bedeutete sie den Verlust einer symbolträchtigen Firma an einen französischen »Schwindler«. Einige Zeitungen sprachen von einer nationalen Tragödie. Den Franzosen erschien das Geschäft hingegen als guter Fang. Präsident François Mitterrand soll sich beeindruckt gezeigt haben. Tapies triumphierendes Grinsen und die Vorstellung, dass dieser Emporkömmling demnächst im Elysée-Palast gefeiert werden könnte, löste bei seinen Gegnern indessen Zähneknirschen aus. Jedenfalls konnte man nicht leugnen, dass Bernard Tapie ein Geniestreich gelungen war.

Am Tag nach der Pressekonferenz wurde Tapie zu einem Lunch für die Sponsoren der Weltmeisterschaft geladen. Hier stand er nun und plauderte mit den Herren aus den Chefetagen von Mars, JVC und Coca-Cola. Der Triumph war komplett, als die deutsche Elf am Tag darauf zum dritten Mal Weltmeister wurde. Diego Maradonas Tränen fielen auf seine Puma-Schuhe, nachdem Andreas Brehme acht Minuten vor dem Schlusspfiff mit einem verwandelten Elfmeter das uninspirierte Spiel entschied.

Tagelang genoss Tapie das euphorische Medienecho. In der Weltpresse erschienen Porträts, die von dem ärmlichen Viertel berichteten, in dem er – ähnlich wie Maurice Chevalier und Edith Piaf – aufgewachsen war, von seiner kurzen Karriere als Schlagersänger (er hatte unter dem Namen »Tapy« eine Platte herausgebracht) und von seiner Vergangenheit als militanter Kommunist. Einige Berichte wiesen auf seine beiden Pleiten und seine kontroversen Geschäfte hin, aber häufiger wurde der Kampfgeist gewürdigt, mit dem er Jean-Marie Le Pen entgegengetreten war. Tapie wurde als temperamentvoller Charakter dargestellt, der alle Etikette der französischen Elite über Bord warf und im Geschäftsleben dennoch seinen Weg machte – »una simpatica canaglia« (ein sympathischer Schurke), wie ein italienischer Journalist fand, oder ein »d'Artagnan in einem Land der Richelieus«.

Die Adidas-Mitarbeiter zu Hause in Herzogenaurach saßen wie gebannt vor dem Bildschirm. Zwar hatten sie gehört, dass Übernahmeverhandlungen liefen, aber Bernard Tapies Name war nie gefallen. Ermutigend wirkte immerhin, dass er versprach, Geld in das Unternehmen zu stecken. Auch wollte er das Management übernehmen, und vielleicht war Adidas ja ohne die zankenden Schwestern besser dran. Dieser Tapie war zwar dafür bekannt, dass er seine Unternehmen in Einzelteile zerlegt weiterverkaufte, nun aber versicherte er, er werde »Adidas nicht in zehn Jahren verkaufen, auch nicht in hundert Jahren, niemals«. Die französischen Gewerkschaften hätten allerdings bezeugen können, dass es mit der Glaubwürdigkeit solcher Aussagen nicht weit her war.

Ebenso verblüfft waren Suzanne und Adi Dassler von der Neuigkeit. Horsts Sohn war in Rom, als er hörte, dass seine Tanten das Unternehmen an Bernard Tapie verhökert hatten. Die Geschwister hatten hinter dem Rücken ihrer Tanten Aktienoptionen an Metro gegeben, um die Erbschaftssteuer bezahlen zu können, jetzt protestierten sie, dass sie bei den Verhandlungen mit Tapie »in keiner Weise konsultiert worden« seien. »Wir kennen ihn nicht, aber wir sind enttäuscht, dass er sich auf die Seite der Manager geschlagen hat, die von jeher die Feinde unseres Vaters waren, insbesondere Herr Jäggi«, erklärte ein erboster Adi dem *Figaro*.

Auch für die vier Schwestern hatte die Pressekonferenz in Rom verheerende Folgen. Zum Preis, den Tapie für seine 80-Prozent-Beteiligung an Adidas bezahlt hatte, wollte er sich nicht äußern, also gaben die Reporter ihre eigenen Einschätzungen zum Besten. Es herrschte Einvernehmen, dass das Unternehmen mit der unverwüstlichen Marke mindestens 800 Millionen, wenn nicht eine Milliarde

Mark wert sei. An jenem traurigen Morgen in Darmstadt hatten die Schwestern gerade einmal die Hälfte dieses Betrags erhalten: Sie hatten ihre Anteile für die lachhafte Summe von etwa 440 Millionen Mark aus der Hand gegeben, sodass demnach der Gesamtwert der drei Streifen auf etwa 550 Millionen Mark anzusetzen war. Als dieser Betrag gegenüber der deutschen Presse bestätigt wurde, betonten die Schwestern, Tapie habe sich verpflichtet, weitere 300 Millionen Mark in das Unternehmen zu investieren. Tapie selbst prahlte unterdessen, der Kaufpreis sei »lächerlich gering« gewesen.

Damit war aber noch nicht die Frage beantwortet, die viele Kommentatoren umtrieb und die *Le Parisien* in nüchterne Worte fasste: »Woher soll das Geld kommen?« Adidas war etwa 15-mal so groß wie BTF, und Tapies Konten waren leer geräumt. In Rom hatte Tapie noch behauptet, er wolle den Kauf von Adidas zur Hälfte mit Eigenkapital finanzieren, den Rest erhalte er von den Banken. Zwei Tage später erklärte er, ein Drittel des Preises werde er aus eigener Tasche bezahlen. Allen Analysten war klar, dass er dafür einige seiner Unternehmen würde verkaufen müssen, angefangen mit Terraillon. Als BTF ein gutes halbes Jahr zuvor an die Börse gegangen war, wurde die 37-Prozent-Beteiligung Tapies an Terraillon auf einen Wert von 372 Millionen Francs angesetzt.

Die Verwirrung hing auch damit zusammen, dass Tapie selbst sich seiner Sache nicht ganz sicher war. Nachdem Matthäus, Littbarski, Brehme, Klinsmann und ihre Teamkameraden den Weltcup zum dritten Mal für Deutschland geholt hatten, eilte Bernard Tapie nach Paris, um Bankiers und Aktionäre zu beschwatzen. Aber nun stellte sich heraus, dass einige seiner Anteilseigner keineswegs bereit waren, sich an der Finanzierung zu beteiligen. Die Banque Nationale de Paris, die zu 3,48 Prozent an BTF beteiligt war, äußerte ihr Befremden, dass sie über das Fernsehen von dem Kauf erfahren hatte, war aber ebenso wie die Crédit Lyonnais und die Banque du Phénix bereit, in die Übernahme von Adidas zu investieren. Die Crédit Agricole hingegen gab sich zurückhaltend und verlangte erst einmal Zeit für die Prüfung der Unterlagen und Geschäftsberichte.

Nach Tagen des Hin und Her und der widersprüchlichen Aussagen hatte die Pariser Börsenaufsichtsbehörde genug. Wegen der Unsicherheit, die das Geschäft umgab, wurde der Handel mit BTF-, Terraillon- und Testut-Aktien ausgesetzt. Bernard Tapie wahrte sein

Gesicht, indem er am 16. Juli 1990 die Einzelheiten der Finanzierung bekannt machte. Im Blätterwald rauschte es gewaltig, als der Preis von 440 Millionen Mark genannt wurde, der ausschließlich über Bankdarlehen finanziert wurde. Französische Banken sollten etwa eine Milliarde Francs, japanische und deutsche Geldinstitute die restlichen 500 Millionen Francs beisteuern.

Insgesamt blieben die Abmachungen, die in den ersten Julitagen auf den Korridoren französischer Banken und Ministerien getroffen wurden, problematisch. Zwar hatten staatseigene Banken und Versicherungen tatsächlich das Geld für Adidas herausgerückt – aber es musste innerhalb von nur zwei Jahren zurückgezahlt werden, und eine erste Rate von 500 Millionen Francs war bereits im Juli 1991 fällig. Diese Vereinbarung sollte Bernard Tapie bald das Genick brechen, aber im August 1990 schwebte er noch im siebten Himmel. Er hatte nicht nur dafür gesorgt, dass stets ein Ehrenplatz in den renommiertesten Sportarenen für ihn reserviert war – er hatte auch vorerst seine Kritiker zum Verstummen gebracht, die gehöhnt hatten, er könne das Geld nicht aufbringen.

Nun war erst einmal ein Törn auf der »Phocéa« angesagt, zu dem er René Jäggi einlud. Während sie im Mittelmeer kreuzten, setzten sie die Gespräche über eine Beteiligung des Management fort, die sie im Baseler Restaurant Chez Stücki begonnen hatten. Die beiden Männer ähnelten sich auf geradezu unheimliche Weise – beide waren charismatisch, sportlich und sonnengebräunt, und es ging ihnen nichts über ein einträgliches Geschäft. Als Jäggi von Bord ging, hatte er ein »Papier« in der Tasche, auf dem ihm eine Option auf 10 Prozent der Aktien der BTF GmbH zugesichert wurde – der Holdinggesellschaft, die Tapies 80-prozentige Beteiligung an Adidas enthielt.

Auf dem Heimweg nach Herzogenaurach schaute Jäggi noch auf Stephen Rubins Landsitz bei Cannes vorbei. Animiert berichtete Jäggi, der sich aufs Erzählen verstand, von der Hektik der vergangenen Wochen, dem Stegreifauftritt in Rom, der Sorge um die Finanzierung und seiner Kreuzfahrt auf der »Phocéa« mit Bernard Tapie und Laurent Adamowicz. Doch er ahnte nicht, dass dies erst der Auftakt zu einem nervenaufreibenden Kampf war.

Kapitel 25

Finger weg!

Von seinem Büro in der Avenue de Friedland, einen Steinwurf von den Champs-Elysées entfernt, glaubte Bernard Tapie über Adidas regieren zu können. Angesichts seines Abgeordnetensitzes im Parlament und der Bequemlichkeiten seines prachtvollen Hôtel de Cavoye zog es der Franzose jedenfalls nicht in Betracht, sich im verschlafenen Herzogenaurach niederzulassen. Dennoch wollte er natürlich all seinen Einfluss geltend machen. Während die Manager in Deutschland sich um das Tagesgeschäft kümmerten, würde er von Paris aus den Kurs vorgeben und seine Führungsmannschaft regelmäßig mit seinen Einfällen beglücken.

Sein erstes und wichtigstes Anliegen war, Adidas durch ein schrilles Marketing wieder positiv zu besetzen. Ihm war das Markenimage zu langweilig und uninspirierend. »Adidas stand mit dem besten Speerwerfer der Welt ebenso in Verbindung wie mit der deutschen Fußballnationalmannschaft – ein größerer Blödsinn ist ja wohl kaum vorstellbar«, höhnte er. Regelrecht ausfallend wurde er, wenn es um Ivan Lendl ging, den Tschechen, der mit versteinerter Miene ein Tennisturnier nach dem anderen gewann: »Ich meine, wer um Himmels willen will schon aussehen wie dieser Kerl?«

Kaum hatte Bernard Tapie Adidas übernommen, sorgte er für kleinere und größere Peinlichkeiten. So lasen die Adidas-Manager zum Beispiel kurz nach dem Verkauf erstaunt, dass ein Drittel der Unternehmensgewinne wohltätigen Zwecken zufließen solle – ein Impuls, der wohl Tapies Euphorie der ersten Stunde geschuldet war. Einige Wochen später legte er einen skurrilen Plan vor, der wohl vor allem auf Schlagzeilen abzielte. »Er rief uns begeistert an und meinte, er wolle während des Golfkriegs eine Flugzeugladung Sportartikel auf den Irak niederregnen lassen«, erinnert sich eine Führungskraft.

»Das wäre fantastisch für die Öffentlichkeitsarbeit und helfe uns gleichzeitig, Lagerbestände abzubauen. Er hätte alles getan, um den Aufmacher für die Acht-Uhr-Nachrichten zu liefern.«

Auch Tapies hervorragende Kontakte zur Pariser Presse bereiteten den Public-Relations-Managern in Herzogenaurach des Öfteren Kopfschmerzen. So mussten die Leiter der Textilabteilung den französischen Zeitungen entnehmen, der Inhaber wolle sich von Azzedine Alaïa, der sich damals schon als Modeschöpfer einen Namen gemacht hatte, eine Haute-Couture-Linie für Adidas entwerfen lassen. Zwar sollte sich das Unternehmen in späteren Jahren tatsächlich mit namhaften Modedesignern zusammentun, für damalige Verhältnisse war aber die Idee sehr weit hergeholt. Während Adidas darum kämpfte, seine Glaubwürdigkeit im Sportartikelgeschäft zurückzugewinnen, träumte Bernard Tapie vom Smoking mit den drei Streifen.

Seine zwanghafte Gewohnheit, mit Journalisten zu telefonieren, stand im Einklang mit seinem Credo: »Ein Tag, an dem ich nicht in den Medien bin, ist ein verlorener Tag.« Gern organisierte er in Paris spontane Pressekonferenzen. Klaus Müller, dem PR-Manager in Herzogenaurach, standen dann jedes Mal die Haare zu Berge: »Ich erhielt Anrufe von Reportern, die mir erklärten, Tapie habe diese oder jene Ungeheuerlichkeit von sich gegeben. Ich musste dann den Schlamassel in Ordnung bringen.«

Die meisten Manager bei Adidas waren von dem neuen Eigentümer nicht gerade begeistert. Nach der Übernahme war er zum Handshake nach Herzogenaurach geflogen, aber es herrschte eine ziemlich angespannte Atmosphäre, da die meisten Manager kein Französisch sprachen und Tapie weder Englisch noch Deutsch konnte. Er redete viel und hielt sie mit seinen unaufhörlichen Forderungen auf Trab, aber wie ein großes deutsches Unternehmen mit jahrzehntelanger Familientradition funktionierte, begriff er nie.

Das Missverständnis wurde kurz nach der Übernahme in einem Pariser Restaurant offenkundig, wo sich Tapie mit Gerhard Prochaska, dem damaligen Leiter der französischen Tochtergesellschaft, zum Austernessen traf. Der stets korrekte Österreicher erinnert sich: »Ich versuchte die Tatsache zu ignorieren, dass Tapie mit mir sprach, als wäre ich ein Kumpel von ihm, aber ich konnte es nicht fassen, in welcher Weise er sich bei Adidas einmischen wollte. Seiner Meinung nach war es kein Problem, dass ich mich um das Marketing und er sich um die Medien kümmern würde, weil er sich darauf verstand, Leute zu manipulieren. Mehr sei da nicht dran.« Während sie ihre Austern schlürften, erläuterte Prochaska nervös, es sei in Deutschland grundsätzlich nicht üblich, dass die Eigentümer sich direkt in die Unternehmensführung einmischten. Tapies Unmut wuchs, als er im Laufe der nächsten Wochen denselben Hinweis, in mehr oder minder diplomatische Worte gepackt, immer wieder hörte.

Ungeachtet seiner Nebenabsprachen mit Tapie während der Übernahme stand René Jäggi im Prinzip hinter seinen Managern. Das hatte natürlich jede Menge Ärger zur Folge. Zum Beispiel schickte ihm Tapie en passant einige seiner Freunde von RSCG, einer Werbeagentur in Paris, vorbei. (Das S steht für Jacques Séguéla, der mit seiner Kampagne 1981 für die Wahl von François Mitterrand gesorgt hatte. Séguéla hatte Tapie dem französischen Präsidenten vorgestellt, was dessen politischer Karriere auf die Sprünge half. Das C in RSCG steht für Alain Cayzac, den Tapie mit einer Präsentation für Adidas beauftragte.) Vor versammeltem Vorstand und der Marketingmannschaft erklärte Cayzac, RSCG werde anstelle von Young & Rubicam von nun an die internationale Werbung in die Hand nehmen. »René Jäggi saß da und erklärte mit fester Stimme, Adidas werde die Agentur nicht wechseln«, erinnert sich Tom Harrington, damals Communication Manager. »›Das eine, was Monsieur Tapie in Deutschland lernen muss‹, sagte Jäggi, ›ist, dass Entscheidungen vom Vorstand getroffen werden und nicht vom Eigentümer.‹«

Aus Tapies Unmut über die Widerstände im Management wurde kalte Wut, als Finanzchef Axel Markus sich gegenüber allen Pariser Extrawünschen stur stellte. So verlangte Tapie für sich ein jährliches Beraterhonorar von knapp 5 Millionen Francs. Später schlug er vor, die Vorstandssitzungen von Adidas sollten an Bord der »Phocéa« stattfinden – und der Konzern 20 Prozent der Unterhaltskosten für die Jacht tragen. Markus, der bald den Beinahmen »Mr No« erhielt, lehnte ein Ansinnen nach dem anderen eisern ab. »Ich habe das Gefühl, als hätte ich einen Ferrari gekauft, und der Chauffeur will mich nicht fahren«, klagte der Franzose.

Um endlich einen gewissen Einfluss zu gewinnen, ernannte Bernard Tapie einen neuen Aufsichtsratsvorsitzenden. Gerhard Ziener, der den Verkauf des Konzerns in die Wege geleitet hatte, wurde durch

Hans Friderichs ersetzt, den ehemaligen Wirtschaftsminister im Kabinett Kohl, der es später zum Vorstandssprecher der Dresdner Bank brachte. Friderichs war zwar 1983 ins Zwielicht der Flick-Spenden-Affäre geraten, 1987 wegen Steuerhinterziehung zu einer Geldstrafe verurteilt worden, aber er saß weiter ungeschoren im Aufsichtsrat des französischen Rüstungs- und Luftfahrtkonzerns Aerospatiale und brachte somit genau die richtigen Voraussetzungen mit, um Tapies großen Worten über deutsch-französische Freundschaft Nachdruck zu verleihen.

Während Friderichs mit seinem Ruf ein länderübergreifendes Prestige verbürgen sollte, bestellte Tapie ein weiteres Aufsichtsratsmitglied zur unmittelbaren Wahrung seiner Interessen bei Adidas. Gilberte Beaux, die das Bankgeschäft der Générale Occidentale leitete, war in Frankreich als rechte Hand von Jimmy Goldsmith bekannt geworden. Die Dame mit dem silbergrauen Haar und der Vorliebe für wagemutige Unternehmer hatte sich in Paris durch Hartnäckigkeit und gründliche Arbeit einen hervorragenden Ruf erworben. Doch auch sie bekam die Situation für Tapie nicht in den Griff. »Fast zwei Jahre lang weigerten sich die Manager schlichtweg, uns Einblick in das Innenleben des Konzerns zu gewähren«, erklärte Beaux. »Wir bekamen lediglich einen bereinigten Bericht vorgelegt, der keinerlei Einzelheiten lieferte, die wir gebraucht hätten, um Entscheidungen zu beeinflussen.«

In deutschen Wirtschaftskreisen galt Tapie weiterhin als unseriöser und schräger Vogel. Um sein Ansehen zu stärken, luden ihn die PR-Manager von Adidas als Gastredner zu einer renommierten Bankiersversammlung in Frankfurt ein, wo er sich erstaunlich gut schlug. Und um die deutschen Fußballenthusiasten für sich einzunehmen, engagierte er Franz Beckenbauer als Trainer für Olympique de Marseille. Doch all diese Bemühungen änderten nichts an dem schlechten Ruf, den er in Deutschland hatte. Die deutsche Presse mochte ihn nicht, und sein Streit mit dem Adidas-Management wurde, wo immer es möglich war, ins Lächerliche gezogen. Das ganze Unternehmen Adidas erwies sich als weitaus anstrengender und freudloser, als Bernard Tapie vermutet hatte.

Bei der Übernahme von Adidas hatte Tapie großspurig versprochen, er werde bis zu 300 Millionen Mark in den Konzern investieren, und binnen Jahresfrist werde es unterm Strich schwarze Zahlen geben. Unnötig zu erwähnen, dass die Kapitalspritze ausblieb, und gegen Ende des Jahres 1990 stand ein möglicher Gewinn in den Sternen. Es sah eher so aus, als ob die betrieblichen Erträge von 50 Millionen Mark gerade ausreichten, um die Steuern zu bezahlen, und damit war Tapie erneut einem Sperrfeuer der Kritik ausgesetzt.

Um dem zu entgehen, ordnete er einen Notverkauf an. Die Unternehmen, die Horst Dassler erworben hatte, sollten noch vor Jahresende abgestoßen werden. Zum Kummer von Horsts Kindern wollte Tapie sich unter anderem von der Auberge du Kochersberg, Arena und Pony trennen. Wegen Le Coq Sportif, eines Bereichs, der mit am meisten einbringen würde, verhandelte René Jäggi mit Descente, dem japanischen Adidas-Partner, der an den asiatischen und pazifischen Rechten interessiert war. Damit Tapie sein Gesicht wahren konnte, musste sich Jäggi mitten in den Weihnachtsferien zu einem Treffen mit den Japanern nach Alaska begeben.

Das Gespräch in Anchorage nahm bizarre Züge an, als René Jäggi und die Führungsriege von Descente in eine Wirtshausrauferei unter Einheimischen gerieten. Um ihr Geschäft unter Dach und Fach zu bringen, blieben sie ungeachtet der »Bierflaschen, die herumflogen«, am Tisch sitzen und bekamen im Laufe des Abends noch »ziemlich üble Gesichter« zu sehen. Es gab jedoch keine Toten zu beklagen, und der Japanisch sprechende Vorstandsvorsitzende kehrte mit einem großzügigen Geschenk für Bernard Tapie zurück: einem Scheck über 56 Millionen Mark, der es Adidas ermöglichte, in der Bilanz einen Gewinn von 52 Millionen Mark auszuweisen. Damit hatte Tapie eine Atempause gewonnen.

Anfang 1991 dämmerte für Tapie die nächste Krise herauf, denn beinahe hätte er vergessen, dass er im Juli 1990 eine Abmachung mit Stephen Rubin getroffen hatte. Ohne seine Geldgeber zu informieren, hatte er nämlich dem Engländer das Recht eingeräumt, innerhalb von drei Jahren ein Drittel der BTF GmbH zu erwerben, die Tapies Beteiligung an Adidas umfasste. Als die Banken dahinterkamen, behauptete Tapie unverfroren, er wisse nichts von einer solchen Vereinbarung. Das Problem war nur, dass Laurent Adamowicz von Paribas das Ganze schriftlich festgehalten hatte. Um zu beweisen, dass er hintergangen worden sei, stand Tapie nur ein Weg offen: Er musste

Stephen Rubin und Adamowicz, den Mann, der den Adidas-Kauf für ihn eingefädelt hatte, verklagen.

Immerhin besaß Tapie den Anstand, Adamowicz vorzuwarnen. »Nehmen Sie es nicht persönlich, aber ich werde Sie und Ihre Bank verklagen müssen«, erklärte ihm Tapie. Seine Anwälte pochten darauf, Tapie habe von dem Brief nichts gewusst, daher habe Adamowicz seine Befugnisse überschritten, und die Abmachung sei hinfällig. Um die Sache zu klären, sollten Bernard Tapie, Laurent Adamowicz und Stephen Rubin am 7. Juni 1991 vor dem Pariser Handelsgericht erscheinen.

Doch Tapie hatte so seine Hintergedanken. Bald würden die Banken bei ihm anklopfen, um 500 Millionen Francs einzutreiben – die erste, im August fällige Rate des Kredits, mit dem er die Übernahme von Adidas finanziert hatte. Während er mit leeren Kassen dastand, hatte Stephen Rubin durch den Verkauf seiner Anteile an Reebok Millionen Dollar zur Verfügung. Konnte man da nicht zu einer Einigung kommen? Inzwischen hatten sich die Schulden des Franzosen durch die Übernahme der 15-prozentigen Beteiligung von Metro bei Adidas vermehrt. Durch den Kauf, der ihn noch einmal 60 Millionen Mark gekostet hatte, war Tapies Anteil auf 95 Prozent gestiegen, während Adi junior und Suzanne Dassler die verbliebenen 5 Prozent besaßen.

Der Crédit Lyonnais war es unterdessen nicht gelungen, die übrigen Aktiva von Bernard Tapie abzustoßen, was die einzige Möglichkeit gewesen wäre, seinen Kredit innerhalb von zwei Jahren zurückzuzahlen. In dieser Situation konnten sich Stephen Rubins Ansprüche auf Adidas als segensreich erweisen.

Im Vorfeld des drohenden Prozesses nahm Tapie Verhandlungen mit Rubin und den Vertretern seiner Banken auf. Am 7. August unterschrieben sie einen Vertrag, durch den sich Tapies Anteil an der BTF GmbH von 100 auf 55 Prozent verminderte. Durch die Umstrukturierung erhielt Stephen Rubin zum Preis von 134,5 Millionen Mark eine Beteiligung von 20,05 Prozent an der BTF GmbH. Mehrere französische Banken und Versicherungsgesellschaften erklärten sich bereit, zur Begleichung von Tapies Schulden Adidas-Aktien zu übernehmen. Gemeinsam hielten sie 20 Prozent an der BTF GmbH, weitere 5 Prozent gingen an Gilberte Beaux.

Die Vereinbarung räumte Rubin aber noch weiterreichende Rechte ein. Er durfte weitere 5 Prozent der BTF GmbH von einem französischen institutionellen Anleger übernehmen und verfügte damit über eine Beteiligung von 25,05 Prozent, die ihm entsprechende Stimmrechte und einen Sitz im Aufsichtsrat einbrachten. Das wiederum ermöglichte es ihm, »bestimmte erhebliche Entscheidungen« wie etwa eine Kapitalerhöhung blockieren zu können.

Eine Klausel des Vertrags zog geringere Aufmerksamkeit auf sich, als sie es verdient hätte. In der Presseerklärung von Rubins Pentland-Gruppe hieß es in aller Unschuld: »BTF S.A. und Pentland räumen sich ein gegenseitiges Vorkaufsrecht an ihren Beteiligungen ein.« Mit anderen Worten: Wenn Bernard Tapie seine Anteile an Adidas abstoßen wollte, musste er sie zunächst einmal Pentland anbieten. Im Gegenzug erklärte sich Stephen Rubin bereit, den Brief von Laurent Adamowicz unter den Tisch fallen zu lassen, und unterschrieb eine Geheimhaltungsvereinbarung über das gesamte Paket.

Das sollte noch böse Folgen haben, aber im Augenblick achtete Tapie nicht aufs Kleingedruckte. Was zählte, war, dass er die erste Rate seines Kredits begleichen konnte. Wenigstens vorübergehend war er aus dem Schneider. Während ihn die Verhandlungen mit Banken und Aktionären beschäftigten, war ihm jedoch entgangen, dass sich bei Adidas eine massive Umstrukturierung vollzog. Denn hier hatte inzwischen eine Gruppe jugendlicher Querdenker das Heft in die Hand genommen.

Kapitel 26

Stir it up

An einem kalten Februarmorgen des Jahres 1990 kam eine kleine Gruppe getreuer Adidas-Manager im Nürnberger Grand Hotel zusammen. René Jäggi, der befürchtete, sein neues Projekt könnte sein deutsches Team vor den Kopf stoßen, hatte erst einmal nur seine engsten Berater zur Besprechung gerufen. Anwesend waren Marketingleiter Bernd Wahler, Tom Harrington, zuständig für internationale Kommunikation, und Peter Rduch. Sie wussten im Vorhinein nur, dass er ihnen zwei Amerikaner vorstellen wollte, die an einem interessanten Konzept für Adidas arbeiteten.

Als die drei Führungskräfte den Konferenzraum betraten, bot sich ihnen ein denkwürdiges Bild. Der große, breitschultrige Jäggi hatte einen Mann an seiner Seite, neben dem er wie ein Zwerg aussah: ein hünenhafter Amerikaner mit rötlichem Bart und kraftvollem Händedruck. Neben ihm wirkte der zweite Gast unscheinbar. Die beiden wurden kurz vorgestellt als Rob Strasser und Peter Moore, General Manager und Creative Director von Sports Inc., einer kleinen Markenmanagementfirma in Portland, Oregon. Dieser Standort war kein Zufall. Wie Insider wussten, gehörten Strasser und Moore zu den ausschlaggebenden Figuren, die Nike die Seele eingehaucht hatten. Rob Strasser hatte dort den Beinamen »Rolling Thunder« getragen – er verkörperte überlebensgroß das Motto »Just do it«, während Peter Moore hinter der gelungenen Kreativarbeit stand, die Nike eine unverwechselbare Identität verliehen hatte.

Bei Nike traten die beiden als unzertrennliches Duo auf. Strassers Stärke war das strategische Denken. Er entwarf Geschäftskonzeptionen und brachte sie auf den Punkt. Moore aber übersetzte Strassers Vorgaben in Produkte, die gleichermaßen schlicht und funktionell aussahen. Gemeinsam schufen sie ein überzeugendes Ganzes. Ihr größter Triumph war der »Air«, der dem Basketballstar Michael Jordan vermeintlich Flügel verlieh. Dennoch verließen die beiden Nike 1987 im Clinch. Rob Strasser nahm es Nike-Chef Phil Knight übel, dass der die Leistungen seines ideenreichen Marketingleiters nicht angemessen würdigte. Nach kurzer Zeit schlossen sich ihm Peter Moore und mehrere andere an, die sich bei Nike übergangen fühlten und in den neuen Führungskräften einfallslose Technokraten sahen.

Die Enttäuschten fanden sich unter dem Namen »Sports Inc.« zu einem Joint Venture zusammen, das an mehreren kleinen Marken arbeitete. Einen Großteil ihrer Zeit beanspruchte Van Grack, ein Label, das nach einem trendigen Washingtoner Einzelhändler benannt war. Strasser und Moore versuchten daraus eine lässige urbane Marke zu machen. Aber Van Grack erreichte nur einen Jahresumsatz von 7 Millionen Dollar, und dieses Ergebnis reichte für Sports Inc. kaum zum Überleben.

Im September 1989 machte René Jäggi auf einer Fachmesse in Chicago Strassers Bekanntschaft und gestand ihm, dass Adidas in einer Sackgasse stecke. Als kreativer Stratege und Kenner des Sportbusiness könne doch Rob Strasser der Marke vielleicht neuen Schwung verleihen. Strasser beriet sich mit John Horan, dem Herausgeber der sogenannten Branchenbibel *Sporting Goods Intelligence,* der eine klare Meinung vertrat: Sports Inc. und Van Grack seien doch viel zu mickrig für Strassers Format. »Du kannst auf dem Deck eines Kanus nicht laufen«, erklärte Horan. Adidas sei eine einmalige Chance, wieder »mitzumischen«. Außerdem böte sich ihm die völlig unverhoffte Chance, Nike einen Denkzettel zu verpassen.

Nike hatte sich in seinen Anfangsjahren komplett auf Adidas eingeschossen. Das ging so weit, dass ein Werbemanager, der versehentlich das Nike-Gebäude in Adidas-Schuhen betrat, einer Besprechung in Socken beiwohnen musste. Zu den Nike-Accessoires zählte eine Tasche mit dem Slogan »One swoosh is better than three stripes« (ein Nike-Haken ist besser als drei Streifen). Phil Knight polemisierte bei einer Verkaufskonferenz Ende der Siebzigerjahre vor versammelter Mannschaft: »Diese Branche ist wie Schneewittchen und die sieben Zwerge. Adidas ist das Schneewittchen. Dieses Jahr werden wir der größte Zwerg. Und nächstes Jahr ziehen wir ihr die Hosen aus.«

Um Adidas zu schlagen, schreckte Nike auch nicht vor dubiosen Andeutungen über den deutschen Ursprung der Marke zurück. Adidas-Mitarbeiter wurden gewohnheitsmäßig als »Hunnen-Bastarde«

bezeichnet und wegen ihrer arroganten Gewinnermentalität verabscheut. Bei einer Präsentation für das Wimbledon-Management wurde an die Kriegserinnerungen von Buzzer Hadingham, dem Vorsitzenden des All England Lawn Tennis Club und Weltkriegsveteranen, appelliert: Ein Plakat zeigte eine Luftaufnahme von Wimbledon nach einem deutschen Bombenangriff – »mit besten Grüßen von unseren Freunden mit den drei Streifen«, lautete die Bildunterschrift.

Gegen Ende der Achtzigerjahre war das Thema Adidas dann durch. Der neue »Feind« hieß Reebok, denn Adidas war, zumindest vom amerikanischen Markt, praktisch verschwunden. »Sie waren sozusagen im Weltraum verschollen, und niemand hat sie vermisst«, bemerkt Peter Moore. »Es ging nicht darum, dass sie schlecht waren, sie existierten einfach nicht mehr.« Strasser und Moore war klar, dass Adidas nur erfolgreich sein konnte, wenn das Unternehmen zu seinen Wurzeln zurückkehrte. Sie kannten Adidas als Marke, die Athleten mit dem versorgte, was sie für den Erfolg brauchten. Deshalb entwickelten sie eine Produktlinie klar geschnittener, schnörkelloser Sportschuhe und -textilien unter dem Namen »Equipment«, um sie von den eher modeorientierten Adidas-Produkten zu unterscheiden.

Bei einem ersten Besuch in Herzogenaurach im November 1989 stellten sie René Jäggi ihre Equipment-Konzeption anhand von vier schlichten Schautafeln vor. Anschließend führte der sie in den zweiten Stock der Hauptverwaltung. Hier waren mehrere Modelle ausgestellt, die Adi Dassler selbst hergestellt hatte, sowie Schuhe, die Olympiasieger und Fußballstars getragen hatten. Die beiden Nike-Veteranen waren geplättet. »Es hat mich umgehauen«, sagt Moore. Es sei ihm plötzlich aufgegangen, dass Adi Dassler die gesamte Sportbranche erfunden hatte. Die Hälfte der von Nike in den Siebzigerjahren produzierten Schuhe seien unbewusst von Adi Dasslers Ideen abgekupfert worden. Aus seiner Sicht wurde ihr Equipment-Konzept dadurch nur umso einleuchtender.

Zu Hause in Portland machten sich Strasser und Moore an die Arbeit. Innerhalb weniger Wochen hatten sie eine dicke schwarze Mappe zusammengestellt, die das Konzept ausführlich erläuterte und ein paar eingängige Slogans für die Werbung lieferte. »Genug ist genug«, hieß es da. »Alles, was Sie brauchen, und nichts weiter« und »Nur das Wesentliche«. Hinzu kam eine radikale Neuerung: »Equipment« sollte mit einem eigenen Logo ausgestattet werden – drei schräg verlaufenden Streifen, die ein Dreieck bildeten.

Als die beiden Amerikaner im Februar 1990 ihre Konzeption im kleinsten Kreis präsentierten, bezeichnete Strasser Adi Dassler als den eigentlichen Equipment-Manager, als einen zurückhaltenden Handwerker, der seine Firma auf Erfindungen aufgebaut habe, die den Sportlern wirklich nutzten. Strasser prognostizierte ganz richtig, dass die Verbraucher nach den Exzessen der Achtzigerjahre mit Freuden zum Einfachen zurückkehren würden. Die Antwort lautete: »Equipment, das Beste von Adidas« – ein Sortiment, das ausschließlich schlichte, aber hochwertige Produkte anbot, auf die auch Adi Dassler stolz gewesen wäre.

Die deutschen Manager tauschten ungläubige Blicke aus. In den letzten Jahren hatten sie verzweifelt versucht, Adidas zu einer neuen Identität zu verhelfen. Bedrängt durch die Konkurrenz, hatte die Marke alle möglichen Richtungen eingeschlagen. Und jetzt kamen vom anderen Ende der Welt diese beiden Amerikaner, die bislang nur einen einzigen Tag bei Adidas verbracht hatten, und begriffen das Erbe Adi Dasslers mit größerer Klarheit als die, die täglich sein gerahmtes Porträt vor Augen hatten. »Wir bekamen eine Gänsehaut«, erinnert sich Bernd Wahler. »Sie präsentierten alles mit solcher Einfachheit, es war beinahe demütigend.«

Auch Peter Rduch konnte kaum fassen, was er da sah. Schon in den Sechzigerjahren hatte er das Vertrauen von Adi und Käthe Dassler genossen, hatte als Exportleiter für die Verbreitung der drei Streifen in aller Welt gesorgt. Später, unter Horst Dassler und René Jäggi, galt er als zuverlässiger Manager und eifriger Hüter des Adidas-Erbes. Damit hatte er sich den Beinamen »das Gewissen der Marke« verdient. Aber an diesem Vormittag im Grand Hotel war auch Rduch tief beeindruckt. »Sie hatten alles vollkommen richtig begriffen«, erklärte er. »Es war geradezu surreal.«

René Jäggi wollte die neue Konzeption bis zur nächsten internationalen Verkaufskonferenz, die drei Monate später stattfinden sollte, unter Verschluss halten. Bis dahin sollte das Team in Portland Modelle für das Equipment-Sortiment herstellen und eine spektakuläre Präsentation vorbereiten. Die Probleme fingen an, sobald die Amerikaner mit den anderen Adidas-Managern verhandelten. Die

Terminvorgaben wurden als viel zu knapp erachtet. Der Adidas-Dampfer konnte in so kurzer Zeit offensichtlich keine Kehrtwende machen. Immer wieder bekamen Rob Strasser und Peter Moore den Satz zu hören: »Das ist nicht zu schaffen.«

Besonders in der Textilabteilung, die unter Leitung von Karl-Otto Lang nach wie vor in Fontainebleau angesiedelt war, wurde hartnäckig Widerstand geleistet. Lang hatte in den vergangenen Jahren mit seiner Sportkleidung einen enormen Umsatzzuwachs verbucht, was vor allem dem Tennissortiment mit den klangvollen Namen Steffi Grafs und Stefan Edbergs zu verdanken war. Die Shirts wurden in allen möglichen Farben und Designs geliefert – von Orchidee bis zu Fasan.

Lang brachte für die schlichten Equipment-Designs in Grün, Schwarz und Weiß wenig Begeisterung auf. »Niemand will ein simples Sweatshirt tragen«, meinte er. Aber Peter Moore sah gerade im Tennissortiment ein krasses Symptom für die Probleme der Marke. »Es gibt Menschen auf der Welt, die nicht wie eine Tapete aussehen wollen«, schoss er zurück. Nur widerstrebend erklärte sich Karl-Otto Lang schließlich bereit, Equipment eine Chance zu geben. Entnervt wandte sich Rob Strasser an Mary McGoldrick. Er hatte die drahtige Frau vor Jahren für Nike angeworben. Die außerordentlich begabte, zuverlässige Textildesignerin hatte maßgeblich am Aufbau des Bekleidungssortiments von Nike mitgewirkt. Als Strasser und Moore gingen, wollte auch sie nicht mehr bleiben und wurde die Dritte im Bunde bei Sports Inc.

McGoldrick hatte sechs Wochen Zeit, um die Textilien zu entwerfen und Modelle für die Präsentation von Equipment vorzulegen. Zu diesem Zweck zog sie sich nach Asien zurück, wo sie sich auf eingespielte Partner verlassen konnte. Als sie schließlich am Nürnberger Flughafen eintraf, hatte sie dreizehn stattliche Säcke, gefüllt mit Equipment-Modellen, dabei. Es war also doch zu schaffen.

Das unter einem Codenamen entwickelte Equipment-Konzept wurde den Adidas-Mitarbeitern und Generalvertretern im April im Herzogenauracher Vereinshaus vorgestellt. Cindy Hale, die Markenentwicklungsmanagerin bei Sports Inc., hatte eine umwerfende Präsentation vorbereitet. Um die Bedeutung des Kurswechsels zu unterstreichen, hatte René Jäggi auch die Mitglieder des Adidas-Beirats geladen, der fast geschlossen erschien.

Man lauschte aufmerksam, als René Jäggi, Rob Strasser und Tom Harrington das Projekt erläuterten: Es habe keinen Sinn, die besseren

Nike-Produkte schaffen zu wollen, meinten sie. Adidas habe etwas Eigenes, absolut Einzigartiges zu bieten: die Geschichte und das Genie Adi Dasslers. Nike könne jederzeit einen neuen »Air« vermarkten, aber nur Adidas könne mit Equipment aufwarten.

In einem Folder, der für die führenden Einzelhändler produziert wurde, hieß es sinngemäß: Wenige Monate zuvor ist mit dem Fall der Berliner Mauer ein dunkles Kapitel der deutschen Geschichte zu Ende gegangen, und das Gesicht der Weltpolitik hat sich vollkommen verändert. Mit Equipment sind die Deutschen im Begriff, »eine andere Mauer niederzureißen«. Das Publikum war begeistert, als das neue Logo auf der Projektionsfläche erschien. Nachdem das Licht wieder angegangen war, stand Jäggi auf, umarmte die beiden Amerikaner, und heftiger Applaus brach aus.

Einige Abteilungsleiter hatten dennoch Vorbehalte gegen die Newcomer – sie verstanden nicht, warum Außenseiter damit betraut wurden, Adidas neuen Schwung zu verleihen. Aber insgesamt war die Reaktion überwältigend positiv, und begeisterte Manager gingen auf Rob Strasser zu, um ihm zu gratulieren. »Das hätten wir schon längst tun sollen«, meinten sie, »Sie sind genau das, was wir brauchen.«

Der stets einsatzfreudige Strasser nahm sie beim Wort. Um Equipment voranzubringen, war er sogar bereit, sich in Herzogenaurach niederzulassen. Und wo er gerade dabei war, konnte er auch gleich das Unternehmen generalüberholen.

Rob Strasser ließ sich gern von Musik inspirieren. Bei ihm, der es mit seiner Wortwahl ganz genau nahm, fiel auch die Entscheidung für einen passenden Soundtrack nicht zufällig. Während seiner Zeit in Herzogenaurach legte er mit Vorliebe »Stir It Up« von Patti LaBelle auf.

Als er im August in Herzogenaurach eintraf, war nichts vorbereitet. Er wurde nicht einmal seinen Kollegen in aller Form vorgestellt, geschweige denn, dass René Jäggi einen Arbeitsraum für ihn parat hatte. Kurzerhand besetzte er einen Kaffeeraum und erklärte ihn zu seinem Büro. Owen Clemens blieb es überlassen, das Büromaterial zu »organisieren«. Der ehemalige Chauffeur bei Nike war zu Rob Strassers persönlichem Assistenten, Freund, Fahrer, Kammerdiener und ständigem Begleiter aufgestiegen. Clemens war der Einzige, der Strassers Hieroglyphen entziffern und einen vernünftigen Text daraus machen konnte. Als Strasser nach Deutschland ging, folgte ihm Clemens ohne Zögern. Er investierte mehrere Wochen, um mit Vorzimmerdamen und Wachmännern Freundschaft zu schließen. Sie ließen ihn auch nach fünf Uhr ins Gebäude, wenn die Gänge menschenleer waren. Dann konnte er seinen Streifzug durch die Büros antreten und hier einen Hefter, dort ein paar Stifte mitgehen lassen.

Nachdem Strasser sich endlich eingerichtet hatte, begann ein frischer Wind zu wehen. Die meisten Adidas-Leute hatten sich längst an die schwerfälligen Unternehmensstrukturen gewöhnt und sich nolens volens mit den Förmlichkeiten des Wirtschaftslebens abgefunden, erschienen in der Sportartikelfirma in Anzug mit Krawatte und sprachen einander mit »Herr Doktor« an. Und natürlich verfassten sie umfangreiche Berichte und respektierten stets die Hierarchie.

Strasser erschien das alles unerträglich. Der studierte Jurist hatte bei Nike gelernt, wie man bürokratische Hindernisse aus dem Weg räumt und konkrete Projekte durchpeitscht. Ins Büro kam er meist im Hawaiihemd, und wenn er einmal halbwegs korrekt gekleidet erschien, waren seine Hemdsärmel mit Notizen bedeckt. Sinnlose Formalitäten und alles, was sich sonst als Hindernis erweisen konnte, war ihm ein Gräuel. Von seinem Kaffeeraum aus beobachtete Strasser ungläubig das Innenleben des Konzerns. Trotz der angeblich strengen Arbeitsmoral der Deutschen waren die Korridore lange vor Einbruch der Dunkelheit wie ausgestorben. Wenn Adidas-Führungskräfte auf Reisen gingen, hielten sie es für normal, ein paar Urlaubstage dranzuhängen. Und obwohl das Unternehmen knapp bei Kasse war, standen eine Menge teurer Firmenwagen auf dem Parkplatz.

Als es darum ging, sich einen Wagen auszusuchen, statuierte er ein Exempel, indem er um einen Trabant bat. Das Ansinnen wurde abgelehnt, aber er bekam dafür einen anderen Kleinwagen, der nicht viel besser aussah. »In der Sommerhitze musste der arme Owen in diesem stinkenden alten Auto ohne Klimaanlage fahren«, erinnert sich Tom Harrington. »Das war Robs Protest gegen die Corporate Culture.«

Dennoch gelang es Strasser, mit Charme und guten Argumenten die Herzen im Sturm zu erobern. Der redegewandte Hüne stand stets im Mittelpunkt. Ob im Café oder an Bord eines Flugzeugs, er war einfach nicht zu übersehen. Mit seinem Charisma und der Fähigkeit, den rechten Ton zu treffen, konnte er auch fronterfahrene Manager in Begeisterung versetzen. »Er gab den Leuten einen Füllfederhalter in die Hand und schickte sie in den Krieg, und sie zogen tatsächlich los«, stellte Cindy Hale, seine Kollegin bei Sports Inc., fest, »und zwar weil er sie einfach auf Touren brachte.«

Rob Strasser ließ sich tatsächlich gerne von Kriegsgeschichten inspirieren. Sein großer Held hieß Winston Churchill. Die Regale seines Strandhauses in Manzanita, Oregon, bogen sich unter der Last von Kriegsbüchern. Schon nach wenigen Monaten in Europa war Owen Clemens es leid, Strasser übers Wochenende nach London zu begleiten, denn er wusste, dass ihm dort nur ein weiterer Rundgang durch das Imperial War Museum bevorstand.

Zu den Episoden, die Strasser am meisten faszinierten, gehörte eine Sequenz aus dem Film *Die letzte Schlacht,* einem Schinken von 1965 mit Henry Fonda in der Hauptrolle. Der Oberst einer deutschen Panzereinheit sammelt seine Soldaten um sich. Angespornt von ihrem Kommandanten, schmettern die jungen Männer ein die Kameradschaft beschwörendes Kriegslied. »Rob, die Deutschen sind da ein bisschen empfindlich mit diesen Nazigeschichten«, gab Peter Moore zu bedenken. Dennoch lud Strasser seine deutschen Kollegen in sein Hotelzimmer ein, wo er ihnen die Szene in voller Lautstärke vorspielte und sie bat, den Liedtext für ihn zu übersetzen.

Mit seinem konfrontativen Stil sorgte Rob natürlich für Unruhe, und dank seiner impulsiven Art kam er mit einigen Adidas-Führungskräften gar nicht zurecht. Zum Beispiel brachten ihn die intellektuellen Argumente von eloquenten Rednern wie Michel Perraudin auf die Palme. Nach Besprechungen mit dem Schweizer stürmte Strasser häufig in das Büro eines anderen Kollegen und machte seinem Unmut mit allerhand Kraftausdrücken Luft. Obgleich nur mit der Projektleitung von Equipment betraut, wurde Rob Strasser bald zum Epizentrum des ganzen Unternehmens. Zu seinen Fans gehörten einige junge Führungskräfte, die gern für ihn gearbeitet hätten, weil bei ihm etwas voranging. »Er war wie Elvis«, meinte Cindy Hale. »Alle wollten mit ihm zusammen sein.«

Strassers Vereinbarung mit René Jäggi sah vor, dass Sports Inc. 10 Prozent des durch Equipment erzielten Umsatzes kassierte. Nach kaum zwei Jahren machte das Unternehmen mit dem Sortiment 15 Prozent des Gesamtumsatzes. Equipment allein reichte noch nicht aus, um Adidas wieder auf die Beine zu helfen. Aber im Kleinen funktionierte Equipment genau so, wie Strasser sich das für das Gesamtunternehmen vorstellte: mit einem überschaubaren Team, einer »Business Unit«, die von der Entwicklung bis zum Verkauf für ein bestimmtes Sortiment zuständig war. Mit dem Segen René Jäggis versuchte Strasser, das Konzept auf Adidas insgesamt auszuweiten. Deshalb bereiste er Europa und suchte nach Managern, die er mit der Leitung weiterer Teams betrauen konnte. Sechs solcher Teams kamen schließlich zustande: für Bereiche wie Laufen, Fußball, Basketball, Tennis und Outdoor-Kleidung.

Der Schwede Jan Valdmaa, ehemals Verkaufsleiter, gehörte zu den besonders engagierten Gefolgsleuten Strassers. Kurz nachdem er das Team für den Bereich »Laufen« übernommen hatte, in dem bisher etwas mehr als 4 Millionen Paar abgesetzt wurden, entwarf er einen Geschäftsplan, der den Absatz bis zum Ende des Jahrzehnts auf 10 Millionen Paar hochschrauben sollte. Dank der Selbstständigkeit, mit der er schalten und walten konnte, schaffte es Adidas gegen Ende der Neunzigerjahre, statt der angepeilten 10 Millionen sogar 30 Millionen Paar Laufschuhe zu verkaufen.

Die unabhängigen Ressorts ermöglichten es Rob Strasser, seiner internationalen Mannschaft junger dynamischer Manager weitgehende Handlungsfreiheit zu gewähren. Die vertikale Struktur der neuen Teams riss die alte Abgrenzung zwischen Schuhwerk und Kleidung nieder und verlagerte die Betonung auf das Marketing. »Adidas wurde von Technikern geführt, die Produkte ersannen, ohne sich darum zu kümmern, ob sie nun zum Laufen oder zum Tennisspielen gebraucht wurden«, erklärt Jan Valdmaa. »Der grundlegende Wandel durch die Business Units bestand darin, dass man zunächst einmal vom Marketing ausging. Leute, die ihren Sport kannten, befassten sich mit den Bedürfnissen des Marktes und lösten anschließend die technischen Fragen.« Unter der Leitung von Rob Strasser als internationalem Marketingchef hatten diese jungen Manager das Gefühl, dass sie das Unternehmen führten. Er hatte sie alle zu Ressortleitern ernannt, und als der Mann aus Oregon seinen Rückzug ankündigte, besaßen sie genug Selbstbewusstsein, um gegen seinen designierten Nachfolger eine Rebellion anzuzetteln.

Im Januar 1992 wurde bekannt gegeben, dass Karl-Otto Lang, der sehr erfolgreiche Chef der Textilabteilung, die Oberaufsicht über die Business Units übernehmen sollte. Durch diese Nachricht aufgerüttelt, trommelte Bernd Wahler seine Kollegen zusammen und fragte sie nach ihrer Meinung. Das einhellige Urteil lautete, dass sie Lang auf keinen Fall als Vorgesetzten akzeptieren würden. Bernd Wahler marschierte daraufhin in Jäggis Büro und legte ihm ein Ultimatum vor. Falls Lang zum Chef der Business Units ernannt würde, wollten sie alle kündigen.

Empört rief Jäggi die Rebellen noch am selben Abend zu einer Besprechung in sein Haus in Nürnberg. Dort führte er Rob Strasser und die Leiter der Business Units erst einmal in den gut bestückten Weinkeller, wo sich jeder eine Flasche aussuchen durfte. Dann griff er auf einen seltsamen Managementtrick zurück: Er bat die jungen Querdenker, sich ihren Boss selbst auszusuchen. Simon Skirrow, Chef der Fußballsparte, brachte einen Namen ins Spiel: Bob McCulloch, den ehemaligen Verkaufsleiter der britischen Tochtergesellschaft. Die anderen, die McCulloch nicht kannten, konnten keine vernünftigen Einwände vorbringen, und der Engländer sagte erfreut zu.

Im Laufe der folgenden Monate übernahm die kleine Gruppe von Unit-Managern praktisch die Unternehmensführung. Während Bernard Tapie mit den Banken kämpfte und René Jäggi versuchte, größeres Unheil von Adidas abzuwenden, leitete die junge Mannschaft mit ihrer Tatkraft und ihren zielstrebigen Projekten ein Revival der Marke Adidas ein. Doch es sollte noch eine Weile dauern, bis die Ergebnisse zu Buche schlugen. Und so lange wollten die Geldgeber des Unternehmens nicht mehr warten.

Kapitel 27

Die Pokerrunde

René Jäggi saß auf einer Terrasse im spanischen Marbella, als er einen Anruf von Bernard Tapie erhielt, der ihn sofort sehen wollte. Der Adidas-Chef protestierte, er habe sich seinen Wochenendurlaub redlich verdient, aber Tapie ließ nicht locker. René Jäggi werde es nicht bereuen, versicherte er ihm.

Schon seit Monaten hatte Tapie seinen umstrittenen, aber unaufhaltsamen politischen Aufstieg betrieben. Seine große Stunde kam am 2. April 1992 kurz vor elf Uhr nachts, als die Namen der neuen Minister bekannt gegeben wurden. Tapie wurde als Städtebauminister genannt. Präsident Mitterrand empfand offenbar ein diebisches Vergnügen an der Empörung, die seine Entscheidung nicht nur in großbürgerlichen Salons, sondern auch unter sozialistischen Hardlinern hervorrief.

Tapie soll geweint haben, als er sein nobles Büro bezog. Für ihn als Kämpfernatur ohne das ererbte Privileg einer bürgerlichen Bildung war dies die höchste Weihe, und um sie zu empfangen, hatte Tapie gelobt, jeder anderen Betätigung abzuschwören, die mit seinem Amt in Konflikt geraten könnte. Kaum zwei Jahre zuvor war Adidas »das Geschäft seines Lebens« gewesen, aber eine VIP-Lounge im Fußballstadion schien ihm doch nicht ganz so verführerisch wie die Luxusausstattung seines Ministeriums. Die Euphorie war jedoch nicht von Dauer. Tapie hatte sich kaum im Ministeramt eingelebt, als ihm eine ganze Reihe peinlicher Probleme zu schaffen machte. Zunächst einmal drohten die Beschäftigten einer Adidas-Fabrik im Elsass, die von Schließung bedroht war, mit einer Demonstration vor seinem Amtssitz. Dann wurde Tapie von einem Finanzskandal eingeholt, in den sein Fußballklub Olympique de Marseille verwickelt war. Aber den schwersten Schlag versetzte ihm eine französische Richterin, die ein Ermittlungsverfahren wegen Unterschlagung gegen ihn eröffnete.

Dieser Rechtsstreit, der mit Adidas nichts zu tun hatte, war durch Tapies ehemaligen Geschäftspartner Georges Tranchant losgetreten worden. Nach nur 84 Tagen im Amt musste Bernard Tapie am 23. Mai 1992 zurücktreten. Ein Ministerposten winkte ihm erst wieder, wenn er sein Unternehmen verkauft hatte und der juristische Disput geklärt war.

Als Jäggi ihn in den BTF-Geschäftsräumen an der Avenue de Friedland, nur einen Steinwurf vom Arc de Triomphe entfernt, aufsuchte, klopfte der in Bedrängnis geratene Franzose nicht lange auf den Busch: Wenn Jäggi das Geld beschaffen könne, dann gehöre Adidas ihm. Für seinen verbliebenen Anteil von 55 Prozent an der BTF-GmbH wollte Tapie mindestens 450 Millionen Mark, womit der Wert des Gesamtunternehmens auf 880 Millionen Mark anzusetzen war. Damit ging für René Jäggi ein Traum in Erfüllung. Seit er vier Jahre zuvor bei Adidas das Ruder übernommen hatte, war es sein Wunsch gewesen, eine Beteiligung zu erwerben. Zwar hatte ihm Tapie eine 10-prozentige Aktienoption versprochen, als er den Konzern übernahm, aber anschließend gab die Vereinbarung immer wieder Anlass zu Auseinandersetzungen zwischen den beiden. Nach einer besonders harten Diskussion im Januar 1992 hatte Jäggi den erstaunten Reportern sogar erklärt, sein Posten stehe zum Jahresende zur Verfügung. Aber das Angebot, das ihm Tapie an jenem Wochenende in Paris unterbreitete, konnte er nicht ausschlagen.

Mit gewohntem Elan erklärte Tapie, Jäggi habe nichts zu verlieren. Wenn der Vorstandsvorsitzende einen gewaltigen, fremdfinanzierten Management-Buy-out auf die Beine stellen würde, könne er das Unternehmen seiner Träume besitzen und unglaublich reich werden. Wenn die Sache jedoch schiefginge, würde Jäggi einfach wie geplant Adidas verlassen und angemessen entlohnt werden. Als Ersatz für die Aktien, die Jäggi nie erhalten hatte, garantierte ihm Tapie jetzt eine stattliche »Sonderzahlung«. Diesmal sorgte Jäggi allerdings offenbar dafür, dass die Abmachung schriftlich festgehalten wurde.

Ganz gleich, ob der Management-Buy-out gelang, Bernard Tapie hatte wieder einmal einen klugen Schachzug gemacht. Wenn alles glattging, war er Adidas innerhalb weniger Wochen los. Was für Tapie jedoch am interessantesten war: Ein Angebot durch das Management würde Stephen Rubin zu einer sofortigen Reaktion zwingen. Der gerissene Engländer, der nur auf die Chance wartete, sich billig einzukaufen, würde angesichts von Jäggis Übernahmeangebot innerhalb weniger Tage von seinem Vorkaufsrecht Gebrauch machen müssen. Tapie und der verdatterte Jäggi besiegelten die Abmachung und griffen dann zum Telefon, um Stephen Rubin anzurufen. Damit begann eine Pokerrunde zu dritt, die mehrere Wochen dauerte und bei der Adidas auf dem Spiel stand.

Rubin fiel durch den Anruf aus allen Wolken. In den vergangenen Wochen hatte er stillvergnügt Tapies Pechsträhne in der Presse verfolgt. »Bei den Geschäften, die wir mit Tapie tätigten, war Abwarten und Teetrinken eine bewährte Technik, denn es war damit zu rechnen, dass er eine Grube gräbt und selbst hineinfällt«, erklärt Rubin. Doch Jäggis Übernahmeangebot machte Rubin einen Strich durch die Rechnung. »Schaffen Sie keine Unruhe«, mahnte Rubin den Unternehmensleiter. Er hatte Jäggi immer für seinen Verbündeten gehalten, aber plötzlich waren seine Motive undurchsichtig, und sein Angebot richtete sich auf jeden Fall gegen Rubins Interessen. »Mit Ihnen möchte ich nicht in einem Atom-U-Boot sitzen, René«, meinte der Engländer. »Mit so einem Wackelkandidaten am Ruder hätten wir bald den Dritten Weltkrieg.«

Mit Bernard Tapie an seiner Seite rief Jäggi als Nächstes den Londoner Investmentbanker John Botts an. Botts, der sich bereits drei Jahre zuvor für Adidas interessiert hatte, sollte den nächsten Flug nach Paris nehmen, um die Finanzierung des Management-Buy-outs zu diskutieren. Jäggi durchwachte unterdessen die Nacht auf dem Behelfsbett, das Tapie in seinem Pariser Büro für ihn bereitgestellt hatte. Als John Botts am nächsten Tag eintraf, rechneten die drei die Sache durch. Botts war überzeugt, größere Summen von britischen Geldinstituten beschaffen zu können. Jäggi ging davon aus, dass auch Peter Ueberroth, damals Leiter von Adidas Amerika, und Jäggis japanische Freunde gerne etwas beisteuern würden. Alles in allem schien die Sache machbar.

Bernard Tapie und René Jäggi machten kein Geheimnis aus dem Übernahmevorhaben. Botts, Jäggi und einige seiner engen Mitarbeiter waren in den folgenden Wochen ständig in dieser Sache unterwegs und suchten Investmentbanken auf, denen sie einen dicken Prospekt namens »Juno« – so der Codename des geplanten Buy-outs – vorlegten. Die Manager, die sich um die Sanierung von Adidas bemühten, waren von den neuen Verwicklungen nicht gerade begeistert. Wieder einmal wurde ihre Firma verschachert, und der Chef, der in Herzogenaurach dringend gebraucht wurde, beteiligte sich lebhaft an diesem Spiel – er prahlte sogar auch noch, er werde für den Kauf eine Milliarde Mark aufnehmen. Die Unruhe nahm zu, als eine für den 20. Mai angesetzte Pressekonferenz ohne Begründung abgesagt wurde. Sofort wurden Spekulationen laut, das Unternehmen werde doch nicht die versprochenen 100 Millionen Mark Gewinn einfahren.

Botts hatte sich bei seinem Plan von dem Muster der kreditfinanzierten Management-Buy-outs inspirieren lassen, die in den vergangenen Jahren die US-Wirtschaft erschüttert hatten. Das gesamte Projekt beruhte auf der Vermutung, dass aufgrund der seit Jahren betriebenen Umstrukturierung des Unternehmens der Umsatz demnächst in die Höhe schießen würde. Das Management räumte zwar ein, dass die Verkaufszahlen erst einmal zurückgehen und Adidas 1992 rote Zahlen schreiben würde, aber man hoffte, dass der Reingewinn bis 1995 auf 6,8 Prozent steigen würde. Diese Prognose wurde im Juno-Prospekt als eine konservative Einschätzung genannt, denn die wichtigsten Gegenspieler von Adidas erzielten regelmäßig Gewinne von 10 Prozent.

Mit dem Projekt Juno hätte Jäggi ein Vermögen machen können. Das Management musste nur für einen 10-prozentigen Anteil an einem Anlageinstrument namens Doris, das bis zu 100 Prozent Adidas-Aktien enthalten würde, 2 Millionen Mark beisteuern. Wie im Prospekt dargestellt, konnte sich der Wert dieser Investition innerhalb kürzester Zeit vervielfachen, falls das Unternehmen 1995 an die Börse gehen sollte. Wenn man die Gewinnprognosen und die Börsenkapitalisierung von Nike, Reebok und LA Gear, einem weiteren Turnschuhfabrikanten aus den USA, zum Vergleich heranzog, hätte der Anteil des Managements einen Wert von bis zu 339,3 Millionen Mark erreichen können. Axel Markus, Michel Perraudin, Bob McCulloch, Stefan Stremme und Tom Harrington unterstützten daher gemeinsam mit René Jäggi das Übernahmeangebot.

John Botts war sehr eingenommen von dem Schweizer, der, wie er meinte, den nötigen Schwung und das Charisma besaß, um bei Adidas das Ruder herumzureißen. Andere potenzielle Investoren waren skeptischer. Jäggi führte das Unternehmen bereits seit vier Jahren, und während dieser Zeit war es stetig bergab gegangen. Jäggi konterte, ihm seien durch sture Eigentümer die Hände gebunden gewesen, zunächst durch die Dassler-Schwestern, später durch Tapie. Die Ergebnisse seien überdies durch enorme Umstrukturierungskosten, die sich bald auszahlen würden, belastet gewesen. All das entsprach der Wahrheit, aber die Investoren ließen sich dennoch nicht überzeugen, dass Adidas mit Jäggi am Ruder bald ähnliche Resultate erzielen würde wie Nike und Reebok.

Ein weiteres Problem war, dass das sorgfältig konstruierte Projekt Juno mit einem Mal Makulatur wäre, falls Stephen Rubin auf die Idee käme, von seinem Vorkaufsrecht Gebrauch zu machen. Botts glaubte zwar nach wie vor, dass der Engländer bluffte. Im Prospekt hieß es dazu, Rubins Vorkaufsrecht werde »bei Unterbreitung des beabsichtigten Angebots noch Gegenstand von Verhandlungen, aber wir und das Management sind der Überzeugung, dass dieses Vorkaufsrecht nicht ausgeübt werden wird«.

Am 25. Juni 1992 legte René Jäggi sein Angebot vor. Tapie bestätigte, dass das gesamte Unternehmen eine Milliarde Mark wert war – ohne allerdings zu erwähnen, dass damit auch der Erwerb hoher Schulden verbunden war. Finanziert werden sollte die geplante Übernahme von Einzelinvestoren und britischen Kreditinstituten unter Führung von Charterhouse. Jäggi zufolge war das Angebot an eine Frist gekoppelt, die fünf Tage später, am Dienstag, dem 30. Juni, abliefe, wenn die Adidas-Aktionäre zu ihrer Jahreshauptversammlung zusammenkämen.

Als dieser Dienstag ohne Reaktion von Rubin verstrich, wurde die Frist diskret bis zum folgenden Freitag verlängert. Die Adidas-Mitarbeiter warteten unruhig das Wochenende ab. Als sie die Samstagszeitung aufschlugen und immer noch keine Nachricht über ein Gegenangebot Stephen Rubins zu lesen war, festigte sich allmählich die Überzeugung, dass das Management gewonnen hatte. Aber inzwischen war der Juno-Prospekt längst in Bernard Tapies Papierkorb gewandert.

Sobald Gilberte Beaux den Raum betrat, wusste Stephen Rubin, dass ihm eine lange Nacht bevorstand. Tapies persönliche Beraterin war für ihren harten Verhandlungsstil bekannt. Eine ihrer Lieblingstaktiken bestand laut Rubin darin, Besprechungen bis in die frühen Morgenstunden auszudehnen, denn bis dahin waren ihre Verhandlungspartner zu erschöpft, um ihre Position zu verteidigen.

Die Gespräche währten zwei Tage und zwei Nächte. Während die Adidas-Mitarbeiter noch über Rubins Absichten rätselten, saß er längst am Konferenztisch. Pech für ihn, dass ihn Jäggis Übernahmeangebot zwang, sofort zu handeln, aber er wollte sich Adidas auf keinen Fall durch die Lappen gehen lassen.

Bei den Gesprächen bewies Gilberte Beaux erstaunliches Stehvermögen, aber auch Rubin legte eine große Liebe zum Detail an den Tag. Das Ergebnis wurde am 7. Juli 1992 um sieben Uhr morgens von übernächtigten Juristen bekannt gegeben: Der neue Eigentümer von Adidas hieß Stephen Rubin. Der Engländer, der ein Jahr zuvor 20,05 Prozent der BTF GmbH erworben hatte, machte für die verbleibenden knapp 80 Prozent 621 Millionen Mark locker.

In Herzogenaurach wurde die Nachricht freudig aufgenommen. Nach all den Aufregungen der vergangenen Jahre lag das Schicksal des Unternehmens endlich in den Händen eines vertrauenswürdigen, erfahrenen Unternehmers. Mit seinem weißen Haar und den Fliegen, die er stets anstelle von Krawatten trug, fiel Rubin in der Wirtschaftselite Großbritanniens als originelle Gestalt auf. Er war als Philanthrop bekannt, der für verschiedene soziale Projekte großzügig spendete und mit leidenschaftlichen Reden bessere Bildungsangebote für die ärmsten Länder des Fernen Ostens forderte. Aber was die Adidas-Manager am meisten überzeugte, war, dass einige erstaunliche Erfolge im Geschäft mit dem Sport auf Rubins Konto gingen.

Mit Schuhen hatte Stephen Rubin seit seiner Jugend in Liverpool zu tun, wo seine aus Polen eingewanderten Eltern Minnie und Berko Rubin die Liverpool Shoe Company gegründet hatten. Stephen, ihr einziges Kind, übernahm 1969 die Leitung der Firma und gab ihr den Namen »Pentland«. Den periodisch auftretenden Pleiten in der britischen Schuhindustrie entging er, indem er die Produktion in den Fernen Osten verlegte und Pentland schließlich in eine Kapitalanlage- und Handelsgesellschaft umwandelte.

Das große Geschäft, durch das Rubin zum reichen Mann wurde, machte er im Jahr 1981. Damals kam ein kleiner Geschäftsmann namens Paul Fireman auf ihn zu, der die Produktions- und Verkaufslizenz des Schuhherstellers Reebok für die Vereinigten Staaten besaß. Rubin erwarb für 77 500 Dollar eine 55-prozentige Beteiligung an Paul Firemans Firma. Drei Jahre später, 1984, hatte sich Firemans

Umsatz vervielfacht, und er beschloss, die britische Muttergesellschaft zu übernehmen.

1990 hatte die Beteiligung an Reebook Dimensionen angenommen, die Pentland vollkommen in den Schatten stellten. »Da wedelte der Schwanz mit dem Hund«, erklärte Stephen Rubin – und er beschloss, aus Reebok wieder auszusteigen. Der 1991 abgeschlossene Verkauf seiner Reebok-Aktien brachte ihm einen Gewinn von 777 Millionen Dollar ein. »Ich machte ein bisschen Kohle«, bemerkte Rubin dazu.

Der Engländer, der nun über reichlich Bares verfügte, griff zu, als sich die Möglichkeit einer Beteiligung an Adidas bot. Die Marke weckte bei den Großen der Branche nach wie vor Ehrfurcht, und Rubin glaubte fest, dass sie sich erholen konnte. »Reebok war nur eine Vorspeise, als Hauptgericht gibt es Adidas«, prahlte er im August 1991, als er seine Sperrminorität erworben hatte.

Seither saß er im Aufsichtsrat von Adidas und wusste über die Schwierigkeiten des Unternehmens bestens Bescheid. Aber er war überzeugt, sie lösen zu können. Schließlich litt Adidas vor allem unter hohen Produktionskosten, und genau hier lag Pentlands Stärke. Und dass er auch von Marketing etwas verstand, hatte Rubin bei seinen Geschäften mit verschiedenen anderen Sportmarken bewiesen: Nach dem Verkauf von Reebok hatte er das von Adidas abgestoßene Pony sowie eine Beteiligung bei LA Gear erworben sowie Rechte an anderen bekannten Marken wie Ellesse und Speedo.

Der nächtliche Abschluss mit Gilberte Beaux war an eine dreimonatige Buchprüfung gekoppelt, die Mitte Oktober abgeschlossen sein sollte. Als gewiefter Jurist war Rubin dafür bekannt, dass er seine Erwerbungen sorgfältig durchleuchtete. Bei Adidas waren jedoch alle überzeugt, dass die Buchprüfung reibungslos ablaufen würde.

Während Rubins Abgesandte in Herzogenaurach noch die Geschäftsbücher wälzten, hielten einige Adidas-Manager schon Rücksprache mit ihm. Bob McCulloch und Tom Harrington, bei Adidas für Marketing und Kommunikation zuständig, flogen regelmäßig nach London, um ihm ihre Pläne zu unterbreiten. Mehrere Wochen lang teilte Bob McCulloch sein Büro mit Stephen Rubins Sohn Andy, der sich ebenfalls auf Marketing spezialisiert hatte. Axel Markus, der Finanzleiter, musste einen Teil seines Büros an Frank Farrant, Finanzchef bei Pentland, abtreten.

Die offene Situation sorgte sogar bei der Olympiade in Barcelona für eine gewisse Unruhe. Nachdem René Jäggi und Stephen Rubin beide in Barcelona präsent waren, wussten Gäste und Athleten nicht so recht, an wen sie sich jetzt halten sollten. Ebenso groß war die Verlegenheit ein paar Wochen später auf der ISPO in München. René Jäggi stellte Rubin als künftigen Besitzer vor, trotzdem empfanden viele seine Anwesenheit am Stand als peinlich.

Die dreimonatige Buchprüfung sorgte in Herzogenaurach für Beklemmung. Die Adidas-Führungsriege hatte den Kollegen von Pentland im Juli erfreut die Türen geöffnet, aber mit einer monatelangen Besatzung ihrer Büros hatten die Manager nicht gerechnet. Ganze Armeen von Anwälten und Wirtschaftsprüfern fielen in der fränkischen Kleinstadt ein, um die Bücher unter die Lupe zu nehmen. Einige Abteilungsleiter hatten den Eindruck, dass es »von ihnen nur so wimmelte«; insgesamt waren immerhin um die sechzig Leute in den Büros und Fabriken zugange, wenn sie nicht gerade um die Welt reisten, um mit Großhändlern und anderen Partnern zu sprechen. Und Stephen Rubin hatte den Scheck über die Kaufsumme immer noch nicht ausgestellt.

Bernard Tapie und die anderen Aktionäre mussten hart schlucken, als Rubin im September schließlich einen Preisnachlass von 50 Millionen D-Mark und eine Fortsetzung der Buchprüfung forderte. Bernard Tapie war bereit, klein beizugeben, aber die übrigen Anteilseigner beschlossen, hart zu bleiben. Schließlich hatten sie bereits gewaltige Konzessionen gemacht. Sie hatten sich bereiterklärt, sich ihren Anteil in Pentland-Aktien auszahlen zu lassen, damit Tapie und Gilberte Beaux ihr Geld in bar erhalten konnten. Außerdem hatten sie Tapie einen Überbrückungskredit gewährt, der die 730 Millionen Francs abdeckte, die er ihnen und anderen Banken noch für den Kauf von Adidas im Jahr 1990 schuldete. Der Restbetrag war im August fällig, aber Tapie konnte ihn nicht begleichen, solange Rubin nicht bezahlte, was durch die Crédit Lyonnais und die Banque du Phénix großzügig aufgefangen wurde.

Aber jetzt reichte es. Vor allem Beraterin Gilberte Beaux fand die bei der Buchprüfung angewandten Methoden, die der Arbeitsmoral bei Adidas schadeten, empörend. Stephen Rubin wandte ein, Pentland sei ein börsennotiertes Unternehmen, daher müsse er bei Adidas jeden Stein umdrehen. Das harte Auftreten der Französin, die er als eine »große Plage« bezeichnete, ärgerte ihn. Aber Gilberte Beaux fand, dass die Pentland-Leute »absichtlich das Unternehmen destabilisierten, um es billiger kaufen zu können« – deren Verhalten sei »widerlich«.

Am Montag, den 5. Oktober 1992, nur eine Woche vor dem angekündigten Ende der Buchprüfung, spitzte sich die Situation zu: Gilberte Beaux erhielt in ihrem Privatbüro am Rond-Point des Champs-Elysées ein Fax mit der Botschaft, dass die Justiziare ein weiteres Problem entdeckt hätten. Es habe einige technische Unregelmäßigkeiten beim Ankauf von Adidas-Aktien durch Bernard Tapie gegeben. Stephen Rubin brauche weitere zwei Monate, um die Abklärung durch deutsche Gerichte zu erwirken.

Gilberte Beaux fand das umso frustrierender, als sie wusste, dass es mit Adidas in rasantem Tempo bergauf ging, die finanzielle Situation des Unternehmens jedoch allmählich kritisch wurde. Die Vereinbarung mit Stephen Rubin sah unter anderem vor, dass die vornehmlich deutschen Hausbanken den Adidas gewährten Kreditrahmen ein wenig ausweiteten und die Fristen für die Rückzahlung verlängerten. Aber wenn das Geschäft mit Rubin platzte, dann würden die Banken ohne Skrupel den Geldhahn zudrehen. Für alle, die an die bevorstehende Erholung glaubten und – zugleich – fürchteten, dass die positive Entwicklung durch Rubins Kurzsichtigkeit ruiniert werden könnte, fand hier ein reiner Nervenkrieg statt.

Gilberte Beaux stellte ihrem englischen Kontrahenten schließlich ein Ultimatum. Er sollte sich bis Mittwoch, den 14. Oktober, Mitternacht, im Hinblick auf Adidas endgültig festlegen. Bei diesem Ultimatum wusste sie schließlich die Banken hinter sich.

An besagtem Abend leisteten mehrere Vertreter französischer und deutscher Banken Gilberte Beaux in ihrem Büro Gesellschaft und warteten darauf, dass das Telefon klingelte – zum Erstaunen aller blieb es stumm.

Am Donnerstag, dem 15. Oktober, gab Pentland eine Erklärung heraus, die besagte, man wolle die Übernahme von Adidas nicht weiterverfolgen. »Die Untersuchungen haben eine Reihe von Angelegenheiten ans Licht gebracht, die Pentland zuvor nicht bekannt gewesen waren«, lautete die ominöse Formulierung, auf die keine weiteren Erläuterungen folgten.

Gilberte Beaux schäumte vor Wut. Dass Rubin sein Angebot zurückzog, war eine Katastrophe für Bernard Tapie und das gesamte Unternehmen, wurde aber durch die Form der Erklärung noch schlimmer gemacht. Wie die Dinge lagen, hatte Stephen Rubin den Verkauf von Adidas drei Monate lang blockiert und die Sache dann unter versteckten Andeutungen fallen lassen, die jeden weiteren Interessenten abschrecken würden. Gilberte Beaux leugnete vehement, dass es böse Geheimnisse bei Adidas gebe. Stattdessen stellte sie Stephen Rubin als Schwindler hin, der nur mit Unternehmen spiele, um sie dann für einen Apfel und ein Ei zu kaufen.

Nachdem sich Rubin weigerte, sich näher zu den angeblich entdeckten Problemen zu äußern, waren wilden Spekulationen Tür und Tor geöffnet. Es gab Mutmaßungen über riesige Lagerbestände, die in Antwerpen gefunden worden seien. Manch einer glaubte, Rubin habe sich wegen der massiven Abwertung des Pfunds gegenüber der Mark im Sommer 1992 zurückgezogen. Um das Adidas-Geschäft zu finanzieren, hatte er sich im Juli mehrere Millionen Mark beschafft. Wegen des gestiegenen Wechselkurses machte er allein durch diesen Schachzug enorme Gewinne. Eine weitere Vermutung war, Minnie Rubin fürchte nun um ihren Sohn, der als jüdischer Unternehmer Arbeitsplätze in Deutschland vernichten würde und Opfer von Neonazi-Anschlägen werden könnte. Deutschland war gerade durch mehrere solcher Anschläge erschüttert worden.

Viele Jahre später erklärte Stephen Rubin, das Geschäft sei teilweise an der Unnachgiebigkeit von Gilberte Beaux gescheitert. »Beide Seiten haben geblufft, und sie war überschlau«, so Rubin. Beaux' Ultimatum war für Rubin »der Tropfen, der das Fass zum Überlaufen brachte«.

Zugleich räumte der Pentland-Chef ein, dass die Prüfung im Rahmen der verkehrsüblichen Sorgfalt keine erschütternden Probleme zutage gefördert habe. »Mit den Unternehmensinterna von Adidas hatte das nichts zu tun«, so Rubin. »Es hing eher mit den Besitzverhältnissen bei Adidas zusammen.«

Vor allem die eher konservativen Banken, die hinter Pentland standen, und die Aufsichtsratsmitglieder, die es unvernünftig fanden, das börsennotierte Unternehmen durch Adidas einem Risiko auszusetzen, hätten ihn gebremst. »Wenn es nur um mich gegangen wäre«, meinte Rubin, »hätte ich die Firma ohne Zögern gekauft.«

Nun blieben Gilberte Beaux noch drei Tage Zeit, um sich auf ein zermürbendes Gespräch mit den Banken vorzubereiten.

In dem tristen Konferenzsaal eines Münchner Hotels sah sich die Französin von fünfzehn finster dreinblickenden Vertretern deutscher

Banken umringt. Sie gehörten der Führungsspitze der mächtigsten Geldinstitute des Landes an, die Millionen in Adidas investiert hatten. Mit den glücklosen Dassler-Schwestern hatten sie enorme Geduld aufgebracht. Bernard Tapie hatten sie besorgt beobachtet. Nach dem Pentland-Fiasko hatten die verstimmten Geldgeber jedoch gute Lust, die Flinte ins Korn zu werfen.

Keineswegs bereit, sich einschüchtern zu lassen, trug Gilberte Beaux mit Überzeugung und Ruhe ihre Eröffnungsrede vor. Finanzleiter Axel Markus war schon zuvor vom energischen Auftreten der Französin beeindruckt gewesen, doch in München übertraf sie sich selbst. Aufgrund von Gesprächen mit Adidas-Führungskräften und gestützt durch die Zahlen, die sie vorlegen konnte, bat Gilberte Beaux die Banken, dem Unternehmen noch eine weitere Gnadenfrist von einigen Monaten zu geben. Zwar steuerte Adidas tatsächlich auf bodenlose Verluste zu, und der Umsatz würde im laufenden Jahr wohl um mindestens 10 Prozent zurückgehen. Aber dennoch war Gilberte Beaux felsenfest davon überzeugt, dass die Wende unmittelbar bevorstand.

Den meisten hier versammelten Finanzexperten war nicht klar, wie dringend Adidas ihr Geld brauchte. Schon bangten die Mitarbeiter, ob sie im Oktober überhaupt noch ihr Gehalt bekommen würden. Wie Axel Markus nur allzu gut wusste, waren diese Gerüchte nicht unbegründet. Das Unternehmen hatte »keinerlei liquide Mittel«, und wenn in München keine Einigung mit den Banken zustande kam, konnte sich Adidas mit den bisher gewährten Krediten gerade noch zwei Wochen über Wasser halten.

Auf das Schlimmste gefasst, suchte Axel Markus kurz vor der Besprechung mit den Banken Herbert Hainer auf, der damals Adidas Deutschland leitete. »Was meinen Sie, wie würden unsere deutschen Kunden es finden, wenn wir für Oktober Löhne und Gehälter nicht mehr bezahlen könnten?«, fragte Markus. Hainer war so bestürzt, dass er erst nach einigen Sekunden antworten konnte: »Das würde wahrscheinlich nicht gut ankommen.«

Die Unterstützung der französischen Banken Crédit Lyonnais und Banque du Phénix hatte sich Gilberte Beaux bereits gesichert. Nachdem die französischen Geldgeber sich einig waren, Adidas dürfe nicht mit einem Preisnachlass an Stephen Rubin verkauft werden, mussten sie bei der Rettung des Unternehmens vorangehen. Bei der

Besprechung in München drängte Gilberte Beaux sie, im Notfall ein letztes Mal in die Bresche zu springen. Crédit Lyonnais, ein Geldinstitut, das bereits enorm viel investiert hatte, versprach schließlich, den deutschen Banken einen annehmbaren Abgang zu ermöglichen, ganz gleich, was geschah.

Der entscheidende Vorstoß kam von Dietrich Köllhofer, dem Chef der Bayerischen Vereinsbank. Als Mitglied des Aufsichtsrats von Adidas hatte er von Gilberte Beaux einen sehr guten Eindruck gewonnen. Nach ihrer Rede nahm er mehrere deutsche Bankiers beiseite und überredete sie, Adidas am Leben zu erhalten, während die französischen Banken ihre verzweifelte Suche nach einem Käufer fortsetzten.

An den Verhandlungstisch zurückgekehrt, gaben die Vertreter der deutschen Banken der Französin grünes Licht. Sie würden ihren französischen Kollegen beistehen und weitere 100 Millionen Mark beisteuern. Gilberte Beaux sollte die Leitung des Unternehmens übernehmen, bis eine dauerhafte Lösung gefunden war. Jäggi hatte zugestimmt, seinen Posten zu räumen, sollte das Angebot der Manager scheitern. Gilberte Beaux und Axel Markus atmeten erleichtert auf. Dennoch hatten die Sorgen des Finanzleiters noch kein Ende, denn es gab eine Bank, die weder den Versicherungen von Gilberte Beaux noch den hoffnungsvollen Prognosen traute. Weil es aber ausgerechnet die Deutsche Bank war, die sich als eigensinnig erwies, war die gesamte Vereinbarung gefährdet. Und wegen der damaligen Verhältnisse im deutschen Bankenwesen konnte ein Rückzieher der Deutschen Bank für Adidas das Todesurteil bedeuten.

Während in Herzogenaurach nach wie vor Gerüchte über den bevorstehenden Bankrott kursierten, reiste Axel Markus zu einem Treffen mit zwei Vertretern der Deutschen Bank nach Frankfurt. Ebenso wie Gilberte Beaux wies er auf die positiven Tendenzen hin und präsentierte Diagramme, die einen Zuwachs an Bestellungen für die kommende Saison zeigten. Die Bankfachleute sparten sich den Hinweis, dass sich solche Vorhersagen in den vergangenen Jahren als vollkommen irreführend erwiesen hatten. Wahrscheinlich befürchteten sie einfach, als die Bank, die Adidas auf dem Gewissen hatte, Prügel zu beziehen, jedenfalls erklärten sie sich bereit, sich an dem erneuerten Kreditrahmen von einer Milliarde Mark zu beteiligen.

In Herzogenaurach war man über die Rettung sehr erleichtert, musste aber ungläubig feststellen, dass nun Madame Beaux im Chefsessel Platz nahm. Hier bemühte man sich, ein cooles Image für sportliche junge Leute aufzubauen, und nun saß da eine dezent gekleidete Französin am Ruder, deren silbergraues Haar zum konservativen Dutt hochgesteckt war und die in ihrem Leben vermutlich noch nie Turnschuhe getragen hatte. »Sie hätte meine Großmutter sein können«, bemerkte einer der jungen Manager.

Das Unbehagen legte sich jedoch bald wieder. Die Leute, die eng mit Gilberte Beaux zusammenarbeiteten, lernten bald ihren scharfen Verstand schätzen. Sie hatte mit sechzehn Jahren eine Ausbildung bei der Seligman Bank begonnen, dann schloss sich für die dunkelhaarige Schönheit ein rascher Aufstieg an, bis sie schließlich als Managerin für internationale Angelegenheiten zuständig war. Mit ihr hatten die Adidas-Manager eine kompromisslose Chefin gewonnen, die das Unternehmen auf Kurs hielt. Die jungen Führungskräfte, die sie voller Skepsis begrüßt hatten, stellten fest, dass »Gilberte tatsächlich unsere Berichte las« und »sich nicht scheute, harte Entscheidungen zu treffen«. Während sie Kürzungen und Umstrukturierungsmaßnahmen vorantrieb, verdiente sie sich den Respekt der dickköpfigen Machos in Herzogenaurach. Zum Erstaunen der Kollegen kam sie sogar mit Rob Strasser bestens zurecht. Gleichzeitig setzte Gilberte Beaux ihre Suche nach Investoren fort, die es Bernard Tapie und den französischen Banken ermöglichten, sich von Adidas zu trennen. Die Bankenvertreter wurden zu etlichen Treffen mit Kaufinteressenten gebeten. Die Adidas-Manager machten Präsentationen für eine ganze Reihe gut betuchter Industrieller aus Hongkong, Japan und Nordamerika, aber keiner von ihnen griff zu.

Bernard Tapie in Paris wurde allmählich nervös. Der Rechtsstreit wegen Unterschlagung, den sein ehemaliger Geschäftspartner Georges Tranchant angestrengt hatte, war inzwischen beigelegt. Nun standen nur noch BTF und seine Mehrheitsbeteiligung an Adidas seiner möglichen Rückkehr in das eichengetäfelte Ministerbüro im Wege. Verstimmt über die Absage Stephen Rubins, setzte er seinen Banken und dem Finanzministerium zu, eine andere Lösung zu finden. Die von Madame Beaux eingeleiteten Gespräche verfolgte er gespannt, verlor aber den Mut, als die Liste der potenziellen Investoren immer kürzer wurde.

Die französischen Banken versuchten in ihrer Verzweiflung sogar, die Gespräche mit Stephen Rubin wieder aufzunehmen. Aber dieser beschloss, sich völlig zurückzuziehen und seine verbleibende Beteiligung von 20,05 Prozent Ende November abzustoßen. Nicht nur war der Versuch misslungen, Adidas zu verkaufen, die Banken hatten sich auch noch weiter aus dem Fenster gelehnt, indem sie Tapies Schuldenberg durch den Erwerb von Rubins Anteilen um zusätzliche 147,5 Millionen Mark vermehrten. Doch dann ersannen sie einen Plan – einen Plan, der alle Beteiligten in noch größere Verwicklungen stürzen sollte.

Kapitel 28

Das Milliardengeschenk

In einer kalten Februarnacht des Jahres 1993 hatten sich in der Brasserie Presbourg in Paris hinter dem Arc de Triomphe zwei Gäste eingefunden, die bester Stimmung ihr Filetsteak verspeisten. In den eleganten Büros der Banque du Phénix – gleich um die Ecke – legte ein ganzes Heer von Juristen und Bankexperten letzte Hand an einen komplizierten Vertrag, der die beiden zu Eigentümern von Adidas machte. All die Details wollten sie sich aber nicht antun, denn sie hatten bereits, was sie wollten: Sie bekamen das Unternehmen praktisch geschenkt.

Robert Louis-Dreyfus und Christian Tourres hatten ihr Blatt hervorragend gespielt. In den vergangenen Monaten hatten sich die Banken einer Forderung nach der anderen gefügt. Sie hatten es so eilig, ihre Beziehungen zu Bernard Tapie zu beenden, dass sie sich auf ein Geschäft einließen, das für die beiden Kompagnons praktisch risikofrei war. Vor drei Monaten war den beiden Franzosen Adidas mehr oder weniger in den Schoß gefallen. Am 7. November 1992 hatte Jean-Paul Tchang, der Geschäftsführer der Banque du Phénix, die zur Rettung von Adidas beigetragen hatte, seinen Samstagvormittag geopfert, um in der Wohnung von Gilberte Beaux einen neuen kanadischen Investor kennenzulernen. Bald stellte sich jedoch heraus, dass die Gespräche zu nichts führen würden, und Tchang ließ seinen Gedanken freien Lauf. Irgendwann riss er plötzlich ein Blatt Papier aus seinem Notizbuch, kritzelte die Worte »Robert Louis-Dreyfus« darauf und reichte es seinem ebenso resignierten Nachbarn Henri Filho.

Als Leiter von Clinvest, der Investment-Banking-Sparte der Crédit Lyonnais, hatte auch Henri Filho die Suche nach Adidas-Investoren vorangetrieben. Daher kannte er die Akten sehr genau. Bernard Tapie schuldete der Bank mindestens 1,1 Milliarden Francs und war damit praktisch bankrott, und diese war zu 10 Prozent bei Adidas beteiligt. Beim Versuch, Adidas zu verkaufen, hatte Filho einen Fehlschlag nach dem anderen erlebt. Nach der Besprechung am Samstagvormittag erläuterte Jean-Paul Tchang, was er über Robert Louis-Dreyfus wusste. Der Erbe einer französischen Bank- und Handelsdynastie, die ihr beträchtliches Vermögen mit Schiffen und Getreide gemacht hatte, galt lange als schwarzes Schaf. Nach einer Tätigkeit bei SG Warburg und einem Sommer unter den Weizenfarmern des amerikanischen Mittleren Westens erklärte er, für eine Karriere im Konzern der Familie fehle ihm die Geduld. Stattdessen ging er nach Harvard und betätigte sich dann bei IMS, einer US-Marktforschungsgruppe, die auf das Gesundheitswesen spezialisiert war. Im IMS-Team lernte er seinen Landsmann Christian Tourres kennen. Als Louis-Dreyfus 1983 bei IMS einstieg, wurde ihr Wert auf 400 Millionen Dollar geschätzt. Fünf Jahre später ging sie für 1,7 Milliarden Dollar an Dun & Bradstreet, und die beiden Franzosen hatten genug verdient, um sich zur Ruhe zu setzen.

Und genau das tat Louis-Dreyfus auch, bis er einen Notruf von Saatchi & Saatchi erhielt. Die beiden Brüder und ihre international tätige Werbeagentur hatten sich mit einigen Erwerbungen übernommen und litten seither an einer gewissen Schieflage. Sie brauchten dringend einen neuen Geschäftsführer, der den Laden aufräumte. Es traf sich, dass Louis-Dreyfus gerade begann, sich zu langweilen. Er nahm den Sanierungsjob mit der selbstironischen Bemerkung an: »Meine Freunde hatten keine Zeit, weil sie alle noch arbeiteten.« Mit seinen weichen Zügen, den widerspenstigen Locken und der dicken Zigarre hatte er etwas Verwöhntes und Laienhaftes an sich. Tadellos gekleidete britische Bankiers waren sehr befremdet, als der Agenturleiter sie ganz entspannt in Socken empfing. Eingeführt durch Charles und Maurice Saatchi, war er, der sich selber gern als »faul« bezeichnete, in London bald als gerissener Pokerspieler bekannt. In Porträts fanden stets sein Peugeot 205, die Zahl der Sandwiches, die er regelmäßig mittags vertilgte, sowie sein angebliches Date mit der attraktiven Schauspielerin Kim Basinger Erwähnung.

Jean-Paul Tchang, der klein gewachsene Bankier polnisch-chinesischer Abstammung, hatte Robert Louis-Dreyfus schon Jahre zuvor als Manager bei der Louis-Dreyfus-Bank in Paris kennengelernt.

Später machte er im Aufsichtsrat einer französischen Verpackungsfirma auch Christian Tourres' Bekanntschaft. Dennoch war Tourres überrascht, als ihn Tchang eines Abends zu Hause anrief.

Natürlich hatte Christian Tourres über Adidas und seine Nöte gelesen. Bei dem Sportunternehmen einzusteigen wäre ihm aber nicht in den Sinn gekommen – angesichts der allseits bekannten Probleme, der gescheiterten Suche nach einem Käufer und dem Hauch von Skandal, der Bernard Tapie umgab. Dennoch war er bereit, die Sache mit seinem Partner Robert Louis-Dreyfus zu besprechen.

Am 26. November 1992 führte Jean-Paul Tchang im Büro von Saatchi & Saatchi an der Whitfield Street seine gut einstudierte Präsentation vor. Adidas, so Tchang, sei mit einer ausgezeichneten Immobilie an einer renommierten Pariser Adresse zu vergleichen. Die Banken hätten Schwierigkeiten, das Unternehmen zu verkaufen, weil am Markt Flaute herrsche, aber an seinem Wert bestehe kein Zweifel. Was im Moment gebraucht werde, sei ein erfahrener Manager, der den Konzern durch die letzte Phase der Umstrukturierung führen und wieder in Schwung bringen konnte.

Louis-Dreyfus reagierte zunächst kühl. Nach Saatchi & Saatchi hätte er gern eine etwas komfortablere Position übernommen. Niemand könne von ihm erwarten, dass er sich des Projekts, von dem so viele andere die Finger ließen, für ein schlichtes Gehalt annehme. Christian Tourres und er selbst seien eigentlich nicht auf Arbeitssuche. Und die Ärmel wollten sie erst hochkrempeln, wenn ihnen die Banken einen ansehnlichen Gewinn in Aussicht stellten.

Der unbeirrbare Tchang lud Louis-Dreyfus und Tourres eine Woche später in London zum Dinner ein. Bei dieser Gelegenheit stellte er den beiden Henri Filho vor, den Leiter von Clinvest. Noch vor dem Hauptgericht hatte Filho die Überzeugung gewonnen, dass Tchang recht hatte: Louis-Dreyfus und Tourres waren die richtigen Leute für diese Aufgabe. Filho zögerte deshalb nicht, ihnen eine substanzielle Beteiligung am Unternehmen in Aussicht zu stellen.

Angeregt durch seine Gesprächspartner, ließ sich Louis-Dreyfus über den Sportmarkt aus. Der unverbesserliche Sportfan wusste alles über die Geschichte von Adidas. Jeden Morgen las er die französische Sportzeitung *L'Equipe* von der ersten bis zur letzten Seite, und seit Montreal hatte er alle Olympischen Spiele besucht. Sein Lieblingssportler war von jeher Muhammad Ali gewesen, der stets in Adidas-Stiefeln in den Ring stieg.

Um das Ausmaß der Probleme abschätzen zu können, hatte sich Louis-Dreyfus zudem in einigen Londoner Sportgeschäften umgesehen. Nach einem Blick auf die Schuhregale war ihm alles klar: »Im Vergleich zu Nike und Reebok sehen die Schuhe mit den drei Streifen aus, als kämen sie aus Osteuropa.« Nun bat er die Bankiers, den umfangreichen Bericht zu besorgen, den Stephen Rubin im Rahmen der verkehrsüblichen Sorgfalt hatte anfertigen lassen. Zwar weigerte sich die Unternehmensberatung und Wirtschaftsprüfungsgesellschaft Price Waterhouse, den Bericht zu verkaufen, aber Henri Filho konnte immerhin erwirken, dass Robert Louis-Dreyfus Einsicht nehmen durfte. Fünf ganze Tage verbrachte er abgeschieden in einem Raum im Büro der Firma und machte sich Notizen, fand aber keinerlei Hinweise auf »eine Reihe von Angelegenheiten«, die Rubin als Grund für die Rücknahme seines Übernahmeangebots im Oktober angeführt hatte. Louis-Dreyfus und Tourres bekamen nun doch Lust auf Adidas, stellten aber die Bedingung, dass Bernard Tapie an den Verhandlungen auf keinen Fall teilnehmen dürfe. Sie wollten ihn lieber nicht näher kennenlernen. Filho, der die Gespräche gern zügig fortsetzen wollte, beschloss, Tapie vorerst nicht zu informieren.

Aber unverhofft griff Tapie am 16. Dezember wieder einmal in die Entwicklungen ein, indem er eine Einigung mit der Crédit Lyonnais bekannt gab. Er veröffentlichte Details seiner komplizierten Abmachung mit der Crédit Lyonnais, die ihm den Weg zurück in die Politik ebnen sollte: darunter Termin und Preis des Verkaufs all seiner Aktienpakete und Beteiligungen sowie die Auflösung von Bernard Tapie Finances. Bis zum 15. Februar sollten seine Anteile verkauft sein – also noch bevor er in sein Amt als Minister zurückernannt wurde. Zugleich wurde seine Mehrheitsbeteiligung an Adidas mit 2,08 Milliarden Francs taxiert, was genau Rubins Angebot entsprach und den Spielraum künftiger Verhandlungen deutlich begrenzte.

Dafür wurde Tapie belohnt. Nachdem er mit der Crédit Lyonnais handelseinig geworden war, konnte er im März wieder zur Parlamentswahl antreten. Doch die ausführliche und gesetzmäßig publik gemachte Abmachung hatte auch für Louis-Dreyfus und Tourres ihre Vorteile: Jetzt konnten die Banken nicht mehr als 2,1 Milliarden Francs fordern, und sie würden alles Erdenkliche tun, um das Geschäft so schnell wie möglich unter Dach und Fach zu bringen.

Anfang Januar 1993 trafen sich Louis-Dreyfus und Tourres mit den beiden Bankenvertretern und Gilberte Beaux zum Essen. An einem großen Tisch in dem Pariser Restaurant Le Doyen überreichte ihnen die Vorstandsvorsitzende einen siebenseitigen Bericht mit ihren persönlichen Anmerkungen und Empfehlungen. Beaux führte darin aus, dass Adidas zwar für 1992 noch einen Verlust von etwa 149 Millionen Mark ausweisen müsse, aber der Aufschwung kurz bevorstehe. Sie verwies auf die noch vorhandenen Schwächen der Unternehmensstruktur, die unausgewogene Ausgabenstruktur und auf notwendige Kosteneinsparungen. Robert Louis-Dreyfus steckte das Papier dankend ein. Insgesamt entdeckten er und Tourres »nichts, was nicht zu retten wäre«, und die Erfolgsaussichten schienen enorm zu sein.

Der gewiefte Pokerspieler Louis-Dreyfus nutzte nun jede Möglichkeit, die Banker unter Druck zu setzen. Jean-Paul Tchangs Faxgerät spuckte zum Beispiel einen Brief des Kaufinteressenten aus, in dem Tchang konsterniert las, Louis-Dreyfus wolle das Adidas-Geschäft abblasen, weil ihm sein Cousin Gérard eine Führungsposition in der Dreyfus-Gruppe angeboten habe. »Inzwischen hatte ich aufgehört, nach Alternativen zu suchen«, seufzte Jean-Paul Tchang. »Wenn die Vereinbarung mit Louis-Dreyfus ins Wasser gefallen wäre, dann hätten wir noch einmal von vorne anfangen müssen, uns wären aber nicht einmal sechs Wochen geblieben, bis Tapies Frist am 15. Februar ablief, und das, nachdem wir schon so viele Absagen erhalten hatten.«

Jean-Paul Tchang und Henri Filho nahmen den nächsten Flieger nach Zürich, wo Louis-Dreyfus wohnte. Als die beiden all die Sportsouvenirs in der Wohnung ihres Verhandlungspartners sahen, waren sie entschlossen, diesen Fisch nicht von der Angel zu lassen. »Die Wände waren mit Fotos legendärer Spiele und Sportler bedeckt«, erinnert sich Tchang. Die beiden bearbeiteten Louis-Dreyfus, bis er versprach, es sich noch einmal zu überlegen. Zur Bedingung machte er allerdings, dass ihm und seinen Freunden die Kontrolle über das gesamte Unternehmen eingeräumt werden würde.

Das Fax war Bestandteil eines ausgeklügelten Plans, den die beiden prospektiven Käufer in den folgenden Wochen durchzogen. »Ich

»Nichts, was nicht zu retten wäre«: Im März 1993 übernahm Robert Louis-Dreyfus das Ruder des angeschlagenen Adidas-Konzerns und führte ihn gemeinsam mit seinem Partner Christian Tourres zurück in die Erfolgsspur.

war der Erbsenzähler, der alles bekrittelte«, so Christian Tourres, »und Robert gab sich als etwas reservierter, aber im Grunde wohlwollender Investor, der stets bereit war, Frieden zu stiften.« Noch über zehn Jahre nach der Übernahme sollten die Konzessionen, die die beiden auf diese Weise ausgehandelt hatten, für Kontroversen sorgen.

Am Donnerstag, dem 11. Februar, um sieben Uhr morgens war das Geschäft endlich unter Dach und Fach. »Der Raum sah aus wie eine Disco nach einer langen Nacht: Auf den Tischen stapelten sich halbleere Pizzaschachteln, die Aschenbecher quollen über, und Leute mit roten Augen stolperten auf die Straße hinaus«, erinnert sich Tourres. Der völlig erschöpfte Henri Filho schlief auf der Heimfahrt am Steuer ein, kam aber mit einer leichten Verletzung am Bein davon.

Als die Übernahme am nächsten Tag bekannt gemacht wurde, gerieten Filho und die übrigen Bankenvertreter ins Kreuzfeuer der Kritik. Reporter von *Les Echos* hatten in Erfahrung gebracht, dass die staatseigenen Banken Bernard Tapie beim Verkauf seiner 78-prozentigen Beteiligung erheblich unter die Arme gefasst hatten, indem sie sich auf den geforderten Preis von 2,085 Millionen Francs einließen.

Als großer Gewinner der Übernahme galt Robert Louis-Dreyfus, das Marketinggenie, das sich zum Unternehmensführer aufschwingen würde. Gemeinsam mit Freunden hatte er 15 Prozent der BTF GmbH übernommen (der Holdinggesellschaft, die 95 Prozent von Adidas kontrollierte). Die gemeinsamen Anteile wurden unter einer in Luxemburg angesiedelten Holdinggesellschaft namens »Ricesa« zusammengefasst – ein Anagramm aus SA und Eric, dem Namen des neugeborenen Sohnes von Louis-Dreyfus. Zu den beteiligten Freunden gehörten Christian Tourres, die Brüder Saatchi und Tom Russell, ein weiterer Partner aus der IMS-Truppe.

Unterdessen hatten die staatseigenen Aktionäre Clinvest, die Banque du Phénix und Worms ihre Beteiligungen so weit aufgestockt, dass sie sich nun auf insgesamt 42 Prozent beliefen. Auch Gilberte Beaux ergriff die Gelegenheit, ihren Anteil von 5 auf 8 Prozent zu erhöhen. Der Rest gelangte in die Hand von Offshore-Fonds: Omega Ventures, ein Ableger der Citibank, hatte 19,9 Prozent erworben, die restlichen 15 Prozent gingen an Coatbridge Holdings – einen Fonds, der indirekt zu SG Warburg gehörte.

Die Presse aber vermutete eine skandalöse Einmischung durch die Staatsbanken. Aus ihrer Sicht waren die beiden Offshore-Fonds lediglich Marionetten im Dienst der Crédit Lyonnais. Addierte man ihre Anteile zu denen der französischen Finanzinstitute, entstand der Eindruck, dass die Crédit Lyonnais direkt oder indirekt etwa 77 Prozent der BTF-GmbH kontrollierte. Mit anderen Worten: Die staatseigenen Banken waren kurz vor einer mit Spannung erwarteten Wahl einem unlängst wiederernannten Minister zu Hilfe geeilt.

Jean-Paul Tchang von der Banque du Phénix wurde unterdessen von den Filialleitern seines Hauses unter Beschuss genommen. Wie sollten sie bei ihren Kunden wegen kleiner Kontokurrentkredite hart durchgreifen, wenn das Institut andererseits Bernard Tapie in dieser Weise entgegenkam? Und Henri Filho bei Clinvest musste in unzähligen Memos erklären, dass es die Übernahme der Bank ermöglicht habe, die Verbindlichkeiten Tapies auf Robert Louis-Dreyfus zu verlagern – und das sei doch positiv zu bewerten. Dennoch forderten noch am selben Wochenende rechtsgerichtete Politiker die Einsetzung eines parlamentarischen Untersuchungsausschusses. Einer von ihnen meinte gar, der Verkauf von Adidas sei »die Fäulnis, der Krebs, der Wundbrand«, der den französischen Staat zerfresse. Andere hielten das Geschäft für »empörend« und »beschämend«.

Die Käufer hielten sich unterdessen bedeckt. Später sickerte durch, dass sie für ihre 15-prozentige Beteiligung an Adidas kaum etwas bezahlt hatten. Gemeinsam hatten die Investoren unter dem Dach von Ricesa 10 Millionen Francs aufgebracht, während die Übernahme der restlichen Anteile durch einen nahezu zinslosen Kredit der Crédit Lyonnais finanziert wurde. Wie von Louis-Dreyfus gefordert, erhielt die Ricesa außerdem bis Ende 1994 ein Vorkaufsrecht zum Erwerb aller übrigen Anteile zu einem Fixpreis von 4,4 Milliarden Francs.

Falls aber der erhoffte Umsatzzuwachs ausbleiben und Louis-Dreyfus es dann vorziehen sollte, auf die Ausübung des Vorkaufsrechts zu verzichten, so würde er dennoch ungeschoren davonkommen. Ja, er würde dann nicht einmal das Darlehen zum Erwerb der 15 Prozent zurückzahlen müssen. Wenn er umgekehrt von seinem Recht Gebrauch machen wollte, dann musste er der Crédit Lyonnais den überwiegenden Teil der Gewinne überlassen, die er aus dem Verkauf einstreichen würde. Das war »kein schlechtes Geschäft«, wie Louis-Dreyfus fand. Vorausgesetzt, er konnte Adidas retten.

Kapitel 29

Das Comeback

Seine erste Vorstandssitzung bei Adidas eröffnete Robert Louis-Dreyfus nach einem früh angesetzten Mittagessen. Wie immer ganz entspannt in Jeans und Polohemd, stellte er sich mit dem Versprechen vor, Adidas werde seine Führungsrolle in der Branche wieder zurückerobern. Doch als die Sitzung gegen neun Uhr zu Ende war, bereute Louis-Dreyfus schon beinahe, dass er je einen Fuß nach Herzogenaurach gesetzt hatte. Offenbar war den leitenden Angestellten so bange, dass sie es nicht wagten, den Mund aufzumachen. Was mit Adidas schiefgelaufen war, konnten sie sich selbst nicht erklären. Und außerdem waren sie zu erschöpft, um noch zu reagieren. »Sie waren wie Boxer, die schon zu oft zu Boden gegangen sind«, seufzte der neue Adidas-Chef.

Als sich der Franzose am nächsten Tag in sein Büro begab, erlebte er den nächsten Schock. Chefsekretärin Elfriede Schmidts führte ihn an einen Schreibtisch, auf dem sich Spesenabrechnungen stapelten. Ungläubig betrachtete er die Formulare. Auf keinen Fall würde er den Vormittag damit zubringen, Zettel zu unterschreiben, auf denen die Vertreter Beträge von 300 D-Mark abrechneten! Anders als ihr Vorgänger Bernard Tapie krempelten Louis-Dreyfus und Christian Tourres sofort die Ärmel hoch. Als perfekt eingespieltes Team profitierte einer von den Stärken des anderen. Louis-Dreyfus besaß das Charisma, das ein Unternehmensführer braucht, und nach seiner Tätigkeit bei Saatchi & Saatchi war er für das Marketingressort bestens gerüstet. Der stets zu einer schelmischen Bemerkung aufgelegte Tourres mochte den Eindruck erwecken, dass er gerne mal fünfe gerade sein ließ, in Wahrheit aber ging er den Problemen bei Adidas bis ins kleinste Detail auf den Grund.

Noch vor dem Umzug nach Herzogenaurach hatten die beiden eine Strategie zur Rettung des Unternehmens entworfen. Zunächst einmal musste man durch eine effizientere Produktion die Kostenstruktur verbessern. Dann sollte die angeschlagene Marke durch jugendorientierte Designs und eine zielgerichtete Werbekampagne aufgefrischt werden. Ein besonderes Augenmerk erforderte die Lage in den USA, wo Adidas den schwersten Rückschlag hatte hinnehmen müssen. Dieser Plan unterschied sich nicht wesentlich von den Maßnahmen, die die Vorgänger ins Auge gefasst hatten – der Unterschied war nur, dass Louis-Dreyfus sie tatsächlich umsetzte.

Um den Kurswechsel voranzubringen, bemühte sich der neue Chef, das Vertrauen der Mitarbeiter zu gewinnen, und nahm sich auch die Zeit für ein Gespräch mit einem hochrangigen Betriebsratsangehörigen. Trotz mäßiger Deutschkenntnisse gelang es Louis-Dreyfus, sein Gegenüber davon zu überzeugen, dass er kein zweiter Bernard Tapie sei. »Ich habe ein halbes Jahr gebraucht, bis sie mir vertraut haben, aber danach konnte ich mich voll und ganz auf sie verlassen«, erinnert sich Louis-Dreyfus. »Das ist das Schöne am deutschen System.«

Als Nächstes kam die verknöcherte Bürokratie an die Reihe; abgeschafft wurden zeitraubende Rituale und alle anderen Gepflogenheiten, die zügiges Handeln verhinderten. Wenn der Chef mit anderen Managern sprechen wollte, erklärte Elfriede Schmidts, war es bisher so, dass er sie in sein Büro rief. Dort warteten sie im Vorzimmer, bis das rote Licht über der Tür auf Grün schaltete. Louis-Dreyfus zuckte bei der Vorstellung regelrecht zusammen. Er zog es vor, sich sehen zu lassen, ging lieber persönlich in die Abteilungen und sprach mit den Führungskräften an deren Schreibtisch.

Ein anderes, völlig überholtes Betriebsverfahren bestand in den Berichtsmethoden. Mit Befremden stellte Louis-Dreyfus fest, dass die Abteilungsleiter bislang nicht ersehen konnten, welche Produkte Gewinne erzielten. Es dauerte Monate, bis die Zahlen aus den Tochterunternehmen vorlagen, und selbst dann vermittelten sie oft kein klares Bild. Louis-Dreyfus führte schnellstens ein straff organisiertes Berichtssystem ein und ließ sich selten ohne seine wöchentlichen Berichte und Tabellen sehen.

Ansonsten ließ der neue Chef seinen Abteilungsleitern freie Hand – sie erhielten lediglich Zielvorgaben, die sie durch selbstständiges Vorgehen erreichen sollten. Auch weigerte sich der Franzose, bei den kleinlichen Streitereien, die Sand im Getriebe des Unternehmens waren, den Schiedsrichter zu spielen, und zog es vor, in Ruhe abzuwarten, bis sich die Reibereien von selbst erledigten. Diskussionen mit mehr als einem Gesprächspartner mied er tunlichst, und auch zu Vorstandssitzungen lud er nicht gerne ein. »Bei den seltenen Anlässen, bei denen wir an einem Tisch saßen, gab es nicht einmal eine Tagesordnung«, seufzte ein ehemaliger Manager. Mit diesem scheinbaren Chaos kam er nicht zurecht und kündigte; viele andere aber blühten nun erst richtig auf.

Die Umstellung der Betriebskultur dauerte ein paar Monate, aber ein anderes Problem, das die Existenz des Unternehmens gefährdete, packte Louis-Dreyfus sofort an: die relativ hohen Produktionskosten. Nach wie vor drückten sie die Bruttomarge auf 30,3 Prozent für 1992, während Nike bei 38,6 Prozent lag. Ganz gleich, was Louis-Dreyfus anstellte, solange die Werte der beiden Unternehmen so weit auseinanderklafften, konnte Adidas nicht zum Gegenschlag ausholen. Seine Vorgänger hatten fast zehn Jahre lang an dieser Krankheit herumgedoktert. Sie hatte fast alle europäischen Fertigungsstätten geschlossen und Einkaufsbüros im Fernen Osten gegründet. Allerdings existierten noch zwei französische Fabriken, über die Gilberte Beaux aus politischen Gründen ihre schützende Hand gehalten hatte, und die Lieferverträge im Fernen Osten waren nicht annähernd so wirtschaftlich wie die der Konkurrenten.

Als Christian Tourres die Schließung der beiden verbliebenen französischen Fabriken veranlasste, rechnete er mit rüden Reaktionen. Bei ihrem Protest gegen Massenentlassungen scheuten sich französische Gewerkschafter damals nicht, Manager als Geiseln zu nehmen, und Tourres machte sich »darauf gefasst, drei Tage lang im Büro festgehalten zu werden«. Die Arbeitnehmer bildeten tatsächlich Ketten und begrüßten ihn mit Schimpftiraden, wenn er die Fabriken betrat, aber Tourres blieb hart, und die Schließungen wurden durchgezogen, ohne dass es in Paris ein großes Nachspiel gab.

In den Fernen Osten entsandte Louis-Dreyfus den ehemaligen Reebok-Manager Steve Liggett, der die dortigen Produktionsvereinbarungen mit dem Stahlbesen durchfegte. Der neue Mann aus Amerika machte sich bei Adidas allerdings keine Freunde. Unter anderem fiel er durch die Marotte auf, Menschen nach Zahlen zu klassifizieren. »Man kam zur Tür herein, er musterte einen kurz und sagte dann, Sie sind auf jeden Fall eine Acht«, erinnert sich ein ehemaliger Manager. Dass Liggett nicht nur im Fernen Osten hart durchgriff, sondern fast alle altgedienten deutschen Mitarbeiter in der Produktion entließ, machte die Sache nicht besser.

Klagen und Beschwerden ließ Louis-Dreyfus nicht gelten. Nach zwei Jahren betrug die Bruttomarge bereits fast 36 Prozent – eine Steigerung, die fast ausschließlich auf Kostensenkungen in der Produktion zurückzuführen war. Von 14 600 Mitarbeitern, die nach Horst Dasslers Tod bei Adidas beschäftigt gewesen waren, gab es nur noch 6 400, als Louis-Dreyfus die Firma übernahm, und dieser drückte ihre Zahl schließlich auf 5 000.

Ein anderes ganz entscheidendes Projekt lag in den Händen von Christian Tourres. Als dieser die Transaktionen des Unternehmens prüfte, erkannte er bald, dass Adidas von vielen internationalen Partnern übers Ohr gehauen wurde. Mindestens einer von ihnen erwies sich als echter Gauner, viele andere nahmen sich einfach gewisse Freiheiten. Ihre Verträge mit Adidas hatten sie vor vielen Jahren geschlossen, und niemand hatte sich je die Mühe gemacht zu prüfen, ob sie die richtigen Schuhe verkauften oder korrekte Lizenzgebühren bezahlten. »Sie haben uns von vorne bis hinten betrogen«, erklärt Tourres. Dies veranlasste die beiden Franzosen, im großen Stil Lizenzvereinbarungen zu lösen und stattdessen eigene Tochtergesellschaften aufzubauen, um die Einnahmen kontrollieren und die Marketinganstrengungen harmonisieren zu können. In der Regel bemühte sich Christian Tourres um eine friedliche Einigung, aber mehrere Partnerschaften endeten mit einem bitteren Nachgeschmack.

Besonders bei Descente, dem langjährigen Lizenzpartner in Japan, herrschte große Aufregung, als Tourres erklärte, der Vertrag werde nicht verlängert. Die Japaner hatten Horst in guten und in schlechten Zeiten beigestanden. Um Bernard Tapie aus der Patsche zu helfen, hatten sie die Rechte für Le Coq Sportif zu einem großzügigen Preis erworben und dafür die Zusicherung erhalten, dass das Geschäft mit Adidas weiterlaufen würde. Deshalb verklagte Descente Adidas nun wegen Vertragsbruchs vor einem japanischen Schiedsgericht.

Andere Abmachungen waren, wie Tourres meint, »von unseren Vorgängern offensichtlich im Zustand der Volltrunkenheit geschlossen worden«. Es dauerte Jahre, bis der Franzose die gut zweihundert Lizenzverträge und andere Abkommen aufgelöst hatte, die die Unterschrift der Dasslers trugen. Diese Fülle an Vereinbarungen hatte die Marketinganstrengungen von Adidas lange Zeit geschwächt. Im Gegensatz dazu wollten Louis-Dreyfus und Tourres, wie es in der glatten Sprache der Gesellschaftsberichte hieß, Adidas als wahrhaft globales, marketingorientiertes Unternehmen etablieren.

Zuversicht schöpften die Franzosen aus einem Dokument, das sie in einer ihrer Schubladen fanden. Es verwies eindeutig auf die Zugkraft der Marke Adidas. Bei einer Umfrage waren Verbraucher gebeten worden, globale Marken aufzuzählen, die ihnen spontan einfielen. Adidas zählte zu den fünf am häufigsten genannten Namen. Das Ergebnis bestätigte Louis-Dreyfus in seiner intuitiven Einschätzung der Macht und Widerstandskraft der Marke Adidas. Sie brauche lediglich eine kleine Verjüngungskur, verkündete er immer wieder. Solange das Unternehmen kurz vor dem Kollaps stand, waren die Werbeausgaben auf kümmerliche 1,6 Prozent des Umsatzes geschrumpft, während Nike und Reebok 6 Prozent aufwandten.

Saatchi & Saatchi, die Werbeagentur, die Louis-Dreyfus einige Jahre zuvor saniert hatte und die zudem Anteile an Adidas hielt, hätte eigentlich einen Teil des Werbebudgets erhalten müssen. Nach der langjährigen Zusammenarbeit mit Young & Rubicam hatte erst unlängst Leagas Delaney mit einem Konzept, das auf die Jugend der Welt abzielte, das begehrte Adidasbudget errungen. In Tim Delaneys Augen hatten Young & Rubicam den Elan verloren und produzierten mittlerweile Werbung, die die Probleme der Marke in den Mittelpunkt rückte. »Man sah förmlich den fetten deutschen Onkel vor sich, der in seinem roten Trainingsanzug mit den drei Streifen schon vormittags im Bierkeller einkehrt«, meinte Delaney. Die Londoner Agentur könne da unter dem Motto »Earn Them« ein knackigeres Konzept präsentieren.

Louis-Dreyfus, der auf keinen Fall seine Marketingmannschaft vor den Kopf stoßen wollte, beschloss, Leagas Delaney weiterhin wenigstens eine Chance zu geben. Das Pech für die Agentur war nur, dass sie für eine neue Kampagne eine nicht gerade überzeugende Werbeidee vorlegte, in der ein Goldfisch die Hauptrolle spielte. Louis-Dreyfus bat die Kreativen, sich ein wenig mehr einfallen zu lassen. Auf der nächsten ISPO in München entstand eine peinliche Situation, als Tim Delaney, der offiziell weiterhin den Auftrag hatte, auf sechs

Vertreter von Saatchi & Saatchi stieß. Wütend ging Delaney auf Maurice Saatchi zu. »Wollen Sie sich etwa diesen Etat holen?«, fuhr er ihn an. »Ich will für den Haufen jedenfalls nicht mehr arbeiten, wenn ihr wie Indianer zwischen den Felsen hockt und darauf lauert, die Planwagen zu überfallen.«

Zwei Wochen später stand Maurice Saatchi an der Spitze einer Delegation, die Louis-Dreyfus im Londoner Büro von Saatchi am Berkeley Square begrüßte. Augenzeugen schildern das Meeting als »abstoßend« und »absolut grauenhaft«. Zunächst einmal hatten die Saatchi-Oberen die Lobby des Gebäudes mit einem dreigestreiften Teppich versehen, auf dem die Gäste zum Fahrstuhl gehen durften. Dann folgten eine nicht gerade reizvolle Präsentation und einige furchtbare Werbespots.

Statt des von Louis-Dreyfus erbetenen schnoddrigen Konzepts, das Jugendliche ansprechen sollte, zeigte Saatchi eine Montage aus Filmschnipseln, die Hitler in seiner Loge bei der Berliner Olympiade nicht gerade überzeugend auf die Schippe nahm; ein zweites Machwerk, das sich dem Tennis widmete, wirkte so altbacken, dass die Gäste peinlich berührt auf ihren Stühlen herumrutschten. Marketingleiter Bob McCulloch und Communications Manager Tom Harrington tauschten ungläubige Blicke aus. Anschließend nahmen sie sich eine Weile Zeit, um schriftlich zu begründen, warum ihnen die Darbietung nicht gefallen hatte, hörten aber dann erleichtert, dass Louis-Dreyfus ebenfalls fand, die Präsentation sei »schrecklich« gewesen.

Die Ablehnung der Saatchi-Vorschläge führte zum Zerwürfnis zwischen Louis-Dreyfus und den Brüdern, die dem Vernehmen nach erklärten, er sei »scheißdemokratisch«. Doch der Bruch ebnete den Weg für eine enge und gefestigte Zusammenarbeit mit Tim Delaney. Bei einer zweiten Präsentation konnte die Agentur Louis-Dreyfus überzeugen und lieferte anschließend mehrere Werbekampagnen, die wesentlich zum Wiedererstarken von Adidas beitrugen. »Unser Plan bestand darin, dass man mit den Verbrauchern im Gespräch bleiben muss, sie sollten nicht zur Ruhe kommen«, erklärt Delaney. »Auf diese Weise würde die Marke lebendig und dynamisch bleiben – stellvertretend für die neuen Produkte, die gerade herauskamen.« Zur ersten Serie gehörten Spots, die David Lynch und andere Erfolg versprechende Regisseure gedreht hatten und die über MTV und Eurosport liefen. Die schnoddrige Botschaft kam für die Jugendlichen Europas genau richtig rüber.

In Europa stieg der Umsatz dank der Verjüngungskur deutlich an. Dennoch war Louis-Dreyfus klar, dass sich die Marke nur durch einen Umschwung in den Vereinigten Staaten wirklich erholen konnte. Während der Franzose gerade erst begonnen hatte, sich mit Adidas zu beschäftigen, hatte die Aufsichtsratsvorsitzende Gilberte Beaux ein mutiges Abkommen unterschrieben. Nach wie vor wurde Adidas USA von den Führungskräften der Contrarian Group Peter Ueberroths geleitet, aber sie hatten sich nicht mit ganzer Kraft für das Unternehmen eingesetzt, das nach wie vor Verluste schrieb und über einen demütigend geringen Marktanteil von 2,5 Prozent nicht hinauskam. Für Gilberte Beaux gab es nur einen Mann, der hier Abhilfe schaffen konnte: Rob Strasser persönlich.

Das von Gilberte Beaux ersonnene Abkommen sah vor, dass Adidas Strassers Sports Inc. aufkaufen sollte. An der so entstandenen neuen Firma namens Adidas America sollten Rob Strasser, Peter Moore, Mary McGoldrick, Cindy Hale, Owen Clemens und zwei weitere Manager, die bisherigen Anteilseigner von Sports Inc., eine Beteiligung von insgesamt 35 Prozent in Form von Aktien und Optionen erhalten. Ueberroth hingegen musste ausscheiden und auf seine Aktienoptionen verzichten. Unterzeichnet wurde das Abkommen, das Adidas schätzungsweise 16,5 Millionen Dollar kostete, nur wenige Stunden vor der Eröffnung einer großen Sportartikelmesse, der Super Show, im Februar 1993 in Atlanta. Am Eröffnungsmorgen erschienen die vier Sports-Inc.-Manager am Messestand von Adidas und erklärten ihren Kollegen von der Contrarian Group, sie würden von jetzt an das Ruder übernehmen. Etwa die Hälfte der bisherigen Belegschaft erhielt das Angebot, künftig für Adidas America in Portland, Oregon, zu arbeiten.

Kurz vor dem Geschäft mit Adidas hatte Sports Inc. eine ehemalige Fabrik für Schwimmbekleidung in Portland gepachtet. Die Manager, die dort ihre Tätigkeit aufnahmen, konnten sich im Lagerraum einen Schreibtisch aussuchen, den sie dann auf einen Rollwagen laden und aufstellen durften, wo es ihnen gefiel. In der Mitte des Großraumbüros gab es ein Basketballnetz, eine Jukebox, eine Tischtennisplatte und einen alten Benzinkanister, der ein Bierfässchen enthielt.

Merkwürdig mutete an, dass ähnlich wie Herzogenaurach auch Portland zur geteilten Stadt wurde: Auf dem einen Ufer des Flusses Willamette residierte Nike, auf dem anderen Adidas. Den Sports-Inc.-Managern machte es jedenfalls Spaß, den Kampf gegen den größeren Rivalen in dessen Heimatstadt aufzunehmen. Besonders gern heckten sie harmlose Streiche aus; so wurden einmal die Straßen Portlands über Kilometer hinweg mit den drei Streifen verziert, nachdem klar war, dass Adidas den Marathonlauf der Stadt sponsern würde.

In den nun folgenden Jahren sorgten Strasser und seine Mannschaft für ein Adidas-Revival in den USA. Als sie bei Adidas einstiegen, setzte das Branchenblatt *Sporting Goods Intelligence* den Umsatz des Unternehmens mit 215 Millionen Dollar an. Zwei Jahre später konnten die neuen Macher bereits 480 Millionen Dollar, also mehr als das Doppelte, verbuchen. Und fünf Jahre nach der Übernahme von Sports Inc. erreichte Adidas in den USA einen Umsatz von 1,6 Milliarden Dollar.

Robert Louis-Dreyfus, der die Bedeutung dieses Marktes völlig richtig einschätzte, verbrachte während seines ersten Jahres bei Adidas allein vier Monate in Portland. Mit Rob Strasser verstand er sich ausgezeichnet, und mit Peter Moore arbeitete er vor allem an der Verjüngung des Designs. Um die Kreativen anzuspornen, nahmen sie an allen Besprechungen des Designteams teil. Außerdem wurde ein Austausch mit Herzogenaurach organisiert, sodass die Amerikaner sich von der Tradition des Unternehmens inspirieren lassen konnten, während die Deutschen in den USA mit der modernen Jugendkultur in Kontakt kamen. Zu diesem Zweck unternahmen durch und durch korrekte deutsche Designer immer wieder Expeditionen in die Gettos der Schwarzen.

Die Zusammenarbeit zahlte sich aus. »Originals« hieß das zweite Projekt aus der neuen Strategie, das auf das funktionelle Equipment-Sortiment folgte, das Rob Strasser drei Jahre zuvor angeregt hatte. Just als der Retrotrend aufkam, blätterte Louis-Dreyfus in alten Adidas-Katalogen, und Peter Moore durfte daraus für jede Saison ein paar Modelle auswählen, die aufpoliert und neu herausgebracht wurden. Einige Schuhe aus dieser Reihe bekleideten bald wichtige Füße – Madonna und Claudia Schiffer stellten sich mit Vorliebe in ihren »Gazelles« vor die Kamera. Wie Louis-Dreyfus später feststellte, war »das Timing ein unglaublicher Glücksfall«. Jedenfalls sorgte der Retroboom für ein Emporschnellen der Umsatzzahlen – und gewährte Adidas eine Verschnaufpause.

Ermutigt durch ihre Erfolgsbilanz, stellten Rob Strasser und seine Gefolgsleute in Portland bald anspruchsvolle Forderungen. Unentwegt mäkelten sie an ihren Kollegen in Europa herum und versuchten, immer mehr Verantwortungsbereiche an sich zu ziehen. Einige ihrer Anliegen schienen zunächst durchaus berechtigt. Zum Beispiel hatte Rob Strasser von vornherein verlangt, dass Bernd Wahler mit seiner Equipment-Sparte nach Portland übersiedeln sollte. Strasser und Wahler verband inzwischen eine enge Freundschaft. Auch die Basketball-Abteilung wurde den Amerikanern unterstellt, die meinten, »Europäer können doch einen Basketball nicht von einem Hockeypuck unterscheiden«. Peter Moore wurde zum weltweiten Creative Director der Marke Adidas ernannt.

Andere Vorstellungen sorgten jedoch für ständige Reibereien. Im Kern ging es darum, dass die Amerikaner die vollständige Kontrolle über ihren Geschäftsbereich anstrebten. Schließlich hätten europäische Marketingmanager doch keine Ahnung vom amerikanischen Markt. Außerdem wollten sie die Beschaffung für ihre Produkte übernehmen und sich auch um die Werbung selbst kümmern.

In der Hitze des Gefechts wurden die Manager aus Oregon ziemlich unangenehm. Ihre europäischen Kollegen konnten ihnen nichts recht machen, und die in Europa entworfenen Produkte lehnten sie grundsätzlich ab. Sie fühlten sich so überlegen, dass sie auch vor einer Revolte nicht zurückschreckten. »Wir haben uns überlegt, einfach das Telefon abzustellen und die Anrufe aus Deutschland nicht mehr anzunehmen«, erinnert sich Peter Moore.

Wenn Rob Strasser seinen Kopf nicht durchsetzen konnte, legte er zuweilen alles andere als einladende Charakterzüge an den Tag und bezeichnete die Europäer und ihre Produkte schlichtweg als »Müll«. »Strasser war ein Phänomen, aber er war verrückt«, meint Christian Tourres. »Es gab auf beiden Seiten Nervenzusammenbrüche.« Der Streit eskalierte, als die deutschen Manager im Juli 1993 ein beunruhigendes Memo erhielten. »Es wurde Herzogenaurach kurz und trocken mitgeteilt, dass die Verantwortung für den gesamten Schuhbereich, einschließlich Beschaffung, sowie die Federführung für den

Adidas-Markenauftritt weltweit in die Hände unserer amerikanischen Kollegen in Portland, Oregon, übergeht«, hieß es im Adidas-Magazin *Intern.* »Eine Schockwelle folgte, und die Gerüchte und Spekulationen schossen ins Kraut.«

Das wäre auf eine faktische Übernahme durch Adidas America hinausgelaufen. Aus Sicht der deutschen Manager waren Sportschuhe das Herz und die Seele des Unternehmens. In den vergangenen Monaten hatten sie schon unter den von Steve Liggett veranlassten Entlassungen zu leiden gehabt. Wenn aber die Entwicklung der Schuhe den Amerikanern übergeben wurde und dazu noch das internationale Marketing, dann bedeutete das für Herzogenaurach das Aus.

Zwar nahm Louis-Dreyfus die Entscheidung rasch wieder zurück, aber die Grabenkämpfe hörten nicht auf. Auch auf der internationalen Verkaufskonferenz des Unternehmens in Sonthofen in den Allgäuer Alpen, die im Oktober 1993 stattfand, ging es hoch her. Die Führungsriege von Adidas America war eigens früher angereist, um mit Louis-Dreyfus eine Beschwerdeliste durchzugehen. Bei dieser Vorabbesprechung geriet Rob Strasser wieder einmal in höchste Erregung, bis ihm ein heftiger Schmerz durch die Brust fuhr. Die besorgten Kollegen riefen sofort einen Krankenwagen. Sein Übergewicht und seine Ernährungsgewohnheiten machten den erst 46-Jährigen zu einem Ziel für schwere Herzprobleme. Da das Sonthofener Krankenhaus vor allem auf Knochenbrüche spezialisiert war, veranlasste Louis-Dreyfus, dass Strasser vier Tage später mit dem Hubschrauber in ein besser ausgestattetes Münchner Krankenhaus verlegt wurde.

Robs Ehe war längst in die Brüche gegangen. Seine Frau, die ehemalige Nike-Werbespezialistin Julie Strasser, war, während er nach Herzogenaurach ging, in Portland geblieben und hatte einen Bestseller über die Anfänge von Nike geschrieben, der reichlich Stoff für Ehestreit lieferte. Trotzdem stellte sie in Portland für ihn ein Ärzteteam zusammen und eilte zu ihm nach München. Vor ihrem Rückflug in die USA besuchten Peter Moore und Mary McGoldrick ihren Kollegen im Krankenhaus. Inzwischen ging es ihm besser, er plante seine Heimreise und versprach, zu Hause in Portland mit Fitnessübungen überflüssige Pfunde abzutrainieren. Doch als Owen Clemens am nächsten Tag ins Krankenhaus kam, sah er Rob Strasser auf dem Boden liegen. Clemens drehte seinen schwergewichtigen Freund mühsam um und rief die Schwester, doch die Wiederbelebungsversuche scheiterten. Robs Herz machte nicht mehr mit.

Gemeinsam mit einigen ehemaligen Nike-Managern nahmen Strassers Mitarbeiter am Sonntag, dem 7. November, von ihrem Weggefährten Abschied. Er wurde auf dem Friedhof von Manzanita, Oregon, beigesetzt, wo er gerne seine Wochenenden verbracht hatte. Sein Team versammelte sich am Strand und sang, begleitet von Bernd Wahler, der auf der Gitarre improvisierte, »Desperado« von den Eagles. »Sei echt« und »Immer weiter«, lauteten die Leitgedanken beim Gedenkgottesdienst für Rob Strasser am Chiles Center an der Universität Portland, zu dem sich Adidas- und Nike-Manager am folgenden Tag zusammenfanden. Freunde aus der Zeit bei Nike stellten Strasser als einen Menschen dar, der »gern im Mittelpunkt stand«, und verglichen ihn mit General George Patton. Adidas wurde durch Peter Rduch vertreten, der an die ersten Begegnungen 1989 erinnerte, als Strasser die Kollegen bei Adidas mit seiner hellsichtigen Analyse beeindruckt hatte. Peter Moore und Mary McGoldrick sprachen von den schwierigen Aufgaben, die Adidas noch zu bewältigen habe.

Als kurze Zeit später viele US-Manager den Eindruck hatten, Julie Strasser würde die Leitung von Adidas America beanspruchen, schlugen die Emotionen erneut hoch. Hinter ihr stand der Einkaufsmanager Steve Liggett, der sich mit den Strassers angefreundet hatte. Die beiden trommelten mehrere Mitglieder der Führungsriege zusammen und versuchten sie zu überzeugen, dass sie gemeinsam die Verantwortung für Adidas übernehmen könnten. Als Louis-Dreyfus nach Portland kam, um zu klären, wie es nach Rob Strassers Tod weitergehen sollte, versuchten Steve Liggett und seine Gefolgsleute »einen Putsch«, wie er sich erinnert: Etwa zwanzig US-Manager erwarteten ihn in Strassers Büro und forderten die Kontrolle über die Marke. Louis-Dreyfus zeigte sich unbeeindruckt. Daraufhin ging Steve Liggett zum Mittagessen und kehrte nicht mehr zurück. Obwohl Louis-Dreyfus behauptete, Peter Moore könne nicht einmal »sein Notizbuch in Ordnung halten«, beschloss er, den Designer mit der Leitung der Tochtergesellschaft zu betrauen, bis sich die Lage beruhigt hatte.

Für die Sitzung des Adidas-Aufsichtsrats in Herzogenaurach am 13. April 1994 standen Snacks und Erfrischungen bereit. Man hatte

Grund zum Feiern: Nach den Verlusten des Vorjahrs konnte Louis-Dreyfus melden, dass Adidas wieder schwarze Zahlen schrieb und ein Gewinn von 9 Millionen D-Mark zu erwarten sei. Alles – angefangen mit der MTV-Werbung, die am Empfang über den Bildschirm flimmerte, bis hin zum dreigestreiften Pullover über den Schultern des Vorstandsvorsitzenden – strahlte Optimismus aus.

Louis-Dreyfus unterstrich seine Überzeugung, dass es mit Adidas wieder aufwärtsgehe, und das veranlasste ihn, auch seine Firma noch fester in den Griff bekommen zu wollen. Der erste Schritt in diese Richtung war die Ernennung eines neuen Aufsichtsratsvorsitzenden. Für diesen Posten hatte Louis-Dreyfus Henri Filho vorgesehen, den General Manager von Clinvest, der Investmentbanksparte der Crédit Lyonnais. Damit wurde praktisch der Rücktritt von Gilberte Beaux erzwungen. Die Frau, die das Unternehmen in seinen schlimmsten Tagen über Wasser gehalten hatte, wurde kurzerhand abserviert. In den vorausgegangenen Monaten hatte Louis-Dreyfus der beherzten Managerin bereits erklärt, dass sie nur begrenzt Einfluss auf seine Entscheidungen habe. »Ich hatte keinen Boss mehr, seit ich vierunddreißig war«, beschied ihr der Adidas-Chef. Dennoch war sie auf die Brutalität, mit der sie nun den Laufpass bekam, nicht gefasst. Voller Unbehagen mussten die Anwesenden mitansehen, wie die energische Französin fassungslos den Sitzungssaal verließ.

Dass sich Gilberte Beaux anschließend auch noch gezwungen sah, ihre 8-prozentige Beteiligung an Adidas zu verkaufen, trug zusätzlich erheblich zu ihrer Verbitterung bei. Immer wieder hatte sie der Crédit Lyonnais geholfen, das Gesicht zu wahren, wenn Adidas kurz vor dem Zusammenbruch stand, aber nun weigerte sich die Bank kühl, ihr bessere Darlehensbedingungen einzuräumen, damit sie ihre Aktien behalten konnte. Diese Entwicklung empfand selbst Louis-Dreyfus als so peinlich, dass er ihr ermöglichen wollte, wenigstens einen Teil ihrer Aktien zu behalten, während er den Rest übernahm. Gilberte Beaux aber zog es vor, hoch erhobenen Hauptes zu gehen. Sie hatte durch Adidas zwar kein Geld verloren, aber von den vielen Millionen, die andere einstecken konnten, weil Beaux das Unternehmen in schwierigen Zeiten so geschickt verwaltet hatte, sah sie nichts.

Die Familie Dassler verkaufte ihre letzten Adidas-Anteile kurz nach der Übernahme durch Louis-Dreyfus. In den vergangenen Jahren hatten Horsts Kinder mit Sorge beobachtet, wie das Unternehmen am Abgrund entlangschlingerte. Zwar waren sie bestürzt, dass ihre Tanten Adidas für so wenig Geld verkauft hatten, aber wenigstens hatten die vier Schwestern ihre Millionen sicher auf der Bank. Als Louis-Dreyfus schließlich Adidas übernahm, setzten sie lieber nichts aufs Spiel.

Der nächste Schritt, den der Adidas-Chef unternahm, um sein Unternehmen völlig unter Kontrolle zu bringen, schlug in der Öffentlichkeit höhere Wellen. Nach dem Vertrag mit der Crédit Lyonnais und anderen Investoren vom Februar 1993 hielt Louis-Dreyfus nur 15 Prozent von Adidas, konnte aber den Rest bis Ende 1994 erwerben, und zwar zu einem Preis von 4,4 Milliarden Francs für das gesamte Unternehmen. Lange vor Ablauf der Frist hatten sich Robert Louis-Dreyfus und Christian Tourres entschlossen, die Sache durchzuziehen. Nun bestand jedoch das Problem, dass Saatchi & Saatchi nach wie vor 25 Prozent des 15-prozentigen Managementanteils hielten und der Adidas-Chef und die beiden Saatchis seit dem geplatzten Werbeetat kein Wort mehr miteinander gewechselt hatten. Auf keinen Fall wollte Louis-Dreyfus die Brüder bei seiner Übernahme von Adidas mit im Boot haben.

Als die Gebrüder Saatchi erfuhren, dass sie ihre Anteile abgeben sollten, gingen sie vor Gericht. In einer Presseerklärung konterte Louis-Dreyfus: »Ich habe das deutliche Gefühl, dass die Saatchis, nachdem sie ein kostenloses Essen erhalten haben, das ganze Restaurant einfordern.« Seine Anwälte mussten Louis-Dreyfus und seinen Freunden allerdings erklären, dass sie die beiden Brüder so leicht nicht loswerden konnten. Die Sache beizulegen kostete die Ricesa-Anteilseigner schließlich 38 Millionen Dollar. Ihnen lächelte im Dezember 1994 das Glück, als sie sämtliche Adidas-Aktien übernahmen, die sich noch in der Hand der Crédit Lyonnais, der Banque du Phénix und der beiden Offshore-Fonds befanden.

Fast die gesamte Truppe, die das kontroverse Geschäft vom Februar 1993 über die Bühne gebracht hatte, fand sich nun in den eleganten Räumen der Wirtschaftsanwälte Bredin Prat in Paris ein. Wieder ging die Besprechung bis tief in die Nacht, wieder war der Konferenzraum mit Pizzaschachteln und überquellenden Aschenbechern dekoriert. Auch in diesem Fall stellten die Crédit Lyonnais und die Banque du Phénix den Kredit bereit, den Louis-Dreyfus brauchte, um sein Vorkaufsrecht auszuüben. Aber diesmal wurde der übliche

Zinssatz gefordert, und außerdem verlangten die Banken 25 Prozent des Gewinns aus dem Verkauf dieser Anteile. Mit anderen Worten: Nach einem erfolgreichen Börsengang konnten die Banken ihre Probleme nach den verheerenden Geschäften mit Bernard Tapie getrost vergessen.

Gerade zwei Jahre waren vergangen, seit die Mitarbeiter des Unternehmens um ihre Löhne und Gehälter hatten bangen müssen und etliche Investoren die Marke für wertlos erklärt hatten – und nun war Adidas wieder wer.

Kapitel 30

»La victoire est en nous«

Robert Louis-Dreyfus war nicht nur ein gewiefter Marketingmann, sondern auch ein unverbesserlicher Sportfan. Zum Erstaunen der Adidas-Manager, die mit ihm Fußballspiele besuchten, erkannte er oft längst vergessene Spieler aus Mannschaften der zweiten Liga. »Wenn man ihn gefragt hätte, wer die Begegnung zwischen Chile und Peru vor 46 Jahren gewonnen hat«, meint Christian Tourres, »hätte er wahrscheinlich sogar das genaue Spielergebnis sagen können.«

Diese aufrichtige Begeisterung trug zweifellos dazu bei, Licht ins Dunkel der Sportmarketinggeschichte des Unternehmens zu bringen. Die Männer, die im Auftrag von Adidas die internationalen Sportverbände beeinflusst hatten, gehörten dem Unternehmen längst nicht mehr an. Mit dem eigenen Überleben beschäftigt, hatte Adidas seine Partner ein wenig vernachlässigt, und die Konkurrenz hatte nicht geschlafen. Um auf dem europäischen Fußballmarkt Fuß zu fassen, bemühte sich Nike eifrig um Klubs und Spieler. Auch Umbro und Reebok griffen gern zu, sobald die Adidas-Verträge ausliefen.

Die Werbeverträge mit den Klubs waren inzwischen eine komplizierte Angelegenheit geworden, denn die Spielvereinigungen gaben sich nicht mehr mit ein paar kostenlos gelieferten Trikots zufrieden. Sie forderten horrende Summen und schlossen gern raffinierte Marketingabkommen, die ihnen über Lizenzgebühren weitere Millionen zufließen ließen. Aus den größten Klubs waren inzwischen Entertainmentgiganten geworden – mit den Starspielern in der Hauptrolle. Und sie hatten Investoren von internationalem Rang gewonnen, von Berlusconi, dem italienischen Medienunternehmer, Politiker und Eigentümer von AC Mailand, bis hin zu Alan Sugar, dem britischen Computerkonzernchef und Eigentümer von Tottenham Hotspurs.

Die inflationäre Entwicklung bei den Marketingvereinbarungen wurde jedoch teilweise auch durch Nikes großes Comeback in der Fußballszene vorangetrieben.

Das amerikanische Unternehmen hatte Anfang der Achtzigerjahre mit der Produktion von Fußballschuhen begonnen. Zu diesem Zeitpunkt hatte Nike Adidas in den Vereinigten Staaten bereits vom Markt verdrängt und versuchte, mit einem brutalen Eroberungsfeldzug in Europa Land zu gewinnen. Und die Amerikaner hatten beschlossen, Adidas auch da anzugreifen, wo es am meisten wehtat – beim Fußball.

Als Rob Strasser in Amsterdam aus dem Flugzeug stieg, um Nikes Vorstoß in Europa zu koordinieren, hatte er, wie er selbst zugab, noch nie ein Fußballspiel gesehen. Bei einem Match in Liverpool, zu dem ihn britische Manager mitnahmen, faszinierte ihn die Atmosphäre so sehr, dass er niederkniete, um den Rasen zu küssen. Anschließend erwarb er eine heruntergekommene Fabrik im englischen Barwen, wo die Nike-Fußballschuhe hergestellt werden sollten. Als prominenten Werbeträger gewann er Peter Withe. Der Stürmer von Aston Villa erwies sich als genialer Fang: Kaum hatte er 1982 den Vertrag mit Nike unterschrieben, erreichte der Klub das Finale des Europacups. Im ausverkauften Rotterdamer Stadion trat Aston Villa gegen die Adidas-Vorzeigemannschaft Bayern München an. Dass ausgerechnet Peter Withe seiner Mannschaft zum Sieg verhalf, fanden die Nike-Manager großartig.

Allerdings konnten die Talente des Stürmers nicht über die Tatsache hinwegtäuschen, dass seine Schuhe aus dem Leim gingen. In dieselbe peinliche Lage geriet Michel Lukkien, der Nike in den Niederlanden vertrat. Er hatte verbissen darum gekämpft, Nike auf dem Fußballmarkt einzuführen. Kaum hatte das Werk in Barwen mit der Produktion begonnen, nahm er Volendam, ein kleines, aber populäres Team unter Führung von Leo Beenhakker unter Vertrag. »Sechs Monate später waren wir zum Gespött geworden, weil uns die Sohlen von den Schuhen flogen«, seufzte Lukkien.

Es sollte fast zehn Jahre dauern, bis Nike wieder in den Fußballstadien Einzug hielt. Aber beim zweiten Anlauf Anfang der Neunzigerjahre fuhr Nike mit groß angelegten Werbekampagnen und exorbitanten Verträgen für Spieler und Mannschaften schwere Geschütze auf.

Im Zuge der Kosteneinsparungen biederte sich Adidas unterdessen nicht mehr bei jedem Zweitligisten an, nur um ihn ja nicht an die Konkurrenz zu verlieren. Vorbei waren auch die Tage, als Adidas stolz darauf war, bis auf zwei Ausnahmen alle Bundesligavereine unter Vertrag zu haben. Stattdessen ging man nach einem ausgeklügelten Schema vor, das einige wenige wichtige Nationalmannschaften auf jedem Kontinent ins Visier nahm. Und unter den Fußballklubs pickte sich Adidas nur die besten Mannschaften aus jeder Liga heraus.

Louis-Dreyfus legte Wert darauf, mit sämtlichen Bossen des internationalen Sports Bekanntschaft zu schließen. Allerdings bekam der Adidas-Chef bei seinen Höflichkeitsbesuchen wenig Erfreuliches zu hören. Bei einer höchst unangenehmen dreistündigen Unterredung mit João Havelange, damals noch Präsident der FIFA, erfuhr Louis-Dreyfus, dass der Verband mit Nike im Gespräch sei. Außerdem stand der europäische Fußballverband UEFA kurz vor einem Abschluss mit Umbro. Und Jean-Claude Darmon, der die Fußballmarketingrechte für Frankreich vergab, erklärte, er werde »nie wieder einen Vertrag mit Adidas unterschreiben«.

Schlimmer noch, auch Bayern München wollte sich von Adidas abwenden. Bayern-Präsident Beckenbauer führte Verhandlungen mit Nike, die schon recht weit gediehen waren. Alles, was der Verein von Adidas bekommen habe, seien ein paar dreigestreifte Trikots gewesen, meinte Beckenbauer, Nike hingegen biete den Bayern einen ausgereiften Marketingplan an und die Erschließung des Marketingpotenzials des FC für ganz Europa.

Der Schock ging tief. Zwar hatte Bayern München nie dieselbe Ausstrahlung entwickelt wie Manchester United oder Real Madrid, aber für Adidas war der Verein ein Stück Firmengeschichte. Die Heimat des Klubs befand sich praktisch in der Nachbarschaft, und alle, die dort das Sagen hatten, waren dem Unternehmen seit Langem eng verbunden. Franz Beckenbauer war ein Freund der Familie Dassler gewesen und hatte zu Horsts Geschäftspartnern gehört. Karl-Heinz Rummenigge und Uli Hoeneß hatten die deutsche Mannschaft in den drei Streifen zum Weltmeistertitel geführt. Für die Adidas-Mitarbeiter in Herzogenaurach wäre der Verlust von Bayern München ein schwerer Schlag gewesen. Und für den Rest der Welt hätte es so ausgesehen, als hätten die amerikanischen Emporkömmlinge von Nike der deutschen Traditionsfirma die Kronjuwelen geklaut.

Louis-Dreyfus bat Franz Beckenbauer und Uli Hoeneß, die Entscheidung um sechs Wochen zu verschieben. In der Zwischenzeit setzte er seine besten Leute auf Bayern München an. In aller Eile wurde ein ganzes Sortiment von Fanartikeln für die Mannschaft entworfen. Um den internationalen Rang des FC zu unterstreichen, erdachten die Designer sogar ein eigenes Sortiment für die amerikanischen Fans. Außerdem präsentierten sie Shirts für Frauen und ersannen einen Werbespot, in dem eine Putzfrau liebevoll Bayern-Pokale abstaubt.

Am Tag vor der Präsentation war Louis-Dreyfus zu einem Freundschaftsspiel in Aachen geladen, bei dem Holländer und Deutsche noch einmal in der Originalbesetzung des WM-Finales von 1974 gegeneinander antraten. Als Gast von DFB-Präsident Egidius Braun sollten Louis-Dreyfus und dessen Freund Reto Stiffler, dem Standard Lüttich gehörte, mit einigem Pomp am Flughafen abgeholt und in Brauns Loge geführt werden. Aber nachdem Louis-Dreyfus ganz leger in Jeans und Stiffler gar in einem Nike-Trainingsanzug anreisten, wurden sie von den DFB-Abgesandten nicht erkannt und mussten sich am Schalter ganz normale Eintrittskarten kaufen.

Auf dem Rückflug nach München sorgte der Zwischenfall im Privatjet für große Heiterkeit. Doch sobald man im Münchner Planetarium zum geschäftlichen Teil überging, wurde Franz Beckenbauer ernst. In einer kurzen Rede stellte er klar, dass die FC-Bayern-Vertreter sich die Sache eigentlich nur aus Höflichkeit gegenüber dem langjährigen Partner ansahen. Unverdrossen stellte das Adidas-Team das neue, mit dem Bayern-Logo versehene Textilsortiment, die witzigen Werbespots und Fanartikel vor. Nach Abschluss der Präsentation stand Franz Beckenbauer noch einmal auf. Dass er beeindruckt war, konnte er nicht verhehlen. »You got it«, sagte er. Diese in drei Worte gefasste Zusage blieb Robert Louis-Dreyfus in Erinnerung, denn sie stand für alles, was er von Anfang an für Adidas hatte erreichen wollen. Wenig später wurde er in den Aufsichtsrat von Bayern München geholt.

Ein ähnliches Rettungsmanöver wurde für den FC Liverpool versucht, den symbolträchtigsten englischen Verein, der von Adidas gesponsert wurde. Aber auch hier stellten die Manager des Klubs klar, dass sie in den vergangenen Jahren nicht viel Freude an der Vereinbarung mit Adidas gehabt hatten, die der Generalsekretär Peter Robinson bereits 1984 mit Horst Dassler geschlossen hatte.

Frustriert hatte Robinson beobachtet, dass Manchester United und andere Klubs mit der aggressiven Vermarktung von Replica und Fanartikeln Millionen verdienten. Zwar konnte Liverpool auf eine ebenso interessante Tradition zurückblicken wie andere große Vereine, dass der Klub aber aus seinem Marktwert kein Kapital schlug, war offensichtlich die Schuld des lethargischen Sponsors. »Der Service war so miserabel, dass wir nicht einmal für unsere eigenen Läden Trikots bekamen«, klagte Robinson.

Nun legte sich Adidas ins Zeug, um den entstandenen Schaden zu beheben. Die Offensive leiteten Bob McCulloch, inzwischen Chef des britischen Tochterunternehmens, und Peter Mahrer, der das Adidas-Fußballressort unter sich hatte. Viele Abende brachten sie damit zu, das Management des FC Liverpool und die Eigentümer (die Familie, die hinter Littlewoods stand) zu umwerben. Sie organisierten ein Freundschaftsspiel zwischen Liverpool und dem FC Bayern in Frankfurt. Sie luden die Eigentümer nach Herzogenaurach ein. Und die Londoner Werbeagentur Leagas Delaney ergänzte die Präsentation durch eine Broschüre und ein gefühlvolles Video.

Peter Robinson machte es sich mit der Entscheidung nicht leicht. Zweifellos hatten die neuen Leute von Adidas eine Chance verdient; ihre Pläne waren beeindruckend, und dass sie sich ernsthaft für Liverpool engagieren wollten, stand außer Zweifel. Aber dennoch war nach den Jahren der Gleichgültigkeit die Beziehung nicht mehr zu kitten. »Kann sein, dass die Adidas-Leute am besten waren, aber trotzdem meinten wir, es sei Zeit für einen Wechsel«, erklärte Robinson, der schließlich mit Reebok handelseinig wurde.

Das war ein schwerer Schlag. Aus ähnlichen Gründen hatte Adidas bereits Manchester United und Arsenal verloren. Der europäische Fußball war ein Markt, auf dem Adidas von jeher die unangefochtene Vorreiterrolle genossen hatte, und jetzt hatte das Unternehmen auch noch von der letzten großen britischen Mannschaft den Laufpass bekommen. Um die Lücke zu schließen, wandte sich Adidas an Newcastle United, einen Klub, der sein Comeback Sir John Hall und Kevin Keegan zu verdanken hatte. Die Mannschaft, die zuvor ein

Schattendasein in der zweiten Liga geführt hatte, machte nun plötzlich als ernst zu nehmender und höchst populärer Gegner in der Premier League von sich reden.

Immerhin hatten Peter Mahrer und seine Fußballmarketingexperten bei Adidas durch den Kampf um Liverpool einiges dazugelernt. Der nächste prestigeträchtige Klub, den sie ins Visier nahmen, war der AC Mailand, der dem Vernehmen nach über die Beziehung zu seinem Sponsor Lotto nicht glücklich war. Als das die Runde machte, befand sich die gesamte Adidas-Führungsmannschaft gerade zu einer viertägigen Marketingkonferenz im Brüsseler Constant-Vanden-Stock-Stadion des RSC Anderlecht. Louis-Dreyfus beschloss kurzerhand, Klub-Chef Adriano Galliani zum Gespräch nach Belgien einzuladen. Zwar stellte der Italiener von vornherein klar, dass er seinen Vertrag mit Nike bereits unterschrieben habe, aber er war dennoch bereit, sich das Adidas-Angebot anzusehen.

In aller Eile wurde das Hotelzimmer, in dem die Marketingmannschaft Galliani erwartete, kunstvoll dekoriert. Ein Abgesandter musste die Lotto-Trikots des AC Mailand besorgen, nur um das Klub-Emblem für die Präsentation auszuschneiden. Über Nacht wurde ein Video vorbereitet, und weil man wusste, dass Galliani ein Fan von Pavarotti war, stellte der Opernsänger den Großteil des Soundtracks.

Kaum war die Musik verklungen, zog sich Galliani mit Louis-Dreyfus in eine Ecke des Hotelzimmers zurück. Besorgt sahen die Anwälte des AC, wie die beiden sich herzlich die Hand schüttelten. Schließlich war man ja gerade erst mit Nike handelseinig geworden. Dennoch entschied Galliani spontan, dass die Juristen noch einmal von vorne anfangen mussten. Den Preis für das Geschäft mit Adidas hatte er mit Louis-Dreyfus bereits fest vereinbart.

Auch in Spanien funktionierte der Trick, wo Louis-Dreyfus und Mahrer bei Real Madrid anklopften. Während andere Mitarbeiter sich für den FC Barcelona starkmachten, meinte Louis-Dreyfus, Real Madrid sei die lohnendere Investition. Mit den Madrilenen ins Geschäft zu kommen war ihm so wichtig, dass er der Generalprobe am Tag vor der Präsentation beiwohnte, um hier und da noch Details zurechtzurücken.

Doch wie die Dinge lagen, schien sich das Management des Klubs nicht sonderlich für das Adidas-Paket zu interessieren. Um die Finanzen der Madrilenen war es so schlecht bestellt, dass sich ihre Fragen vor allem ums Geld drehten. Damals wurde die Mannschaft von Kelme gesponsert, einer spanischen Marke, die über weit weniger Mittel verfügte als Adidas. Die Manager aus Madrid brauchten dringend Bares, um dem Verein wieder auf die Beine zu helfen und die Marketingrechte zurückzukaufen, die sie an eine Tochter von Canal Plus vergeben hatten.

Als die Adidas-Manager den offensichtlich deprimierten Vertretern von Real ihre Ideen vorstellten, waren sie sichtlich nervös. Doch schon wenig später erfuhren sie, dass sie den Zuschlag erhalten hatten. Dabei tat sicherlich nicht weh, dass der Adidas-Chef zustimmte, für einen Teil ausnahmsweise im Voraus zu zahlen. Dieses Geschäft sollte sich als eine der wertvollsten Investitionen des Adidas-Chefs erweisen, als sich der Bauunternehmer Florentino Perez des Vereins annahm, der Real Madrid mit Starspielern bestückte und zu neuen Erfolgen führte.

Auch bei vielen anderen Abschlüssen war es zweifellos hilfreich, dass Louis-Dreyfus selbst Hand anlegte. Präsidenten und Eigentümer europäischer Fußballklubs zeigten sich geschmeichelt, dass der viel gerühmte Chef eines milliardenschweren Sportartikelunternehmens ihnen persönlich die Aufwartung machte. Nike-Boss Phil Knight hatte sich hingegen in europäischen Fußballstadien noch nie blicken lassen, und man durfte vermuten, dass er nicht einmal die Spielregeln kannte.

Besonderen Mut bewies Louis-Dreyfus, als er 1996 eine Präsentation für Olympique de Marseille vorbereiten ließ. Gegen den Klub, der ehemals Bernard Tapie gehört hatte und der nun schon seit einigen Jahren eine Flaute erlebte, wurde wegen Betrugs und Manipulation von Spielen ermittelt. Dennoch lag Adidas daran, den Verein, der bereits mit Reebok verhandelte, zu gewinnen, um die eigene Position auf dem französischen Markt auszubauen.

Die Präsentation in Marseille war bereits gelaufen, als Peter Mahrer einen Anruf von der größten internationalen Sportagentur IMG erhielt. Sämtliche in Marseille gegebenen Versprechungen seien hinfällig, meinte der Anrufer, weil IMG gerade einen Vertrag zur Übernahme des Vereins unterschrieben habe. Adidas müsse sein Angebot mindestens verdoppeln, erklärte der IMG-Manager. Peter Mahrer war entsetzt, doch Louis-Dreyfus beruhigte ihn. »Robert meinte, ich sollte mir keine Sorgen machen, er würde sich darum kümmern«, erinnert sich Mahrer. »Dann zog er los und kaufte den Klub.«

Bei der Auswahl seiner Pferde für den Adidas-Stall richtete Louis-Dreyfus den Blick vor allem auf die bevorstehende Fußball-WM in Frankreich. Bei der letzten Weltmeisterschaft in den Vereinigten Staaten 1994 hatte Adidas nicht schlecht abgeschnitten. Immerhin warben zehn Mannschaften für die Marke und sorgten dafür, dass Adidas über vier Millionen Bälle und zehn Millionen Paar Fußballschuhe verkaufte. Dennoch fehlten für einen durchschlagenden Erfolg noch einige Spieler, die wahre Begeisterung weckten.

Ein weiteres Problem stellte der »Predator« dar. Das Design für den Schuh hatte Adidas von dem australischen Erfinder Craig Johnston gekauft. Der vielseitig begabte Johnston, der früher beim FC Liverpool gespielt hatte, hatte unter anderem bereits eine Minibar – den »Butler« – entworfen. Sein nächstes Projekt war der Predator, ein schwerer, klobiger Fußballschuh, dessen Obermaterial geschuppt war wie eine Reptilienhaut. Das Modell entfernte sich so weit von den gewohnten Lederschuhen, dass nur der Niederländer Ronald Koeman und der Schotte John Collins es damit versuchen wollten. »Alle anderen waren äußerst skeptisch, weil die Form und das Material zu ungewohnt waren«, erklärt Jimmy Weigl, Leiter der Fußballsparte bei Adidas. »Schließlich hatten sie ihr Leben lang Fußballschuhe aus Känguruleder getragen.«

Doch Adidas ließ nicht locker. In einem leeren Swimmingpool wurden allerhand Testgeräte installiert, und anschließend durften Altstars wie Franz Beckenbauer und Uwe Seeler in den Pool steigen und den neuen Schuh einem Härtetest unterziehen. Das Außenmaterial wurde weicher gemacht und die Sohle verbessert, um das Gewicht zu reduzieren. Dann fügte Adidas noch die auffällige rote Zunge hinzu, die schon von Weitem zu erkennen war.

Als die Spieler 1996 zur Europameisterschaft nach England aufbrachen, hatten sie einen wesentlich leichteren, raffinierter gestalteten Predator im Gepäck. Leagas Delaney hatte Werbespots mit mehreren Fußballstars vorbereitet, die den markanten Schuh trugen. Unvergessen blieb dabei der Shot mit dem temperamentvollen Engländer Paul Gascoigne, der nicht mehr ganz nüchtern am Set erschien, um – mit einem Lampenschirm auf dem Kopf – in seine Rolle als Magier zu schlüpfen. Zu den gesetzteren Predator-Stars zählten Marcel Desailly, Matthias Sammer und Alessandro Del Piero.

Wie bei den Klubs strich Adidas auch die Liste der Spieler auf einige wenige viel versprechende Namen zusammen. Das internationale Team erarbeitete eine Punkteskala, auf der sportliches Können, aber auch »off the field values« (die Stärken außerhalb des Spielfelds) bewertet wurden. Brutal ausgedrückt sind das die Elemente, die den Marktwert eines Spielers bestimmen, vom persönlichen Modestil bis hin zu den verbalen Fähigkeiten.

Ein Fußballer, der keine allzu hohe Punktezahl erzielte, hieß David Beckham. Anfang der Neunzigerjahre war er als Nachwuchstalent bei Manchester United entdeckt worden und fiel dadurch auf, dass er viel schüchterner und höflicher auftrat als die eingebildeten Jungspieler, die sonst bei Adidas vorbeikamen. Als Beckham 1995 in seinem roten BMW Cabrio vor dem Adidas-Büro in Manchester vorfuhr, um seinen Vertrag zu unterschreiben, brachte sein Manager Tony Stephens noch eine letzte persönliche Bitte vor. »Würden Sie gern einen Freund fürs Leben gewinnen?«, fragte er Paul McCaughey, der die britische Fußballsparte des Unternehmens leitete. Der neue Sportwagen sei ein bisschen zu teuer für Davids Budget gewesen, erklärte der Agent, und er wisse nicht, woher er das Geld für die Versicherung nehmen sollte.

Nach wenigen Minuten kam das Okay aus der Buchhaltung. David Beckham strahlte vor Freude, als Paul McCaughey ihm den Scheck für die Autoversicherung überreichte. Verglichen mit anderen Deals war die Summe lächerlich, aber der Autofreak Beckham legte tatsächlich eine ungewöhnliche Loyalität an den Tag – die freundliche Geste vergaß er jedenfalls nie.

Am 17. August 1996 saß der Leeds-Veteran Aiden Butterworth, der im Fußballmarketing für Adidas UK arbeitete, vor dem Fernseher und sah sich Nationalligaspiele an. David Beckham sollte für Manchester einen Freistoß gegen Wimbledon ausführen – und trug dabei den Predator, den er bei der Gelegenheit zum ersten Mal ausprobierte. Wie Millionen anderer Zuschauer konnte Butterworth kaum glauben, was nun geschah: Beckham schoss den Ball mit einem atemberaubenden Bogen über die Köpfe der Verteidiger hinweg direkt in die Ecke des Tors.

»So etwas hatten wir noch nie gesehen«, erklärte Butterworth. »Das war nicht nur das Talent, sondern auch die Einstellung, es einfach zu versuchen. Jetzt stand fest, dass wir etwas ganz Besonderes an der Hand hatten.« Rasch griff er zum Telefon. Nach diesem Schuss würden sich Nike, und wie sie alle hießen, auf Beckham stürzen. Folglich musste Adidas das bessere Angebot parat haben.

Die Zuständigen im internationalen Team begriffen nicht ganz, worum es ging. Für sie war Beckham einfach ein britischer Spieler, der in der Boulevardpresse für Schlagzeilen sorgte, aber auf internationaler Ebene noch kaum von sich reden machte. Zu dem besseren Vertrag wollte man jedenfalls nichts beisteuern. Dass er dennoch zustande kam, war Bob McCulloch zu verdanken, der dafür ein tiefes Loch in das Budget der britischen Adidas-Tochter riss.

Die Adidas-Manager freuten sich auf den Höhepunkt ihres Comebacks, den die Weltmeisterschaft von 1998 bringen sollte. Sie fand in Frankreich statt – war also praktisch ein Heimspiel. Le Mondial würde Schauplatz eines Zweikampfs zwischen Adidas und Nike werden, bei dem die Funken flogen.

In der Zwischenzeit hatte Nike offenbar die über sieben Jahrzehnte an Erfahrung aufgeholt, die Adidas mit der Herstellung von Fußballschuhen gesammelt hatte, und das Unternehmen war entschlossen, sich aggressiv durchzusetzen.

In einem Werbespot für Nike prahlte der hitzköpfige Franzose Eric Cantona, damals bei Manchester United, mit seinen Missetaten: »Ich wurde gesperrt, weil ich einen Torhüter geschlagen habe. Weil ich einen Fan angespuckt habe. Weil ich mein Hemd nach einem Schiedsrichter geworfen und meinen Manager einen Drecksack genannt habe. Und dann habe ich die Jury, die mich gesperrt hat, als einen Haufen Idioten bezeichnet«, erklärte er feixend. »Da dachte ich mir, es könnte schwierig werden, einen Sponsor zu finden.«

Auf den Vorwurf, sie brächten »das Spiel in Verruf«, reagierten die Nike-Manager mit einer überarbeiteten Fassung. Wie sie erklärten, ging es ihnen darum, einen Hauch jener Fröhlichkeit einzufangen, die die brasilianische Mannschaft ausstrahlte, ein wenig von der Brillanz, die bei den Niederländern aufschien, und dazu die faszinierendsten Nike-Spieler wie Ronaldo und Cantona zu präsentieren.

Dass die Amerikaner die brasilianische Nationalelf an sich binden konnten, erwies sich als Glückstreffer. Immerhin hatte Adidas ihnen zuerst ein Angebot vorgelegt, nachdem zwei Manager der Firma in einer Bar in Ecuador ein Gespräch mitgehört hatten. Daraufhin reiste Louis-Dreyfus erwartungsfroh nach Brasilien, um mit Vertretern des dortigen Fußballverbands zu sprechen – und mit Ricardo Teixeira, dem Präsidenten des Verbands, der mit João Havelanges Tochter verheiratet gewesen war. Für die brasilianische Nationalelf, eine im Sportmarketing besonders begehrte Beute, hegte Louis-Dreyfus auch persönlich die größte Bewunderung.

Die Gespräche wurden jedoch abgebrochen, als die Mitglieder der brasilianischen Delegation andeuteten, dass sie auch persönlich von einer Vereinbarung zu profitieren hofften. 1996 kamen sie schließlich mit Nike ins Geschäft. Der Vertrag, der über zehn Jahre lief, brachte den Brasilianern 160 Millionen Dollar ein, doch schon vier Jahre später wurde er Gegenstand eines parlamentarischen Untersuchungsausschusses, der sich mit Vorwürfen gegen den Verband und den von Nike ausgeübten unlauteren Einfluss befasste.

Noch mehr Kopfschmerzen bereiteten der Adidas-Leitung jedoch die Abmachungen mit dem französischen Fußballverband. Denn die umfassende Vereinbarung sorgte bei den Spielern für Aufruhr. Angeführt wurden die Rebellen von Didier Deschamps, dem Kapitän der Nationalmannschaft, der bei Puma unter Vertrag stand. Erst nach einer Krisensitzung und weiteren Zahlungen wurde ein Kompromiss gefunden, der vorsah, dass bei den WM-Spielen alle Spieler Adidas tragen sollten, während es danach jeder handhaben konnte, wie er wollte.

Das nützte Adidas jedoch wenig, weil die französische Nationalmannschaft ständigen Angriffen ausgesetzt war. Von der Presse bezog sie Prügel, und von der Öffentlichkeit wurde sie verhöhnt. Adidas nahm die Herausforderung an und überschwemmte das Land mit aufsehenerregenden Wandgemälden und Plakaten, auf denen die besten französischen Spieler mutig ihr Selbstbewusstsein demonstrierten.

Die Adidas-Manager hatten für die Arbeit an ihrer Kampagne eine Suite im oberen Stockwerk eines Gebäudes an den Champs-Élysées angemietet. Hier verfolgten sie mit wachsender Begeisterung, wie sich die französische Nationalelf überraschend den Aufstieg in die Finalrunden der Weltmeisterschaft erkämpfte. Und als sich die Franzosen schließlich den Titel holten, wurde hier ebenso laut gejubelt wie drunten auf den Straßen von Paris, wo sich Hunderttausende begeisterter Fans versammelten, die den Sieg ihrer Mannschaft feierten. In seinen Predator-Schuhen hatte Zinédine Zidane zwei der drei Tore geschossen, die Frankreich zum unverhofften Triumph verhalfen und ihn zum Helden der Nation machten.

»La victoire est en nous« – der Adidas-Slogan wurde, mit Lasern auf den Arc de Triomphe projiziert, zum Jubelruf der Franzosen. Die Brasilianer, die eine schwere Niederlage hatten einstecken müssen, konnten sie vom Flugzeug aus sehen, als sie in ihren Nike-Schuhen fluchtartig das Land verließen.

Inzwischen hatte Robert Louis-Dreyfus dank Adidas ein Vermögen gemacht – und als das Unternehmen am 17. November 1995 in Frankfurt an die Börse ging, ernteten Louis-Dreyfus und Tourres den Lohn für die aufreibenden Jahre in Herzogenaurach. »Dabei ging es nicht so sehr ums Geld«, meinte der Adidas-Chef, »es war eher eine Anerkennung für den Wert unserer Arbeit.«

Zur Vorbereitung des Börsengangs hatte Louis-Dreyfus die Minderheitsanteile von Adidas America aufkaufen müssen. Den ehemaligen Unternehmern von Sports Inc. gehörte nach wie vor ein Teil des Tochterunternehmens, und inzwischen hatten auch mehrere andere Manager Aktienoptionen erhalten. Als Cindy Hale ihren Scheck sah, konnte sie einen Freudenschrei nicht unterdrücken. Gemeinsam mit Peter Moore, Mary McGoldrick und den übrigen Anteilseignern von Sports Inc. hatte sie durch den Buy-Out Millionen verdient. Auch andere wie Owen Clemens und Bernd Wahler konnten sich nicht beklagen – jedenfalls erhielten sie deutlich mehr als ihre europäischen Kollegen.

Aber all diese Gewinne erschienen unbedeutend im Vergleich zu der Summe, die Louis-Dreyfus, Tourres und ihre Freunde mitnahmen. »Ich habe da mehr Geld verdient, als ich je ausgeben kann«, stellte Tourres fest. Sie hatten das Unternehmen für 4,4 Milliarden Francs gekauft, beim Börsengang wurde der Wert von Adidas jedoch auf etwa 11 Milliarden Francs angesetzt. Die im Dezember 1994 getroffene Abmachung sah zwar vor, dass die Investoren mindestens 25 Prozent ihres Gewinns an die Crédit Lyonnais abführen mussten, aber auch der Rest reichte, um sich zur Ruhe zu setzen. Der größte Batzen des Pakets, das Louis-Dreyfus und seine Freunde besaßen, ging an David Bromilow, Besitzer eines Verlags in Thailand.

Was den Vorstandsvorsitzenden selbst betraf, kam der Höhepunkt seines Engagements für Adidas im September 1997. In Annecy in den französischen Alpen traf er mit Georges Salomon zusammen, der die Mehrheitsbeteiligung an dem gleichnamigen Skihersteller besaß. Ohne Aufsichtsräte und Anwälte hinzuzuziehen hatten die beiden seit mehreren Monaten Verhandlungen geführt.

In den Augen von Louis-Dreyfus bot sich hier eine einzigartige Möglichkeit, die Geschäfte von Adidas um interessante Bereiche zu erweitern. Der etablierte Skihersteller hatte zuvor Taylor Made geschluckt, eine führende Marke auf dem rasch wachsenden Golfmarkt. Georges Salomon verhandelte hart; als die beiden Männer an diesem Tag ihr Abkommen mit Handschlag besiegelten, hatte Louis-Dreyfus sich bereit erklärt, über 2,4 Milliarden D-Mark für Salomon zu bezahlen. Durch den Kauf wuchs der Umsatz der Adidas-Gruppe auf knapp 10 Milliarden D-Mark an. Damit erreichte Adidas zwar nur die Hälfte des von Nike erzielten Umsatzes, konnte aber immerhin Reebok vom zweiten Platz in der Branche verdrängen.

Doch von nun an ging's bergab. Zwar erntete Louis-Dreyfus Beifall für die strategische Weitsicht, die er durch das Salomon-Geschäft bewiesen hatte, aber der Preis erschien exorbitant. Es würde noch Jahre dauern, den Schuldenberg abzubauen, und die Umstrukturierung von Salomon zog sich ebenfalls in die Länge.

Am schlimmsten aber war, dass Louis-Dreyfus offenbar das Interesse verlor. Zu Geschäftsessen erschien er nun zuweilen nicht mehr mit seiner Frau, sondern in Begleitung anderer Damen. Dann wieder tauchte er gar nicht auf oder klammerte Themen aus, die harte Entscheidungen verlangten. »Seine Unentschlossenheit machte uns wahnsinnig«, erklärte Peter Moore. »Unter uns witzelten wir immer, dass der Letzte, der am Tisch zurückblieb, eine Entscheidung bekam. Die Besprechungen nahmen einfach kein Ende, weil jeder der Letzte sein wollte.«

Nur wenige Mitarbeiter und Freunde wussten, dass Louis-Dreyfus an Leukämie litt. Weil ungewiss war, ob er den Kampf gegen die

Krankheit gewinnen würde, hatte er begonnen, seinen Nachlass zu regeln. Mit kleinlichen Streitereien oder wochenlangem Gefeilsche um Sponsorenverträge mochte er sich nicht mehr abgeben. »Ich dachte einfach, was soll das alles«, gab Louis-Dreyfus zu. »Wir machen so oder so eine Menge Geld.«

Diese lasche Haltung schien das gesamte Unternehmen zu infizieren. Während der Umsatz in die Höhe schoss, setzte Adidas rundum Fett an. Neben der internationalen Gruppe hatte sich eine europäische Organisationsstruktur gebildet, die Adidas mit unzähligen unnötigen Stellen belastete. Mitverschuldet durch die Übernahme von Salomon sanken die Gewinne.

Wie gewohnt wurde ein Großteil der Probleme aus den Vereinigten Staaten importiert. Am Ende des Jahrzehnts sah sich Adidas jedoch gezwungen, innerhalb eines Jahres zwei Gewinnwarnungen herauszugeben, und Robert Louis-Dreyfus beschloss, das Handtuch zu schmeißen.

Kapitel 31

Coole Streifen

An einem warmen Septemberabend des Jahres 1997 versammelte sich eine große Zahl neugieriger Gäste in den Fox Studios in Los Angeles. Sie wurden inmitten eines Filmsets empfangen, das Fassaden von New Yorker Gebäuden zeigte. Zusammen mit Scharen eifrig plaudernder Fernsehgrößen, Sportlern und ausgewählten Prominenten nippten sie an ihren Cocktails.

Die Veranstaltung war Teil einer ungewöhnlich glanzvollen Vertriebstagung, die von Puma in Santa Monica abgehalten wurde. Sie bot den Geschäftsführern des Unternehmens eine Plattform, um weithin zu verkünden, dass Puma eine indirekte Partnerschaft mit der Fox-Gruppe eingegangen war. Das erklärte die Anwesenheit so vieler bekannter Gesichter aus der amerikanischen Film- und Fernsehbranche.

Die beherrschende Figur der Veranstaltung war Jochen Zeitz, der junge deutsche Manager, der zum Vorstandsvorsitzenden von Puma berufen worden war. Nach einer fatalen Serie von Misserfolgen und fortlaufenden Verlusten begegneten die Banken, die das Unternehmen finanzierten, Zeitz äußerst misstrauisch, als er ihnen im Juni 1993 vorgestellt wurde. Der große, athletische Mann mit dem adretten blonden Haarschnitt sah im Alter von 30 Jahren noch so aus, als hätte er gerade erst sein Abitur gemacht. Sicher würden nun ein weiterer Umstrukturierungsplan und eine erneute Beantragung von Krediten folgen.

Diejenigen, die in den vorangegangenen zwei Jahren, in denen er die Position des Marketingmanagers bei Puma bekleidete, mit Zeitz zusammengearbeitet hatten, hätten jedoch bezeugen können, dass er etwas Besonderes war. Zielstrebig bis an die Grenze zur Kaltblütigkeit, wusste er immer genau, wo er hinwollte – und hatte bislang stets seine Ziele erreicht.

Jochen Zeitz besaß sämtliche Merkmale eines Wunderkinds. Er hatte sich ursprünglich für ein Medizinstudium eingeschrieben, dann aber Betriebswirtschaft studiert, und er beherrschte sechs Sprachen fließend. Während seiner Tätigkeit für Colgate-Palmolive in Hamburg und New York hatte er sich die Grundlagen des Marketings angeeignet. Was Zeitz jedoch wirklich auszeichnete, waren seine Entschlossenheit und seine starke Persönlichkeit.

Seit dem umstrittenen Börsengang 1986 hatte Puma keinen Gewinn mehr gemacht. Auf den erzwungenen Abgang der Dasslers und den Verkauf an Cosa Liebermann folgten fast drei Jahre, in denen das Unternehmen keine klare Richtung mehr fand. Firmenchef Hans Woitschätzke, der begonnen hatte, Puma wieder auf Erfolgskurs zu bringen, verließ die Firma. Anschließend lösten sich mehrere schwedische Eigentümer und Vorstandsvorsitzende ab. Als dieser Tanz vorüber war, war die schwedische Holdinggesellschaft Proventus Hauptaktionär, die auch Anteile an diversen anderen kleineren Sportartikelherstellern hielt. Die Marke war beinahe in Vergessenheit geraten, und ganze Ladungen von Puma-Produkten mussten praktisch verramscht werden. Die Verkaufserfolge von Lizenznehmern brachten Puma 1993 zwar über einer Milliarde Mark ein, das Unternehmen selbst erzielte jedoch lediglich einen Umsatz von 411 Millionen Mark.

Wie zu erwarten, schwang Jochen Zeitz anfangs gnadenlos den Rotstift. »Es wird keine heiligen Kühe geben«, betonte er. So, wie es Robert Louis-Dreyfus am anderen Ende der Stadt tat, entließ er zahlreiche Mitarbeiter, stellte die Produktion um und stieß unrentable Geschäftsbereiche ab. Nach weniger als zwei Jahren machte das Unternehmen wieder Gewinn. Der junge Firmenchef war zu neuen Investitionen bereit – auch wenn sich das vorhandene Budget nicht einmal ansatzweise mit dem Finanzvolumen der Marktführer vergleichen ließ.

Den benötigten Einfallsreichtum entdeckte Zeitz unter anderem bei Antonio Bertone. Bertone, der mit Anfang 20 als Verkäufer in einem Mode- und Schallplattenladen gearbeitet hatte, beeindruckte Zeitz mit seiner Kenntnis der Jugendkultur. Als er sich 1994 mit Zeitz traf, arbeitete er als Berater für Converse, hatte jedoch in dem Laden und auf der Straße eine rege Nachfrage nach dem Schuhmodell Clyde von Puma beobachtet. Er machte sich daran, Puma wieder »cool« werden zu lassen, indem er in urbane Trendsportarten – von Skateboarden bis BMX – investierte, auf die zu jener Zeit keiner der großen Sportartikelanbieter abzielte.

Mit dem Vertragsabschluss, der in Santa Monica bekannt gegeben wurde, betrat Puma eine ganz neue Bühne. Er ging auf eine Vereinbarung zurück, die Zeitz im November 1996 mit New Regency geschlossen hatte, der Filmproduktionsgesellschaft, die hinter Blockbustern wie *Pretty Woman*, *Die Jury* und *Der Rosenkrieg* stand. Haupteigentümer der Gesellschaft war Arnon Milchan, ein israelischer Geschäftsmann, der aufgrund seines geheimnisvollen Charmes zuweilen mit dem »großen Gatsby« verglichen wurde.

Milchans Vater hatte in ganz Israel Bewässerungsanlagen installiert, und er selbst verdiente bereits als Zwanzigjähriger ein Vermögen mit dem Verkauf einer Nährstofflösung, mit der sich die Zitrusfruchtproduktion vervierfachen ließ. Sein Reichtum stammte außerdem angeblich aus umfangreichen Waffengeschäften mit dem Staat Israel – »von Atombombenzündern bis hin zu Raketentreibstoff«, wie ein amerikanischer Journalist einmal behauptete. Er führte das Leben eines Jetset-Magnaten mit diversen Wohnsitzen und »einer groß gewachsenen, blonden Skandinavierin in jedem Hafen«.

Arnon Milchan war zu der Überzeugung gelangt, dass Film, Fernsehen und Sport für den Unterhaltungssektor eine aufregende Kombination darstellten. Er hatte einst wohl der israelischen Fußballnationalmannschaft angehört, spielte regelmäßig Tennis und verfolgte diesen Sport begeistert als Zuschauer. Um diese Leidenschaft noch stärker auszubauen, beschloss er, in eine interessante Sportartikelmarke zu investieren.

Nachdem er Anfang der Neunzigerjahre eine Absage von Adidas erhalten hatte, leitete er nun ein Treffen mit Jochen Zeitz ein. Pumas Vorstandsvorsitzender räumte einerseits ungern Einflussnahme auf das Unternehmen ein, musste andererseits aber anerkennen, dass Milchans Beziehungen von größtem Vorteil sein konnten – ganz zu schweigen von den finanziellen Mitteln des Filmproduzenten. Milchan stieg 1996 mit New Regency durch den Erwerb von 12,5 Prozent der Anteile in das Kapital von Puma ein. 1997 erhöhte er zum Preis von lediglich rund 150 Millionen Dollar seinen Anteil auf 25 Prozent.

Milchan hielt damals noch 60 Prozent der Anteile an New Regency, der Rest lag in den Händen von internationalen Magnaten wie dem australischen Medienunternehmer Kerry Packer, der deutschen Kirch-Gruppe und der in Los Angeles ansässigen Film- und Fernsehgesellschaft Warner Bros. Nachdem jedoch 20 Prozent der New-Regency-Anteile von News Corp, dem von Rupert Murdoch gegründeten Medienkonglomerat, dem auch die Fox Studios in Los Angeles gehörten, aufgekauft worden waren, zog Milchans Unternehmen im September 1997 auf das Gelände der Fox-Gruppe um.

Zeitz hielt an jenem Abend in Los Angeles eine schwungvolle Rede, in der er die neuen Geschäftspartner von Puma vorstellte und die Investitionen des Unternehmens auf dem amerikanischen Markt skizzierte. Arnon Milchan erläuterte in einer ausführlicheren Ansprache seine Verbundenheit mit dem Sport und zeigte sich stolz auf seine Teilhaberschaft an Puma. Viele der Gäste betrachteten die Veranstaltung in Santa Monica als Wendepunkt für die Sportartikelmarke.

Bestärkt von den überzeugenden Argumenten der neuen Anteilseigner beschloss Zeitz, dass der Relaunch der Marke Puma auf dem höchst einflussreichen amerikanischen Markt erfolgen sollte. Zur Bekräftigung dieses strategischen Schachzugs verlegte er seinen Wohnsitz nach Boston.

Pumas unbesonnene Vorstöße in den Discountmarkt schienen den Ruf der Marke in den Vereinigten Staaten irreparabel geschädigt zu haben. Der dort erzielte Umsatz betrug 1996 nur 25 Millionen Dollar, das Überleben sicherten lediglich ein paar Fußballschuhe und eine Reihe billiger Sneaker. Der Marktanteil in den USA belief sich auf vernichtende 1 Prozent, und selbst diese Zahl war vermutlich aufgerundet.

Zeitz kaufte die amerikanischen Lizenzen zurück, die in die Hände der früheren skandinavischen Eigentümer des Unternehmens gefallen waren. Er übertrug Jim Gorman, der bereits bei Nike und Adidas als Manager tätig gewesen war, die Leitung der Niederlassung in Boston. Der ehemalige Mittelstreckenläufer Jim Gorman hatte in den amerikanischen Qualifikationsläufen für die Olympischen Spiele von 1972 in einem Paar Puma-Schuhe seine schnellste Zeit erreicht. Er war überzeugt davon, dass viele Käufer seine guten

Erinnerungen an Puma teilten. »Manche dachten, dass man die Marke nicht mehr ruinieren konnte, weil sie schon nicht mehr existierte«, sagte Gorman, »aber das stimmte nicht.«

Mit neuen Produkten in seinem Koffer gelang es Zeitz, wie von Gorman vorhergesehen, mit führenden amerikanischen Einzelhandelsunternehmen in Kontakt zu treten. Zu jener Zeit hatten sich FootLocker und andere Ketten mit Nike überworfen, da sie das Auftreten des Sportartikelherstellers als arrogant betrachteten und ihm seine drückende Geschäftstaktik übel nahmen. Wenn sie einen Grund geliefert bekämen, warum sie größere Mengen an Puma-Produkten einkaufen sollten, wären sie gerne dazu bereit. In den folgenden Jahren wurde FootLocker, aus dessen Regalen Puma weitgehend verbannt gewesen war, zur treibenden Kraft hinter dem Wiederaufschwung der Marke in den USA.

Die Geschäftsbeziehung zu Milchan verschaffte Puma eine Atempause. An langfristige und hochriskante Investitionen im Filmbusiness gewöhnt, saß Milchan dem Deutschen nicht bei jedem Quartalsabschluss im Nacken. »Ohne Regencys Geduld und Zutrauen hätten wir es nicht geschafft«, gesteht Zeitz. Der Puma-Chef erhielt die Erlaubnis, das Marketingbudget zu erhöhen, und formulierte ein ehrgeiziges Ziel: Ende 1997 verkündete er optimistisch, Puma sei wieder auf Expansionskurs und wolle nach Ablauf von fünf Jahren einen Umsatz von 1 Milliarde Mark erreichen.

In der Zwischenzeit verhalfen die Anteilseigner Puma zu nie dagewesener Medienpräsenz. Das Unternehmen erhielt plötzlich die Möglichkeit, auf Fox Werbespots zur Hauptsendezeit auszustrahlen. Auch kurz vor der Übertragung des Super Bowl im Januar 1998 war Werbung für Puma zu sehen. In Hollywood machte Milchan für das Unternehmen den Weg frei und ermöglichte die Einrichtung eines Ladengeschäfts in den Santa-Monica-Studios. Puma-Schuhe waren in amerikanischen Filmen und an den Füßen von Hollywoodstars – von Brad Pitt bis Gwyneth Paltrow – zu sehen. Damit prahlend, er habe das Unternehmen »hundertprozentig im Griff«, fädelte Milchan Merchandisingdeals mit amerikanischen Footballmannschaften ein, darunter den Saint-Louis Rams und den Tennessee Titans.

Im Zuge der sich vertiefenden Geschäftsbeziehung erhöhte New Regency Schritt für Schritt seine Anteile an Puma. Durch Aufstocken seitens der Filmproduktionsgesellschaft und Investitionen einiger

Zukunftsmusik für Puma: Mitte der Neunzigerjahre schloss Jochen Zeitz eine strategische Allianz mit finanzstarken Partnern wie *News-Corporation-COO* Peter Chernin (links) und Filmmogul Arnon Milchan (rechts): ein lohnenswerter Coup.

ihrer Partner belief sich die Beteiligung der Männer aus Hollywood schließlich auf 40,25 Prozent. Arnon Milchan, David Matalon, der Vorstandsvorsitzende von New Regency, und Peter Chernin, der Präsident und COO von News Corp, nahmen Plätze im Aufsichtsrat von Puma ein.

Zu den größten Glücksfällen für Puma zählte die Tatsache, dass William »Tank« Black, der im Basketball als Spielervermittler tätig war, aufgrund der erhöhten Medienpräsenz auf die Marke aufmerksam wurde. Black hörte von den neuen Geschäftspartnern des Unternehmens und kam 1998 zu dem Schluss, dass Puma zu einem aufsehenerregenden Deal mit seinem jungen Schützling Vince Carter bereit sein könnte, einem exzellenten Verteidiger aus Daytona Beach, Florida, der mit spektakulären Dunkings von sich reden machte. Vermutlich durch den hohen Bekanntheitsgrad von Pumas Geldgebern ermutigt, ging er davon aus, dass Carter eine Sponsorenleistung von rund 50 Millionen Dollar über zehn Jahre wert war. Hätte er gewusst, dass Puma in den Vereinigten Staaten noch immer nur etwa

40 Millionen Dollar Umsatz machte, hätte er sich vielleicht an eine andere Marke gewandt.

Jim Gorman stellte sofort klar, dass der Millionenbetrag nicht infrage kam. Er reduzierte die Summe auf 350 000 Dollar pro Jahr, gegebenenfalls aufgestockt durch eine großzügige Beteiligung am Gewinn, der durch den Verkauf von mit Carter in Verbindung stehenden Produkten erzielt würde. Außerdem wurde vereinbart, dass die Vertragsleistung weiter herabgesetzt oder hinfällig werden würde, wenn Carter von einem kanadischen oder einem zweitklassigen amerikanischen Verein engagiert werden würde. Beim NBA Draft, bei dem sich die Vereine der Liga die Rechte an neuen Spielern sichern können, wurde er gleich als fünfter Spieler von den Golden State Warriors gewählt, aber sofort an die Toronto Raptors getradet. Black akzeptierte eine weitere Kürzung des Sponsorengelds auf 150 000 Dollar pro Jahr inklusive einiger Bonuszahlungen. Carter jedoch fegte über die amerikanischen Basketballfelder, und am Ende der Saison umschwärmten ihn die Manager verschiedener Sportschuhmarken. Diese Aufmerksamkeit ermutigte ihn augenscheinlich, sich über den mickrigen Vertrag mit Puma hinwegzusetzen.

Black und Carter sahen sich offensichtlich außerstande, die von Nike angebotenen Millionen auszuschlagen – Zeitz schäumte vor Wut und zettelte einen Rechtsstreit an. Ein Schiedsgericht errechnete den Verlust, der Puma durch die Vertragsbeendigung entstanden war. Da Carter zu jener Zeit als der neue Michael Jordan gehandelt wurde, erwies sich die veranschlagte Summe als immens. Im April 2000 war das Schiedsgericht zu einem Urteil gelangt: In einem beispiellosen Vergleich wurde Carter zu einer Schadensersatzzahlung von 16 Millionen Dollar verpflichtet. Dadurch wurde der von Vince Carter aufgekündigte Vertrag zum bislang einträglichsten Geschäft für Puma America – und ermöglichte umfangreiche Investitionen auf dem amerikanischen Markt.

Zeitz stieg in Verhandlungen mit Serena Williams ein, der charismatischen jungen Frau, deren Name damals gerade in den Ranglisten der besten Tennisspielerinnen auftauchte. Die Manager der jüngeren der beiden Williams-Schwestern forderten zwar einerseits nur einen geringen Fixbetrag, schrieben andererseits aber für den Fall, dass sie Turniere gewinnen und in den Ranglisten aufsteigen würde, horrende Bonuszahlungen fest. In den folgenden Monaten wuchsen die Beträge, die die Familie Williams Zeitz in Rechnung stellte, mit erschreckendem Tempo an.

Dennoch stand diese Verbindung im Einklang mit der Strategie, die Zeitz verfolgte. Mit Milchans Investitionen im Rücken entwickelte der Puma-Chef ein völlig neues Geschäftsmodell, das er als »Sport-Lifestyle« bezeichnete. Serena Williams verkörperte die clevere Kombination aus der langen Tradition des Unternehmens als Sportausrüster und dem topmodischen Flair der Marke perfekt: Die großartige Sportlerin präsentierte sich nur allzu gerne in den eng anliegenden Outfits, den knallgelben Röcken und den knielangen Strümpfen, die Pumas Coolness-Faktor eindrucksvoll demonstrierten.

Während sich Adidas und Nike in den Fußballarenen der Welt millionenschwere Duelle lieferten, fand Puma leicht Zugang zu jungen Leuten mit ganz anderen Interessen, zu Trendsettern des urbanen Lebensstils. Und auch das Unternehmen selbst wurde in diesem Sinne umgekrempelt: Es wurden Manager im Alter von unter 30 Jahren eingestellt, die sich für Sport, Musik und Kino interessierten. Zeitz traf einige mutige Entscheidungen. Als Ende der Neunzigerjahre die gesamte Sportartikelindustrie in einer Absatzkrise steckte, beschloss er, die Preise für Puma-Schuhe anzuheben. »Das hat alle unsere Mitbewerber völlig überrascht«, so Zeitz. »Auf einem Markt, der enorm unter Druck stand, ermöglichte uns diese Preiserhöhung, Puma als Premiummarke zu etablieren.«

Zeitz war überzeugt, dass die Marke nun über den Berg war, als er sah, wie Leute vor Jil-Sander-Boutiquen anstanden, um ein Paar jener Turnschuhe zu ergattern, die sie exklusiv für Puma entworfen hatte. Wenige Jahre zuvor waren Puma-Schuhe noch in Billigsupermärkten verramscht worden, und nun standen die Leute plötzlich Schlange, um 250 Euro für das Wildkatzenlogo hinblättern zu dürfen. »Das war ein unglaublicher Anblick«, erinnert sich Zeitz. »Da wusste ich, dass wir es geschafft hatten.« Amerikanische Einzelhändler, die Puma Mitte der Achtzigerjahre aus ihrem Angebot verbannt hatten, forderten nun lautstark Nachschub. Zeitz musste viel Zeit darauf verwenden, sie zu bitten, nicht zu viele Puma-Schuhe zu verkaufen.

Zeitz' Strategie bescherte der Puma-Gruppe eine gigantische Wachstumsstrecke. Von 1993 bis 1998 war der Umsatz von lediglich 410 Millionen Mark bereits auf 590 Millionen Mark angewachsen.

Nachdem das Unternehmen wieder begonnen hatte, Investitionen zu tätigen, schnellte der Umsatz empor und erreichte 2003 fast 1,3 Milliarden Euro. Zeitz wurde als deutscher Unternehmer neuen Stils gefeiert. Der Puma-Chef selbst staunte über die »Traumergebnisse« des Unternehmens. Auch die Synthese von Sport und Mode erwies sich als äußerst profitabel und brachte Puma eine Gewinnspanne ein, die weit über der der großen Konkurrenten lag.

Die Finanziers, die Geld in die Puma-Sanierung gesteckt hatten, mussten sich über den Preis ihrer Schuhe keine Gedanken mehr machen. In den ersten zehn Jahren unter Zeitz' Ägide stieg Pumas Aktienkurs um das über Sechzehnfache. Arnon Milchan und seine Partner trennten sich durch die Vermittlung von Goldman Sachs vollständig von ihrem Anteil von über 40 Prozent. Ihre Aktien wurden Ende Mai 2003 an die Investmentbank übertragen und sofort an eine Schar von institutionellen Anlegern verkauft. Durch diese Art der Abwicklung konnten sich die Amerikaner mit einem satten Gewinn zurückziehen, und der Aktienbesitz wurde ohne Unterbrechung verteilt.

Pumas spektakulärer Aufschwung verringerte die Kluft zwischen den beiden Rivalen in Herzogenaurach deutlich. 1994, in dem ersten Jahr, nachdem Jochen Zeitz die Geschäftsleitung übernommen hatte, war die Marke Puma, am Konzernumsatz gemessen, etwa achtmal kleiner als Adidas. Zehn Jahre später hatte Puma mit einem Konzernumsatz von etwa 1,5 Milliarden Euro fast ein Viertel der Größe von Adidas erreicht.

Angesichts des durchschlagenden Erfolgs von Pumas Comeback erschien es sicher, dass das Unternehmen alle der im Rahmen des Expansionsplans für die fünf Jahre bis 2005 formulierten Ziele erreichen oder sogar noch weit übertreffen würde. Im Juli des Jahres verkündete Zeitz deshalb mit großem Pomp auf einer einen ganzen Nachmittag dauernden Veranstaltung im Puma Brand Center in Nürnberg die Marschroute für die nächsten fünf Jahre.

Da der Umschwung gelungen war, lautete das Ziel, »Puma dauerhaft als eine der drei Topmarken im Sportartikelmarkt zu etablieren und langfristig das begehrteste Sport-Lifestyle-Unternehmen zu werden«. Während das Unternehmen 2005 auf einen Umsatz von 1,8 Milliarden Euro zusteuerte, wurde bis 2010 angestrebt, die als möglich erachtete Summe von 3,5 Milliarden Euro nicht weit zu unterschreiten.

Zeitz legte rund 500 Millionen Euro für Investitionen und eventuelle Übernahmen zurück. Zu den interessantesten langfristigen Projekten zählte die Bildung von Joint Ventures mit Lizenznehmern in China und Taiwan sowie dem Inhaber einer Textillizenz in Japan, bei denen Puma als Haupteigentümer fungieren würde. Auch die Gründung einer Niederlassung in Indien war geplant. Da sich das Unternehmen bei seiner Neustrukturierung auf die USA und auf Europa konzentriert hatte, hinkte es in einigen Ländern, die in den kommenden Jahren den weltweiten Markt prägen würden, hinter seinen größten Konkurrenten hinterher.

Dem Großteil der Analysten und Journalisten, die sich im Puma Brand Center eingefunden hatten, war nicht bekannt, dass auch Vertreter der Mayfair Vermögensverwaltung anwesend waren. Die Familienholding war von Günter und Daniela Herz – zwei der fünf Kinder des Tchibo-Gründers Max Herz – aufgebaut worden. Günter war Anfang 20, als sein Vater 1965 starb. Als ältester Sohn der Familie führte er das Unternehmen weiter und setzte die Vision seines Vaters, die Kaffeehandelsgesellschaft in eine breit aufgestellte Einzelhandelsorganisation zu verwandeln, erfolgreich um.

Nachdem er 30 Jahre lang die Zügel in der Hand gehalten hatte, wurde er – wie es heißt, aufgrund von strategischen Differenzen – von einigen Mitgliedern der Familie bei Tchibo ins Abseits gestellt. Günter entschloss sich 2003, seine Anteile am Tchibo-Konzern inklusive der Aktien des zur Holding gehörenden Unternehmens Beiersdorf, der Dachmarke von Nivea und anderen Kosmetikprodukten, zu verkaufen. Günter und seine Schwester Daniela erhielten für ihren Anteil von 40 Prozent an der Familiengesellschaft geschätzte 4 Milliarden Euro. Sie gründeten anschließend die Mayfair Vermögensverwaltung und investierten in andere Vermögenswerte.

Einige Wochen bevor Zeitz seinen neuen Fünfjahresplan präsentierte, hatte die Mayfair Vermögensverwaltung damit begonnen, sich mit der Sportbranche zu beschäftigen. Sie zielte auf ein kleineres Unternehmen ab und überprüfte die Bewertungen der Marktführer. Mayfair fiel rasch auf, dass Puma deutlich unter Wert gehandelt wurde. Die Aktien erzielten schlechte Kurse, da einige Analysten Schwachstellen in Europa ausgemacht hatten. Das Management des

Sportartikelherstellers war jedoch überragend, und die von Zeitz vorgetragene Strategie klang solide. Die Stärke der Marke Puma wurde nicht in vollem Umfang in Kapital umgesetzt, da das Unternehmen in einigen bedeutenden internationalen Märkten mit Lizenzen operierte. Dieser positive Aspekt war von den europäischen Analysten nicht in voller Tragweite berücksichtigt worden. Mayfair kam deshalb zu dem Schluss, dass der Zeitpunkt, in Puma zu investieren, nun besonders günstig war.

Im Mai 2005 begann die Mayfair Vermögensverwaltung, im Freiverkehr gehandelte Puma-Aktien anzuhäufen. Als die Vertreter der Herz-Holding an das Management des Sportartikelanbieters herantraten, hielten sie bereits 16,9 Prozent der Anteile an dem Unternehmen, die zum Teil eine aufsichtrechtliche Genehmigung erforderten. Zeitz meldete die Situation ordnungsgemäß und nahm mit Mayfair Gespräche auf.

Als Zeitz in Nürnberg seine Marschroute verkündete, gehörten die Vertreter der Herz-Holding noch nicht dem Aufsichtsrat von Puma an. Sie hatten zur selben Zeit wie alle anderen Aktionäre von den neuen Plänen erfahren. Auch wenn sie angesichts der zusätzlichen Investitionen, die eine geringere Gewinnspanne implizierten, nicht hocherfreut waren, gefiel ihnen die Strategie, die Betriebe ehemaliger Lizenznehmer unter eigene Führung zu bringen und in den Ausbau des eigenen Einzelhandels zu investieren. Durch ihren schnellen Entschluss, weitere Aktien zu erwerben, erhöhte die Mayfair Vermögensverwaltung ihren Anteil auf über 25 Prozent und verfügte damit über eine Sperrminorität.

Anders als die Männer aus Hollywood gaben sich Günter Herz und Rainer Kutzner, die Mayfair im Aufsichtsrat von Puma vertraten, entschieden konservativ. Herz war dafür bekannt, kein mondänes Leben zu führen. Auch in den Sitzungen des Aufsichtsrats präsentierten sich die beiden Mayfair-Vertreter fokussiert und unermüdlich. Sie warfen viele Fragen auf, machten zahlreiche Vorschläge und sandten auch außerhalb der Versammlungen Kommentare an Puma, manchmal sogar direkt an das Büro des Vorstandsvorsitzenden.

Herz und Kutzner unterstützten Pumas Strategie weitgehend, drängten aber auf eine Erweiterung des Managements. Ihrer Ansicht nach lag die Führung des Unternehmens allein in den Händen von Zeitz und Martin Gänsler. Gänsler, langhaarig und mit einer Vorliebe für Harley Davidsons, war in den Achtzigerjahren als Vertriebsmitarbeiter bei Puma eingestiegen und hatte sich bis zur Chefetage hochgearbeitet. Nachdem die Atmosphäre dort immer angespannter und einfallsloser geworden war, hatte er das Unternehmen verlassen. Zeitz hatte Gänsler zurückgeholt und sich zunehmend in vielen Geschäftsbereichen auf ihn verlassen. Als stellvertretender Vorstandsvorsitzender fungierte Gänsler de facto als rechte Hand des Puma-Chefs.

Die Mayfair-Vertreter regten des Weiteren immer wieder eine Erweiterung von Pumas Zielgruppe an. Sie hielten es für klug, wenn das Unternehmen seinen Fokus von Teenagern, die ihr Taschengeld für T-Shirts ausgaben, auf erwachsene Kunden wie Golfspieler und Segelbegeisterte verlagern würde, da diese eher dazu bereit wären, in Polohemden zu investieren.

Der große Input von Mayfair sorgte bei Puma für Unbehagen. Herz' Status als hervorragender Geschäftsmann war unbestritten, und die Anregungen der Aktionäre betrafen Belange, die in den Folgejahren tatsächlich an Bedeutung gewinnen würden. Im Moment brannten die Puma-Chefs jedoch darauf, ihre Expansionspläne voranzutreiben – so, wie es ihre Konkurrenten am Stadtrand taten.

Kapitel 32

Der Showdown

Herbert Hainers Ernennung zum Vorstandsvorsitzenden von Adidas löste wenig Begeisterung aus. Die Nachfolge von Robert Louis-Dreyfus anzutreten war grundsätzlich keine leichte Aufgabe, und der unscheinbare Deutsche mit dem Schnurrbart, dem ein wenig hölzernen Auftreten und einem Akzent, der gut in eine britische Komödie gepasst hätte, schien dafür denkbar ungeeignet.

Unter all den Persönlichkeiten, die in den vergangenen Jahren zum Umfeld von Strasser und Louis-Dreyfus gehört hatten, wirkte Hainer ziemlich unspektakulär. Er war bodenständig und als Manager rigoros. Während seiner vierzehnjährigen Tätigkeit für Adidas hatte er seine Sporen vor allem durch seine Zielstrebigkeit verdient.

Diejenigen, die große Stücke auf Hainer hielten, hoben seinen Fleiß und seine offene Art hervor; beides wurzelte vermutlich in seiner Kindheit. Seine Eltern betrieben in Dornwang nahe Dingolfing eine Metzgerei, in der er regelmäßig aushalf. Er sah seinen Vater frühmorgens zum Markt aufbrechen und beobachtete, wie einige unverschämte Bauern ihren Schweinen reichlich Wasser zu trinken gaben, damit die Tiere auf der Waage mehr Gewicht erzielten. Seine Mutter führte das Ladengeschäft, wo Herbert Hainer, anders als seine beiden Brüder, gerne an der Kasse stand.

Im Leben der Familie Hainer spielte auch Fußball eine große Rolle. Herbert war in seiner Jugend Fan des TSV 1860 München, in dem sein jüngerer Bruder zehn Jahre lang als Profifußballer aktiv war. Der Vorstandsvorsitzende von Adidas selbst spielte auf regionaler Ebene. »Ich war Stürmer«, erzählte er, »und habe für meine Mannschaft viele Tore geschossen.« 1976 gelangte er mit dem FC Dingolfing an die Spitze der Landesliga, erkannte jedoch, dass er für eine weitere Karriere im Fußball nicht ausreichend Talent besaß.

Gegen Ende seines Studiums sammelte Hainer erste unternehmerische Erfahrungen. Ihm fiel auf, dass in München immer mehr »englische Pubs« aufmachten, und er beschloss, diesem Trend in seiner Heimatstadt zu folgen. Hainer lieh sich Geld von seinen Eltern und eröffnete mit einigen Kommilitonen in Dingolfing den »Gussofen«. Die Kneipe wurde sofort zum Hit. Hainer und seine Freunde beschlossen, aus dem Pub Kapital zu schlagen, und verkauften den »Gussofen« nach einem Jahr mit Gewinn.

Hainer wurde für Procter & Gamble in Frankfurt tätig und vertiefte beim Vertrieb der Produkte des Konzerns – von der Babywindelmarke Pampers über das Haarshampoo Head & Shoulders bis hin zu den Waschmitteln Dash und Ariel – seine Marketingkenntnisse. Während dieser Zeit konnte er, wie Zeitz bei Colgate, seine im Betriebswirtschaftsstudium gewonnenen Kenntnisse in der Praxis überprüfen. Nach der jahrelangen Zugehörigkeit zu diesem streng geführten und gut organisierten Unternehmen war er jedoch nicht darauf gefasst, was ihn bei seinem Vorstellungsgespräch bei Adidas erwarten würde.

Als er 1987 von dem Gespräch zurückkam, sagte er zu seiner Frau Angelika, nie im Leben werde er einer derart chaotischen, schlecht geleiteten Firma beitreten. Jedermann schien direkt Horst Dassler zu unterstehen, und keiner der Manager hatte auch nur die leiseste Ahnung, ob die eigenen Produkte Geld einbrachten oder nicht. Man konnte Hainer dazu bewegen, es sich doch noch einmal anders zu überlegen, aber das sollte er bald bereuen. Nur zwei Wochen, nachdem er im April 1987 bei Adidas angefangen hatte, starb Horst Dassler, und für die Firma begannen die schwierigsten Jahre ihrer Geschichte.

Hainer zeigte sich den ständigen Frustrationen jedoch gewachsen und machte bei Adidas Karriere. Als er die Leitung von Adidas Deutschland übernommen hatte, dem größten Zweigunternehmen des Konzerns, führte er sehr geschickt die längst überfällige Restrukturierung des Unternehmens durch. Im Gegensatz zu vielen seiner Kollegen schätzte er Rob Strasser und führte das Equipment-Sortiment in Deutschland trotz knapper Budgets mit großem Engagement ein. Sein Aufstieg setzte sich auch unter Robert Louis-Dreyfus fort, schließlich nahm Christian Tourres persönlich Hainer unter seine Fittiche und machte ihn zum Leiter eines neu geschaffenen europäischen Teams.

Nachdem Louis-Dreyfus beschlossen hatte, es ruhiger angehen zu lassen und Adidas zu verlassen, brachte Tourres Hainer weiter nach vorn. Nach einigen Monaten Vorbereitungszeit, in denen Louis-Dreyfus immer häufiger abwesend war, wurde Hainer im März 2001 zum Vorstandsvorsitzenden ernannt. Es war beinahe selbstverständlich, dass Erich Stamminger, der fast von Anfang an mit Hainer zusammengearbeitet hatte, ebenfalls in den Vorstand einziehen würde. Die beiden bildeten ein effizientes Team: Während Hainer die Weichen für die weltweite Expansion stellte, lag Stammingers Stärke im Marketing.

Die beiden bezogen im Hauptsitz von Adidas auf dem ehemaligen Kasernengelände Herzo Base ihre Büros in der Vorstandsetage. Das Unternehmen war inzwischen auf die andere Seite der Aurach gezogen, die kleineren Bürogebäude in der Innenstadt dienten nur noch dem deutschen Team. Puma hatte seinen Firmensitz an der Würzburger Straße erweitert, Zeitz beaufsichtigte jedoch gerade den Bau eines wesentlich größeren, umweltfreundlichen Komplexes nahe der Adidas World of Sports.

Hainer machte sofort klar, worum es ihm ging. Adidas war aufgebläht und selbstzufrieden geworden. Er würde zahlreiche überflüssige Führungspositionen streichen, stringentere Arbeitsabläufe einführen und das unkoordinierte Vorgehen, das unter Louis-Dreyfus vorgeherrscht hatte, nicht länger dulden.

Hainer konzentrierte sich einerseits darauf, eine stabilere Unternehmensstruktur aufzubauen, und richtete andererseits – wohl früher als die Konkurrenz – sein Augenmerk auf die globalen Märkte. Als er 2001 den Vorstandsvorsitz bei Adidas übernahm, erzielte Nike noch mehr als die Hälfte seines Umsatzes innerhalb der USA. Puma war weniger auf internationalen Märkten und oft mit Lizenzgeschäften aktiv. Hainer nutzte diese Situation in einer Zeit, in der sich die internationalen Märkte zum Weltmarkt zu vereinen begannen, zum Vorteil von Adidas aus.

Sein besonderes Interesse galt den USA, wo sich Adidas nie vollkommen vom Doppelschlag durch Nike und Reebok in den Achtzigerjahren erholt hatte. Zwar hatte Strasser mit seinem Team in Oregon die gesamte Marke neu aufgestellt, dem Unternehmen war es jedoch nicht gelungen, diese Veränderung in einen langfristigen Erfolg auf dem amerikanischen Markt zu verwandeln. Als Hainer die Führung von Adidas übernahm, belief sich der Marktanteil der drei Streifen in den USA auf etwa 12 Prozent. Der neue Vorstandsvorsitzende machte es zum vorrangigen Ziel, diesen Anteil innerhalb der nächsten drei Jahre auf 20 Prozent zu erhöhen.

Hainer unterstützte die Expansion auf dem chinesischen Markt, die in gewaltigem Ausmaß einsetzte. Die Adidas-Gruppe hatte ihre Aktivitäten in China in den Neunzigerjahren verstärkt, nachdem sie einen Lizenzvertrag mit der in Hongkong im Immobilienbereich und in der Sportbranche äußerst einflussreichen Familie Fok aufgelöst hatte. Als im White Swan Hotel in Guangzhou, das der Familie gehörte, das erste Ladengeschäft von Adidas auf chinesischem Boden eröffnet wurde, durschnitt João Havelange das Band. Louis-Dreyfus und Christian Tourres wurden zu ihrer eigenen Überraschung bei ihrer Ankunft in China wie Staatsoberhäupter empfangen – die Beziehungen zu hochrangigen Politikern, die Horst Dassler gepflegt hatte, wirkten noch nach. »Uns wurde die Zollkontrolle erspart, und vor dem Flughafen wartete ein Wagenkonvoi auf uns, der uns mit lauten Sirenen zu unserem Hotel in Peking eskortierte«, erinnerte sich Tourres.

Mit dem Aufbau der eigenen Marktaktivitäten der Adidas-Gruppe in China wurde die durchsetzungsfähige Französin Sandrine Zerbib betraut – zu einer Zeit, in der sich in diesem Land die Städte und das Kaufverhalten der Bevölkerung in atemberaubendem Tempo veränderten. »Es kam mir vor, als wäre ich in einem Film, der im schnellen Vorlauf gezeigt wird«, erzählte Zerbib. Da seinerzeit Textilhandelsunternehmen wie Zara und H&M in China noch nicht vertreten waren, setzten viele einheimische Kunden Sportbekleidung mit internationaler Mode gleich. Zerbib ging in der Zeit der »billigen und schmutzigen« Expansion Verbindungen mit Handelspartnern ein, die im ganzen Land Hunderte von Adidas-Geschäften eröffneten. Besucher aus Europa wurden von Zerbib in Städte geführt, von denen sie nie zuvor gehört hatten, und fanden dort oft an einer einzigen Einkaufsstraße ein Dutzend Adidas-Läden vor. Adidas erzielte mit seinen Aktivitäten in China aufgrund der Struktur des dortigen Markts eine außerordentlich hohe Gewinnspanne, durch die viele andere Investitionen finanziert wurden.

In Russland, wo die Wirtschaftslage unsicher, aber aussichtsreich erschien, machte Hainer einige mutige Schachzüge. Er beschloss, in

Hunderte von der Adidas-Gruppe selbst getragene und geführte Ladengeschäfte zu investieren, um sich so vor möglichen Konkurrenten einen jahrelangen Vorsprung zu sichern. Auch in Russland war der Umsatz phänomenal, da sich Adidas der vertikalen Verkaufsstrategie bediente und die doppelte Handelsspanne erzielte.

Ein weiterer Schritt, der auf die Adidas-Gruppe langfristige Auswirkungen haben sollte, war die Erfindung der Produktlinie, die später als »Originals« bezeichnet wurde. Die Manager hatten den Wiederaufschwung von Puma und die Einführung der »Lifestyle«-Produkte aufmerksam beobachtet. Einige befürchteten jedoch, dass der Enthusiasmus, mit dem diese Waren aufgenommen wurden, sich nicht von der Begeisterung für andere Modeerscheinungen unterschied – und solche Trends waren meist von kurzer Dauer. Adidas beabsichtigte, die Attraktivität der Marke durch eine Positionierung im Segment der Urban Wear zu steigern, ohne ihr Renommee im Sportsektor, der identitätsbestimmend bleiben und als permanente Einkommensquelle beibehalten werden sollte, zu schädigen.

Die Lösung hieß Originals. Die Retro-Style-Linie zog Inspiration aus Modellen wie Stan Smith und Superstar, die Kultstatus besaßen, und ließ das Trefoil-Logo wieder aufleben. 2005, fünf Jahre nach der Einführung, belief sich der mit Sport Heritage (was das Originals-Sortiment beinhaltete) erzielte Umsatz bereits auf 1,3 Milliarden Euro und damit auf 20 Prozent des gesamten Umsatzes von Adidas.

Gleichzeitig wurde im Segment der Sport Performance in Produktentwicklung und Marketing investiert. Adidas verstärkte seine Bemühungen um Marktanteile im Laufsport und im Basketball, die sich Nike zur Domäne gemacht hatte, und traf einige kluge Entscheidungen im Fußball – dem bevorzugten Betätigungsfeld des Unternehmens und seines Vorstandsvorsitzenden.

Zu den interessantesten Geschäften zählte der Erwerb von 10 Prozent der Anteile am FC Bayern München, dem Sportverein, der Adidas von Anfang an unterstützt hatte. Die Investition stärkte die Partnerschaft mit dem Klub, der unter den deutschen Fußballvereinen die größte internationale Bedeutung besaß. Herbert Hainer verhalf sie zu einem Platz in dem Aufsichtsrat, dem auch Franz Beckenbauer – der Spieler, den er in seinen Tagen als Kicker in Dingolfing am meisten bewundert hatte – angehörte, und zu der Möglichkeit, sich mit Uli Hoeneß anzufreunden.

Franz Beckenbauer, Adidas-Chef Herbert Hainer und Uli Hoeneß auf einer Pressekonferenz 2001. Hainer war angetreten, die Marke Adidas weiter nach vorne zu bringen – mit Erfolg.

Das mit David Beckham bestehende Vertragsverhältnis wurde in vollem Umfang ausgeschöpft, auch wenn die Adidas-Manager gelegentlich besondere Anstrengungen unternehmen mussten, um die Forderungen des Fußballers zu erfüllen. Vor der Weltmeisterschaft 2002 in Japan und Südkorea verlangte Beckham Schuhe, die mit den Landesflaggen der jeweiligen Gegner der englischen Nationalmannschaft verziert waren. Dieser Wunsch zog Überstunden für die Beschäftigten in der Produktionsstätte von Adidas in Scheinfeld, in der die Schuhe bestickt wurden, und einige eilige Kuriersendungen nach sich. Der Anfrage Beckhams nach einem Predator-Paar mit dem Schriftzug »Becks« auf der Lasche konnte nicht entsprochen werden, da Adidas eine gerichtliche Klage seitens der Brauerei befürchtete.

Thierry Weil, der Adidas-Mitarbeiter, der mit dem Spieler nach dessen Wechsel von Manchester nach Madrid am meisten zu tun hatte, saß oft mit den Beckhams am Küchentisch, um die neuesten Designs zu besprechen. Er war wenig erstaunt, als Beckham um eine

Hose aus lila Velours mit drei strassbesetzten Streifen bat. »Ich konnte ja nicht ahnen, dass er sie bei einem Empfang bei der Königin von England tragen wollte«, erzählte Weil.

Nach der schweren Herzens aufgekündigten Zusammenarbeit mit Leagas Delaney erzielte Adidas mit der Markenkampagne »Impossible is Nothing« erneut einen großen Erfolg. Die Spots porträtierten unter anderem den Aufstieg des aus dem Marseiller Problemviertel La Castellane stammenden Zinédine Zidane zum Starfußballer bei Real Madrid. Sie zeigten David Beckhams fantastischen Schuss von der Mittellinie ins Tor im Stadion Selhurst Park und erzählten von dem Aufstieg der griechischen Fußballnationalmannschaft, die 2004 völlig überraschend Europameister wurde, nachdem sie nie zuvor einen internationalen Titel geholt hatte.

Die Fortschritte, die Herbert Hainer für Adidas erzielte, ließen sich sicher nicht durch einen solch hochgesteckten Slogan beschreiben. Doch der zurückhaltende Deutsche lieferte immer wieder Erfolge. Das Unternehmen arbeitete strukturierter, der Umsatz stieg kontinuierlich, und die Aktien verzeichneten einen Kursanstieg. Als die Ergebnisse allmählich für sich sprachen, rasierte Hainer seinen Schnurrbart ab und löste sich vollends aus dem Schatten von Louis-Dreyfus. Die defensive Haltung der Anfangszeit wich einem festen Händedruck, einem selbstbewussten Lachen und folgender Philosophie: »Die besten Manager sind nicht die, die viele Ideen haben. Es sind die, die ein oder zwei Ideen kompromisslos in die Tat umsetzen.«

Zu den wenigen Problemen, die Hainer noch Kummer bereiteten, zählte die Position der Marke auf dem amerikanischen Markt. Trotz Führungswechsel und erhöhter Investitionen war Adidas in den USA nicht mehr als ein kleiner Störfaktor für Nike geblieben. Von dem anvisierten Ausbau des Marktanteils war das Unternehmen weit entfernt, es hatte sogar noch weiteren Boden an den Konkurrenten verloren. Adidas' Vorstandsvorsitzender war deshalb umso empfänglicher für Paul Firemans Klagen.

Während sich die Athleten auf die Wettkämpfe unter der brütenden griechischen Sonne vorbereiteten, standen Dutzende Gäste Schlange, um ihre Eintrittspässe für die Olympischen Spiele von 2004 abzuholen. In dem Getümmel, das vor der Eröffnung der Spiele herrschte, trafen kleine Funktionäre auf ihrem Weg zum Stadion auf Unternehmenschefs, die Millionen in das Sportereignis investiert hatten. Dazu gehörten zwei der einflussreichsten Firmenleiter der Branche: der Vorstandsvorsitzende von Adidas Herbert Hainer und Paul Fireman, der Mann hinter Reebok.

Die beiden Männer hielten für ein freundliches Händeschütteln inne. In dieser eng verwobenen Branche ließ es sich nicht vermeiden, dass sie ab und zu gemeinsam Geschäfte machten, und Hainer und Fireman kamen gut miteinander aus. Sie vereinbarten sogar, sich später zum Kaffee auf Firemans Jacht Solemates zu treffen, die in Piräus, dem Hafen von Athen, vor Anker lag.

Seit seinem Höhepunkt in den späten Achtzigerjahren hatte es Reebok geschafft, als drittstärkste internationale Marke wahrgenommen zu werden. Immer wieder griff man Nike im Basketballsektor an, indem man Stars wie Allen Iverson unter Vertrag nahm, und durch Deals mit Rappern wie Jay Z und 50 Cent wurden jugendliche Städter an die Marke gebunden. Trotzdem hatte Reebok viel von seinem ursprünglichen Elan verloren, und die riesigen Erwartungen, die im vorigen Jahrzehnt mit dem Freestyle geweckt wurden, konnten nie erfüllt werden.

Nachdem das Unternehmen an die Börse gegangen und Fireman 1987 von den Aktionären zum Rücktritt aufgefordert worden war, hatte das Management zu bröckeln begonnen. Elf Jahre und einige Veränderungen im Management später mangelte es Reebok so sehr an Führung, dass Fireman um Hilfe gebeten wurde. Der musste seinen wieder eingenommenen Posten in den darauffolgenden Jahren jedoch wiederholt wegen Herzoperationen verlassen und fasste bei Reebok nie wieder richtig Fuß. »Als die Firma wieder in meinen Händen lag, wusste ich nicht, wie ich sie zusammenflicken sollte«, gab Fireman zu.

Reebok behauptete sich in den USA, indem Paul Fireman eine Reihe von erstklassigen Lizenzverträgen abschloss – zuerst mit der National Football League (NFL), der amerikanischen Profiliga im American Football, die ihre Rechte zwischen Nike, Adidas und Puma aufgeteilt hatte. Im Jahr 2000 trat die Liga an alle wichtigen Partner heran, um bessere Vertragsbedingungen auszuhandeln. »Nike gebärdete sich abscheulich«, wurde Fireman angeblich berichtet. Das Unternehmen verlangte, dass sein Firmenlogo, der Swoosh, überall auf dem Spielfeld – vom Rasen bis zu den Torstangen – zu sehen sein sollte. Laut Fireman schäumten einige Teambesitzer vor Wut.

Beim Vorstandsvorsitzenden von Reebok fanden sie wenig Trost. Fireman konfrontierte sie unumwunden mit der problematischen Handhabung des Lizenzgeschäfts seitens der NFL, die zahllose kleinere Unternehmen eingebunden hatte. »Ihr solltet euch schämen«, schimpfte er. »Ihr habt Leute dazu gebracht, Dinge zu tun, die sie nicht tun sollten, damit ihr selbst ein Stück vom Kuchen abbekommt. Hier verdient keiner Geld. Auf dem Platz macht ihr eine gute Figur, aber jenseits des Spielfelds funktioniert die Marke überhaupt nicht! Wenn ihr Gästen, die in eure Loge kommen, um ein Spiel zu sehen, Produkte schenkt, schämt ihr euch wahrscheinlich innerlich dafür.«

Vielleicht waren die NFL-Manager tatsächlich peinlich berührt, denn sie schlossen im Dezember 2000 mit Paul Fireman einen Ausrüstervertrag mit einer Laufzeit von zehn Jahren ab, der garantierte, dass alle Mannschaften der Liga in Reebok-Trikots aufliefen. Der Sportartikelhersteller seinerseits investierte über 250 Millionen Dollar, um am Lizenzumsatz der NFL von 3 Milliarden Dollar teilzuhaben.

Bei David Stern von der National Basketball Association (NBA) wandte Fireman dieselbe rücksichtslose Taktik an. Als Stern dem Reebok-Chef mitteilte, dass er kurz davorstand, einen Exklusivvertrag mit Nike zu unterzeichnen, entgegnete dieser scharf: »Willst du dich zur Geisel machen? Du weißt, dass sie alle nach ihrer Pfeife tanzen lassen. Ihre eigene Marke ist ihnen wichtiger als deine. Wenn dir das recht ist, unterzeichne den Vertrag. Wenn du es anders haben möchtest, sprich noch einmal mit mir.« Im August hatte Reebok für 200 Millionen Dollar einen Vertrag mit zehn Jahren Laufzeit in der Tasche, der das Unternehmen zum Ausstatter aller NBA-Mannschaften machte.

Reebok führte auch um die besten Spieler der NBA wie Allen Iverson und Yao Ming einen harten Kampf gegen Nike. Ming half der Marke, in China Fuß zu fassen. Nachdem der Spieler von den chinesischen Behörden die Erlaubnis erhalten hatte, das Land zu verlassen, und 2002 von den Houston Rockets in die Mannschaft berufen worden war, brach ein irrwitziger Sponsorenwettbewerb um ihn aus. Yao hatte bereits einiges über das amerikanische Sportgeschäft gelernt: »Wenn die Nike-Leute vorbeischauen, ziehe ich Reebok-Klamotten an. Wenn Reebok zur Tür hereinkommt, trage ich Sachen von Nike«, erzählte er lachend. Als Yao Ming die Lust verloren hatte, »Bäumchen wechsle dich« zu spielen, unterzeichnete er einen Vertrag mit Reebok, der zusammen mit dem daraus resultierenden Wachstum der Marke auf dem chinesischen Markt und weiteren Erträgen bis zu 100 Millionen Dollar wert sein konnte.

Im Lauf der Jahre beunruhigte der Einfluss von Nike auf den amerikanischen Markt Fireman jedoch immer mehr. Seine Bedenken wurden durch die Auseinandersetzung, die FootLocker mit Nike aufgrund der restriktiven Handelsbedingungen des Sportartikelherstellers führte, verstärkt. Da FootLocker letztendlich eingestehen musste, auf Nike angewiesen zu sein, hatte die Marke den Markt noch fester im Griff. »Mir wurde klar, dass Adidas und Reebok für sich alleine niemals einen ausreichend großen Marktanteil gewinnen konnten, um es ernsthaft mit Nike aufnehmen zu können«, sagte er. »Ich sah als einzigen Weg zum Erfolg, die beiden Marken, die am anderen Ende der Gleichung standen, zusammenzubringen.«

Auf seiner Jacht vor Athen stimmte Paul Fireman nach ein wenig Small Talk mit Herbert Hainer erneut das Klagelied über Nike an. »Vielleicht könnten wir ja ein paar Dinge zusammen machen?«, wagte er sich schließlich vor. Bei einem weiteren Treffen im Oktober 2004 im schicken Hauptsitz von Reebok in Canton nahe Boston erfuhr der Vorstandsvorsitzende von Adidas zu seinem größten Erstaunen, dass Fireman bereit war, sein Unternehmen unter das Dach von Adidas einzugliedern. »Paul sah ein, dass er in diesem Fall die Kontrolle an uns abtreten müsste«, erinnert sich Herbert Hainer. »Er stimmte zu, kürzer zu treten, immerhin war er 60 und hatte sich bereits fünf Bypassoperationen unterzogen.«

Im August 2005 schließlich waren beide so weit, der Öffentlichkeit mitzuteilen, dass Adidas ein Übernahmeangebot an Reebok über 3,8 Milliarden Dollar abgegeben hätte. Paul Fireman und seine Frau Phillys, die immer noch etwa 17 Prozent des Unternehmens besaßen, standen kurz davor, um rund 650 Millionen Dollar reicher zu werden.

Die Idee hinter dem Riesen-Deal war, Adidas und Reebok wie gehabt weitestgehend unabhängig voneinander zu führen, gleichzeitig jedoch die sich ergänzenden Aspekte zweier Marken so gut es ging auszunutzen. Adidas sollte seinen Ruf als Marke mit Mannschaftsgeist weiter pflegen, während Reebok mit außergewöhnlicheren, individuelleren Stars aufwarten sollte.

Mit gebündelten Kräften sollte das US-Geschäft von Adidas wieder nach vorne gebracht werden. Reeboks wohl größter Trumpf war der langfristige und allumfassende Vertrag mit der NBA, der kurzerhand an Adidas überschrieben wurde. Auf der anderen Seite konnte Reebok von Adidas' Marktmacht in Europa und Asien profitieren, wo die amerikanische Marke bis dato deutlich weniger wahrgenommen wurde.

Am vielleicht grundlegendsten wirkte sich der Deal aber auf den Sportmarkt im Allgemeinen aus, da er Adidas und Reebok Nike direkt gegenüberstellte. In der ganzen Konsolidierungswelle, die nach einigen Jahren nur noch eine Handvoll mittelgroßer Sportartikelmarken in Familienbesitz übrig ließ, war diese Übernahme der spektakulärste Schachzug. Viele andere wurden ein kleiner Teil von milliardenschweren Konglomeraten mit mehreren Marken – so, wie es Horst Dassler drei Jahrzehnte zuvor vorhergesagt hatte.

Betrachtet man allein die führenden Marken, so brachte Adidas der Kauf von Reebok so nah an den Giganten aus Oregon heran wie lange nicht mehr. Der scheinbar unerreichbaren Marke Nike mit seinen circa 13 Milliarden Dollar Umsatz standen nun etwa 10 Milliarden Dollar Umsatz bei Adidas und Reebok gegenüber, die sich in 2005 aus annähernd 7 Milliarden für Adidas und 3,2 Milliarden für Reebok zusammensetzten. Der Deal verschob die Fronten für die kommenden Auseinandersetzungen der Sportartikeltitanen, die sich für einen großen Showdown rüsteten – auf deutschen Fußballplätzen.

Als Zinédine Zidane im Adidas-Outfit schüchtern die Bühne im voll besetzten Messezentrum Nürnberg betrat, brach tosender Applaus aus. Tausende Mitarbeiter des Unternehmens klatschten, bis sich das gesamte Publikum von den Sitzen erhoben hatte. Adidas hatte einen Bustransfer vor Herzogenaurach organisiert, um sicherzustellen, dass alle an der Eröffnungsveranstaltung dieses besonderen Marketingevents im März 2005 teilnehmen konnten. Die komplette Belegschaft sollte in die extravaganten Pläne, die Adidas für die 2006 in Deutschland stattfindende Fußballweltmeisterschaft hatte, eingebunden werden.

Die Veranstaltung versammelte genug Fußballspieler, um ein All-Star-Team zu bilden: von Zinédine Zidane über Michael Ballack bis Arjen Robben. Sepp Blatter, der Präsident der FIFA, die Adidas weiterhin als exklusiven Sponsor hielt, war ebenfalls anwesend. Und nicht weit von ihm entfernt saß Franz Beckenbauer, der Präsident des Organisationskomitees der WM.

Der anstehenden Weltmeisterschaft maßen viele bei Adidas einen einzigartigen Stellenwert zu. Da das Turnier in Deutschland stattfinden würde, hielt das Unternehmen alle Trümpfe in der Hand. Die Weltmeisterschaft bot die äußerst wichtige Gelegenheit, zu beweisen, dass der Fußball trotz der Vorstöße von Nike immer noch die Domäne von Adidas war.

Die Protagonisten hatten ihre Vorbereitungen bereits einige Jahre im Voraus begonnen. Über die vergangenen Jahrzehnte wurden die Investitionen kontinuierlich gesteigert, aber das stand in keinem Verhältnis zum nun anstehenden Sturm auf die Fußballweltmeisterschaft 2006. Allein Adidas hatte einen geschätzten Marketingetat von rund 200 Millionen Dollar.

Das Spektakel begann bereits viele Monate, bevor der »Teamgeist«-Ball über die Fußballfelder in Deutschland rollte. Neben vielen anderen Werbegags baute Adidas ein komplettes Stadion auf dem Rasen gegenüber des Deutschen Bundestags nach. Dieser Bau fasste 12 000 Zuschauer, und noch viel mehr zog er mit seinen gigantischen Leinwänden an, auf denen die Spiele aus dem nahe gelegenen Olympiastadion und den andern Spielorten übertragen wurden. Riesige Plakatwände mit den beliebtesten »Adidas-Spielern« sprossen überall auf der Welt aus dem Erdboden. Als die WM-Eröffnungsfeier immer näher rückte, erreichte der Marketingwettstreit auch die Fernsehbildschirme.

Puma hatte sich in den vorangegangenen Jahren auf den Fußballfeldern durch Kooperationen mit mehreren afrikanischen Mannschaften hervorgetan. Das Unternehmen erregte besonderes Aufsehen, als Filip Trulsson, sein Manager für Fußballmarketing, in dem umfangreichen Regelwerk für internationale Wettbewerbe auf eine Besonderheit stieß: In dem ganzen Wälzer wurde mit keiner Silbe erwähnt, wie lang die Ärmel eines Fußballtrikots zu sein hatten. Im Januar 2002 sorgte die Kameruner Nationalmannschaft in ihren eng anliegenden, ärmellosen Puma-Trikots für Furore.

Im Vorfeld der Fußballweltmeisterschaft 2006 hatte Puma in einem abgesperrten Bereich der U-Bahn-Station am Potsdamer Platz in Berlin sein eigenes Marketingmeeting für die WM organisiert – ein

Ort, der genau das gewünschte Image städtischer Coolness ausstrahlte. Hunderten von Gästen stockte während der obligatorischen Modeschau der Atem, als ein dunkelhäutiger Mann mittleren Alters auf den Laufsteg stolzierte und unter seinem breiten Grinsen ein brasiliengrünes Puma-Shirt zur Schau trug. Der Mann sah glücklich aus, weil er hinter einem schönen Model hereinkommen durfte. Das Publikum war jedenfalls verzückt, als es König Pelé erkannte.

Als das Fußballspektakel schließlich in die letzten Runden ging, konnten sich die Deutschen im Großen und Ganzen als die eigentlichen Sieger der Weltmeisterschaft bezeichnen. Die deutsche Öffentlichkeit wurde für ihr freundschaftliches Verhalten gegenüber ihren Gästen und die positive Unterstützung ihrer Mannschaft mit Lob überhäuft. Einige Spiele glichen einer einzigen Adidas-Werbeshow mit drei Streifen in jeder Kameraeinstellung. Und nicht zuletzt stellte die Finalpaarung sicher, dass jedes Kleidungsstück, das an diesem Abend auf dem Rasen getragen wurde, ein deutsches Firmenlogo trug.

Am Ende war es Puma, das in der Finalnacht den Sieg im ausverkauften Berliner Olympiastadion für sich beanspruchen sollte. Pumas vergleichsweise geringe Investitionen wurden großzügig belohnt, als die jubelnden Italiener mit dem Pokal freudetrunken über das Spielfeld hüpften. Innerhalb weniger Minuten wurde per Telefon die Schaltung von Anzeigen in europäischen Zeitungen bestätigt: »Es ist geschafft. Gli Azzuri: Weltmeister, Glückwunsch. Puma.«

Für die drei Streifen war die Weltmeisterschaft trotz der Niederlage der Franzosen erfolgreich. Adidas gab bekannt, dass während des deutschen Fußballfestes drei Millionen Trikots und fünfzehn Millionen »Teamgeist«-Bälle verkauft wurden. Die Weltmeisterschaft stellte aber auch für die Position von Nike auf dem Fußballmarkt einen Wendepunkt dar. Die Amerikaner verkündeten stolz, dass der von ihnen durch den Verkauf von Fußballprodukten erzielte Umsatz bei 1,5 Milliarden Dollar lag. Als das Unternehmen 1994 den großen Fußballmarkt gerade erst für sich entdeckt hatte, hatte es noch bei 40 Millionen gestanden.

Vergleichbar mit den Erfahrungen, die Puma vor einigen Jahrzehnten gemacht hatte, hatte die Entscheidung einiger Adidas-Partner, ihre Forderungen nach oben zu schrauben, ihren Anlass vermutlich in der wachsenden Konkurrenz von Nike im Fußballsegment. Wenige Wochen nach der Weltmeisterschaft wurde Adidas von Spielern der deutschen Nationalmannschaft wegen des mit dem Deutschen Fußball-Bund bestehenden Exklusivvertrags kritisiert. Deutschland zählte damals noch zu den wenigen Ländern, in denen Fußballer das Logo ihres Sponsors sowohl auf ihrem Trikot als auch auf ihren Schuhen tragen mussten. Eine Delegation deutscher Spieler argumentierte nun, dass diese Regelung ein Gesundheitsrisiko barg, da sie in ihren Vereinen Schuhe anderer Marken trugen und der Wechsel zum Teil Schmerzen verursache. Zu diesen Spielern zählten Miroslav Klose und Jens Lehmann, die beide mit Nike Verträge abgeschlossen hatten.

Aufgrund dieses Protests wurde die zwischen Adidas und dem Deutschen Fußball-Bund bestehende Partnerschaft komplett überdacht. Das Unternehmen gab den Forderungen der Spieler nach und willigte ein, die Schuhe von der Liste der von der Nationalmannschaft zu tragenden Adidas-Produkte zu streichen. Im Gegenzug wurde dem Ausrüster eine Verlängerung des Vertrags, der 2010 auslaufen würde, zugesagt. Diese grundsätzliche Vereinbarung garantierte Adidas eine Vertragslaufzeit bis 2014 – so glaubte Herbert Hainer zumindest.

Einige Monate später berichteten die Medien von einem verlockenden Angebot, das Nike dem DFB unterbreitete: Statt der 11 Millionen Euro, die Adidas im Rahmen des Ausrüstervertrags jährlich an den Fußball-Bund zahlte, waren die Amerikaner bereit, pro Jahr rund 50 Millionen zu investieren. Der DFB gab daraufhin bekannt, ein Rechtsgutachten eingeholt zu haben, das die Legitimität eines Rücktritts von der mit Adidas geschlossenen Vereinbarung bestätigte. Falls der DFB nur die Absicht verfolgte, Adidas mehr Geld zu entlocken, hatte er in diesem Fall eine sehr harte und, da sie öffentlich gemacht wurde, auch außergewöhnliche Taktik gewählt.

Die Affäre löste in Deutschland einen Sturm der Entrüstung aus, schließlich war Adidas seit mehr als 50 Jahren Ausstatter der deutschen Nationalmannschaft. Der DFB griff jedoch zu einer gerissenen Taktik und ließ in einer Umfrage ermitteln, was die Öffentlichkeit von einem möglichen Wechsel zu Nike hielt. Es zeigte sich, dass die Mehrheit ein solches Vorhaben grundsätzlich nicht unterstützte, ihre Meinung aber änderte, wenn der Abschluss eines besseren Vertrags bedeutete, dass mehr Geld für Investitionen in kleinere Vereine und den Bau neuer Fußballplätze zur Verfügung stand.

Hainer ließ all das nicht einfach so durchgehen. Das von Adidas eingeholte Rechtsgutachten besagte, dass der Vertrag mit dem DFB gemäß der ursprünglichen Vereinbarung bis 2014 verlängert werden musste. Ein drei Mann starkes Schiedsgericht war erforderlich, um die beiden Parteien zu einer Einigung zu bringen. Das Schiedsgericht entschied, dass der Vertrag rechtmäßig verlängert worden war. Adidas setzte eine Vertragsverlängerung sogar bis 2018 durch, allerdings bei höheren jährlichen Zahlungen von 25 Millionen Euro und weiteren Leistungen an den DFB. Die Auseinandersetzung machte deutlich, dass Adidas sich bei seinem Ziel, auf den Spielfeldern präsent zu bleiben, nicht auf seit Jahrzehnten treue Geschäftspartner verlassen konnte.

Kapitel 33

Auf dem Laufsteg

Am Osterwochenende im April 2007 liefen vier französische Geschäftsführer hektisch auf den Fluren der Niederlassung von Goldman Sachs in Paris auf und ab. Die Deadline, die sie sich selbst gesetzt hatten, lief in wenigen Stunden ab.

Wenn sie ihr Ziel erreichen würden, würde Puma in einem Atemzug mit Gucci und Balenciaga genannt werden. Die Manager hatten jedoch in den vergangenen Monaten mit so vielen Widerständen und Unwägbarkeiten zu kämpfen gehabt, dass sie an jenem Abend auf so gut wie jedes Ergebnis vorbereitet waren.

François-Henri Pinault, der Geschäftsführer von Pinault-Printemps-Redoute (PPR), hatte sich mit aller Kraft für die geplante Übernahme eingesetzt. Er war überzeugt davon, dass Puma – mit einer neuen Identität als Sport-Lifestyle-Marke – perfekt zu den Luxusfirmen passen würde, die sein Vater François Pinault in den letzten Jahren zusammengeführt hatte.

Der Gedanke an eine Übernahme war 2004 gekeimt, als PPR nach einem neuen Vorstandsvorsitzenden für die Gucci-Gruppe Ausschau hielt. Zu den Führungskräften, mit denen damals Gespräche geführt wurden, zählte auch Puma-Chef Jochen Zeitz. Zeitz entschied sich, noch eine Weile bei Puma zu bleiben, verstand sich jedoch auf Anhieb gut mit Pinault. Die beiden erfahrenen, scharfsinnigen Manager, jeder Anfang 40, denen das Interesse an einflussreichen Marken gemein war, blieben in Kontakt.

Im September 2006 beschloss Pinault, Puma genauer unter die Lupe zu nehmen, und bat seine Freunde bei Goldman Sachs um eine Analyse des Unternehmens. Jean-François Palus, damals Finanzvorstand von PPR, war als einziger Vertreter der Chefetage von Anfang an in den Plan involviert. Einige Wochen später wurden auch Grégoire Amigues, der vor Kurzem von PPR als Leiter des Bereichs Strategie angeworben worden war, und Sumit Khosla, zuständig für Mergers & Acquisitions, mit einbezogen.

Die vier Männer entwickelten rasch eine Strategie. Sie beabsichtigten, zunächst den von den Mitgliedern der Herz-Familie gehaltenen Anteil von 25,1 Prozent und die mit der Sperrminoriät verbundenen Stimmrechte zu erwerben und dann zu versuchen, sich die Aktienmehrheit bei Puma zu sichern. Der entscheidende Aspekt bei diesem Plan war, PPR von Anfang an in die Position zu bringen, die Aufsicht über Puma zu führen. In anderen Worten: PPR zielte auf die von der Herz-Holding gehaltenen Aktien und drei Plätze inklusive des Vorsitzes im Aufsichtsrat vom Puma ab. Diese Plätze konnte man aber nur erlangen, wenn die Herz-Holding in den Handel einwilligte.

Deshalb legten die vier Geschäftsführer folgende Vorgehensweise fest: Die Umsetzung des Übernahmeversuchs setzte voraus, dass sowohl der Erwerb der Herz-Aktien als auch die Bewilligung der Sitze im Aufsichtsrat vor Mittwoch, dem 11. April, für den Puma die nächste Jahresversammlung der Anteilseigner anberaumt hatte, unter Dach und Fach sein mussten. Nur so würden drei Vertreter von PPR sofort in den Aufsichtsrat berufen werden können. Sollte es nicht gelingen, eine dieser beiden Voraussetzungen zu erfüllen, würde das gesamte Vorhaben abgeblasen werden.

Fest auf diese Strategie eingeschworen, versuchten die PPR-Geschäftsführer zusammen mit ihren Banken und ihren Anwälten, mit Günter und Daniela Herz Gespräche aufzunehmen. Die Tchibo-Erben hatten den Großteil ihrer Aktien im Mai 2005 erworben, als diese zum Kurs von 180 Euro gehandelt wurden. Nicht einmal zwei Jahre später – als PPR sich dafür interessierte – bewegte sich der an der Börse notierte Preis um die 290 Euro. Es war also anzunehmen, dass die Herz-Geschwister angesichts dieser Rendite einem Verkauf nicht ablehnend gegenüberstehen würden.

Zeitz unterstützte das Vorhaben bereitwillig. Er hatte sich den Mayfair-Vertretern gegenüber stets korrekt verhalten, legte jedoch größeren Wert auf eine Unterstützung durch Anteilseigner aus einem weltweit operierenden Unternehmen, das über exzellente Marktkenntnisse im Mode- und Schuhbereich verfügte. Herz war ohne Zweifel ein hervorragender Geschäftsmann, doch seine Versuche der direkten Einflussnahme stießen bei einigen Puma-Managern auf wenig Gegenliebe.

Als Zeitz Mayfair ein Treffen mit einem nicht näher benannten, an den Aktien interessierten Geschäftspartner vorschlug, gehörten die Vertreter der Holding noch nicht einmal zwei Jahre dem Aufsichtsrat an. An einen Verkauf hatten sie noch nicht gedacht. Auf Zeitz' Empfehlung hin stimmten sie jedoch einem Meeting in Hamburg zu.

Das gemeinsame Essen und das Eröffnungsgespräch verliefen gut, insgesamt erwiesen sich die Verhandlungen mit den deutschen Investoren jedoch als nervenaufreibend. Günter und Daniela Herz überließen die Gesprächsführung Rainer Kutzner, dem geschäftsführenden Direktor der Mayfair Vermögensverwaltung. Günter Herz war im Fortlauf der Verhandlungen anscheinend oft ganze Tage oder Wochenenden nicht verfügbar. Er verbrachte seine Wochenenden gerne auf dem Gestüt Lasbek in der Nähe von Hamburg.

Als bis zur selbst gesetzten Deadline, dem 11. April, nur noch wenige Tage übrig waren, wurden die PPR-Manager hartnäckiger. Sie machten Mayfair deutlich, dass sie ihr Angebot komplett zurückziehen würden, wenn nicht innerhalb der nächsten Stunden eine grundsätzliche Vereinbarung getroffen würde.

Die rigorose Vorgehensweise zahlte sich aus. Am Mittwoch, dem 4. April, erhielten die Franzosen die Zusage, dass Günter und Daniela Herz den Verkauf befürworteten. Die PPR-Manager nahmen sofort mit ihren Banken Kontakt auf und räumten diesen zwei Tage ein, um ein Angebot auszuarbeiten. Leider waren sie jedoch nicht die Einzigen, die erfuhren, dass nun endlich ein Geschäftsabschluss bevorstand: Das *Wall Street Journal* verbreitete die Neuigkeit in seiner Donnerstagsausgabe.

In den nächsten Stunden wuchs die Anspannung, da der Kurs der Puma-Aktien um 10 Prozent stieg. Der am Donnerstag, dem 5. April, an der Börse notierte Preis von 314 Euro war für PPR denkbar unattraktiv. Puma gab in einer spätabends eilig herausgegebenen Pressemitteilung bekannt, dass es seine 1,27 Millionen vom Unternehmen selbst gehaltenen Aktien einzog. Dadurch erhöhte sich der Preis der übrigen Aktien, und der Anteil der Herz-Holding an Puma stieg von 25,1 auf 27,1 Prozent.

Da der deutsche Börsenmarkt am darauffolgenden Karfreitag geschlossen war, wurden weitere Spekulationen glücklicherweise verhindert. Jean-François Pinault und die anderen drei in die Transaktion involvierten PPR-Manager erlebten am Samstag und Sonntag dennoch hektische Momente, da sich die Herz-Familie offensichtlich in ein Landhaus zurückgezogen hatte und an dem Wochenende nicht erreichbar war. Bis zur alles entscheidenden Jahresversammlung der Puma-Aktionäre blieb nunmehr weniger als eine Woche Zeit.

Die erlösende Nachricht traf am Sonntagabend ein: Kutzner teilte den Franzosen mit, dass die Herz-Familie grundsätzlich bereit war, die Puma-Aktien zum Preis von 330 Euro zu verkaufen. Ebenso wichtig war die Zusage, dass sich die Mayfair-Vertreter aus dem Aufsichtsrat zurückziehen und bei der Aktionärsversammlung für die Repräsentanten von PPR stimmen würden.

Die PPR-Manager konnten sich nun ernsthaft an die Arbeit machen, um das komplizierte Vertragswerk vor der Jahresversammlung am Mittwoch auszuarbeiten. Den Großteil der Nacht zum Montag verbrachten sie in der Pariser Niederlassung von Goldman Sachs. Am Montag wurden sie durch ihren erhöhten Adrenalinspiegel wach gehalten, während Anwälte die letzten Details mit der Herz-Familie verhandelten. Erst am Dienstag gegen drei Uhr morgens spuckte das Faxgerät bei Goldman Sachs die endgültige Vereinbarung aus.

Nun, da die Unterschriften schwarz auf weiß vorlagen, blieben den PPR-Geschäftsführern noch drei Stunden Schlaf, bevor sich die Neuigkeit in der Finanzwelt verbreitete. Das Unternehmen bestätigte, 27,1 Prozent der Anteile an Puma zum Preis von 330 Euro pro Aktie erworben zu haben. PPR bewertete den Sportartikelhersteller mit 5,3 Milliarden Euro und bot den restlichen Aktionären an, ihre Anteilsscheine ebenfalls zum Preis von je 330 Euro zu kaufen. Während François-Henri Pinault und Jean-François Palus in Frankreich blieben, um der dortigen Finanzwelt das Übernahmegeschäft zu erläutern, flogen Grégoire Amigues und Sumit Khosla nach Nürnberg, um sich auf die entscheidende Aktionärsversammlung vorzubereiten.

Amigues hatte in der Schule zwar ein wenig Deutsch gelernt, fühlte sich aber dennoch ziemlich verloren, als er das Puma Brand Center in Nürnberg betrat. Es war beschlossen worden, dass Pinault der Versammlung fernblieb, da die deutschen Aktionäre seine Anwesenheit möglicherweise als Arroganz auslegen würden. Amigues sah sich von Scharen von Kleinaktionären umringt, die ihre Puma-Anteile zum Teil schon seit deren Emission im Jahr 1986 hielten. Sie hatten seither gewaltige Höhen und Tiefen erlebt – von der Begeisterung angesichts der Triumphe von Boris Becker über den katastrophalen Beinahe-Bankrott bis zum Aufschwung der letzten Jahre – und waren nicht gewillt, sich aus einer Laune heraus von ihren Puma-Anteilen zu trennen.

Die anfänglichen Reaktionen waren zurückhaltend. Da einige Aktionäre davon ausgingen, dass PPR ein besseres Angebot nachreichen würde, lag der Börsenkurs der Puma-Aktien inzwischen über dem Preis, den die Franzosen am Dienstag genannt hatten. Als Amigues unerkannt von den Aktionären seinen Platz im Puma Brand Center einnahm, stecken ihm die von PPR angeheuerten deutschen Anwälte einen Zettel zu: Angesichts der errechneten Anzahl der teilnehmenden Aktionäre und der von ihnen gehaltenen Aktien gaben die 27,1 Prozent, die PPR gehörten, dem französischen Unternehmen an diesem Morgen keine Stimmenmehrheit.

Amigues spürte, wie sich seine Kehle zuschnürte. Während er sich bemühte, keine Miene zu verziehen, wurde ihm bewusst, dass all die Anstrengungen der letzten Wochen auf einen Schlag zunichtegemacht würden, wenn eine Mehrheit von Aktionären gegen den Einzug der PPR-Vertreter in den Aufsichtsrat stimmte. Er überlegte einige Sekunden lang, ob er seine Kollegen informieren sollte, entschied sich dann aber, diese Sorge für sich zu behalten.

Der Franzose ließ ruhig die lange Ansprache über sich ergehen, in der Zeitz erneut die Jahresergebnisse und das von PPR unterbreitete Angebot erläuterte. Pumas Vorstandsvorsitzender wich am Ende seiner Rede von seinem Manuskript ab und sprach allen, die ihn in den härtesten Jahren unterstützt hatten, seinen Dank aus. Er richtete einige nette Worte an Katharina Wojaczek, Pumas Betriebsratsvorsitzende und Mitglied des Aufsichtsrats, die hinter Zeitz gestanden hatte, als dieser ein Drittel der Belegschaft entließ. Zeitz dankte auch dem Aufsichtsratsvorsitzenden Werner Hofer und erzählte, dass er sich noch gut an dessen verblüfften Gesichtsausdruck erinnerte, als er sich ihm als Vorstandsvorsitzender vorstellte.

Anschließend erhielten die Aktionäre das Wort und äußerten sofort ihre Bedenken. Einer der Kleinaktionäre beschwerte sich, dass der für die Aktien gebotene Preis allein für PPR, nicht aber für Puma interessant wäre. Ein anderer sagte deutlich, dass er seine Aktien nicht zum gebotenen Preis und nicht zu einem Gegenwert von unter 400 Euro veräußern würde.

Als schließlich die Wahl der Mitglieder des Aufsichtsrats stattfand, hielt Amigues den Atem an. Für PPR ergab sich die glückliche Situation, dass einigen der an diesem Morgen in Herzogenaurach anwesenden Vertretern von Anteilseignern das Mandat erteilt worden war, der vom Vorstand vertretenen Linie zu folgen und sich im Fall von kurzfristigen Änderungen, zu denen der Vorstand keine Stellungnahme mehr abgeben konnte, der Stimme zu enthalten. Da die in letzter Minute eingereichten Veränderungen im Aufsichtsrat in diese Kategorie fielen, wurden sie nach Auszählung der Stimmen von einer großen Mehrheit getragen.

Amigues rannte auf den Flur hinaus und teilte dem Finanzvorstand Jean-François Palus am Telefon begeistert mit, dass PPR auch die zweite Schlacht im Kampf um die Übernahme gewonnen hatte: Das Unternehmen würde mit drei Mitgliedern und mit François-Henri Pinault als Vorsitzendem im Aufsichtsrat vertreten sein. Die vier Franzosen trafen sich an jenem Abend in einer Brauereiwirtschaft in Nürnberg. Wurst und Bier entsprachen zwar nicht den exklusiven Speisen, die sie in ihren Lieblingsrestaurants in Paris genossen, trotzdem kosteten die Manager das siegreiche Ende ihrer Bemühungen um Puma in vollen Zügen aus.

Die Pressekonferenz, die am nächsten Tag im Puma Brand Center abgehalten wurde, war kaum mehr als eine Formalität. Pinault und Zeitz wirkten äußerst entspannt, als sie ihre Plätze einnahmen, um ein weiteres Mal die Vorteile der Übernahme zu erläutern. Die beiden lachten wie alte Freunde, als Zeitz dem Franzosen als Geschenk für seine mexikanische Gattin ein Paar aus Stachelrochenhaut gefertigte Puma-Schuhe aushändigte.

Für Zeitz stellte die jüngste Entwicklung die Krönung seiner außergewöhnlichen Erfolgsgeschichte dar. Als er sich 1993 den skeptischen Banken des Unternehmens vorgestellt hatte, hatte kaum einer noch an Puma geglaubt. 14 Jahre später war Puma 5,3 Milliarden Euro wert. Während einige vorzeitig den Untergang der Marke angekündigt hatten, hatte nun ein Luxuskonzern brennendes Interesse daran. Zeitz ließ sich ausnahmsweise zu ein wenig Eigenlob verleiten: »Vielleicht habe ich meine Sache doch gar nicht so schlecht gemacht.«

In den nächsten Tagen wurde auf die PPR-Manager erneut Druck ausgeübt, den Preis der Aktien zu erhöhen. François-Henri Pinault betonte jedoch, dass das Angebot endgültig und unveränderbar war. Da dies die erste Übernahme war, die unter seiner Ägide vollzogen wurde, nachdem er den Vorsitz von seinem Vater übernommen hatte, wollte er – abgesehen von den konkret auf Puma bezogenen Überlegungen – einen Präzedenzfall für künftige Akquisitionen schaffen.

Nach Ablauf der Angebotsfrist am 20. Juni hielt PPR einen Anteil von lediglich 33,2 Prozent – kaum mehr, als der Erwerb der von der Herz-Familie gehaltenen Aktien eingebracht hatte. Doch als sie merkten, dass PPR unbeirrbar blieb, veräußerten weitere Anteilseigner ihre Aktienpakete während der erweiterten Angebotsfrist. Als nach dem 11. Juli die Aktien ausgezählt waren, hatte PPR einen Anteil von 62,1 Prozent an Puma erlangt. Nun hatten die Banken Anlass, ein gebührendes Abschlussdinner zu veranstalten. Es sollte einen bitteren Nachgeschmack hinterlassen.

Beide Parteien bezeichneten es als »historischen Handschlag«. Am 21. September 2009 begruben Adidas und Puma ihre seit Langem bestehende Rivalität und ließen ihre Vorstandsvorsitzenden und andere Mitarbeiter in einem Fußballspiel antreten. Die am Weltfriedenstag angesetzte Veranstaltung diente als Unterstützung der Friedensinitiative »Peace One Day«. Nach dem Spiel würden sich die Angestellten gemeinsam den von dem britischen Regisseur Jeremy Gilley, der die Initiative ins Leben gerufen hatte, gedrehten Film *The Day After Peace* (»Der Tag nach dem Frieden«) ansehen.

Die Veranstaltung könnte man als Firmenwerbung anlässlich eines guten Zwecks verstehen. Nachdem sich seit über zwei Jahrzehnten keines der beiden Unternehmen mehr im Besitz der Dassler-Familie befand, hatte die Feindseligkeit zwischen Adidas und Puma ihren persönlichen Charakter weitestgehend verloren. In Herzogenaurach war dieser Handschlag für viele dennoch ein bedeutendes Ereignis – schließlich standen erstmals seit dem Zerwürfnis der Dassler-Brüder die Chefs der beiden Unternehmen vor den Augen der Öffentlichkeit gemeinsam auf einem Fußballplatz.

Jochen Zeitz und Herbert Hainer betraten den Rasen in schwarzen Trikots, die sowohl die Wildkatze als auch die drei Streifen zeigten. Da Hainer früher auf regionaler Ebene als Spieler aktiv gewesen war, würde er aller Wahrscheinlichkeit nach seinen Puma-Rivalen auf dem Platz in den Schatten stellen. Doch darum ging es nicht.

Zeitz und Hainer wurden demselben Team zugelost und spielten mit Journalisten, Angestellten ihrer beiden Unternehmen und prominenten Fußballern zusammen.

Puma zählte damals zu den ersten Firmen, die kontinuierlich in Nachhaltigkeit investierten und dies zur Unternehmens- und Markenphilosophie machten. Diese Investitionen waren Teil einer Vision, die dabei half, die Marke von anderen abzuheben. Puma verfolgte einen umfassend auf unternehmerische Gesellschaftsverantwortung ausgelegten Ansatz, der unter anderem Engagements in den Bereichen Umweltschutz und Kunst und Kultur sowie die Unterstützung von Friedensinitiativen einschloss.

Zeitz selbst engagierte sich stark auf einigen dieser Gebiete. Während er weiterhin straff das Unternehmen führte, sprach er immer häufiger über sein Interesse an Philosophie, Naturschutz und Afrika. Reporter des Magazins *Stern*, die mit Zeitz ein Wochenende auf dessen riesiger Farm in Kenia verbracht hatten, berichteten davon, wie der Manager begeistert grasende Tiere beobachtete und mit Waisen sprach. Das Freundschaftsspiel mit Adidas war Teil von Pumas Engagement für den Frieden.

Als die beiden Manager gut gelaunt das Spielfeld betraten, standen sie jedoch unter größerem Druck als in den vorangegangenen Jahren. Die weltweite Finanzkrise führte bei beiden Unternehmen zu Umsatzeinbußen. Für Puma war die Situation besonders beunruhigend. Nach einer bemerkenswerten Erfolgsstrecke, in der jedes Jahr ein Anstieg des Umsatzes zu verzeichnen war, näherte sich das Unternehmen nun dem Wachstumsstillstand an.

Drei Jahre nachdem die Marschroute ausgegeben worden war, in 2010 den Umsatz auf 3,5 Milliarden Euro zu steigern, war Puma kaum vorangekommen. Auch wenn man leicht die Wirtschaftslage dafür verantwortlich machen konnte, räumte die Führungsetage eigene Probleme ein. Eine Firma umzustrukturieren und einer fast schon tot geglaubten Marke neues Leben einzuhauchen war eine Sache; auf der nächsthöheren Ebene zu agieren, sprich ein weltweit operierendes Unternehmen zu führen und für kontinuierliches Wachstum zu sorgen, erforderte wesentlich mehr.

Jean-François Palus, der bei PPR die leitende Funktion bekleidete, die am unmittelbarsten mit den Belangen von Puma beschäftigt war, erkannte dieses Problem bereits kurz nach der Übernahme. Er gelangte zu der Ansicht, dass die Jahresabschlüsse des Unternehmens durch die aus einigen wenigen Verkaufsschlagern erzielten Gewinne positiver wirkten, als sie eigentlich waren. Der Franzose stieß auf einige strukturelle Schwächen wie die wenig innovative Produktpalette und die holprige Organisation, die vermutlich erst nach Jahren behoben sein würden. »Als wir Puma übernahmen, hatten wir nicht erwartet, ein Unternehmen vorzufinden, das auf die Zukunft nicht vorbereitet war«, gab er zu. Die Probleme lagen zum Teil darin begründet, dass die Unternehmensstruktur in den vergangenen Jahren durch den Aufkauf von Lizenzunternehmen und Joint Ventures, deren Logistik nicht optimiert worden war und deren Systeme häufig nicht miteinander korrespondierten, neu zusammengewürfelt worden war.

Auch als es Puma noch gut ging, befürchteten einige Manager, dass die getätigten Investitionen nicht ausreichen würden, um sich im globalen Wettbewerb zu behaupten. Die französischen Anteilseigner unterstützten Maßnahmen zur Festigung der Struktur des Unternehmens und zur Erschließung von vielversprechenden Märkten wie Indien oder China. Diese Investitionen würden sich jedoch erst nach Jahren auszahlen, und schon jetzt wurden Einzelhändler nervös, wenn Bestellformulare von Puma bei ihnen eintrafen. Die coole Katze schien an Anziehungskraft zu verlieren.

Die immer hartnäckiger werdenden Anfragen hatten fast immer den gleichen Inhalt: »Welchen neuen Trend werdet ihr setzen?«, erkundigten sich Pumas größte Handelspartner. Die Schuhe, die dem Unternehmen zum Aufschwung verholfen hatten, galten nicht länger als »Must-haves«, und Puma hatte keinen Ersatz parat.

Da die Einzelhändler, vor allem die auf Markenschuhe spezialisierten Ketten wie FootLocker und JD, in den vergangenen Jahren von Pumas Wachstum profitiert hatten, verliehen sie ihrer Aufforderung großen Nachdruck: Puma musste dringend mit neuen Produkten aufwarten, um sich weitere Bestellungen und Umsatzerlöse zu sichern.

Bei Adidas hatte man schon lange auf diese Entwicklung gewartet. Dort war man sich sicher, mit dem richtigen Timing und ein bisschen Spürsinn für ein bis zwei Jahre einen Trend setzen zu können. Pumas Fähigkeit, sich über so lange Zeit im Rampenlicht zu halten, war jahrelang bewundert worden. Nun aber schien endlich der nahezu unvermeidliche Abschwung einzusetzen.

Der starke Absatzrückgang bei Schuhmodellen, die vom Motorsport inspiriert worden waren, war das alarmierendste Signal für den Verlust an Popularität. Wegen der geringen Investitionen, die sich in hohem Maße auszahlten, waren diese Schuhe für Puma äußerst profitabel gewesen.

In den Neunzigerjahren hatte Zeitz die Formel 1 als Bühne für Puma entdeckt. In den Boxengassen zeigte keiner der Konkurrenten des Unternehmens erkennbare Präsenz, und einige Rennfahrer besaßen den von Puma gewünschten Glamour. Zeitz ging mit Sparco, einem italienischen Hersteller von feuerfesten Schuhen und anderer Ausrüstung für den Motorsport, eine Geschäftsverbindung ein und entwickelte eine Produktlinie im Formel-1-Look.

Über diese Geschäftsbeziehung entstand der Kontakt zu Bruno Vaglienti, einem der wenigen Männer im Wanderzirkus der Formel 1, der die Türen zu fast allen Rennställen öffnen konnte. Der redselige Italiener war seit vielen Jahren an den Rennstrecken unterwegs und kannte sie alle: die Fahrer, ihre Manager, ihre Physiotherapeuten und sogar ihre Eltern. Angesichts dieser engen Verbundenheit konnten die Formel-1-Teams fast nicht anders tun, als die von ihm angebotenen Schuhe zu tragen.

Der Erfolg dieses ersten Schachzugs der Kooperation mit Sparco ließ weitere Investitionen in das Formel-1-Geschäft gerechtfertigt erscheinen. Puma handelte mit Jordan Grand Prix einen Vertrag aus, der die Ausstattung der Mechaniker mit T-Shirts, Jacken und Schuhen beinhaltete. Vaglienti hielt diese Geschäftsebene für zu niedrig: »Das ist, als würde man bei einem Rockkonzert die Parkwächter einkleiden«, witzelte er. Puma begann deshalb, Rennanzüge zu fertigen und um die wahren Trophäen zu konkurrieren: die Fahrer.

Zu den ersten prominenten Puma-Partnern zählte Michael Schumacher. Das Ferrari-Team hatte damals einen anderen Ausrüster, aber der Rennfahrer stimmte einem Lizenzvertrag zu, der es Puma erlaubte, eine Kollektion unter seinem Namen herauszubringen.

Die Verbindung zur Formel 1 war vor allem deshalb interessant, weil sie Puma einerseits Aufträge für die Herstellung von lizenzierten Produkten für die Teams einbrachte und das Unternehmen andererseits das in dieser Branche gewonnene Renommee dazu nutzen konnte, eine an der Formel 1 orientierte Reihe von Turnschuhen auf den Markt zu bringen. Das erfolgreichste Modell SpeedCat wurde vor allem von Frauen gerne getragen. Es wurde zu einem Dauerbrenner, den konkurrierende Marken nicht nachahmen konnten.

Die Anfragen der Händler waren deshalb umso beunruhigender. Während die Nachfrage an lizenzierten Ferrari-Produkten gleich blieb, war für das gesamte Segment von durch die Formel 1 inspirierten Sneakers auf dem europäischen Markt, der für Puma am wichtigsten war, ein dramatischer Rückgang zu verzeichnen. »Der Absatz ging rasend schnell zurück«, erklärte ein Manager des Unternehmens. »Unser Schuh war auf dem Markt fast schon nicht mehr vorhanden.«

Pumas Führungsetage war nicht untätig gewesen und hatte sich nicht auf einen stabilen Absatz verlassen. Ein Berater des Unternehmens hatte das Problem früh erkannt: Seine Ehefrau, die stolze sieben Paar SpeedCats besaß, wollte nur dann wieder Schuhe von Puma kaufen, wenn das Unternehmen ein ebenso spannendes neues Modell auf den Markt brachte. Der Sportartikelhersteller musste einen neuen Trend setzen. Um die Marke in den folgenden Jahren in Schwung zu halten, musste man einen neuen Aspekt ausfindig machen, der sie von anderen abhob und sich konsequent auf Produkt, Marketing und Vertrieb anwenden ließ.

Zu den anvisierten Geschäftsfeldern zählte der Segelsport. Basis für diese Ausrichtung war folgende Argumentation: Wie einige Jahre zuvor die Formel 1 hatte bisher keiner der Konkurrenten diesen Bereich für Marketingzwecke für sich entdeckt. Wie der Rennsport wurde Segeln nur von wenigen ausgeübt, war aber beliebt. Über den Wassersport würde Puma Zugang zum Outdoor-Markt finden, der damals boomte.

Im Oktober 2008 nahm Puma mit dem Segelboot Il Mostro an der Regatta Volvo Ocean Race teil. Das wie ein »fliegender Schuh« gestaltete Schiff wurde in Boston zu Wasser gelassen, nachdem die Schauspielerin Selma Hayek, Pinaults Gattin, seine Taufe vollzogen hatte. Als problematisch stellte sich heraus, dass der Segelsport weitaus weniger einflussreich war als die Formel 1 und sich die Marke nur mit einem wesentlich höheren Kostenaufwand in diesem Segment etablieren konnte. Die getätigten Investitionen würden sich, wenn überhaupt, erst nach mehreren Jahren auszahlen.

Für die neuen französischen Eigner des Unternehmens war der relative Stillstand schwer zu verdauen. Sie hatten in Erwartung weiteren Wachstums den ihrer Ansicht nach vollen Preis für Puma gezahlt und sahen sich nach drei Jahren mit stagnierenden Umsätzen und einem niedrigeren Gewinn konfrontiert.

François-Henri Pinault setzte eine ungerührte Miene auf, als er im Oktober 2010 mit einer Schar von PPR-Managern nach Deutschland flog, um in Pumas neuem Hauptsitz an einer für die Investoren abgehaltenen Veranstaltung teilzunehmen. Das Unternehmen hatte seine Büros in der Rudolf-Dassler-Straße zwar nicht aufgegeben, war inzwischen jedoch in einen wesentlich größeren Komplex umgezogen, zu dem auch das Puma Brand Center und ein integriertes Ladengeschäft gehörten. Auf riesigen Bildschirmen waren ausgewählte Sportler zu sehen, die mit Puma in Verbindung standen. Pumas Hauptsitz befand sich nun wieder in Gehweite zur Adidas-Zentrale.

Auf der Veranstaltung gab das Unternehmen vor zahlreich versammelten Analysten unumwunden zu, dass der 2005 vorgelegte Wachstumsplan gescheitert war. Der nun ausgegebene Aktionsplan »Back on the Attack« strebte mithilfe von Überinvestitionen in China und in den USA bis 2015 einen Umsatz von 4 Milliarden Euro an.

Dieses Ziel musste ohne Jochen Zeitz erreicht werden. In den vergangenen Monaten war einigen bereits aufgefallen, dass sich der Vorstandsvorsitzende nicht mehr mit der gewohnten Intensität der Unternehmensführung widmete. Einige Tage vor der Veranstaltung war schließlich bekannt geworden, dass Zeitz den Posten als Vorstandsvorsitzender aufgab. Er verblieb in der Position als Vorsitzender des 2010 ins Leben gerufenen Verwaltungsrats bei Puma und übernahm bei PPR die Leitung der Sport- und Lifestyle-Abteilung. Als Chief Sustainability Officer würde er dort außerdem für Nachhaltigkeit verantwortlich sein.

Zeitz wirkte an diesem Tag äußerst entspannt, wenn nicht sogar erleichtert. Er sprach offen von den Problemen, vor die sich Puma bei der Umsetzung seiner Wachstumspläne gestellt sah, und von den Investitionen, die sich langsamer als erwartet auszahlten. Zeitz gab zu, dass die Marke an Attraktivität verloren hatte und nicht mehr die spannende Mischung aus Sport und Lifestyle verkörperte. Das schlankere und stärker am Weltmarkt orientierte Unternehmen, zu dem Puma umgestaltet werden sollte, wurde dem Publikum auf der Veranstaltung von anderen Managern vorgestellt.

Die auf dieses Ziel ausgerichtete Marketingkampagne beinhaltete konventionelle und digitale Werbung. Spots stellten coole Bars und andere Plätze vor, an denen die zukünftigen Puma-Kunden relaxen konnten.

Die Kampagne stand im Einklang mit der Neudefinition der Markenidentität durch das Grundkonzept »Freude«. Puma sollte gesehen werden als »DJ, als die Marke, die in fröhlicher Weise in einem Mix Einflüsse aus Sport und Lifestyle mit dem Wunsch vereint, dazu beizutragen, dass die Welt besser wird«. Diese Ausrichtung passte gut zu den jamaikanischen Leichtathleten rund um Usain Bolt, der zu einem der bekannteren von Puma gesponserten Sportler geworden war.

Puma war auf Bolt aufmerksam geworden, als dieser im Teenageralter auf dem besten Weg war, beachtliche Erfolge zu erzielen. Pascal Rolling, der bei Puma für das Sportmarketing im Bereich Leichtathletik verantwortlich war, ließ Zeitz eine Empfehlung und ein Video zukommen. Es dauerte nicht lange, bis der Vorstandsvorsitzende sein Okay gab: Bolts Haltung, die Art, wie er sich bewegte und wie er sprach, machte den Puma-Managern sofort klar, dass der junge Sportler in ihr Konzept passte. Wenn er als Leichtathlet erfolgreich bleiben würde, würde er sich für Puma als äußerst wertvoll erweisen.

Außerhalb des Trainings verhielt sich Bolt wie viele andere Teenager. Er liebte Musik und Videospiele und bat Rolling, der damals in Boston lebte, bei seinen Besuchen in Jamaika die neuesten Games mitzubringen. Dieser gelegentliche Nachschub zahlte sich in den nächsten Jahren um ein Vielfaches aus, als Bolt seinen Teil der Geschäftsvereinbarung voll und ganz erfüllte.

Er erzielte nicht nur Rekorde und gewann Medaillen, sondern entwickelte sich auch zum vollendeten Entertainer und zum enthusiastischen Botschafter für die Marke. Neben dem spektakulären Schauspiel, das er auf der Tartanbahn bot, wurden auch seine Auftritte vor und nach den Sprints zur Show: Bolt stolzierte durch die Stadien und präsentierte den Kameras seine Spikes. Und wenn Puma einen DJ benötigte, der bei einem Fußballevent für Stimmung sorgte, stellte sich Bolt nur allzu gern zur Verfügung.

Obwohl auf der für die Investoren abgehaltenen Veranstaltung die Vorträge von schicken Videopräsentationen begleitet wurden, waren viele in dem voll besetzten Raum weitaus weniger beeindruckt, als es sich die Puma-Manager erhofft hatten. Es waren viele Ziele formuliert worden, doch man hatte nur wenige Maßnahmen zum Erreichen dieser Ziele vorgestellt. Außerdem war nicht bekannt, wer den Fünfjahresplan umsetzen sollte. Am beunruhigendsten aber war, dass von einem neuen Trendprodukt Pumas überhaupt nichts zu sehen gewesen war.

Im Puma-Hauptsitz wuchs die Frustration, und die Atmosphäre wurde zunehmend vergifteter, als man anfing, Schuldzuweisungen gegeneinander zu erheben. Der Produktentwicklung wurde mangelnder Einfallsreichtum vorgeworfen und die Marketingabteilung beschuldigt, die Begeisterung für die Marke nicht wieder zu entfachen.

Franz Koch war der Mann, der mit dieser zunehmenden Unzufriedenheit zu kämpfen hatte. Der ehemalige Berater und Hockeyspieler war gerade 32 Jahre alt geworden, als er im Juli 2011 unerwartet den Posten als Vorstandsvorsitzender übertragen bekam. Er hatte noch nie eine Firma, geschweige denn ein weltweit operierendes Unternehmen geleitet, doch er hatte Zeitz und andere in der Planungsphase der »Back on the Attack«-Kampagne beeindruckt. Ein exzellenter Stratege, der nicht durch die Mühlen der Firmenpolitik gegangen war, war vielleicht am besten dazu geeignet, bei Puma für frischen Wind zu sorgen.

Koch hatte sich selbst nicht um den Posten bemüht. Er war von Zeitz gebeten worden, nach Paris zu reisen, um mit den französischen Anteilseignern zu sprechen. Auch der dem Verwaltungsrat angehörende Schwede Thore Ohlsson, der vor fast zwei Jahrzehnten in Zeitz den Mann erkannt hatte, der Puma zum Aufschwung verhelfen konnte, trug diese Entscheidung mit. Der Vorschlag passte zur Strategie der Franzosen, auf Risiko zu setzen und talentierte junge Persönlichkeiten in Führungspositionen zu bringen. Koch war völlig überrascht, dass die Wahl auf ihn gefallen war. Der junge Mann mit dem schütteren Haar und der starken Brille hätte den Posten vielleicht abgelehnt, wenn nicht Zeitz als Vorsitzender des Verwaltungsrats im Unternehmen verbleiben wäre.

Zeitz' Gegenwart erwies sich schnell als sowohl hilfreich als auch hinderlich. Einerseits half er Koch dabei, die globaler werdenden Geschäftstätigkeiten des Unternehmens zu steuern. Andererseits machte die starke Präsenz des charismatischen früheren Vorstandsvorsitzenden es Koch schwerer, seine eigene Einschätzung der problematischen Situation von Puma zu artikulieren.

Der junge Mann stellte eine relativ simple Diagnose: Die Marke hatte an Stellenwert verloren, weil sie sich zu sehr vom Leistungssport entfernt hatte. Das von Zeitz vertretene Sport-Lifestyle-Konzept bedeutete, dass es zwischen »Sport« und »Lifestyle« keine klare Trennung gab. Zeitz selbst war in den vergangenen Jahren zu dem Schluss gelangt, dass Puma wieder verstärkt in den Leistungssport investieren müsse. Da das Sport-Lifestyle-Konzept Puma jedoch seine erfolgreichsten Jahre beschert hatte, widerstrebte es vielen, sich davon zu trennen.

Problematisch war auch, dass sich die Personalstruktur der Geschäftsführung verändert hatte. Nachdem Martin Gänsler aus dem Vorstand ausgeschieden war, wurde die Führungsebene erweitert. Melody Harris-Jensbach wechselte von Esprit zu Puma und war als stellvertretende Hauptgeschäftsführerin für den Produktbereich zuständig. Ihr beruflicher Werdegang hatte in den Bereichen Bekleidung und Mode gelegen. Die Tätigkeit von Stefano Caroti, der sich bei Nike seine Sporen verdient hatte und für den Verkauf zuständig gewesen war, war stärker auf das Sportsegment bezogen.

Koch entschied sich, den Schwierigkeiten durch eine radikale Umstrukturierung zu begegnen. Statt der bisherigen Unterscheidung in Bekleidung und Schuhe wurden die Geschäftsbereiche einzelnen Sportsegmenten zugeordnet, wodurch eine klare Trennung zwischen Sport und Lifestyle entstand. »Wir haben eine Grenze gezogen«, erklärte Koch. Außerdem erteilte er die Anweisung, im Leistungssportbereich stärker in Produktechnologien zu investieren.

Diese Maßnahmen waren zweifellos sinnvoll, doch es sollte Jahre dauern, bis sich Kochs Anweisung auf den Markt auswirkte. In der Zwischenzeit schien Puma in Europa in eine Abwärtsspirale zu geraten. Die ausbleibende Loyalität der Mode-Kunden zeitigte schmerzhafte Folgen, und Puma konnte diese Flaute nicht durch eine Umsatzsteigerung im Sportsegment ausgleichen.

Koch hatte keine andere Wahl, als rasch Maßnahmen zur Kostenreduzierung zu ergreifen. Durch den weitreichenden Stellenabbau und die Schließung von Ladengeschäften wurde die vorherrschende Unzufriedenheit verstärkt. Viele hatten sich daran gewöhnt, dass Puma stets auf der Sonnenseite stand, und waren überrascht, als sich das Blatt wendete. Puma hatte mehrere Jahre lang als die coole Marke gegolten, die von Brad Pitt und Usain Bolt getragen wurde.

Nun ging es plötzlich nur noch darum, dass sie an Schwung verlor und die flinke Wildkatze eine Bauchlandung hinlegte.

Die französischen Anteilseigner verloren angesichts der von Koch vorgenommenen Kürzungen offensichtlich die Nerven. Durch die getätigten Maßnahmen wurde die Gewinnspanne negativ beeinflusst, und den Franzosen saßen ihre eigenen Aktionäre im Nacken, die darauf warteten, dass sich die Investition in Puma endlich auszahlte.

Jochen Zeitz hatte bereits Abstand genommen. Nachdem er Koch an die Spitze gebracht hatte, hatte sich bei ihm schnell Enttäuschung eingestellt. Zeitz legte im November 2012 seinen Posten als Vorsitzender des Verwaltungsrats nieder und trat damit nach über 20 Jahren offiziell aus dem Unternehmen aus. Wenige Wochen später wurde bekannt gegeben, dass Koch im März 2013, nachdem er weniger als zwei Jahre als Vorstandsvorsitzender fungiert hatte, Puma ebenfalls verlassen würde.

Zwar war Koch auf Empfehlung von Zeitz zum Vorstandsvorsitzenden ernannt worden, doch die Franzosen drängten offensichtlich auf einen Neuanfang. Da einige Manager hinausgedrängt wurden und andere nicht willens waren, die harten Zeiten durchzustehen, begann sich Pumas Unternehmensführung mit rasanter Geschwindigkeit aufzulösen. Antonio Bertone, der ehemalige Ladengehilfe, den Zeitz zum Marketingchef gemacht hatte, war einer von vier leitenden Angestellten, die Puma vor Ablauf des Jahres verließen.

Für Koch war sein Ausscheiden bei Puma trotz seiner nur kurzen Zeit an der Spitze des Unternehmens bitter. Die in den vorangegangenen Jahren versäumte Investitionstätigkeit im Produktbereich lag nicht in seiner Verantwortung, und man hatte ihm für die Umsetzung seiner Maßnahmen nicht genug Zeit gelassen. Bei dem letzten Konferenzgespräch, das er als Vorstandsvorsitzender führte, konnte er bei einer Antwort auf eine Frage seine Enttäuschung kaum verbergen. Er beschrieb die Entscheidung als »Foul«.

Mit Jean-François Palus wurde nun ein leidenschaftlicher Rugby-Fan nach Herzogenaurach entsandt. Der breitschultrige Mann, der gerne Tacheles sprach, war Pinaults rechte Hand geworden. Palus hatte zu den PPR-Managern gehört, die die Übernahme von Puma eingeleitet hatten, und war deshalb von Anfang an mit dem Unternehmen vertraut. Er hatte von Zeitz den Posten als Vorsitzender des

Verwaltungsrats übernommen und wurde nun damit betraut, Puma wieder ins Spiel zu bringen.

Kapitel 34

Turnschuhkriege

Als Günter »Jimmy« Weigl und Claus-Peter Mayer im Januar 2014 am Flughafen von Manchester ankamen, machten sie sich auf harte Verhandlungen gefasst. Entsandt von der Adidas-Gruppe, sollten sie mit den Managern von Manchester United Gespräche aufnehmen.

Der englische Klub hatte entscheidend dazu beigetragen, Nike in Europa als anerkannte Fußballmarke zu etablieren. Der Vertrag mit Nike lief jedoch aus, und die Manager des Vereins hatten Gesprächsbereitschaft signalisiert.

Weigl und Mayer waren an der Neuausrichtung von Adidas' Fußballgeschäft, die in den letzten Jahren vollzogen worden war, aktiv beteiligt gewesen. Jimmy Weigl hatte in den Neunzigerjahren die Fußballabteilung des Unternehmens geleitet. Nachdem er anschließend andere Führungspositionen bekleidet hatte, war er nun als Leiter des Bereichs Globales Sportmarketing zurückgekehrt. Claus-Peter Mayer war bei Adidas für die direkten Geschäftskontakte mit Spielervermittlern und den Managern von Fußballvereinen verantwortlich. Der Vizepräsident der Abteilung Globales Sportmanagement Fußball ging in den größten Stadien Europas in den Logen der Geschäftsleute ein und aus. Sein Büro im Adidas-Firmengebäude »Laces« in Herzogenaurach war mit Trikots dekoriert, und in seinem Handy hatte er die Telefonnummern der einflussreichsten Geldmacher der Branche gespeichert.

Die Konkurrenz zwischen Adidas und Nike im Fußballsegment hatte im Marketing höhere Einsätze nach sich gezogen. Durch den Zustrom internationaler Investoren und die unaufhaltsame Globalisierung hatte das europäische Fußballgeschäft ebenfalls eine ganz neue Dimension gewonnen.

Manchester United war ein typisches Beispiel für diese Entwicklung. Sehr zum Missfallen einiger Anhänger des Vereins hatte 2005 die US-amerikanische Glazer-Familie die Mehrheit der Aktien an sich gerissen. Der Klub war ein börsennotiertes Unternehmen, das 2012, ein Jahr bevor die Gespräche mit Adidas aufgenommen wurden, einen Umsatz von mehr als 320 Millionen Pfund verzeichnete und Hunderte Millionen Fans hatte. Die Mannschaft reiste regelmäßig umher, um für den Klub zu werben.

Das bedeutete auch, dass die Manager von Manchester United perfekte Geschäftsleute geworden waren. Sie betrachteten die Sportartikelhersteller inzwischen als Partner, die entscheidenden Einfluss auf das Budget, das Renommee und die aus dem Merchandising erzielten Umsätze ihrer Vereine haben konnten. Gegen Ende der Vertragslaufzeit mit Nike hatten die ManU-Manager sechs Monate lang exklusive Gespräche mit dem amerikanischen Unternehmen geführt. Da nach Ablauf der Verhandlungsfrist keine Einigung erzielt worden war, konnten sie nun Adidas offen umwerben.

Nachdem sie in Manchester gelandet waren, hatten Weigl und Mayer nur kurze Zeit festen Boden unter den Füßen – sie wurden sofort in einen Hubschrauber verfrachtet, der auf einem Feld neben dem Fußballplatz, auf dem die Spitzenmannschaft gerade trainierte, landete. Anschließend führte man sie in einen Besprechungsraum, in dem ihre Gastgeber mit einer sorgfältig ausgearbeiteten Präsentation die Vorteile einer potenziellen Geschäftsbeziehung erläuterten. Auf ihnen eigens ausgehändigten Tablets konnten die Adidas-Manager sogar genau ersehen, wie sich Manchester United eine Partnerschaft vorstellte. Alex Ferguson war zwar gerade als Trainer zurückgetreten, trug aber zur Veranstaltung bei und tauschte bei dem zweistündigen Abendessen Anekdoten mit den Adidas-Managern aus.

Einige Wochen später war die Adidas-Gruppe an der Reihe, ihre potenziellen Geschäftspartner zu beeindrucken. Man führte Gespräche mit Ed Woodward, dem stellvertretenden Manager von Manchester United, und Richard Arnold, dem Group Managing Director des Vereins. Adidas wartete gegenüber seinen Gästen ebenfalls mit ausgefeilten Präsentationen auf und führte sie auf einem Rundgang über das Adidas-Gelände in Herzogenaurach. Dann wollte man über das Geschäft reden.

Beiden Seiten war bewusst, dass die Dimension der geschäftlichen Vereinbarung im europäischen Fußball vermutlich einzigartig sein würde. Der wirtschaftliche Wert, den einige wenige große Vereine im

Vergleich zu den restlichen Mannschaften besaßen, war kontinuierlich gewachsen. Adidas hatte seine Marketingaktivitäten dieser Situation bereits angepasst, um auf jedem Markt zumindest mit ein oder zwei führenden Klubs Verträge zu halten. Zu diesen Vereinen gehörte auch der FC Chelsea. Adidas war innerhalb und außerhalb Europas bedeutende Partnerschaften eingegangen, besonders hochrangig war jene mit Real Madrid. Eine Verbindung mit Manchester United war jedoch möglicherweise auf globaler Ebene von größtem Wert – und sie würde Nike im Fußballgeschäft eines entscheidenden Vermögenswerts berauben.

Auch bei dieser Investition konnte Adidas es sich nicht erlauben, dass Budget ins Übermaß zu steigern. Da Manchester United ein börsennotiertes Unternehmen war, würden die vereinbarten Summen öffentlich gemacht werden, und Adidas würde die verhandelten Gelder vor seinen Aktionären – und vor anderen Fußballvereinen – rechtfertigen müssen.

Das Unternehmen nahm deshalb detaillierte Analysen und Schätzungen der zu erwartenden Einkünfte vor. Erstmals wurden auf den für Adidas größten Märkten Stellungnahmen von Managern eingeholt, um die Nachfrage an Trikots und den Marketingeffekt möglichst genau einschätzen zu können. Sogar die möglichen Konsequenzen eines Trainerwechsels und eines eventuellen Leistungsabfalls von Manchester United wurden in die Kalkulationen einbezogen. Die Adidas-Manager hatten immer im Hinterkopf, dass Nike das Matching Offer Right, eine Art Vorverkaufsrecht, besaß. Und es war noch eine dritte Marke im Rennen. Manchester United offenbarte nie, um welches Unternehmen es sich dabei handelte, machte aber deutlich, dass Adidas sich nicht darauf verlassen konnte, der klare Favorit zu sein.

Nachdem sie alle Details ausgearbeitet und ihr Angebot unterbreitet hatten, mussten die Adidas-Manager Nikes Reaktion abwarten. Die Nike für die Einreichung eines Angebots zur Verfügung stehende Frist lief während der Fußballweltmeisterschaft in Brasilien ab – genau an dem Tag, an dem Deutschland gegen Brasilien spielte. Die Adidas-Manager erlebten einen wunderbaren Tag, da Deutschland Brasilien haushoch schlug und Nike keine Offerte vorbrachte.

Bei aller Euphorie hatten die Adidas-Manager noch viel zu tun. In wenigen Tage würde bekannt werden, dass das Unternehmen für einen Vertrag mit zehn Jahren Laufzeit einer Zahlung von 750 Millionen Pfund an Manchester United zugestimmt hatte. Adidas musste nun mit anderen Fußballmanagern telefonisch Kontakt aufnehmen und sie taktvoll darauf vorbereiten, dass sie in den öffentlichen Mitteilungen bald von einem außergewöhnlichen Geschäftsabschluss lesen würden – und dass Adidas Gründe dafür parat hatte. Einer davon war die Erwartung von zusätzlichen Verkäufen in Höhe von 1,5 Milliarden Pfund, welche aus dem Geschäft in seiner kompletten Laufzeit generiert werden sollten.

Tatsächlich sollten die Auswirkungen der Vertragsvereinbarung Adidas noch Jahre beschäftigen. In einigen Berichten wurde darauf hingewiesen, dass Nike als Ausrüster lediglich eine jährliche Zahlung von 23,5 Millionen Pfund an Manchester United geleistet hatte und dass die vereinbarten 750 Millionen Pfund nur 40 Millionen Pfund unter der Summe lagen, die die Glazer-Familie für den Kauf des Vereins aufgebracht hatte. Die Manchester United zugesicherte Zahlung war zudem vermutlich doppelt so hoch wie der Betrag, den Real Madrid als Gegenleistung dafür, dass die Mannschaft in Trikots mit den drei Streifen auflief, erhalten hatte. Die Vereinbarung mit den »Red Devils« zog deshalb beharrliche Forderungen von anderen Fußballvereinen nach sich und kostete Adidas letztendlich deutlich mehr als die ausgehandelten 750 Millionen Pfund.

Dennoch waren die Adidas-Manager fest davon überzeugt, dass sich der Vertrag bezahlt machen würde – und das Unternehmen benötigte dringend einen Erfolg. Als die Gespräche mit Manchester United einsetzten, stand die Adidas-Gruppe im Fußballgeschäft unter Druck. Trotz der wachsenden Konkurrenz von Nike hatte Adidas hier stets die Vorherrschaft innegehabt. Bei der Weltmeisterschaft in Brasilien konnten die drei Streifen jedoch nicht glänzen, da keiner der von Adidas ausgestatteten Spieler mit irgendeinem bemerkenswerten neuen Produkt auflief. Die Zahlen zeigten eindeutig, dass die Marke Marktanteile verlor. Es war höchste Zeit, zurückzuschlagen – und das nicht nur auf dem Fußballfeld.

Für Außenstehende kamen diese Probleme vermutlich aus heiterem Himmel. Adidas schien mühelos dem im Oktober 2009 ausgegebenen Strategieplan »Route 2015« zu folgen, der vorsah, dass die Unternehmensgruppe bis 2015 einen Umsatz von 17 Milliarden Euro und damit eine 50-prozentige Steigerung gegenüber dem für 2010 prognostizierten Umsatz erzielte.

Das Unternehmen hatte bei den Olympischen Spielen in London triumphiert, als es die Ausstattung für alle britischen Mannschaften und Tausende von Offiziellen gestellt hatte. Mit dem Sieg der in Adidas-Trikots spielenden Spanier bei der Fußballeuropameisterschaft im selben Jahr hatte der Sportartikelhersteller einen weiteren Erfolg erzielt. Adidas war »all in«, wie schon der Slogan der Marke sagte, und schien langsam auf die von der Unternehmensführung gesetzten Ziele zuzusteuern.

Plötzlich stieß die Adidas-Gruppe jedoch auf Schwierigkeiten und gab zwei Gewinnwarnungen in Folge heraus. Die erste wurde im Juli 2013 veröffentlicht. Als Gründe für die Verringerung des zu erwartenden Gewinns wurden die europäische Konjunkturschwäche und die angespannte Situation in Russland genannt. In der zweiten, im September herausgegebenen Warnung wurde auf weitere Probleme in Russland, auf den absatzschwachen Golfsportmarkt und auf eine negative Entwicklung der Währungskurse verwiesen.

Auch wenn das Unternehmen das Jahr mit nur geringen Umsatzeinbußen und einem größeren Gewinn beschließen würde, waren sich mehrere Adidas-Manager darüber im Klaren, dass sie mit grundlegenden Problemen zu kämpfen hatten. Die Marke verlor in zwei ihrer Hochburgen – in Europa und im Fußball – Marktanteile an Nike. Während es auf einer zunehmend globalisierten Welt immer beschleunigter zuging, erschien Adidas träge und ein wenig uninspiriert.

Das Bewusstsein über die Dringlichkeit von Gegenmaßnahmen war deutlich spürbar, als sich die führenden Manager der Unternehmensgruppe im Oktober 2013 im Adidas Brand Center versammelten. Herbert Hainer hatte den gesamten Vorstand und etwa 20 weitere Führungskräfte zusammengerufen, um sich ihre Vorschläge anzuhören und ein Problem nach dem anderen anzugehen.

In den Diskussionen ergriff oft ein ungleiches Paar das Wort. Roland Auschel, ein freundlicher, umgänglicher Deutscher, hatte eine ganze Reihe von Managern geführt, während er bei Adidas aufstieg und als geschäftsführender Direktor erst für die deutschsprachigen Länder, dann für Europa und schließlich für den Verkauf weltweit zuständig war. Als Verantwortlicher für den Bereich Global Sales war er erst kurz zuvor in den Vorstand berufen worden. Auschel kannte die Strukturen des Unternehmens in- und auswendig und war weltweit mit dessen Handelspartnern vertraut. Er vermittelte oft bei Streitigkeiten mit europäischen Einzelhändlern, die die begehrtesten der Produkte mit den drei Streifen haben wollten. Gelassenheit legte er aber auch zum Beispiel bei einem französischen Abendessen mit Herrn Sheng, dem Jack Ma der chinesischen Sportbranche, an den Tag, einem ehemaligen Lehrer, der durch den Aufbau der größten Schuhhandelskette des Landes zum Milliardär geworden war. Ebenso besonnen zeigte er sich im Umgang mit den anspruchsvollen Managern von Ketten, die in anderen schnell wachsenden globalen Märkten erstarkten, etwa dem brasilianischen Sporteinzelhändler Centauro.

Auschels Gegenpart war ein schlaksiger Amerikaner mit trockenem Humor. Eric Liedtke war in die Sportbranche gewechselt, nachdem er das Buch Swoosh über die Anfangsjahre von Nike gelesen und »sich in die Protagonisten verliebt« hatte. Liedtke setzte Rob Strassers Team so lange zu, bis er in der amerikanischen Niederlassung von Adidas einen Schreibtisch in einem Büro bekam, das mit einem halben Basketballfeld einschließlich Zuschauertribüne ausgestattet war. Die im amerikanischen Unternehmen herrschende Atmosphäre beschrieb er später als »konstant seltsam«. 20 Jahre später war Liedtke nach Herzogenaurach gewechselt und fungierte als eine Art Geheimwaffe des Managements.

Liedtke zählte zu den Managern, die die neue Generation bei Adidas am überzeugendsten verkörperten. Er hatte Journalismus studiert und anschließend in der Werbebranche gearbeitet. Er besaß exzellente Kenntnis der urbanen Verbraucherkultur und hatte Strasser dieses Wissen in ein leicht zu verstehendes und zu verkaufendes Konzept umsetzen sehen. Er stand kurz davor, als Verantwortlicher für den Bereich Marketing in den Vorstand berufen zu werden.

Eine grundsätzliche Veränderung, die das Management einstimmig durchzusetzen beschloss, war die Beschleunigung von Entscheidungsprozessen. Da die Kunden einen direkten Dialog und unmittelbare Antworten wünschten, konnte man Entscheidungen nicht mehr erst nach dem Durchlaufen mehrerer Managementebenen fällen. Deshalb wurde für jeden der großen Sportbereiche eine eigene Geschäftseinheit gebildet – mit einer einzigen Person an der Spitze, die den gesamten Geschäftsbereich von der Produktenwicklung über den Vertrieb bis zum Marketing leitet.

Das Führungsteam hatte einige Vorschläge erarbeitet, die bei dem Meeting auf Zustimmung stießen und radikal von der Herangehensweise der Adidas-Gruppe abwichen. »Es war für viele von uns ein Wendepunkt. Damals wurden alle Probleme auf den Tisch gebracht, und wir waren uns alle einig, dass wir einen Richtungswechsel vornehmen mussten«, erklärte einer der Beteiligten.

In der Zwischenzeit erhöhte sich der Druck auf die Adidas-Gruppe. Einige Anteilseigner beschlossen, den Konflikt auf eine persönliche Ebene zu bringen, und kritisierten den Führungsstab. Herbert Hainer war jedoch in der glücklichen Situation, dass der Aufsichtsrat nicht geneigt war, irgendeiner Form von Druck nachzugeben. Seine Mitglieder hatten unter dem Vorsitz des Franzosen Igor Landau, dem ehemaligen Vorstandsvorsitzenden von Aventis, ein gutes Verhältnis zu Hainer aufgebaut. Im März 2014 verkündete der Aufsichtsrat, dass Hainers Vertrag als Vorstandsvorsitzender bis März 2017 verlängert werde, was zu einigem Unmut bei den Aktionären führte.

Ingo Speich, Fondsmanager bei Union Investment, zeigte sich von dieser Geste völlig unbeeindruckt. Wenige Tage bevor sich die nervös gewordenen Aktionäre zur Versammlung einfanden, äußerte er gegenüber der *Frankfurter Allgemeinen Sonntagszeitung*, dass er das Vertrauen in Adidas verloren habe. Dem Unternehmen war es nicht gelungen, den Abstand zu Nike zu verringern. Es verlor sogar noch Marktanteile in Europa, wo sich Nike auf Expansionskurs befand. Speich nahm den Verantwortlichen ins Visier: »Nike läuft Adidas davon, vor diesem Hintergrund ist es völlig unverständlich, warum der Aufsichtsrat jüngst den Vertrag für Herbert Hainer um volle zwei Jahre verlängert hat.« Kein anderes großes börsennotiertes Unternehmen in Deutschland hatte über so lange Zeit an einem Vorstandsvorsitzenden festgehalten.

Es wäre nur allzu verführerisch gewesen, diesen Seitenhieb zu ignorieren, da Union Investment weniger als 1 Prozent der Anteile an Adidas hielt. Der Zeitungsartikel traf jedoch einen wunden Punkt, da sich der Kurs der Adidas-Aktien negativ entwickelte und seit Beginn des Jahres um 15 Prozent gefallen war.

Die in der Stadthalle Fürth abgehaltene Hauptversammlung war üblicherweise eine entspannte Angelegenheit. Herbert Hainer unterhielt die Anwesenden mit peppigen Videos von Sportveranstaltungen und präsentierte stetig steigende Zahlen. Diesmal war die Atmosphäre jedoch angespannt, und Hainer gelang es offensichtlich nicht, die Anteilseigner zu beschwichtigen. Der Wert der Adidas-Aktien sank weiter.

Wenige Monate später, Ende Juli, als Adidas' Fußballmanager aus Brasilien zurückkehrten, musste das Unternehmen weitere Schwierigkeiten einräumen. »Das Management stellt das Erreichen der in ›Route 2015‹ formulierten Ziele zurück«, hieß es. Man musste Umwege gehen und konnte die Ziele nicht mehr rechtzeitig erreichen. Dieses Eingeständnis wurde von katastrophalen Berichten vor allem über die Situation in Deutschland und in den USA begleitet. Auch wenn das Unternehmen keine Verluste schrieb, konnte bei oberflächlicher Betrachtung durchaus der Eindruck entstehen, dass es kurz vor dem Kollaps stand. Mitte Oktober war der Kurs der Adidas-Aktien im Vergleich zum Jahresbeginn um 40 Prozent gefallen.

Trotz aller Versuche, die Probleme abzuschütteln, wuchs Hainers Frustration angesichts der Unruhe und der negativen Berichterstattung. »Ich war wütend, weil ich die Kritik an meiner Person nicht gerechtfertigt fand. Dann dachte ich wiederum ein paar Wochen lang: ›Sie wollen einfach nicht zuhören.‹ Ehrlich gesagt gab es Tage, an denen ich sehr deprimiert war«, erinnerte sich Hainer. Als ein weiterer Zeitungsartikel auf seinem Schreibtisch landete, hatte er genug. »Das ist absolut unfair, die haben von unseren Geschäften überhaupt keine Ahnung«, tobte er. Als Hainer an jenem Abend nach Hause kam, ließ er seinem Ärger freien Lauf. »Mir reicht es«, sagte er zu seiner Frau. »Ich werde ihnen zeigen, wozu ich in der Lage bin.«

Am nächsten Tag rief Hainer Liedtke an. Die Veränderungen, die sie besprochen und umzusetzen begonnen hatten, mussten greifbarer werden. Man musste an Tempo zulegen und sich mehr Gehör verschaffen. Liedtke stand bereits in den Startlöchern.

Anschließend suchte Hainer Roland Auschel in dessen Büro auf. Er nahm sofort Platz und klopfte in der für ihn typischen Weise mit den Händen auf den Tisch. »Ich habe es satt, ständig kritisiert zu werden. Diese Leute verstehen nichts von unserer Branche«, stellte er laut und deutlich fest. »Wir müssen in die Offensive gehen.« Hainer forderte Auschel nachdrücklich dazu auf, sich auf die zentralen Märkte zu konzentrieren, und bestand darauf, dass die Probleme in den USA beseitigt würden. Auschel war dabei.

Die beiden neuen Vorstandsmitglieder wurden dazu angehalten, »wie Zwillinge« zusammenzuarbeiten. Diesmal wurde es ihnen nicht nur zugestanden, den Geschäftsbetrieb neu zu überdenken, sondern sie wurden dazu aufgefordert, sich aktiv damit auseinanderzusetzen. »Es steht euch frei, die bisherigen Ansätze zu verändern«, sagte Hainer. »Ihr könnt tun, was ihr für richtig haltet, aber wir müssen sehr schnell vorankommen.«

Bei Puma erwarteten Hunderte Angestellte die Ankunft des Mannes, der den Auftrag erhalten hatte, die Krallen der Wildkatze wieder zu schärfen. Die Wahl war auf einen ehemaligen norwegischen Profifußballer, der sich seine Sporen bei Adidas verdient hatte, gefallen. Die offizielle Einführung des neuen Vorstandsvorsitzenden im Juli 2013 in Herzogenaurach verfolgten die Mitarbeiter versammelt vor Ort oder per Liveübertragung in anderen Puma-Niederlassungen.

Am Mikrofon stand Jean-François Palus, Vorsitzender des Verwaltungsrats und leitender Manager des inzwischen als Kering firmierenden Konzerns PPR. Nach dem Rücktritt von Zeitz, Koch und mehreren anderen Puma-Managern steuerte Palus häufig den Nürnberger Flughafen an. Er pendelte hin und her zwischen Paris, Herzogenaurach und vielen weiteren Orten, an denen er mit den Geschäftsführern und Partnern von Puma Gespräche führte. Neben Palus frequentierten Berater von der Boston Consulting Group die Büros des Unternehmens und stellten bohrende Fragen.

Der Norweger mit dem kantigen Kinn, der zu Palus auf die Bühne trat, war in den Augen der Puma-Eigentümer der beste Kandidat für die Aufgabe, die Dinge wieder in Ordnung zu bringen. Die Unternehmenseigner hatten schon während der Suche nach einem Ersatz für Zeitz mit ihm Kontakt aufgenommen und waren erleichtert, als er einwilligte, seinen Posten als Geschäftsführer des dänischen Schmuckherstellers Pandora aufzugeben.

Bjørn Gulden war als Neunzehnjähriger nach Deutschland gekommen. Der Fußballspieler war vom 1. FC Nürnberg verpflichtet worden und stand eine Saison lang in dem rot-weißen Trikot mit den drei Streifen auf dem Platz. Anschließend kehrte der flinke Mittelstürmer in sein Heimatland zurück und gewann 1987 mit dem Bryne FK den norwegischen Fußballpokal. Knieprobleme zwangen ihn, seine Fußballkarriere aufzugeben.

Das Ende seiner Laufbahn als Fußballer kam zur rechten Zeit, denn Gulden wurde nach seinem Wechsel in das Sportgeschäft zu einem der jungen Manager, die mit Robert Louis-Dreyfus den Wiederaufschwung von Adidas initiierten. Er gehörte der Gruppe an, die das Unternehmen 1995 an die Börse brachte. Gulden verantwortete bei Adidas den Bereich Bekleidung, wechselte später jedoch auf die andere Seite und wurde Geschäftsführer bei Deichmann, der größten Schuhhandelskette Europas. In dieser Position zählte er zu den einflussreichsten Kunden von Adidas und Puma.

Bei Deichmann konnte Gulden den Aufstieg Pumas als Sport-Lifestyle-Marke hervorragend beobachten. Die Avanti- und SpeedCat-Modelle wurden von der Kette lastwagenweise verkauft, und einige Produkte der eigenen Linie von Deichmann orientierten sich am Puma-Stil. Gulden musste sich sogar gegen einige Puma-Manager wehren, die bestimmte Modelle aus dem unteren Marktsegment herausholen wollten.

Im Lauf der Zeit beobachtete Gulden ein sich veränderndes Geschäftsgebaren des Sportartikelherstellers. Mit steigender Nachfrage an seinen Produkten wurde Puma immer weniger entgegenkommend. »Die Geschäftsbeziehung veränderte sich von gut zu unterdurchschnittlich. Einige der Vertriebsleute vergaßen wohl, dass sie uns später noch brauchen würden, denn wir waren der größte Abnehmer von Schuhen innerhalb Europas«, erzählte Gulden.

Dann beobachtete Gulden, wie viele andere Schuhhändler, wie der Puma-Trend verpuffte. In Erinnerung blieb ihm, dass Puma den Kurs verlor und ihm auf seine Frage, ob das Unternehmen nun wieder in das Sportsegment investieren würde, keine klare Antwort gab. Zum größten Nachteil für Puma geriet aber wohl der Vorstoß von Adidas und Nike in den Bereich der Sportmode. »Der Handel brauchte Puma schlichtweg nicht mehr«, konstatierte Gulden.

Als Kering anfragte, machte Gulden deutlich, dass er kein Interesse daran hatte, einen Verkauf von Puma vorzubereiten. Investitionen in das Unternehmen machte er zur unabdingbaren Voraussetzung. Unzweckmäßige Strukturen mussten dringend bereinigt werden. Er forderte einen Creative Director, der eine Richtung vorgab und die Produktentwicklung wieder ankurbelte, sowie weitere leistungsstarke Persönlichkeiten im Bereich des Sportmarketing. All das hatte seinen Preis und zog unmittelbare Gewinneinbußen nach sich.

Guldens zweite Kernaussage war für Kering noch schwerer zu schlucken: Die Kurskorrekturen würden sich erst nach einiger Zeit niederschlagen. Im Unterschied zu Unternehmen wie Gucci erzielen Sportartikelhersteller wie Puma 80 Prozent ihres Umsatzes über andere Händler. In der Branche bestand seit Jahren das System, das die Händler ihre Bestellungen etwa ein Jahr im Voraus aufgaben. Das bedeutete, dass sich die Veränderungen erst nach ungefähr drei Jahren in vollem Umfang auf das Unternehmen auswirken würden, selbst wenn die Entwicklungsabteilung sofort mit der Arbeit an einer neuen Kollektion begann.

Während die Verhandlungen mit Kering fortschritten, trat Gulden mit anderen Händlern in Kontakt und erfuhr, dass keiner die Absicht hatte, mehr Puma-Produkte zu ordern. Fast alle wünschten sich Puma als starke Alternative zu Nike und Adidas, aber der Verkauf der Ware war niederschmetternd – die Produkte gingen einfach nicht schnell genug über den Ladentisch. Gulden wusste aus Erfahrung: Probieren geht über Studieren. Die Händler würden ihm vielleicht eine Chance geben, aber sie würden erst dann wieder mehr bestellen, wenn ihr Vertrauen in die Marke durch bessere Verkaufszahlen wiederhergestellt war. Auch das würde einige Zeit dauern, doch Kering blieb keine andere Wahl. Die Unternehmenseigner gaben im April 2013 bekannt, dass Gulden im Juli den Posten als Vorstandsvorsitzender übernehmen würde. Damit blieben ihm vor dem offiziellen Beginn seiner Tätigkeit für Puma drei Monate Zeit, sich einen weiteren Überblick zu verschaffen. Er führte Gespräche mit den Managern, die in Herzogenaurach und in den für die Marke bedeutendsten Märkten zentrale Positionen bekleideten, und beschäftigte sich mit den Ergebnissen einer von der Boston Consulting Group vorgenommenen Analyse.

Daher war er auf die anlässlich seines Einstiegs abgehaltene Versammlung gut vorbereitet und hielt mit seiner Meinung nicht hinterm Berg. Alles, was er in seiner Antrittsrede zur Sprache brachte, war den Puma-Mitarbeitern bereits bekannt, doch zum ersten Mal wurden die Probleme vom Vorstandsvorsitzenden genau benannt – und Gulden schien eine ebenso klare Vorstellung von der zukünftigen Vorgehensweise zu haben. Diejenigen, die der Marschroute nicht folgen wollten, würden sich einen anderen Arbeitsplatz suchen müssen. »Das war kein Affront, weil wir alle wussten, dass er den Nagel auf den Kopf getroffen hatte«, sagte einer der Manager auf der Versammlung. Auch Guldens Selbstbewusstsein und die Rückendeckung durch die größten Anteilseigner wirkten beruhigend.

Wie ehemals für Palus wurden für Gulden einige Probleme wie das völlig antiquierte, chaotische IT-System erst nach seinem Einzug in das Büro des Vorstandsvorsitzenden offensichtlich. »In einem Bericht davon zu lesen, dass die IT-Ausstattung rückschrittlich ist, ist eine Sache, als Vorstandsvorsitzender am Montag nach den Umsatzzahlen zu fragen und nichts zu erhalten, eine ganz andere«, berichtete er.

Da Gulden dem Markt die Veränderungen deutlich machen wollte, noch bevor er die zur neuen Unternehmensausrichtung passenden Produkte zur Verfügung hatte, veranstaltete er eine Werbepräsentation, wechselte die Agenturen und brachte, um seine Aussagen gegenüber den Handelspartnern zu untermauern, eine Marketingkampagne auf den Weg. Das Motto der von Gulden formulierten Strategie lautete »Forever Faster«. Es passte zu der Tatsache, dass die Marke ihren Stellenwert im Sport wiedererlangen und das Unternehmen seine Grundhaltung ändern musste. Puma musste den Kontakt zu seinen Handelskunden effizienter gestalten und schneller auf Marktentwicklungen reagieren.

Gulden selbst nahm rasch einige Korrekturen vor. Er überredete die Eigentümer des Unternehmens, Einzelhandelsbestände zurückzunehmen. Solange in den Warenlagern von Kunden wie Deichmann Stapel von Puma-Schuhkartons Staub fingen, würden die Händler keine nennenswerten Bestellungen aufgeben. Gulden wählte für die Zeit, in der Puma an Neuentwicklungen arbeitete, einige gewinnorientierte Produkte aus, die Pumas Umsatz tragen konnten, und wandte seine gesamte Überredungskunst auf, um die Händler mit ins Boot zu holen.

Diejenigen, die eng mit Gulden zusammenarbeiteten, erkannten schnell, wie wertvoll seine Erfahrung war. »Die ersten Meetings waren sehr beeindruckend. Gulden wusste genau, wie man stärker gewinnorientierte Produkte entwickeln konnte – Schuhe, die sich verkaufen würden. Er konnte sogar einen Schuh in seine Einzelteile zerlegen, um anschließend genau dessen Preis anzugeben«, sagte einer der Puma-Manager. Wenn irgendjemand die Absicht gehabt hatte, Guldens Autorität infrage zu stellen, dachte er nun noch einmal darüber nach.

Palus offenbarten sich die Veränderungen am deutlichsten während des Marketingmeetings, das im Mai 2014, weniger als ein Jahr nachdem Gulden den Vorstandsvorsitz übernommen hatte, abgehalten wurde. Das Unternehmen konnte bereits unter der Leitung des neuen Creative Directors hergestellte Produkte vorweisen, doch für Palus lag die wichtigste Neuerung in der veränderten Denkweise der deutschen Manager, Teamleiter und anderen Mitarbeiter, die sich an jenem Tag in Herzogenaurach versammelten. »Sie zeigten eine Mischung aus Bewusstheit, Entschiedenheit, Tatkraft und Begeisterung«, erklärte er. »In diesem Moment sagte ich mir: ›Wir sind auf dem richtigen Weg. Man spürte, dass alles parat war – die Leute waren entschlossen, die Produkte standen bereit –, wir mussten nur noch zuschlagen.«

In dieser Zeit konnte Gulden auch aus Projekten, die von früheren Führungskräften in Gang gesetzt worden waren, Nutzen ziehen. 2011 war vereinbart worden, dass Puma im darauffolgenden Jahr als Ausstatter von Borussia Dortmund fungieren würde. 2012 erreichte der Verein, unter anderem nach einen Sieg über Real Madrid, das Finale der Champions League und gab damit auch Puma Anlass, zu feiern. Gulden stärkte die Partnerschaft mit Borussia Dortmund, indem er veranlasste, dass Puma zwei Jahre später 5 Prozent der Anteile an dem Klub erwarb. Er selbst erlangte dadurch einen Platz im Aufsichtsrat des Vereins.

Ein weiterer dicker Scheck ging an den FC Arsenal. Puma lechzte nach einer Geschäftsverbindung, die den Stellenwert des Unternehmens im internationalen Fußball dauerhaft untermauern würde. Nun war man sie, wie im Januar 2014 bekannt gegeben wurde, eingegangen. Der Vertrag wurde vor dem Einsetzen des durch die Vereinbarung zwischen Adidas und Manchester United ausgelösten explosionsartigen Anstiegs der Preise im Fußballgeschäft abgeschlossen, bedeutete aber dennoch für Puma eine Investition in bislang unbekannter Höhe und für den FC Arsenal eine deutliche Verbesserung. Anstelle der geschätzten 8 Millionen Pfund pro Jahr, die der Klub im Rahmen der seit 2003 bestehenden Geschäftsbeziehung mit Nike erhalten hatte, belief sich die mit Puma vereinbarte Zahlung Berichten zufolge auf 30 Millionen Pfund jährlich. Die Übereinkunft wurde als »größter Deal« in der Geschichte von Puma und des FC Arsenal beschrieben, und bemerkenswerterweise war sie zu jener Zeit auch das größte Werbegeschäft einer Sportmarke im gesamten englischen Fußball.

Aber ironischerweise war es keine Geschäftsverbindung im Sportbereich, die für Puma Bestellungen und Gewinn wieder zum Laufen brachte. Als Gulden seine Strategie »Forever Faster« zu verfolgen begann, stand die Zusammenarbeit mit einer prominenten Sportlerin, die die Werte der Marke verkörperte, auf seiner Wunschliste – schließlich hatte der frühere Erfolg des Unternehmens zu einem großen Teil mit Frauen in Verbindung gestanden. Doch keiner der Vorschläge, die auf seinem Schreibtisch landeten, erfüllte alle gewünschten Kriterien. Es gab einfach nicht genug Sportlerinnen, die durch internationale Präsenz einer großen Konsumentengruppe bekannt waren und die für Puma passende Ausstrahlung besaßen.

Schließlich trat Puma an Rihanna heran, die aufsehenerregende amerikanische Sängerin, um deren Management sich ein Jay Z gehörendes Unternehmen kümmerte. Der R&B-Star zeigte sich einer Geschäftsverbindung gegenüber aufgeschlossen. »Die Zusammenarbeit begann, noch bevor sie einen Vertrag in der Tasche hatte. Rihanna beeindruckte uns sehr durch ihre Arbeitsweise und durch die Art, wie sie ihre Ideen formulierte. Ihr gelang es sogar fast, Zeichnungen selbst anzufertigen«, sagte Gulden. Es dauerte eine Weile, bis sich die beiden Parteien auf die von Rihanna zu bekleidende Position geeinigt hatten. Man entschied sich für Markenbotschafterin und Creative Director.

Der Erfolg dieser Partnerschaft übertraf alle von Puma gehegten Erwartungen. Plötzlich war die Marke wieder bei der New York Fashion Week auf den Laufstegen zu sehen. Die Kooperation mit Rihanna kam zu einer Zeit, in der die Sportbranche von dem Modetrend »Athleisure« profitierte. Als Frauen Yogahosen als Alltagskleidung entdeckten, ließ die Verbindung mit Rihanna den Absatz von Produkten aus dem gesamten Trainingssegment für Damen bei Puma nach oben schnellen. »Yogahosen sind die neuen Jeans«, erklärte Gulden.

Martyn Bowen, Pumas Geschäftsführer für Europa, erhielt bei einem Zwischenstop am Kopenhagener Flughafen im Juli 2015 das Signal, dass die Strategie aufging. Ein bedeutender Handelspartner teilte ihm mit, dass sein Bestand an einem Modell von Triple-White-Sneakern, das in den vergangenen Jahren kaum Absatz gefunden hatte, plötzlich rasend schnell zur Neige ging. Innerhalb von Stunden erhielt Bowen die Genehmigung, die Produktion in Gang zu setzen.

»Wir kümmerten uns nicht um Prognosen und lieferten per Luftfracht«, erinnerte er sich.

Die Signale für den sich abzeichnenden Erfolg wurden lauter, als Puma wenige Monate später eine günstigere Variante des Schuhmodells Fierce aus Rihannas eigener Kollektion herausbrachte. Zehn Tage nach der Markteinführung Anfang 2016 war der Turnschuh in den USA beinahe ausverkauft, und in Europa nahm der Lagerbestand rapide ab. Zumindest bei den mit Rihanna in Verbindung stehenden Produkten musste Puma den Blick auf die Verkaufszahlen nicht mehr fürchten. Nach diesem Vorstoß war zu erwarten, dass das Interesse der Händler an Puma-Produkten wieder geweckt worden war. In einer Zeit, in der die Nachfrage in dem auf weibliche Konsumenten ausgerichteten Marktsegment stieg, hielt das Unternehmen einen echten Trumpf in der Hand.

Durch Rihannas Unterstützung verzeichnete Puma bessere Ergebnisse. Auch im Sportgeschäft schien das Unternehmen wieder den richtigen Ton zu treffen. Das Unternehmen sammelte durch Verträge mit Fußballspielern wie Marco Reus und Antoine Griezmann Pluspunkte, und Usain Bolt stellte sicher, dass alle Fernsehzuschauer, die ihn in Rio laufen oder sich selbst zwischen spärlich bekleideten Tänzerinnen präsentieren sahen, bemerkten, welche Schuhe er trug.

Als im März 2015 die Investoren ihren Weg ins Adidas Brand Center fanden, brannten die Manager darauf, von den Entwicklungen der letzten Monate zu berichten. Die sich über den ganzen Tag erstreckende Veranstaltung, auf der man sich der erneuten Unterstützung durch die Investoren versichern wollte, bot die Gelegenheit dazu. Unter dem Titel »Creating the New« wurde ein neuer Strategieplan für die nächsten fünf Jahre vorgestellt, der vorsah, bis 2020 einen Umsatz von 22 Milliarden Euro zu erreichen. Die wesentliche Botschaft, die man vermitteln wollte, war jedoch, dass das Unternehmen effizienter und progressiver – und damit Nike ein bisschen ähnlicher – geworden war.

Am gespanntesten war das Publikum vermutlich auf den Vortrag von Mark King, einem ein wenig onkelhaft wirkenden amerikanischen Manager, der rund ein Jahr zuvor zum Präsidenten der Adidas Group North America ernannt worden war.

Der amerikanische Markt stellte für die Adidas-Gruppe das weitaus größte Problem dar. Trotz der in den vorangegangenen Jahren erfolgten Bemühungen blieben die Zahlen ernüchternd. Nike hatte sich in den Vereinigten Staaten bereits eine dominante Position gesichert, gewann jedoch bemerkenswerterweise sogar noch Marktanteile hinzu. Weit davon entfernt, Nike ernsthaft zu gefährden, kämpfte Adidas darum, in diesem äußerst wichtigen Markt zweitgrößter Anbieter zu bleiben.

Mangelnden Einsatz konnte man Adidas nicht vorwerfen. Die USA machten zwar nur etwa 15 Prozent der Geschäftsbereiche der Marke aus, doch Herbert Hainer räumte ein, dass sie auf dem größten und einflussreichsten Markt nicht so schwach vertreten sein durfte. Als Hainer den Vorstandsvorsitz übernahm, war es eines seiner erklärten Ziele, den Marktanteil von Adidas dort auf 20 Prozent zu erhöhen. Die von ihm durchgesetzte Übernahme von Reebok hätte die Reichweite und die Vertriebsmöglichkeiten für Adidas ausdehnen können. Hainer hatte Investitionen im amerikanischen Leistungssport getätigt und den US-Markt seiner persönlichen Verantwortung unterstellt. Dennoch war, abgesehen von ein paar kurzfristigen Erfolgen, für die Marke keine Entwicklung zu verzeichnen.

Der vermutlich teuerste dieser Fehlschläge war die Übernahme von Reebok. Adidas hatte den vollen Preis für das Unternehmen bezahlt, doch die Kaufprüfung hatte nicht alle Details zutage gebracht. »Wenn das Unternehmen nicht von Adidas aufgekauft worden wäre, wäre es zusammengebrochen«, sagte einer der an der Übernahme beteiligten Manager. Das größte Problem war, dass etwa 30 Prozent des Umsatzes offensichtlich auf zu Niedrigpreisen verkaufte Produkte zurückgingen – Reebok-Schuhe mit einem Ladenpreis von rund 30 Dollar hielten die Gewinnmarge sehr gering.

Anstatt das Problem sofort einzugestehen, versuchte die Adidas-Gruppe, Reebok bei laufendem Geschäftsbetrieb wieder auf die Beine zu stellen. In den ersten vier Jahren nach der Übernahme sank der mit der Marke erzielte Umsatz um 30 Prozent, und die Gewinnmarge blieb auf einem kläglichen Niveau. Wie zu erwarten, sah sich Hainer heftiger Kritik seitens der Aktionäre ausgesetzt, die einst schon wegen der für Reebok gezahlten Summe nicht begeistert gewesen waren.

Der Umsatzrückgang von Reebok war teilweise darauf zurückzuführen, dass die Lizenzgeschäfte mit der NBA an Adidas übertragen worden waren. Einen kurzen Aufschwung erlebte die Marke, als Toning-Schuhe – Turnschuhe mit einer abgerundeten Sohle, die die

Bein- und Gesäßmuskeln des Trägers besser trainieren sollten – in Mode kamen. Der Trend war jedoch schnell verflogen.

Um 2010 entschied sich Adidas endlich, den Schaden zu begrenzen und Reebok durch eine Rückbesinnung auf die Anfangsjahre des Unternehmens in eine speziell auf den Fitnesssport ausgerichtete Marke zu verwandeln. Adidas kündigte anstehende Investitionen im Bereich des Mannschaftssports auf und ging stattdessen eine Geschäftsverbindung mit dem Unternehmen, das hinter CrossFit stand, sowie mit anderen Fitnessorganisationen ein. Dadurch erhielt Reebok endlich eine klare Markenidentität, und das Fitnesssegment entwickelte sich zu einem rasch wachsenden Geschäftsbereich.

Die von Adidas gehegten Hoffnungen, dass die drei Streifen durch Reebok in den USA weitere Verbreitung finden würden, wurden zu keiner Zeit erfüllt. Adidas stellte schnell fest, dass aus der Übernahme kaum Synergien zu gewinnen waren. Der Marktanteil des Unternehmens in den Vereinigten Staaten blieb nicht nur gering, er nahm sogar ab.

Die Ursachen für dieses Problem lagen zum Teil auf der Hand. Dass Adidas jedoch die im Merchandising und in der Warenpräsentation vorherrschenden Schwierigkeiten nicht in den Griff bekam, überraschte die Handelspartner des Unternehmens und andere Beteiligte. Viele von ihnen waren sich einig, dass der Vorstoß in den amerikanischen Einzelhandel beinahe zur Farce verkommen war – in allen Handelsformaten dominierte der Swoosh die Schuhregale.

Im Hauptsitz des Sportartikelherstellers Under Armour in Baltimore beobachtete man das Scheitern, das Adidas auf dem amerikanischen Markt erlebte, mit offenkundigem Staunen. Das 1996 von Kevin Plank gegründete Unternehmen hatte auf andere Weise in den USA Fuß gefasst. Plank hatte die Marke bekannt gemacht, indem er an seine Freunde in American-Football-Teams feuchtigkeitsregulierende Funktionskleidung verteilte. Anschließend hatte er sein Sortiment mit Blick auf die bei den amerikanischen Konsumenten beliebten Sportarten erweitert und so zusätzliche Marktanteile gewonnen. Der Vorstoß in den Schuhbereich wurde durch Partnerschaften mit dem Basketballer Stephen Curry und dem Golfer Jordan Spieth unterstützt. 2013 erzielte Under Armour allein in Nordamerika einen Umsatz von fast 2,2 Milliarden Dollar und expandierte rasch in zahlreiche internationale Märkte. Adidas' Unvermögen, auf dem amerikanischen Markt größere Anteile zu gewinnen, machte Plank offensichtlich fassungslos. In einem Fernsehinterview ließ er durchscheinen, dass ihm Adidas als »dümmster« Konkurrent auf dem Markt erschien.

Under Armour beraubte Adidas seines Stellenwerts als zweitgrößter Anbieter im Bekleidungssegment. Anfang 2015 stellte sich heraus, dass das Unternehmen diese Position auch im Schuhbereich verloren hatte – diesmal an Skechers. Die zur Dokumentation eingereichten Grafiken zeichneten ein nahezu lächerliches Bild: Die Diagramme wiesen für Nike einen riesigen Anteil aus, und nur ein paar Zickzacklinien am unteren Ende der Skala verwiesen auf andere Anbieter. Gemäß der von dem Marktforschungsinstitut NPD ermittelten Umsätze im Einzelhandel war Adidas' Marktanteil auf dem Markt für Turnschuhe auf magere 4 Prozent gefallen. Skechers dagegen hatte 5 Prozent erreicht.

Für die Adidas-Gruppe war diese Situation vor allem deshalb frustrierend, weil hauptsächlich die Probleme auf dem amerikanischen Markt für den wachsenden Abstand zu Nike verantwortlich waren. Als Hainer den Vorstandsvorsitz übernahm, wies der Jahresabschluss für Adidas einen Umsatz von 4,8 Milliarden Euro aus, verglichen mit den von Nike erzielten 9 Milliarden Dollar. 2014 erreichte Adidas weltweit einen Umsatz von 11,8 Milliarden Euro – Nike setzte 26,1 Milliarden Dollar dagegen.

King teilte den Investoren auf der Versammlung mit, dass Adidas auf dem amerikanischen Markt im Bereich des Marketing und in der Kooperation mit Sportvereinen Überinvestitionen plante. Das Unternehmen würde die von Reebok übernommene Geschäftsverbindung mit der NBA beenden und stattdessen stärker in Marketingaktivitäten und vor allem in andere Partnerschaften im Leistungssport investieren.

Zu den bedeutenden Veränderungen zählte auch, dass King in Portland von einer Reihe von Managern unterstützt wurde, die eingewilligt hatten, von Deutschland nach Oregon zu wechseln. Adidas hatte die Notwendigkeit erkannt, den USA wesentlich mehr Einfluss auf die globalen Geschäfte des Unternehmens zuzugestehen. Das machte auch die Anwesenheit von mehr als ein paar behelfsmäßig operierenden internationalen Managern in Portland erforderlich.

Kings schwungvolle Rede klang überzeugender als viele Aussagen, die die Investoren bisher vernommen hatten, und das Management der Adidas-Gruppe war eindeutig dazu bereit, sich auf seine Pläne zu verlassen. Dennoch musste der Präsident der Adidas Group North America einige unangenehme Gespräche führen, da die Investoren die Performance des Unternehmens auf dem amerikanischen Markt rundheraus kritisierten. Sie äußerten ihren Unmut am Mikrofon und in kleinen Gesprächsrunden und forderten King zu umwälzenden Veränderungen auf.

Liedtke und Auschel hatten die leichtere Aufgabe. Sie erläuterten zügig ihre Pläne, die Marke Adidas durch die Ausweitung trendorientierter Marketingaktivitäten und den Aufbau von coolen Standorten zur Verbreitung der Werbebotschaft urbaner zu machen: Die Marke würde dynamischer werden und sich damit besser an die unmittelbaren Bedürfnisse der modernen vernetzten Konsumenten anpassen. Und sie würde wagemutiger werden und neuen Ideen und Partnerschaften stets offen gegenüberstehen.

Viele der Adidas-Manager zeigten sich äußerst optimistisch, da sie vom Markt bereits Feedback erhalten hatten. Sie konnten sich nahezu sicher sein, dass in wenigen Monaten die Zahlen für sich sprechen würden.

Die radikalen Veränderungen und der von den Adidas-Managern beschriebene Wagemut hatten im Fußballgeschäft, in dem das Unternehmen ein beeindruckendes Comeback erreichte, bereits Wirkung gezeigt. Im Juli 2014 war Markus Baumann, der das gesamte Fußballsegment des Unternehmens verantwortete, mit fast leeren Händen nach Brasilien gereist. Adidas hatte lediglich ein paar Veränderungen an bestehenden Modellen vorzuweisen und konnte damit nicht mit dem auffallenden Schuh von Nike konkurrieren, den Ronaldo trug. Die Predator-Linie hatte an Kraft eingebüßt. Die regelmäßig erstellten Marktforschungsberichte zeigten, dass Adidas gegenüber Nike an Boden verlor. Diese Feststellung war nicht nur enttäuschend, sie war ein erschütterndes Alarmsignal. Adidas hatte sich immer mit seiner Dominanz im Fußball brüsten können.

Baumann kam zu dem Schluss, dass die Anweisungen an Adidas' Fußballabteilung nicht mit den Bedürfnissen der Spieler, die die Produkte kaufen sollten, übereinstimmten. »Technisch ist das eine hübsche Lösung, aber die Kunden werden nicht verrückt danach sein«, musste er den Entwicklern immer wieder erklären. Auch das Marketing für die Fußballprodukte harmonisierte nicht mit dem Kundenkreis – es sprach vielleicht die Männer mittleren Alters an, die die Werbepräsentationen besuchten, war jedoch für die Teenager, die den Markt beeinflussten, bei Weitem zu konservativ.

Die 2014 durchgesetzte organisatorische Veränderung ermöglichte es Baumann, grundlegend gegen die Situation vorzugehen. Die Neuregelung gestattete ihm und anderen Managern, bei Bedarf die volle Verantwortung für die Weiterentwicklung ihres Geschäftsbereichs – von der Produktentwicklung über das Marketing bis zum Vertrieb – zu übernehmen. Mit voller Rückendeckung durch Hainer entschied Baumann, die Anweisungen für alle Beteiligten komplett zu ändern.

Baumanns Vorschlag kam einer radikalen Umstrukturierung der Geschäftsaktivitäten des Unternehmens auf dem Fußballmarkt gleich. Zielgruppe war die städtische Jugend, ihre Verkörperung der Marketingcharakter »Raheem«. Raheem lebte in dem Londoner Stadtbezirk Hackney. Er gehörte vermutlich keinem Verein an, spielte jedoch mehrmals pro Woche in einer Fünfermannschaft Fußball. Er bewegte sich viel in den sozialen Medien und schätzte die dort herrschende bissige und zuweilen provokative Sprache. Raheem strebte eher danach, ein Kanye West als ein David Beckham zu werden. Dieses gar nicht mal so frei erfundene Testimonial beeindruckte seine Freunde auch dadurch, dass er viel Geld zur Verfügung hatte.

Der von Baumann anvisierte Vorstoß zielte vor allem auf eine Stärkung des Fußballschuhsegments ab. Menschen in München oder Schanghai erwarben Adidas-Trikots, da das Unternehmen Sponsor ihres Lieblingsvereins war, doch sie würden sofort zu einer anderen Marke greifen, wenn ihr Verein die Seiten wechselte. Die wiederaufgenommene Strategie, stark in Geschäftsbeziehungen mit Fußballklubs zu investieren, konnte immer noch fehlschlagen, wenn die Mannschaften keine guten Spielergebnisse erzielten. Deshalb war es von zentraler Bedeutung, diese Investitionen durch stabilere Einkünfte aus dem Schuhsegment abzusichern. Für dieses Ziel war die Unterstützung durch Raheem und seine Freunde wesentlich.

Aus Baumanns Idee ging unter dem Titel »There will be Haters« eine Marketingkampagne hervor, die noch vor wenigen Jahren bei Adidas undenkbar gewesen wäre. Das Fußballgeschäft des Unternehmens hatte sich stets auf Mannschaften, Fleiß und beeindruckende Talente wie Lionel Messi konzentriert. Plötzlich aber zeigte ein rasant geschnittener, eine Vielzahl grafischer Elemente einsetzender Videoclip Topspieler wie Gareth Bale und Luis Suárez – die einem Trommelfeuer von Kritik aus dem Off ausgesetzt sind, vermutlich von Trollen, die sie um ihr Talent beneiden –, ihre schmachtenden weiblichen Fans und ihre funkelnden Autos. Die Pointe war, dass sich der geäußerte Hass als Neid auf die funkelnagelneuen Schuhe der Spieler entpuppte.

Wie zu erwarten, sah sich das hinter der Kampagne stehende Team mit einigen Vorbehalten gegenüber Suárez konfrontiert. Der uruguayische Fußballer war durch angebliche Beißattacken auf mehrere seiner Gegenspieler aufgefallen und schien daher manchem für eine auf Jugendliche abzielende Kampagne ungeeignet. Aller Wahrscheinlichkeit nach stieß das Video aufgrund seiner provokativen Bilder und Grundaussagen auch in einigen eher konservativen fränkischen Haushalten auf wenig Gegenliebe. Am meisten Widerstand erfuhr Adidas jedoch von Partnern im Fußballgeschäft, die in ihren Stadien nicht das Wort »Haters« geschrieben sehen wollten. Die UEFA machte unmissverständlich klar, dass Adidas seine Werbetafeln bei Champions-League-Spielen mit anderem Material füllen musste.

»Früher hätte wir entschieden, die Slogans zu ändern. Nun aber sagten wir uns: ›Was soll's, dann haben wir eben in den nächsten drei Monaten keine Werbetafeln bei den Champions-League-Spielen‹«, erinnerte sich Baumann. Die Adidas-Gruppe überzeugte schließlich – abgesehen von der UEFA – alle ihre Partner, den Slogan Anfang 2015 auf den Bildschirmen in ihren Stadien vorzuführen. Die Kampagne erwies sich als eine der erfolgreichsten des Unternehmens, denn sie verbreitete sich wie ein Lauffeuer in den sozialen Medien. Schließlich beschloss das Unternehmen, den Predator aufzugeben und sich ganz auf die den neuen Ansatz symbolisierenden Modelle X und Ace zu konzentrieren. Bei der Europameisterschaft im Juni 2016 in Frankreich konnte Hainer für Adidas hinsichtlich der Marktanteile in Europa wieder die Führungsrolle im Fußball beanspruchen.

Baumanns Team stand mittlerweile selbstsicherer hinter seinem Ansatz. Mitarbeiter, die es müde geworden waren, »Nike« und »cool« stets in einem Atemzug genannt zu hören, waren stolz auf die plötzlich wagemutige Selbstdarstellung der Marke. Auf dem Marketingmeeting dieses Jahres, der im April veranstalteten Zusammenkunft, bei der die neuen Produkte vorgestellt wurden, entschloss sich die Fußballabteilung deshalb zu einem noch radikaleren Schachzug. Mitarbeiter und Handelspartner ließ sie wissen, dass sie an einem Produkt arbeitete, das noch keiner gesehen hatte. Die Vertriebsmitarbeiter hatten noch nichts davon gehört und besaßen noch nicht einmal Produktfotos. Den Händlern blieb nichts als zu glauben, dass es erfolgreich sein würde. Das taten sie – und stellten später fest, dass sie schnürsenkellose Fußballschuhe geordert hatten. Baumann konnte mit guter Gewissheit verkünden, das Adidas durch den Verkauf von Fußballprodukten 2016 einen Umsatz von 2,5 Milliarden Euro erzielen würde – das Doppelte des vor zehn Jahren verzeichneten Betrags.

Auch das Transfergeschäft im Fußball schien Adidas in die Hände zu spielen. Lange hatte man geglaubt, man würde keinen zweiten David Beckham finden, doch nun waren die Adidas-Manager mit Paul Pogba auf einen Spieler gestoßen, dessen Talent auf dem Platz und außerhalb des Spielfelds gleichermaßen eindrucksvoll erschien. Die Entdeckung dieser von Adidas gewünschten Qualitäten wurde von der angenehmen Tatsache begleitet, dass Manchester United den Franzosen für 105 Millionen Euro nach England holte: Pogba spielte nun zusätzlich in einem Trikot mit den drei Streifen.

Dennoch mussten sich Herbert Hainer und die Adidas-Gruppe im Fußballgeschäft mit einigen Schwierigkeiten auseinandersetzen. Die Anfänge dieser Probleme reichten in eine andere Ära zurück, doch einige Protagonisten waren noch dieselben. Hainer reagierte verärgert, als der Name Adidas im Mai 2015 im Zusammenhang mit dem Aufruhr um die FIFA genannt wurde, der mit der überraschenden Verhaftung von sieben Funktionären im Hotel Baur au Lac in Zürich begann. Noch am selben Tag erhob das US-Justizministerium Anklage gegen 14 Personen wegen Betrugs und der Annahme von Bestechungsgeldern in einer Höhe von über 150 Millionen Dollar. Die Anklage resultierte aus einem Ermittlungsverfahren, das dem Weltfußballverband eine »zügellose, systemische und tief wurzelnde Korruption« attestierte. Hainer unterstütze die Forderungen nach einem Rücktritt von Sepp Blatter nicht, nahm aber für sich selbst in Anspruch, viele der bei der FIFA im Anschluss durchgeführten Reformen angestoßen zu haben.

Der sich im Oktober in Deutschland anbahnende Skandal um das Bewerbungskomitee für die Fußball-Weltmeisterschaft, dem das Magazin *Der Spiegel* nach eigenen Recherchen unterstellte, die Weltmeisterschaft von 2006 mithilfe von Bestechungsgeldern ins eigene Land geholt zu haben, war für Hainer vermutlich noch schmerzhafter. Der DFB stritt die Vorwürfe ab, doch der Name Adidas erschien in den Schlagzeilen, da sich die Vorwürfe unter anderem auf einen Schmiergeldfonds bezogen, der mithilfe eines Darlehens gegründet wurde, welches von Robert Louis-Dreyfus stammte und welches dem ehemaligen Adidas-Chef über umständliche Wege zurückgezahlt wurde. Hainer ordnete eine gründliche Prüfung an und fand heraus, dass die Adidas Group mit einer solchen Transaktion nichts zu tun gehabt hatte.

Die Fußballeuropameisterschaft in Frankreich bot Hainer die Gelegenheit, im Juni 2016 die Verhandlungen mit der neuen Führungsriege des DFB über eine Partnerschaft zwischen der Nationalmannschaft und Adidas abzuschließen. Nach den Anschuldigungen rund um die Weltmeisterschaft 2006 hatte die DFB-Führung gewechselt. Die letzte Vertragsverlängerung war auf Druck eines Schiedsgerichts erfolgt, und Nike war ohne Zweifel bereit, erneut den Einsatz zu erhöhen. Adidas einigte sich auf eine Zahlung von 50 Millionen Euro pro Jahr für eine Fortsetzung der Geschäftsverbindung bis 2022.

Als Herbert Hainer im Juni 2016 in Paris die French Open besuchte, wurde er von Ilie Năstase beiseitegenommen. Der ehemalige rumänische Tennisspieler erinnerte den Vorstandsvorsitzenden von Adidas daran, dass dessen Unternehmen vor vielen Jahren unter seinem Namen einen Schuh herausgebracht hatte, und bat ihn eindringlich, diesen wieder auf den Markt zu bringen.

Hainer musste Năstase leider mitteilen, dass dieses Thema bereits vom Tisch war. Adidas hatte das Năstase-Modell schon aus dem Archiv geholt und über einen Relaunch nachgedacht, diese Idee dann aber verworfen. Die Form und das Design des Tennisschuhs waren nicht für eine Aufnahme in die »Originals«-Linie geeignet.

Stan Smith, dem diesbezüglich größerer Erfolg beschieden gewesen war, stand an jenem Tag neben Hainer und Năstase. Die Nachfrage nach »seinem« Schuh hatte kaum nachgelassen – der Absatz belief sich mittlerweile auf rund 50 Millionen Paare. Allein 2015 hatte Adidas fast acht Millionen Stan-Smith-Schuhe verkauft. Das Modell hatte einen solchen Kultstatus erlangt, dass Auschel zu seiner Überraschung Jugendliche in einer Fokusgruppe Fakten über den Tennisspieler herunterspulen hörte. Auch die Geschichte, als Smiths Sohn seinen Vater fragte: »Haben sie dich nach den Schuhen benannt oder umgekehrt?«, wurde erzählt.

Es war Hainer nicht zu verübeln, dass er sich zwischen den Gesprächen mit den Tennisspielern die Zeit nahm, die Atmosphäre auf den French Open zu genießen. Es war vereinbart worden, dass Hainer Adidas im September verlassen und seinen Posten dem Dänen Kasper Rorsted, damals Vorstandsvorsitzender von Henkel, überlassen würde. Bei seinem Abschied von der Adidas-Gruppe hatte sich Hainer viel mehr als ein Schulterklopfen verdient. Vor zwei Jahren hatte Adidas noch heftig in der Kritik gestanden, doch plötzlich schienen sowohl die Marke als auch das Unternehmen wieder zu florieren.

Die wieder auflebende Nachfrage nach Stan Smiths, die selbstbewusste Zurschaustellung der Marke durch Testimonials, angeführt von Kanye West, und ein plötzlicher Anstieg des Coolnes-Faktors von Adidas führten schlussendlich zu einer Umsatzsteigerung im US-Markt.

Dadurch erhielt die Marke entscheidenden Auftrieb, denn die Vereinigten Staaten machen beeindruckenderweise fast ein Drittel des globalen Marktes aus und haben bezüglich des weltweiten Einflusses sogar noch größeres Gewicht. Andere Märkte, allen voran China, und der Aufschwung einiger mächtiger Einzelhandelsunternehmen mit internationaler oder gar weltweiter Reichweite machen diesen Einfluss aber zunehmend streitig.

Im Vorfeld der Olympischen Spiele in Peking 2008 gingen Adidas und andere Sportartikelhersteller Verbindungen mit Handelspartnern ein und eröffneten im ganzen Land Tausende von Ladengeschäften. Ein Übermaß an Lagerbeständen hatte eine Bereinigung erforderlich gemacht, und der Markt präsentierte sich wesentlich strukturierter. »Noch vor wenigen Jahren konnte man auf einer Straße in Chengdu an 20 Adidas-Läden vorbeispazieren. Heute kann man immer noch mehrere Läden an einer Straße entdecken, doch davon hat sich einer auf Laufsport spezialisiert, der andere richtet sich an die weibliche Kundschaft – sie sind alle unterschiedlich«, erklärte Auschel.

China war 2012 der zweitgrößte globale Markt für Sportbekleidung geworden – ein riesiges Schlachtfeld der von Nike, Adidas und einigen anderen ausgetragenen Turnschuhkriege. Chinesische Unternehmen fungierten nicht mehr nur als Produktionspartner, sondern sicherten sich auf dem heimischen Markt eigene Anteile und hielten in einigen internationalen Märkten Einzug.

Europa blieb für Adidas und Puma der größte Markt. Adidas trug der Entwicklung, dass dieser Markt von einer immer geringer werdenden Anzahl großer Einzelhandelsketten getragen wird, Rechnung, indem es seine Geschäftstätigkeiten in Europa zentralisierte und mit rasch wachsenden Unternehmen wie JD Sports Fashion kooperiert. Das französische Einzelhandelsunternehmen Decathlon betreibt allein in Europa 750 Läden und eröffnet fast überall – von Brasilien über China und Indien bis Südafrika – neue Filialen. Intersport ist durch internationale Lizenzen zu einer fast schon global operierenden Verbundgruppe angewachsen. Auch durch Abnehmer wie Amazon und Zalando wird der Markt neu strukturiert.

Inmitten dieser weltweiten Veränderungen hatte sich Adidas zu einem gut funktionierenden globalen Unternehmen entwickelt, das rund 56000 Mitarbeiter beschäftigte. Die Zeiten, in denen Adidas-Produkte die Händler nicht rechtzeitig erreichten, waren längst vorbei. Hainer selbst reiste oft nach China, um die Produktionsstätten zu überprüfen. Nach vielen Jahren offenkundiger Stagnation war es Adidas nun aufgrund von technischen Fortschritten in der Schuhherstellung möglich, in eine automatisierte Produktionsanlage in Deutschland zu investieren. Auf der Aktionärsversammlung hatte ein Partner des Unternehmens bereits einen gespenstischen Roboter, der viele menschliche Handbewegungen nachahmen konnten, präsentiert.

Das Verhältnis zu Puma blieb angespannt. Fast so wie früher waren die beiden Unternehmen in langwierige Rechtsstreitigkeiten über Streifen und Technologien verstrickt.

Leiter der globalen Rechtsabteilung von Adidas war kein geringerer als Frank Dassler, Enkel des Puma-Gründers. Hainers Abschied bot die Gelegenheit, sich die Hände zu reichen: Bei Hainers Abschiedsspiel war Gulden auf dem Spielfeld mit von der Partie.

Die von Gulden initiierten Veränderungen brachten Puma in vielerlei Hinsicht wieder auf den richtigen Weg. Aufgrund der Schwierigkeiten in den vorangegangenen Jahren verlor das Unternehmen jedoch auf dem globalen Markt an Boden und musste 2015 seinen Rang als drittgrößter Anbieter von Sportartikeln an Under Armour abtreten. Nachdem der amerikanische Newcomer ernsthaft in den Schuhbereich vorgestoßen war, stach er mit einem Umsatz von fast 4 Milliarden Dollar die von Puma erzielten 3,4 Milliarden Euro aus.

Die Aussichten für Adidas und Puma, mit Nike gleichzuziehen, waren so gering wie je zuvor. Das amerikanische Unternehmen erzielte nach wie vor weitaus höhere Gewinne als Adidas. Im jüngsten Bilanzjahr war der von Nike erzielte Betriebsgewinn für das Geschäftsjahr 2015/16 höher als der für Adidas zu verzeichnende Umsatz im ersten Quartal und lieferte dem Unternehmen wesentlich mehr Ressourcen, den Verkauf weiter zu steigern.

Während Adidas viel Aufhebens darum machte, bis 2022 einen Umsatz von 22 Millionen Euro anzustreben, gab Nike gelassen bekannt, bis 2030 eine Steigerung auf 50 Milliarden Dollar erzielen zu wollen. Diese Summe stand in riesigen leuchtenden Ziffern hinter Mark Parker geschrieben, dem früheren Designer und Vorstandsvorsitzenden von Nike der übrigens nach dem Rücktritt von Phil Knight den Verwaltungsratsvorsitz bei Nike übernahm.

Nike und Adidas blieben führend in einem Markt, der fast nichts mehr mit den von den Dassler-Brüdern ins Leben gerufenen Geschäften zu tun hatte. Die Spikes, die Adi Dassler herstellte, indem er Nägel durch Ledersohlen schlug, wichen ultraleichten Sportschuhen mit gestricktem Schaft. Die Zeiten, in denen Angestellte ein Paar Schuhe zusammen mit einigen Banknoten einfach im Umkleideraum stehen lassen konnten, waren längst vorbei. Mit gedämpfter Stimme am Spielfeldrand geführte Gespräche wurden durch Verhandlungen ersetzt, die Anwälte in den Büros von riesigen Firmensitzen bestritten. Und ein Turnschuh ließ sich eher durch die Zusammenarbeit mit einem ehemaligen Tennisspieler und einem talentierten Rapper als durch einen Vertrag mit einem aktiven Athleten verkaufen.

Adi und Rudolf Dassler hätten diese Entwicklung niemals vorhersehen können.

Epilog

Die Familie

Inge Dassler und **Karin Essing** haben sich nach dem Verkauf ihrer Adidas-Anteile aus dem Geschäftsleben zurückgezogen. Karin Essing und ihr Mann blieben in Franken, wo sie 2006 unerwartet einem Krebsleiden erlag, während es Inge Dassler auf die Bahamas zog. Ihr Exmann **Alfred Bente**, der mit viel Geschick die Expansion des Unternehmens in Deutschland lenkte, hat im Süden Portugals noch einmal neu angefangen.

Brigitte Baenkler führte viele Jahre lang das Hotel HerzogsPark in Herzogenaurach, nachdem sie es von Bernard Tapie erworben hatte. Die Wände des Vier-Sterne-Hotels zierten Bilder von der Familie des Besitzers und von berühmten Gästen. Vor einigen Jahren veranstaltete Brigitte Baenkler eine Party, zu der sie die Erben beider Dassler-Linien einlud. Die Adidas-Gruppe arbeitete bis zu ihrem Tod Anfang 2011 mit Brigitte Baenkler bei die Dassler-Familie betreffenden Belangen zusammen.

Christoph Malms, der Ehemann von **Sigrid Dassler**, wurde Leiter des von Horst Dassler gegründeten Sportmarketingunternehmens ISL. Daraufhin nahmen die beiden leitenden Mitarbeiter Klaus Hempel und Jürgen Lenz ihren Hut und gründeten die Konkurrenzfirma Team Marketing. ISL musste im Mai 2001 Konkurs anmelden. Malms zählte in dem 2008 von einem Schweizer Gericht im Zuge des Scheiterns von ISL geführten Prozess zu den Angeklagten, während des Prozesses wurde jedoch klar, dass die Zahlung fragwürdiger Provisionen damals in der Branche üblich war. Die Ermittlungen wurden eingestellt. Sigrid Dassler ließ sich auf den Bahamas nieder.

Suzanne Dassler, die Tochter von Horst und Monika, verlor mit dem Konkurs von ISL ihr Interesse an dem Unternehmen der Familie. Als Sepp Blatter erklärte, die Dasslers stünden hinter den Bestechungszahlungen im Sportbusiness, erwirkte sie einen Maulkorberlass gegen den FIFA-Präsidenten. Ihr Bruder, **Adi Dassler junior**, besaß kurzzeitig ein Restaurant in Los Angeles und gründete eine kleine Turnschuhfirma namens A.D. One. Wie sein Vater verstarb er früh – er verschied im Oktober 2006 im Alter von nur 43 Jahren.

Gerd Dassler setzte sich zur Ruhe und blieb viele Jahre lang in Herzogenaurach, wo er sich einen Ruf als bestverdienender Golfspieler der Stadt erwarb. Mit seiner zweiten Frau Lydia wohnte er lange Zeit in der Christoph-Dassler-Straße in dem Haus, das Gerd aus dem Nachlass seines Vaters Rudolf zufiel, nachdem er zuvor mit seinem inzwischen verstorbenen Bruder Armin um das Puma-Erbe gekämpft hatte. Gerd gibt zu, dass ihm der Familienstreit noch heute Albträume bereitet.

Frank Dassler sorgte im Juni 2004 in Herzogenaurach für Furore, als er zum Leiter der globalen Rechtsabteilung von Adidas ernannt wurde. Mutig überwand er das absurde Tabu, das es undenkbar erscheinen ließ, dass ein Puma-Erbe den Fluss überqueren könnte. Langjährige Puma-Mitarbeiter erklärten empört, Franks Vater Armin Dassler würde sich, wenn er das wüsste, im Grab umdrehen. Ähnlich äußerte sich Armins charmante und scharfsinnige Witwe **Irene Dassler** in der Boulevardpresse. Privat nahm sie aber ihre erbitterten Worte zurück und gratulierte ihrem Stiefsohn zu seiner prestigeträchtigen Ernennung. Frank lebt mit Frau und Sohn in Herzogenaurach.

Die Vorstandsvorsitzenden

René Jäggi versuchte sich weiterhin im Sportbusiness, wendete das Schicksal des FC Basel und eilte dem FC Kaiserslautern zu Hilfe. Dank seiner Vereinbarungen mit Bernard Tapie konnte er nach seinem Abschied von Adidas in mehrere Unternehmen investieren, vom Anfi Palace Hotel in Mürren bis hin zu dem angeschlagenen deutschen Schuhhersteller Romika. Vorzugsweise sieht er sich als charismatischen Manager, der durch hartes Durchgreifen das Ruder gefährdeter Unternehmungen herumreißen kann. Im September 2016 wurde von der Zeitung *Blick* berichtet, dass Jäggi mit einer Schussverletzung vor einem Krankenhaus in Basel aufgefunden wurde. Die Staatsanwaltschaft des Kantons Basel-Stadt weigerte sich, Angaben zur Identität der verletzten Person zu machen, gab jedoch an, dass es keine Anzeichen für die Einwirkung Dritter gebe. Zwei Wochen später berichtete die Zeitung, dass Jäggi auf dem Wege der Besserung sei.

Gilberte Beaux ist Chefin einer Investmentfirma in Paris, verbringt aber viel Zeit in Argentinien, wo sie mehrere Investmentprojekte und einen großen landwirtschaftlichen Betrieb leitet. In ihrer Holdinggesellschaft Basic International Holdings sind noch mehrere andere Investments zusammengefasst. Beaux engagierte sich überdies in einer französischen Frauengruppe, die sich für ein internationales Frauenforum nach dem Vorbild von Davos oder Porto Alegre einsetzte.

Die Investoren

André Guelfi betätigte sich weiterhin als Geschäftemacher. Im Zusammenhang mit dem Bestechungsskandal um Elf Aquitaine verbüßte er eine kurze Haftstrafe; ihm wurde vorgeworfen, er habe als Mittelsmann für den französischen Ölkonzern Explorationsabkommen eingefädelt. Während Guelfi im Pariser Gefängnis La Santé einsaß, belegte Bernard Tapie eine Nachbarzelle. Die beiden schlossen Freundschaft, nachdem Tapie aufgefallen war, dass der alte Mann beim Hofgang unter unbequemen Schuhen zu leiden hatte; Tapie bot ihm daraufhin an, ihm seine Adidas-Turnschuhe zu leihen.

Bernard Tapie landete wegen seiner Beteiligung an einem weiteren Bestechungsskandal um Olympique de Marseille im Gefängnis. Daraufhin nutzte er sein Schauspieltalent, um in einer französischen Krimiserie als Inspektor Valence aufzutreten, während er auf der Bühne in dem Stück *Un beau salaud* (»Ein schöner Mistkerl«) für Aufsehen sorgte.

Gleichzeitig führte Tapie einen Feldzug gegen die Crédit Lyonnais mit der Begründung, die Bank habe ihn beim Verkauf von Adidas übervorteilt. Durch die Vereinbarungen mit Robert Louis-Dreyfus habe die Bank Adidas praktisch an sich selbst verkauft, meinte Tapie. Weiter behauptete er, die Crédit Lyonnais habe Adidas billig abgestoßen, ein krummes Geschäft, das der Bank bei einem späteren Weiterverkauf ermöglichte, einen Großteil des Gewinns einzustreichen.

Nach einem lang andauernden rechtlichen Verfahren wurde der Fall schließlich vor ein Schiedsgericht gebracht, das Tapie 2008 einen Schadensersatz von 403 Millionen Euro zusprach, der von einer staatlichen französischen Stelle zu leisten war. Die Entscheidung rief in Frankreich Empörung hervor und zog aufgrund von Vorwürfen, das Schiedsspruchverfahren sei auf hoher Ebene manipuliert gewesen, weitere Verfahren nach sich. 2015 wurde Tapie von einem Pariser Gericht zur Rückzahlung der erhaltenen Summe verpflichtet. Tapies Anwälte haben jedoch Berufung eingelegt.

Robert Louis-Dreyfus setzte sich kurzzeitig für Tapie ein und engagierte ihn als Manager für Olympique de Marseille. Doch dieses erstaunliche Bündnis hielt nicht lange. Louis-Dreyfus blieb viele Jahre lang Besitzer des Fußballklubs, der ihm eine Menge Verluste und Ärger bescherte. Gleichzeitig baute er sein Familienunternehmen weiter aus. Zum Arbeiten zog er sich gern auf ein Anwesen am Luganersee zurück, wo er seine Gäste in Adidas-Flip-Flops empfing. Louis-Dreyfus starb 2009 nach einem mehrere Jahre dauernden Kampf gegen Leukämie. Der Fußballklub und die Anteile des ehemaligen Adidas-Eigners an seinem Familienunternehmen gingen an seine Witwe über, die 2016 Olympique de Marseille veräußerte.

Quellen

Dieses Buch basiert auf Recherchen, die fünf Jahre in Anspruch nahmen; dabei verbrachte die Autorin viele Tage in staubigen Archiven und führte unzählige Gespräche in Europa und den Vereinigten Staaten. Teilweise handelte es sich um Telefonate, teilweise um persönliche Begegnungen, die ganze Tage in Anspruch nahmen. Einige Gesprächspartner haben freundlicherweise auch interne Dokumente und persönliche Briefe zur Verfügung gestellt.

Als Quellen dienten außerdem Artikel aus der *Süddeutschen Zeitung*, der *Frankfurter Allgemeinen Zeitung*, dem *Handelsblatt*, der *Bild*-Zeitung, der *Zeit*, verschiedenen deutschen Regionalzeitungen, dem *Stern*, dem *Spiegel*, der *Wirtschaftswoche* sowie *Le Monde*, *Libération*, *Le Figaro*, *Les Echos*, *Le Quotidien de Paris*, *Le Nouvel Observateur*, *De Telegraaf*, *Vrij Nederland*, *Manager Magazin*, *The Daily Telegraph*, *The Financial Times*, *The Wall Street Journal*, *Il Sole 24 Ore*, *Sports Illustrated*, *L'Equipe*, *Sportstyle* und *Sporting Goods Intelligence*.

Adidas und Puma haben der Autorin in großem Umfang Jahresberichte, Presseerklärungen und andere Unternehmensunterlagen überlassen. Einige Anekdoten über die ersten Jahre der Gebrüder Dassler stammen aus einem Manuskript des deutschen Historikers Hermann Utermann über das Leben Adi Dasslers. Das Werk wurde nie veröffentlicht. Die Rechte an dem Buch wurden von Adidas erworben. Das Unternehmen hat eine umfangreiche Eigendarstellung herausgebracht, die allerdings die Vierzigerjahre ausblendet.

Bei Zitaten, die in den unten angeführten Anmerkungen nicht belegt sind, handelt es sich um mündliche Mitteilungen von Informanten, die es vorziehen, anonym zu bleiben.

Literaturverzeichnis

Beckham, David, und Tom Watt: *My side, London 2003* (dt.: *Mein Leben*, München 2005).

Bercoff, André: *Comment ils ont tué Tapie*, Paris 1998.

Best, George: *Blessed*, London 2001.

Bieber, Christoph: *Sneaker-Story, der Zweikampf von Adidas und Nike*, Frankfurt a. M. 2000.

Bouchet, Christophe: *Tapie, l'homme d'affaires*, Paris 1994.

Bower, Tom: *Broken Dreams: Vanity, Greed and the Souring of British Football*, London 2003.

Camuset, Emile: *Le Coq Sportif*, Selbstverlag.

Conn, David: *The Football Business*, Edinburgh 2001.

Fischer, Gerhard, und Ulrich Lindner: *Stürmer für Hitler. Vom Zusammenspiel zwischen Fußball und Nationalsozialismus*, Göttingen 1999.

Geldner, Wilfried: *Adi Dassler*, Berlin 1999.

Goldman, Kevin: *Conflicting Accounts: the creation and crash of the Saatchi & Saatchi advertising empire*, New York 1998.

Grupe, Paulheinz: *Horst Dassler: Revolution im Weltsport*, München 1992.

Guelfi, André: *L'Original: d'un village marocain aux secrets de l'affaire Elf, le parcours d'un aventurier de la vie*, Paris 1999.

Heimatverein Herzogenaurach; Gäbelein, Klaus-Peter: *Liberation of Herzogenaurach: Kriegsende und Neubeginn*, Herzogenaurach.

Hesse-Lichtenberger, Ulrich: *Tor! The story of German football*, London 2002.

Hildred, Stafford, und Tim Ewbank: *David Beckham. Trendsetter und Fußballstar, Die inoffizielle Biographie*. München 2004.

Jennings, Andrew: *Das Olympia-Kartell*, Reinbek 1996.

Jennings, Andrew: *The Great Olympic Swindle. When The World Wanted Its Games Back*, New York 2000.

Jennings, Andrew: *Foul! The Secret World of Fifa*, Harpersport 2006.

Katz, Donald: *Just do it, the Nike spirit in the corporate world*, New York 1994.

Kistner, Thomas, und Jens Weinreich: *Das Milliardenspiel, Fußball, Geld und Medien*, Frankfurt am Main 1998.

Kistner, Thomas, und Jens Weinreich: *Der Olympische Sumpf*, München 2000.

Kistner, Thomas, und Ludger Schulze: *Die Spielmacher*, München 2001.

Klein, Naomi: *No Logo!*, München 2001.

Knight, Phil: *Shoe Dog. Die offizielle Biografie des Nike-Gründers*, München 2016.

Kok, Auke: *1974, Wij waren de beste*n, Amsterdam 2004.

Kooman, Kees: *Fanny Blankers-Koen: een koningin met mannenbenen*, Amsterdam 2003.

Kuper, Simon: *Ajax, the Dutch, the War: Football in Europe during the second world war*, London 2003.

Larmer, Brook: Operation Yao Ming. The Chinese Sports Empire, American Big Business, and the Making of an NBA Super Star, London 2005.

Lang, Karl-Heinz, und Renate Urban: *Adi Dassler, from the beginnings to the present, a history manual of the adidas-Salomon group.*

Lecasble, Valérie; Routier, Airy: *Le Flambeur, la vraie vie de Bernard Tapie*, Paris 1994.

Leinemann, Jürgen: *Sepp Herberger: Ein Leben, eine Legende*, Reinbek bei Hamburg 1998.

Les Jeux Olympiques, d'Athènes à Athènes, l'Equipe 2003.

Lippe, George von der (Hg.): *Max Schmeling, an autobiography*, Chicago 1998 (dt.: Schmeling, Max: *Erinnerungen*, Frankfurt a. M. 1977).

Maassen, Marcel: *De betaalde liefde*, Nimwegen 1999.

Making A Difference, Adidas-Salomon, 1998.

Mandell, Richard: *The Nazi Olympics*, New York 1971.

McArthur, Ian, und Dave Kemp: *Elegance Borne of Brutality, an Eclectic History of the Football Boot*, London 1996.

McRae, Donald: *In Black & White, the Untold Story of Joe Louis and Jesse Owens*, London 2002.

Nastase, Ilie, und Debbie Beckerman: *Mr Nastase: the autobiography*, London 2004.

Netzer, Günter, und Helmut Schümann: *Günter Netzer. Aus der Tiefe des Raumes*, Reinbek bei Hamburg 2004.

Niethammer, Lutz: »Alliierte Internierungslager in Deutschland nach 1945«, in: Mommsen, Hans; Christian Jansen, Lutz Niethammer und Bernd Weisbrod (Hg.): *Von der Aufgabe der Freiheit*, Berlin 1998.

Peters, Rolf-Herbert: *Die Puma Story*, München 2007

Remnick, David: *King of the world. Der Aufstieg des Cassius Clay oder die Geburt des Muhammad Ali*, Berlin 2002.

Rous, Stanley: *Football Worlds. A Lifetime in Sport*, London 1978.

Rudolf Dassler 70, Privatdruck, 1968.

Shirer, William L.: *Aufstieg und Fall des Dritten Reiches*, Frechen 2000.

Simson, Vyv, und Andrew Jennings: *Geld, Macht und Doping. Das Ende der olympischen Idee*, München 1992.

Stadtbuch Herzogenaurach: Aus der 1000-jährigen Geschichte Herzogenaurachs, 2003.

Strasser, J. B., und Laurie Becklund: *Swoosh, the Unauthorized Story of Nike and the Men Who Played There*, New York 1991.

Sugden, John, und Alan Tomlinson: *Great Balls of Fire, How Big Money is Hijacking World Football*, Edinburgh 1999.

Utermann, Hermann, *Der Mann, der Adidas war*, (unveröffentlichte Biographie über Adolf Dassler) 1983.

Wallechinsky, David: *The Complete Book of the Olympics*, London 2000.

Walter, Fritz: *3:2 – Die Spiele zur Weltmeisterschaft*, München 1992, aktualisierte Neuauflage.

Wattez, Eric: *Comment Adidas devient l'un des plus beaux redressements de l'histoire du business*, Paris 1998.

Winner, David: *Brilliant Orange, the Neurotic Genius of Dutch Football*, London 2000.

Winner, David: *Those Feet, A Sensual History of English Football*, London 2005.

Anmerkungen

Kapitel 1

»Rudolf war ein bisschen aufgeblasen ...«: Gespräch mit Betti Bilwatsch, 8. Juli 2004, Lauf an der Pegnitz.

Parteibeitritt NSDAP: Bundesarchiv, NSDAP-Zentralkartei.

Weitere Einzelheiten in diesem Kapitel stammen weitgehend aus Büchern der Literaturliste sowie aus Artikeln von Lokalhistorikern.

Kapitel 2

Anekdoten zu Max Schmeling aus McRae: *Black & White* und Schmeling: *Erinnerungen.*

»Sie war ein ernster Mensch ...« und »Besonders leicht machte es ihr ...«: Utermann: *Der Mann, der Adidas war.*

»Käthe hatte gelernt, sich zu wehren ...«: Gespräch mit Betti Bilwatsch, 8. Juli 2004, Lauf an der Pegnitz.

»Heil Hitler!«: Aus einem Briefwechsel mit den Finanzbehörden wegen des Verdachts der Steuerhinterziehung im Mai 1944, was zur Verhängung einer Buße von 4000 RM führte (Staatsarchiv Nürnberg, Regierung von Mittelfranken, 78/ 3930-1).

»Adi Dassler hat meine Entlassung verhindert ...«: Telefongespräch mit Hans Zenger, 3. Mai 2005.

Kapitel 3

NS-Instruktionen für die Schuhproduktion: Akten der Wirtschaftsgruppe Lederindustrie (Bundesarchiv Berlin R13, XIII).

Schuhmodelle «Kampf« und «Blitz«: Die Preisliste liegt bei den Ermittlungsakten gegen die Gebrüder Dassler durch die Finanzinspektion, Staatsarchiv Nürnberg.

Anforderung russischer Kriegsgefangener: Briefwechsel, Fachgruppe Schuhindustrie der Wirtschaftsgruppe Lederindustrie, Landesarbeitsamtsbezirk Bayern (Bundesarchiv Berlin, R13 XIII, 250).

»Rudolf wies ihre Bitten einfach ab ...«: Gespräch mit Betti Bilwatsch, 8. Juli 2004, Lauf an der Pegnitz.

»Ich werde nicht davor zurückschrecken ...«: Auszug aus einem Brief Rudolf Dasslers, zitiert von Käthe Dassler in ihrer Aussage vor dem Entnazifizierungsausschuss am 11. November 1946 (Entnazifizierungsakte Adolf Dassler Archiv Amtsgericht Erlangen, Akte 625/ VI/ 14B46).

»Mein Schwager war dort ...«: Aussage Käthe Dasslers vor dem Entnazifizierungsausschuss am 11. November 1946.

Befreiung Herzogenaurachs: Klaus-Peter Gäbelein (Heimatverein Herzogenaurach): *Kriegsende und Neubeginn*, Herzogenaurach 1945.

Rudolf Dasslers Schilderung seiner Betätigung während des Kriegs: Die Ermittlungsakten der US-Behörden zu den Kriegsaktivitäten von Rudolf Dassler aus dem Archiv des Nachrichtendiensts der US Army wurden nach dem Freedom of Information Act zur Wiedergabe im vorliegenden Buch freigegeben.

Kapitel 4

Zu den US-Internierungslagern: Lutz Niethammer: »Allierte Internierungslager in Deutschland nach 1945«, in Mommsen: *Von der Aufgabe der Freiheit.*

Rudolfs Version seiner letzten Kriegsmonate: Inoffizielle Aussage Rudolf Dasslers mit dem Titel »Politische Zuverlässigkeit«, vom 6. Juni 1945, auf Papier mit Dassler-Briefkopf.

»Dieser Umstand, meine Abneigung gegen Himmlers Polizeiherrschaft ...«: Aussage Rudolf Dasslers vor den amerikanischen Behörden vom 1. Juli 1946, Hammelburg (Akte Rudolf Dassler, United States Army Intelligence and Security Command, Fort George G. Meade).

»Ich rechnete damit ...«: Ebenda.

›Geheime‹ Mitteilung des Rüstungskommandos Nürnberg: Eidesstattliche Erklärung durch Friedrich Block, Hammelburg vom 30. Juni 1946 in der Akte des US Intelligence Service.

Erkenntnisse des ermittelnden Offiziers in der Akte des US Intelligence Service.

»D. war 100%iger Nazi ...«: Arbeitsblatt des öffentlichen Klägers, Entnazifizierungsakte Adolf Dassler.

»D. ist gegenüber seinen Brüdern ...«: Ebenda.

Die von Adi Dassler vorgebrachten Argumente und Zeugenaussagen stammen aus einem Brief an die Spruchkammer, Höchstadt an der Aisch, vom 22. Juli 1946 und Appendices (Entnazifizierungsakte Adolf Dassler).

»Weiter bezichtigt Rudolf Dassler meinen Mann ...«: Aussage Käthe Dasslers vor dem Entnazifizierungsausschuss am 11. November 1946.

»Die innerhalb und ausserhalb gehaltenen Reden ...«: Ebenda.

Einstufung als Mitläufer: Erteilt durch die Spruchkammer Höchstadt an der Aisch, Sitz Herzogenaurach, am 22. November 1946, (Entnazifizierungsakte Adolf Dassler).

Kapitel 5

»Sie sind ein kleiner König«: »Deutschlands größter Familienkrach«, in: *Neue Illustrierte Revue* (2. Februar 1968).

»Helmut war so ein Spaßvogel ...«: Gespräch mit Ottmar Walter, 29. Oktober 2003, Kaiserslautern.

»What a Dassler!«: Daily Sketch, zitiert in: *Making A Difference.*

»Wenn Adi das Gefühl hatte ...«: Gespräch mit Horst Widmann, 13. Januar 2005, Herzogenaurach.

»Der war so besessen ...«: Gespräch mit Uwe Seeler, 4. Februar 2005, Hamburg; auch alle weiteren Zitate Uwe Seelers stammen aus diesem Gespräch.

»Manchmal haben wir Fehler gemacht ...«: Gespräch mit Peter Janssen, 3. Juli 2003, Herzogenaurach.

Anekdote vom Geschäftsführer des Sporthauses Löhr sowie Klage gegen Adidas-Slogan aus Utermann: *Der Mann, der Adidas war.*

»Wenn bei Rudolf jedes Mal ein Loch zurückgeblieben wäre ...«: Aus einer unbekannten britischen Zeitung, zitiert in Underwood: »No Goody Two Shoes«, in: *Sports Illustrated* (10. März 1969).

»Puma versuchte, uns vollkommen lahm zu legen«: Utermann: *Der Mann, der Adidas war.*

»Mit aktiver Unterstützung von Adi Dassler ...«: Möbus Firmenbroschüre.

Kapitel 6

»Ich beobachtete wie ein kleiner Galileo ...«: Armin Dassler, zitiert in: *Sports Illustrated* (10. März 1969).

»Mein Vater war nicht gerade von sprudelnder Gesprächigkeit ...«: Grupe, Dassler: *Revolution im Weltsport.*

»Rudolf wünschte sich ein sportliches Kind ...« Gespräch mit Betti Bilwatsch, 8. Juli 2004, Lauf an der Pegnitz.

»Das Verhältnis war nicht einfach«: Gespräch mit Peter Janssen, 3. Juli 2003, Herzogenaurach.

»Das ganze Team pilgerte zu diesem Laden«: Gespräch mit Derek Ibbotson, 27. Oktober 2004, Ossett.

»Amerikanische Firmen boten keine Schuhe ...«: Telefongespräch mit Al Oerter, November 2004.

»Damals waren das die einzigen guten Spikes ...«: Telefongespräch mit Bobby Morrow, März 2005.

»Ich gab ihm Puma-Schuhe ...«: Gespräch mit Werner von Moltke, 29. Juli 2003, Nieder-Olm.

Kapitel 7

»Für unsere Firma ...«: Telefongespräch mit Georges-Philippe Gerst, Januar 2005.

»Er hielt nicht viel von Konsultationen ...«: Gespräch mit Alain Ronc, s20. Juni 2003, Boulogne; auch alle weiteren Zitate von Ronc stammen aus diesem Gespräch.

»Drei Gruppen mit je einem leitenden Angestellten ...«: Briefwechsel mit Pat Doran.

»Es war aufregend«: Gespräch mit Johan van den Bossche, 30. Januar 2004, Clichy.

»Oder er bat befreundete Spieler ...«: Gespräch mit Jean-Claude Schupp, 30. April 2004, Monaco.

»Der Alte hat uns das Leben schon schwer gemacht«: Gespräch mit Irene Dassler, 13. Januar 2005, Nürnberg.

Kapitel 8

»Es ist Zeit, dass schwarze Menschen sich erheben ...«: Harry Edwards zitiert in: McRae: *Black & White*.

»Sie nahmen das Geld ...«: Underwood: »No Goody Two Shoes«, in: *Sports Illustrated* (10. März 1969).

»Der ganze Container lag auf Eis«: Gespräch mit Peter Janssen, 3. Juli 2003, Herzogenaurach.

»Sie holten uns mitten in der Nacht ...«: Ebenda.

»Man hat mir, ich weiß nicht mehr, wie viel Tausend Dollar ...«: Gespräch mit Irene Dassler, 13. Januar 2005, Nürnberg.

»Sie weinte sich die Augen aus ...«: Art Simburg, zitiert in einem Artikel von Paul Zimmermann in der *New York Post* (3. Mai 1972).

»Die Haft war grauenvoll«: Ebenda.

»Warum sollte ich wie ein Eremit herumsitzen ...«: Underwood: »No Goody Two Shoes«, in: *Sports Illustrated* (10. März 1969).

Kapitel 9

»Vergesst Puma und die anderen Marken«: Gespräch mit Günter Sachsenmaier, 23. November 2004, Ottersthal; auch alle weiteren Zitate von Sachsenmaier stammen aus diesem Gespräch.

»Wir hatten ein exponenzielles Wachstum«: Gespräch mit Gary Dietrich, 12. August 2004, Condon, Montana.

»Jahrelang verbrachte ich praktisch ...«: Ebenda.

»Der interne Wettbewerb ...«: Gespräch mit Charles Hesse, 23. November 2004, Eckartswiller.

»Nachdem wir in Herzogenaurach fertig waren ...«: Gespräch mit Peter Rduch, 6. Februar 2003, Herzogenaurach.

»Horst bereitete die Treffen gründlich vor ...«: Gespräch mit Gerhard Prochaska, 10. August 2002, La Baume de Transit.

»Damals war das eine verdammt komplizierte Geschichte ...«: Telefongespräch mit Robert Haillet, April 2005.

»Ich wurde richtig ärgerlich ...«: Telefongespräch mit Stan Smith, 5. April 2005.

»Mein Freund Horst ...«: Gespräch mit Ilie Nastase, 9. Dezember 2004, Paris.

»Horst bat uns ...«: Sachsenmaier.

»Horst sagte uns ...«: Ebenda.

»Am nächsten Tag erhielt ich einen Anruf ...«: Gespräch mit Peter Lewin, 3. Juni 2003, Madrid.

Kapitel 10

»Horst, ich habe alles mitgemacht!«: Grupe: *Horst Dassler: Revolution im Weltsport.*

»Ihr seid wohl völlig übergeschnappt«: Gespräch mit Günter Sachsenmaier, 23. November 2004, Ottersthal.

»Er hatte alles im Kopf ...«: Gespräch mit Alain Ronc, 20. Juni 2003, Boulogne; auch alle weiteren Zitate von Ronc stammen aus diesem Gespräch.

»Sie setzten Horst unter Druck ...«: Gespräch mit Bill Closs, 13. August 2004, Big Fork, Montana.

»In unserem hektischen Expansionsdrang ...«: Ronc.

»Die Situation war so verrückt ...«: Gespräch mit Peter Rduch, 6. Februar 2003, Herzogenaurach.

»Er hatte von seiner deutschen Familie«: Franz Beckenbauer zitiert bei Grupe: *Horst Dassler: Revolution im Weltsport.*

»Die Einzelhändler hätten uns ...«: Telefongespräch mit Joseph Kirchner, 21. März 2005.

»Wenn deutsche Manager ...«: Gespräch mit Jean Wendling, 23. September 2003, Bitschoffen.

»Die Deutschen hatten von Mode keinen blassen Schimmer«: Gespräch mit Jan van de Graaf, 18. April 2005, Etten-Leur.

»Der Chef hat ab und zu gesagt ...«: Gespräch mit Uwe Seeler am 4. Februar 2005, Hamburg.

Kapitel 11

Geschichte von Uwe Seeler nach seiner eigenen Erzählung im Gespräch am 4. Februar 2005, Hamburg.

»Eleganz«, »Einfallsreichtum« und »Genie« (des deutschen Mittelfelds 1972): Internationale Presse zitiert in Hesse-Lichtenberger: *Tor! The story of German football.*

»Er wollte von solchen Geschichten nichts wissen«: Gespräch mit Horst Widmann, 10. Februar 2005, Herzogenaurach.

»Es war phänomenal ...«: Gespräch mit Gerd Dassler, 2. Juli 2003, Herzogenaurach.

»Das war eine diffizile Sache«: Gespräch mit Irene Dassler, 13. Januar 2005, Nürnberg; auch alle weiteren Zitate Irene Dasslers in diesem Kapitel stammen aus diesem Gespräch.

Kapitel 12

»Mir geht's gut, John«: Gespräch mit John Boulter, 25. September 2002, Saverne.

»Da gab es diese Generalsekretäre ...«: Gespräch mit Gerhard Prochaska, 10. August 2002, La Baume de Transit.

»Das Goldservice hat unseren Etat stark belastet«: Ebenda.

»Wer noch nie eine Einladung ...«: Gespräch mit André Guelfi, 30. Juli 2003, Paris.

»Nachdem die Besprechungen des Tages abgeschlossen waren ...«: Telefongespräch mit John Bragg, März 2005.

»Mit einem erstaunlichen Gespür ...«: Gespräch mit Patrick Nally, 22. Juli 2003, London.

»Am Ende des Abends ...«: Ebenda.

»Andere mussten mindestens vier Jahre auf einen Trabant warten ...«: Gespräch mit Georg Wieczisk, 15. Januar 2004, Berlin.

»Meine Meinung ist ...«: Stasi-Berichte über die Aktivitäten von Horst Dassler und Adidas, durch den Informanten »Möwe«. Zitat aus einem Bericht mit der Überschrift: «Adidas und der Einfluss auf verschiedene Organisationen und Wahlen in den internationalen Sportgremien«, undatiert. (Zentralarchiv, der Bundesbeauftragten für die Unterlagen des Staatssicherheitsdienstes der ehemaligen Deutschen Demokratischen Republik, Archivnummer 15825/89).

»Da war nichts zu machen ...«: Gespräch mit Gerd Dassler, 2. Juli 2003, Herzogenaurach.

»Ich war ziemlich schockiert«: Gespräch mit Johan van den Bossche, 30. Januar 2004, Clichy.

Die Marokko-Anekdote erinnert Blagoje Vidinic im Gespräch vom 22. November 2004, Straßburg.

Geschichte von Muhammed Ali laut Telefongespräch mit John Bragg, März 2005.

Huba auf der Gehaltsliste von Adidas: Mitteilung von René Jäggi an die Adidas-Vorstandsmitglieder vom 18. Mai 1992, in dem er schreibt: »Viele Jahre lang war K.H. Huba auf der geheimen ›Sportpolitik‹-Gehaltsliste eines unserer Mitarbeiter in Frankreich, der offensichtlich von Huba hoch geschätzt wurde. Trotz erheblicher interner ›sportpolitischer‹ Widerstände setzte ich allen derartigen Zahlungen ein Ende. Seither war ich das Ziel fortgesetzter Angriffe.«

Kapitel 13

»Sogar die eigenen Adidas-Mitarbeiter ...«: Gespräch mit Didier Forterre, 30. Januar 2004, Paris.

»Er bombardierte seine vier Sekretärinnen ...«: Gespräch mit Patrick Nally, 22. Juli 2003, London.

»Es war der Kampf zwischen ...«: Keith Botsford, Sunday Times, 16. Juli 1974.

»Ich habe die Feierlichkeiten früh verlassen«: Gespräch mit Blagoje Vidinic, 22. November 2004, Straßburg, Quelle für die gesamte Anekdote.

Kapitel 14

Die Darstellung der Firmengeschichte von Le Coq Sportif beruht größtenteils auf Camuset: *Le Coq Sportif.*

»Ich ging in kämpferischer Stimmung hin ...«: Gespräch mit André Guelfi, 30. Juli 2003, Paris; auch alle weiteren Zitate Guelfis stammen aus diesem Gespräch.

Quellen für André Guelfis Lebensgeschichte waren seine Autobiografie, Artikel in *Le Monde* und das Werk von Lecasble, Routier über den Bestechungsskandal Elf Aquitaine (Valérie Lecasble und Airy Routier: *Forages en eaux profondes*, Paris 1998).

»Wir beide«: Guelfi.

Kapitel 15

»Wenn jemand aus Herzogenaurach kam ...«: Gespräch mit Johan van den Bossche, 30. Januar 2004, Clichy.

»Horst tat manchmal so ...«: Gepräch mit André Guelfi, 30. Juli 2003, Paris.

Quelle für die Darstellung der Firmengeschichte von Le Coq Sportif in Großbritannien: Gespräch mit Robbie Brightwell, 26. Oktober 2004, Congleton.

»Die Zuschauer in Spanien ...«: Gespräch mit Blagoje Vidinic, 22. November 2004, Straßburg.

»Sie wurden zu einer Art interner Konkurrenz«: Gespräch mit Jean Wendling, 23. September 2003, Bitschoffen.

Le Coq Sportif-Anekdote mitgeteilt von Gerhard Prochaska, Gespräch am 10. August 2002, La Baume de Transit.

»Manchmal habe ich mich gefragt ...«: Gespräch mit Robbie Brightwell, 26. Oktober 2004, Congleton.

»Sie wurde wütend«: Gespräch mit Dieter Passchen vom 5. Februar 2004, Herzogenaurach.

»Aber Herr Dassler ...«: Anekdote mitgeteilt von Alain Ronc, Gespräch am 20. Juni 2003, Boulogne.

»Stellen Sie ihm schwierige Fragen«: Anekdote mitgeteilt von Klaus Hempel und Jürgen Lenz, 7. April 2004, Luzern.

»Adi Dassler platzte vor Wut«: Gespräch mit Horst Widmann, 13. Januar 2005, Herzogenaurach.

Juantorena-Anekdote mitgeteilt von Horst Widmann.

»Eines Tages ging er auf dem Gelände ...«: Gespräch mit Karl-Heinz Lang, 11. Januar 2005, Scheinfeld.

»Nach einer umfangreichen medizinischen Untersuchung ...«: Utermann: *Der Mann, der Adidas war.*

Kapitel 16

»eine mit Pistolen bewaffnete Delegation ...«: Quelle: Schriftwechsel der Autorin mit Hans Henningsen.

»Pawlow freute sich wie ein kleiner Junge«: Gespräch mit Christian Jannette, 23. September 2003, Illkirch.

»Für jede Tätigkeit gab es einen Typ ...«: Gespräch mit Gerhard Prochaska, 10. August 2002, La Baume de Transit.

»Wir waren überzeugt, dass der Hund verwanzt war«: Gespräch mit Patrick Nally, 22. Juli 2003, London.

»Mit einem Mal ...«: Gespräch mit Jörg Dassler, 24. September 2003, Herzogenaurach.

»Es war ein ständiges Versteckspiel«: Quelle: Schriftwechsel mit Pat Doran.

»Anschließend fragte er mich ganz aggressiv ...«: Gespräch mit Christian Jannette, 23. September 2003, Illkirch.

»Man merkte schnell ...«: Gespräch mit Patrick Nally, 22. Juli 2003, London.

Kapitel 17

»Nachdem wir uns einige Male getroffen hatten ...«: Gespräch mit Rolf Deyhle, 3. Februar 2005, Maria Woerth.

»Und daraufhin sagte ich ihm ...«: Gespräch mit André Guelfi, 30. Juli 2003, Paris; auch alle weiteren Zitate Guelfis stammen aus diesem Gespräch.

»Zwischen Horst Dassler und mir ...«: Korrespondenz mit Sepp Blatter, November 2003.

»Sie führten Gespräche ...«: Gespräch mit Christian Jannette, 23. September 2003, Illkirch.

»Horst sprach ganz offen von Blatter ...«: Guelfi.

»Er stellte oft auf Bierdeckeln Berechnungen an ...«: Gespräch mit Didier Forterre, 30. Januar 2004, Paris.

»Beim Abendessen gewann Patrick ...«: Ebenda.

»Er bombardierte alle Welt ...«: Ebenda.

»Horst Dassler war eine Zeit lang ...«: Gespräch mit Monique Berlioux, 14. Mai 2003, Paris.

»Es fragte sich eher ...«: Gespräch mit René Jäggi, 6. April 2004, Kaiserslautern.

Kapitel 18

»Herr Lenz. Ausverkauft bis 1982!«: Anekdote mitgeteilt von Jürgen Lenz, Gespräch am 7. April 2004, Luzern.

»Hals über Kopf« (Käthe Dassler verliebt): Gespräch mit Roberto Muller, 16. August 2004, New York.

»Ich fürchte, Sie haben bei diesem Meeting ...«: Zitat nach Angaben von Blagoje Vidinic, Gespräch am 22. November 2004, Straßburg.

»International tätiger Betrüger«: Quelle: Mehrere Telefongespräche mit Marcel Schmid, April 2005.

»Eine Stunde kostet ...«: Gespräch mit André Guelfi, 30. Juli 2003, Paris.

»Es gab lange Zeiträume ...«: Gespräch mit Günter Sachsenmaier, 23. November 2004, Ottersthal.

»In ihren Augen loderte ein Feuer«: Gespräch mit Don Corn, 7. August 2004, Carlsbad, Kalifornien.

»Wir waren uns nicht immer in allem einig«: Gespräch aus dem Gedächtnis zitiert von Bernard Odinet, Gespräch am 28. Oktober 2002, Saint-Germain-en-Laye.

»Wir wollten nicht, dass der Typ glaubt ...«: Francis Denu aus dem Gedächtnis zitiert von Bernard Odinet.

Hausverbot gegen Becker: Gespräch mit Klaus-Werner Becker, 6. April 2004, Basel.

»Zahllose vernünftige Vorschläge«: Walter Meier zitiert nach Grupe: *Horst Dassler: Revolution im Weltsport.*

Kapitel 19

»Ihr müsst sie sofort ausschalten«: Gespräche mit Bill Closs junior, 8. August 2004, Palo Alto, und Bill Closs senior, 13. August 2004, Big Fork, Montana.

»Ich erklärte denen …«: Gespräch mit Bill Closs senior.

»Sie musterten das Exemplar …«: Gespräch mit Günter Sachsenmaier, 23. November 2004, Ottersthal.

»Adiads weigerte sich …«: Gespräch mit Horst Widmann, 13. Januar 2005, Herzogenaurach.

»Kostspielige, aber kurzlebige Show«: Horst Dassler zitiert in Strasser und Becklund: *Swoosh.*

»Los Angeles war ein lauter Weckruf.«: Gespräch mit Günter Pfau, 6. Februar 2004, Herzogenaurach.

»Wir hatten dieser Sache unser Leben verschrieben …«: Gespräch mit Gary Dietrich, 12. August 2004, Condon, Montana.

»Am nächsten Tag …«: Ebenda.

Kapitel 20

»Wir haben jetzt eine globale Werbeagentur«: Dieses und die weiteren Zitate aus Gespräch mit Tom Harrington, 7. August 2002, Bruchkobel.

»Noch nie hatte ich in so feindseliger Atmosphäre …«: Gespräch mit Ingo Kraus, 29. Juli 2003, Frankfurt.

»Ich möchte eine Freizeitmarke werden.«: Harrington.

»Das war so schockierend …«: Gespräch mit Blagoje Vidinic, 22. November 2004, Straßburg.

»Es war wie eine Verschwörung«: Gespräch mit Michel Perraudin, 3. Juli 2003, Herzogenaurach.

»Brillant«: Briefwechsel mit Pat Doran.

»Während er auf die Magnettherapie wartete«: Ebenda.

»Falls mir etwas zustößt«: Gespräch mit René Jäggi, 4. Februar 2003, Neustadt an der Weinstraße.

»Leider wird sich meine Krankheit ...«: Mitteilung an den Vorstand vom 31. März 1987.

»Zuvor hatte er mich gebeten ...«: Gespräch mit Thomas Bach, 28. Juli 2003, Tauberbischofsheim.

»Es ging einem unter die Haut«: Gespräch mit Johan van den Bossche, 30. Januar 2004, Clichy.

»Ein unauffälliger, bescheidener Mann«: Dieter Gräbner, »Nachruf«, *Abendpost* (Datum unbekannt).

»Der mächtigste Mann im Sport«: *Düsseldorfer Express* (Datum unbekannt).

»Ein rastloses, aber nicht uneigennütziges Genie«: Dieter Gräbner, »Nachruf«, *Abendpost* (Datum unbekannt).

Kapitel 21

»Tiriac sieht aus wie ein Mann ...«: John McPhee, Wimbledon, A Celebration, zitiert in: *Sports Illustrated*, 22. Juni 1987 (Kirkpatrick, Curry).

»Mit Beconta hätte es wohl immer ...«: Gespräch mit Richard Kazmaier, 18. August 2004, Boston.

»Wie er mir sagte, musst er sein Absatzvolumen ...«: Gespräch mit Frank Dassler, 10. März 2003, Herzogenaurach.

»Irgendwie verrückt«: Gespräch mit Uli Heyd, 9. Februar 2005, Herzogenaurach.

»Die Einzelhändler versicherten uns ...«: Verkaufsangebot und Börsenprospekt, PUMA Aktiengesellschaft Rudolf Dassler Sport, Juli 1986.

»Geschäftsgang und Aussichten«: Ebenda.

»Sie haben Ihre Firma«: Armin Dassler zitiert durch seinen Sohn Jörg Dassler, Gespräch am 24. September 2003, Herzogenaurach.

»Nach Ansicht der Bankleute«: Gespräch mit Frank Dassler, 10. März 2003, Herzogenaurach.

»Diese Firma wird nicht bankrott gehen«: Alfred Herrhausen zitiert von Hans Woitschätzke, Gespräch am 14. März 2005, Barcelona; aus diesem Gespräch stammen auch die folgenden Zitate und Anekdoten.

»Die Bücher waren voll mit ...«: Woitschätzke.

»Verdeckte Gewinnausschüttung«: Darstellung der Deutschen Bank, zitiert durch Frank Dassler, Gespräch am 5. Februar 2004, Herzogenaurach.

»Wenn der Inhalt dieses Berichts...«: Woitschätzke.

Kapitel 22

»Auf einmal ist die deutsche Armada ...«: Gespräch mit Jean Wendling, 23. September 2003, Bitschoffen.

»Er hielt sich für den lieben Gott persönlich ...«: Gespräch mit Michel Perraudin, 3. Juli 2003, Herzogenaurach.

»Es war eine Katastrophe«: Gespräch mit Klaus Müller, 15. Januar 2004, Berlin.

»Vor Selbstbewusstsein strotzende«: *manager magazin*, September 1987.

»Mit Henkel am Ruder ...«: Gespräch mit René Jäggi, 4. Februar 2003, Neustadt an der Weinstraße.

»Das ist der einzige Fisch ...«: Interview durch Axel Thorer, *Playboy* 10 (1990).

»Der Warenbestand wurde ...«: Gespräch mit Roddy Campbell, 23. Juli 2003, London; auch folgende Zitate von Campbell stammen aus diesem Gespräch.

»Samaranchs Sohn«: Ebenda.

»Als Hannibal im Gewaltmarsch ...«: *Esquire* 2 (1991).

»Nachdem der Chef gestorben war ...«: Gespräch mit Bernd Wahler, 22. September 2003, Bensheim.

»Viel ausgelassener als sonst«: Gespräch mit Gerhard Prochaska, 10. August 2002, La Baume de Transit.

»Danke für den verstauchten Knöchel«: Ebenda.

»Teutonisch«: Campbell.

Kapitel 23

»Da liefen nun die Verkaufsleute ...«: Gespräch mit Tim Engel, 5. August 2004, Las Vegas.

»Jäggi ist in allererster Linie ein Macher«: Gespräch mit Michel Perraudin, 3. Juli 2003, Herzogenaurach; auch folgende Zitate von Perraudin stammen aus diesem Gespräch.

»Sie haben uns nichts erspart«: Suzanne Dassler, zitiert in: *France-Soir,* 14. Juli 1989.

»Man hat ihnen praktisch nahe gelegt ...«: Gespräch mit Bernard Odinet, 28. Oktober 2003, Saint-Germain-en-Laye.

»Dieser Mann kann sich wegen der Notlage der Aktionäre durchsetzen«: Suzanne Dassler, zitiert in: *France-Soir,* 14. Juli 1989.

»Dass es so schnell bergab ging ...«: Gespräch mit Carl-Hainer Thomas, 12. Januar 2005, Erlangen.

»Sehr arroganten Eindruck«: Gespräch mit Gerhard Ziener, 22. September 2003, Darmstadt.

»Das Geschäft war unter Dach und Fach«: Perraudin.

Kapitel 24

»Aber natürlich ...«: René Jäggi, zitiert von Ulrich Nehm, Gespräch am 2. Juli 2003, München.

»Alle, die darum kämpfen, von sich behaupten zu dürfen ...«: Gespräch mit Bernard Tapie, 3. März 2003, Paris.

»Sein Herz dem Unternehmen verschreiben«: Gespräch mit Ulrich Nehm, 2. Juli 2003, München.

»Offensichtlich hatte er keine ganz weiße Weste«: Ebenda.

»In diesem Fall werden die Banken die Eigentümer ...«: Briefwechsel mit Stephen Rubin.

»Die Eigentümer haben eine letzte Bitte«: Gerhard Ziener, zitiert von Laurent Adamowicz, Telefongespräche im April und Mai 2005.

»Una simpatica canaglia«: *Il Sole*, 24 Ore, 10. Juli 1990.

»Woher soll das Geld kommen?«: *Le Quotidien de Paris*, 9. Juli 1990.

Kapitel 25

»Er rief uns begeistert an ...«: Gespräch mit Michel Perraudin, 3. Juli 2003, Herzogenaurach.

»Ein Tag, an dem ich nicht in dem Medien bin ...«: Gespräch mit Klaus Müller, 15. Januar 2004, Berlin.

»Ich erhielt Anrufe ...«: Ebenda.

»Ich versuchte, die Tatsache zu ignorieren ...«: Gespräch mit Gerhard Prochaska, 10. August 2002, La Baume de Transit.

»René Jäggi saß da ...«: Gespräch mit Tom Harrington, 7. August 2002, Bruchkobel.

»Ich habe das Gefühl, als hätte ich einen Ferrari gekauft ...«: Bernard Tapie zitiert von Axel Markus, Gespräch am 23. September 2003, Nürnberg.

»Fast zwei Jahre lang ...«: Gespräch mit Gilberte Beaux, 23. November 2002, Paris.

»Bierflaschen, die herumflogen ...«: Gespräch mit René Jäggi, 6. April 2004, Kaiserslautern.

»B.T.F. SA und Pentland«: Presseerklärung der Pentland Group plc, vom 7. Juli 1992.

Kapitel 26

»Du kannst auf dem Deck eines Kanus ...«: Gespräch mit John Horan, 15. August 2004, Long Beach Island, New Jersey.

»Diese Branche ist wie Schneewittchen ...«: Phil Knight bei der Eröffnung der Verkaufskonferenz von Nike 1978, zitiert in Strasser, Becklund: *Swoosh.*

»Sie waren sozusagen im Weltraum ...«: Gespräch mit Peter Moore, 9. August 2004, Portland, Oregon.

»Es hat mich umgehauen«: Ebenda.

»Wir bekamen eine Gänsehaut«: Gespräch mit Bernd Wahler, 22. September 2003, Bensheim.

»Sie hatten alles vollkommen richtig ...«: Gespräch mit Peter Rduch, 12. Januar 2005, Nürnberg.

»Niemand will ein simples Sweatshirt ...«: Karl-Otto Lang zitiert von Peter Moore, Gespräch vom 9. August 2004, Portland; auch der Rest der Unterredung wurde von Moore mitgeteilt.

»Das hätten wir schon längst tun sollen«: Gespräch mit Cindy Hale-Yoshimura, 11. August 2004, Portland.

»In der Sommerhitze ...«: Gespräch mit Tom Harrington, 7. August 2002, Bruchkobel.

»Er gab den Leuten einen Füllfederhalter ...«: Gespräch mit Cindy Hale-Yoshimura, 11. August 2004, Portland.

»Er war wie Elvis«: Ebenda.

»Adidas wurde von Technikern geführt ...«: Gespräch mit Jan Valdmaa, 5. August 2002, München.

Kapitel 27

»Bei den Geschäften, die wir mit Tapie tätigten ...«: Gespräch mit Stephen Rubin, 29. April 2003, London; auch folgende Zitate von Rubin stammen aus diesem Gespräch.

»Schaffen Sie keine Unruhe«: Stephen Rubin zitiert von René Jäggi, Gespräch vom 6. April 2004, Kaiserslautern.

Rubins Vorkaufsrecht als »Gegenstand von Verhandlungen«: Entwurf des Investment Memorandum »Juno«, Botts & Company Limited, konzipiert am 24. Juni 1992.

»Ich machte ein bisschen Kohle«: Rubin.

Gilberte Beaux als »große Plage«: Ebenda.

»Absichtlich das Unternehmen destabilisierten«: Gespräch mit Gilberte Beaux, 23. November 2002, Paris.

»Beide Seiten haben geblufft«: Presseerklärung der Pentland Group plc, vom 15. Oktober 1992.

»Der Tropfen, der das Fass zum Überlaufen brachte«: Rubin.

»Mit den Unternehmensinterna ...«: Briefwechsel mit Stephen Rubin, April 2005.

»Keinerlei liquide Mittel«: Rubin.

»Was meinen Sie ...«: Axel Markus zitiert von Herbert Hainer, Gespräch vom 10. Februar 2005, Herzogenaurach.

»Sie hätte meine Großmutter sein können«: Gespräch mit Jan Valdmaa, 5. August 2002, Müchen.

Kapitel 28

Notiz »Robert Louis-Dreyfus«: Gespräch mit Jean-Paul Tchang, 11. Oktober 2004, Paris.

»Im Vergleich zu Nike und Reebok ...«: Gespräch mit Robert Louis-Dreyfus, 23. Mai 2002, Caslano.

»Eine Reihe von Angelegenheiten«: Ebenda.

»Ich war der Erbsenzähler ...«: Gespräch mit Christian Tourres, 22. November 2002, Paris.

»Der Raum sah aus wie eine Disko ...«: Ebenda.

»Die Fäulnis, der Krebs, der Wundbrand«: François Bayrou, damals Generalsekretär der Mitte-Rechts-Partei UDF, zitiert in *Le Monde*, 18. Februar 1993.

»Kein schlechtes Geschäft«: Louis-Dreyfus.

Kapitel 29

»Sie waren wie Boxer ...« Dieses und die folgenden Louis-Dreyfus-Zitate stammen aus dem Gespräch mit Robert Louis-Dreyfus, 23. Mai 2002, Caslano.

»Man kam zur Tür herein ...«: Gespräch mit Tom Harrington, 7. August 2002, Bruchkobel.

»Sie haben uns von vorn bis hinten betrogen«: Dieses und die folgenden Tourres-Zitate stammen aus dem Gespräch mit Christian Tourres, 22. November 2002, Paris.

»Man sah förmlich den fetten deutschen Onkel ...«: Gespräch mit Tim Delaney, 29. April 2003, London.

»Wollen Sie sich etwas diesen Etat holen?«: Ebenda.

»Das Timing ein unglaublicher Glücksfall«: Louis-Dreyfus.

»Europäer können doch ...« und »Wir haben uns überlegt ...«: Gespräch mit Peter Moore, 9. August 2004, Portland, Oregon.

»Strasser war ein Phänomen ...«: Tourres.

»Es wurde in Herzogenaurach«: *Intern* (Adidas-Magazin), Oktober 1993

»Gern im Mittelpunkt stand«: Jay Edwards zitiert in *The Oregonian*, 9. November 1993 (Mike Francis).

»Einen Putsch« und »Ich hatte keinen Boss mehr ...«: Louis-Dreyfus.

»Ich habe das deutliche Gefühl ...«: Aussage Louis-Dreyfus' zitiert in Goldman: *Conflicting Accounts*.

Kapitel 30

»Wenn man ihn gefragt hätte ...«: Gespräch mit Christian Tourres, 22. November 2002, Paris.

»Nie wieder einen Vertrag mit Adidas ...«: Jean-Claude Darmon zitiert von Robert Louis-Dreyfus, Gespräch am 23. Mai 2002, Caslano; auch die folgenden Zitate von Louis-Dreyfus stammen aus dem Gespräch

»You got it«: Robert Louis-Dreyfus und Franz Beckenbauer, Gespräch am 25. September 2003, Kaiserslautern.

»Der Service war so miserabel ...« und »Kann sein, dass die Adidas-Leute ...«: Gespräch mit Peter Robinson, 26. Oktober 2004, Crewe.

»Robert meinte, ich sollte mir keine Sorgen machen ...«: Gespräch mit Peter Mahrer, 4. Februar 2004, Herzogenaurach.

»Alle anderen waren ...«: Gespräch mit Jimmy Weigl, 24. September 2003, Herzogenaurach.

»So etwas hatten wir noch nie gesehen«: Telefongespräch mit Aiden Butterworth, Juli 2003.

»Dabei ging es nicht so sehr ums Geld«: Louis-Dreyfus.

»Ich habe da mehr Geld verdient ...«: Gespräch mit Christian Tourres, 22. November 2002, Paris.

»Seine Unentschlossenheit«: Gespräch mit Peter Moore, 9. August 2004, Portland.

»Ich dachte einfach, was soll das alles«: Louis-Dreyfus.

Kapitel 31

»Es wird keine heiligen Kühe geben«: Interview Jochen Zeitz für einen Artikel im *Management* Magazin, 25. April 2002.

»Von Atombombenzündern bis hin zu Raketentreibstoff« und »einer groß gewachsenen, blonden Skandinavierin in jedem Hafen«: NBC News, zitiert im *Los Angeles Magazine* (Arnon Milchan porträtiert von All Louise Bardach), April 2000.

»Manche dachten«: Interview mit Jim Gorman, 30. Oktober 2006, Boston.

»Das hat alle unsere Mitbewerber«: Interview mit Jochen Zeitz für einen Artikel im *Management* Magazin, 25. April 2002.

»Das war ein unglaublicher Anblick«: Ibid.

Kapitel 32–34

Die Informationen und Anekdoten in diesen Kapiteln sind das Ergebnis von zehn Jahren intensiver Berichterstattung aus der Sportartikelindustrie, aus der wiederum eine Fülle von Interviews mit ehemaligen und aktuellen Führungskräften bei Adidas, Puma und vielen anderen Sportartikelherstellern hervorgegangen ist. Hierzu gehören Vorstandsmitglieder sowie Ländermanager aus Europa, Asien und Latein- und Nordamerika. Im Zuge dieser Berichterstattungen habe ich auch zahlreiche Investoren-, Presse- und Werbeevents besucht. Weitere Informationen finden sich in der internationalen Wirtschafts- und Fachpresse, wobei hinsichtlich der Entwicklungen auf dem US-Markt die Veröffentlichungen im *Wall Street Journal* und *Forbes*-Magazin und hinsichtlich des Deutschen Fußball-Bundes die Veröffentlichungen im *Spiegel* besonders relevant sind.
Im Folgenden werden die Personen, welche in diesen Jahren für die besagten Kapitel – teilweise mehrmals – interviewt wurden, in der Reihenfolge ihrer Erwähnung aufgeführt: Herbert Hainer (Herzogenaurach), Christian Tourres (Paris), Sandrine Zerbib (Beijing/ Shanghai), Thierry Weil (Herzogenaurach), Paul Fireman (Pennsylvania), Grégoire Amigues (Paris), Jean-François Palus, Martyn Bowen, Michael Lämmermann (Herzogenaurach), Bruno Vaglienti, Franz Koch, Eric Liedtke (Herzogenaurach), Roland Auschel (Herzogenaurach), Bjørn Gulden, Markus Baumann (Paris), Claus-Peter Mayer (Herzogenaurach).
Viele andere Personen werden entweder nicht direkt zitiert oder wollten nicht namentlich genannt werden. Die Angaben zu den Marktanteilen stammen von dem amerikanischen Marktforschungsinstitut NPD.

Zitate aus weiteren Quellen:

»Wenn die Nike-Leute vorbeischauen«: Yao Ming zitiert von Brook Larmer.

»Nike läuft Adidas davon » : *Frankfurter Allgemeine Sonntagszeitung* zitiert auf faz.net, 3. Mai 2014.
»Dümmsten« Konkurrenten auf dem Markt: Kevin Plank im Interview bei Bloomberg Television,
5. Februar 2015.
»Zügellose, systemische und tief wurzelnde Korruption»: US-Justizministerin Loretta Lynch über die Vorwürfe in einer Anklageschrift, in welcher 14 Angeklagte unter anderem der Schutzgelderpressung, des Betrugs unter Nutzung von Telekommunikationsmitteln und des Schmiedens von Geldwäschekomplotten bezichtigt werden, wie aus einer Stellungnahme des US-Justizministeriums vom 27. Mai 2015 hervorgeht.

Bildnachweise

Actionpress, Hamburg: 240
Bayernpress.de: 201
Bethel Fath, München: 15, 110
Picture Alliance, Frankfurt: 17, 67, 111, 169, 181, 218, 283, 319, 331
Spiegel-Verlag, Hamburg: 144
SV-Bilderdienst, München: 53
Ullstein Bild, Berlin: 54

Über die Autorin

Barbara Smit lebt in Frankreich und arbeitet als freie Wirtschaftsjournalistin für führende englische und französische Medien. Ihre Unternehmensgeschichte über die Brauerei Heineken wurde in den Niederlanden zum Bestseller. Für dieses Buch hat sie fünf Jahre lang recherchiert, internationale Archive durchforstet und exklusive Gespräche mit zahlreichen Mitarbeitern, Managern sowie Familienmitgliedern geführt.